21世纪经济管理精品教材·管理科学与工程系列

Lean Production

精益生产

吴 迪 主编

清華大學出版社
北 京

内 容 简 介

本书可以分为三大部分。第一部分包括第一章和第二章，主要从生产方式的演进与精益思想的形成，通过对大量生产与精益生产体系的比较分析，阐述了精益生产的实质是一种新型先进的生产方式，并讨论了系统的总体架构。第二部分包括第三章到第八章，主要从精益生产体系的三个主要子系统，即准时化、自働化和少人化，分别讨论了精益生产体系的具体实现技术与方法。其中包括看板系统、计划技术、准时供货的组织，以及一个流生产、流程改善、单元生产线的组织、标准化作业、多能工的培养、5S管理、可视化管理与防错技术等内容。第三部分包括第九章与第十章，主要讨论了员工与供应商的培养，包括全员参与的改善小组、人性化管理、员工培养与激励制度、供应商的选择及合作关系等内容。

精益生产既是一种先进的生产方式，又是一个实际运行的生产系统，有许多独特的技术与方法。但本书并不是孤立地讲解各种技术与方法，而是从系统整体，以及思想与方法结合的角度，分析说明各种方法在系统中的地位与作用；同时，通过技术与方法的讨论，进一步深入理解精益思想，力求帮助读者全面、系统地了解精益生产的思想、体系与方法。

图书在版编目(CIP)数据

精益生产/吴迪主编. --北京：清华大学出版社，2016(2025.7重印)
(21世纪经济管理精品教材·管理科学与工程系列)
ISBN 978-7-302-43615-7

Ⅰ. ①精… Ⅱ. ①吴… Ⅲ. ①精益生产－生产管理－高等学校－教材 Ⅳ. ①F273.2

中国版本图书馆CIP数据核字(2016)第083568号

责任编辑： 杜 星
封面设计： 汉风唐韵
责任校对： 宋玉莲
责任印制： 丛怀宇

出版发行： 清华大学出版社
网　　址： https://www.tup.com.cn, https://www.wqxuetang.com
地　　址： 北京清华大学学研大厦A座　　**邮　　编：** 100084
社 总 机： 010-83470000　　**邮　　购：** 010-62786544
投稿与读者服务： 010-62776969，c-service@tup.tsinghua.edu.cn
质量反馈： 010-62772015，zhiliang@tup.tsinghua.edu.cn
印 装 者： 三河市君旺印务有限公司
经　　销： 全国新华书店
开　　本： 185mm×260mm　　**印　　张：** 16.5　　**字　　数：** 385千字
版　　次： 2016年5月第1版　　**印　　次：** 2025年7月第6次印刷
定　　价： 49.00元

产品编号：063759-02

序言

早在1991年的10月，我有幸得到一次作为访问学者到日本学习的机会，因为自己当时是在一汽集团(原长春第一汽车制造厂)工作，又是管理专业的毕业生，加之对生产管理尤为感兴趣，所以就选择了准时制生产(JIT)作为研究课题。从那时起，开始接触丰田的生产体系，并且一直从事相关的学习与研究，直到后来有机会开展了这方面的教学，为MBA的同学开设了一门精益生产的选修课。因此，想写一本关于精益生产的书，是我多年来的一个心愿。一是想整理总结一下自己学习与研究的体会，与大家分享。二是想为学习精益生产的学生提供一个系统性的知识。不过更重要的是，想为实际开展精益生产学习与应用的企业提供一些帮助，这或许是自己的企业工作背景所致。之所以迟迟未能动笔，主要是因为在学习的过程中，对于精益体系的内容了解得越多，越是感到无论是精益思想的深入理解，还是全面地把握它的知识体系都不是一件容易的事情，需要更多的努力研究与积累。同时，更想结合我国企业的实际来写，因此，对于国内企业学习运用精益体系实践的考察，以及相关资料的准备也就需要更加充分。所以一直到现在才动笔。

在精益生产的学习过程中，有两件事情一直令我很疑惑。第一件事情是，当时在日本学习期间，在丰田的工厂现场考察学习时，自己以为丰田的人会对我有所保留，或者说不愿意告诉我很多他们的具体方法，因为当时我是一汽的人。但实际情况恰恰相反，无论是丰田的管理层，还是现场接触的人员，只要是我提出的问题，他们都会非常耐心、详细地给我解释，并领我到现场直接结合他们的做法给我讲解。我想要的资料，想看的操作都可以很好地得到满足，这是让我出乎意料的，也是一直的一个疑问。第二件事情是，在我回国后也一直从事这方面的研究，而且非常关注我们国内企业的应用情况，去过很多开展精益生产、流程改善的企业做实地调研，也为企业讲过精益生产的课程。但是我越来越发现，仅就各种具体的方法而言，许多企业已经掌握会用了，甚至可以说掌握运用得很好，比我讲得还具体，自己意识到没有必要再讲了。可是从应用的效果看，却很少有企业能收到满意的效果，更不要说达到丰田的水平。这是令我一直不解的另一个难题，并且这也是企业实际从事精益体系推进的人与我探讨最多的一个问题。

为什么会如此？这两件事情一直让我思考了许多年。直到随着学习与研究时间不断地持续，对精益思想的理解不断地深入，才逐渐搞清楚了这其中的奥妙。其实非常简单，也就是丰田生产体系的核心优势，不在于那些表面上的方法与工具，而在于它的体系中蕴含的思想、理念，尤其是它的员工。即丰田自己一再强调的，企业的优势有两点：一是能够不断地对流程进行改善；二是有积极参与持续改善的员工。

看起来好像有些务虚，但事实确实如此，丰田的全体员工都会积极主动地参与改善活动，实际上许多精益的方法与工具都是现场员工参与开发的，并且在应用的过程中会不断地改善。因此，这些工具与方法就不存在水土不服的问题，也不存在员工不会或者不愿意使用的问题。而这恰恰是我们企业最苦恼、最难解决的问题。即不是制度、标准不健全，也不是方法与工具不会用，而是员工不愿意遵守，也不想用。正是这些事情引起我对精益生产体系有了不同的认识，使我关注到理念与人的因素。

丰田特别强调持续改善，强调尊重员工，对员工培养长期地投入，强调人在系统中发挥的作用。例如5S管理、改善小组、合理化建议等。而这些恰恰是自己以往一直没有重视的问题。其实当时在日本学习期间，无论是合作研究的教授，还是丰田的人，都一再和我强调过这些事情的重要性，只是没有引起自己的关注，一心想弄清楚丰田的一些独特的方法与技术，如看板、快速换模、均衡生产、流程改善等。所以总结这些体会，说明转变观念的重要，以及精益体系中人的因素，从理念、体系及方法全面地把握精益生产，或许就是写作本书的一个动力，也是目的之一。

因此，本书的写作并不是孤立地去介绍具体的方法与工具，而是从精益的思想与体系的逻辑性，来分析这些具体方法与工具的道理，将它们用思想和体系串联起来，重要的是说明这些方法与工具针对精益生产体系的作用，以及它们的应用背景，从而避免简单地、程序性地使用它们，犯只知其然、不知其所以然的错误。这是本书的一个特点。

当然，无论是丰田体系，还是后来的精益生产，都是一种生产方式，搞清楚它蕴含的管理理念，以及体系的运行特征最为重要。但完全脱离具体的方法去论述思想与体系，也很难说明其中的道理，而且也会变得空洞无物。所以，本书将各种技术与方法进行了归纳，通过其在系统中作用及相互关系的分析，以及实际案例的讨论，来说明精益的思想与体系。并且，力争运用生产运营管理的基本原理，来总结、归纳各种技术与方法，其目的是想将这种生产体系的理念与技术，从系统性与知识性的角度加以整合，这样可以给读者一个完整全面的知识，更好地理解精益的思想与体系，而且可以避免犯盲人摸象的错误。

这样做还有一个原因，就是自己在接触和学习丰田体系后，对比我国本土企业，包括传统的国有企业，在内部的运营管理方面，并不是一无是处，也开展过许多很好管理活动，如作业标准规程的制定、员工岗位的应知应会、在制品标准定额、流水线的标准计划、员工参与技术革新等活动。但遗憾的是，所有这些都没有得到总结提升，更没有将这些分散的方法进行整合，以形成一种有特色的生产体系。没能长期持续下去。其实，丰田的许多技术与方法在经典的生产管理教科书中是有的，如混流生产技术、均衡生产、作业标准制定等。当然，也有许多方法与技术是丰田自己独特的发明，如准时制生产、自働化体系、看板技术等。但重要的是，丰田是在一种新的模式与理念下，发明与运用这些方法与技术的。

也就是说，我们企业在过去的实践中，也有很多好的做法以及运用了一些合理的技术。但是，没有形成一种体系，更没有提升到理念与模式的层面。

另外，有许多人将精益生产仅仅作为一种改善的方法，与后来发展起来的六西格玛方法等同，作为降低成本的方法使用，但实际上两者是完全是不同的范畴。精益体系其中的许多技术与方法并不一定有什么奥秘，但它们是与生产方式相适应的，不能简单地模仿，否则不仅会“水土不服”，达不到预期的效果，而且也不能保持长久。

所以，从理论方面对精益体系进行分析，归纳总结其中的道理，是想对企业的学习与实际运用有所帮助，不过更希望的是，对于企业总结提炼自己的东西，形成自己独特的体系有所支持。这是笔者更希望的达到的一个目的，也是本书的另一个特点。

本书的内容是基于上述思路安排的，在写作的过程中，参考了许多关于精益生产的理论知识，此外，还使用了许多企业开展精益活动的实际素材，是根据笔者多年的研究积累与教学经验，以及企业实际调研完成的。但终因个人的研究领域及水平所限，本书涉及的内容又非常广泛，不仅涉及生产运营，还涉及人力资源、组织理论、企业文化等内容，新的理论与方法也较多，难免会有一些不当与错误之处，恳请同行专家及使用本书的读者批评指正。

最后，对为本书的策划及编审等工作付出贡献的各位编辑表示诚挚的谢意，没有他们的执着与辛勤劳动本书是难以出版的。

吴　迪
上海交通大学安泰经济与管理学院
2015.12

目录

第一章

生产方式与精益思想

精益生产的概念产生于20世纪的80年代，时至今日已经有许多年了，可能大家对它并不陌生，尤其是从事企业实际工作的人，都会听过或接触过，甚至有些企业已经或正在开展精益体系的推进。但在企业学习与应用的实践中，经常会出现这样的现象：一提到精益生产这个词时，许多人会认为，它是一种改善流程，消除浪费和降低成本的有效方法，运用这些方法会让企业的运行成本更低、收益更多。当然，许多企业也确实是如此学习与应用精益生产体系的，以至于将其与后来发展起来的六西格玛方法体系等同，一起作为改善企业流程、降低成本的方法体系来运用。具体做法是：在企业遇到难题或困境时，将存在的问题作为一个改进的项目，通过应用精益生产体系（或者六西格玛）中的方法，按着一定的步骤去寻求解决方案，希望收到预期的效果。但往往是事与愿违，要么效果不佳，要么改善后的成果不能长久，短期效果还可以，经过一段时间后又会回到原点。

其实，产生上述现象的原因并不是企业没有掌握、运用好这些方法，也不是应用过程有什么问题，而是没有很好地理解精益生产体系的实质，更没有理解这种生产体系中这些方法产生及应用的背景。诚然，精益生产体系确实是具有消除浪费、改善流程、降低成本等方面的优势，但它的实质是一种**生产方式**，是一种不同于大量生产的新型生产方式，绝不仅仅是一系列降低成本的方法体系。实际上，很多企业经过多年的学习与应用，对于精益生产的具体方法已经很熟练，例如看板、价值流图、5S管理等。那么究竟什么是生产方式，它又蕴含着什么样的机制，精益生产方式的内涵是什么，它为什么会有如此的优势，对于这些问题的理解，对企业学习与应用精益生产可能更重要。

大量生产是自人类社会工厂化制造产品以来，出现的第一种先进的生产方式，它使人类社会的生产力水平得到了极大的提高。大家也都很熟悉，它以福特公司发明的流水生产线技术为核心，逐步形成了大量生产原理，由于具有运行效率高、成本低的特点，很快在各个产业领域得到普遍应用，人们的物质需求得到了更好的满足。因此可以说，流水生产线技术及大量生产原理，对人类社会的贡献是巨大的。

与此同时，由于人们长期地以这样一种模式制造产品，逐渐形成了一种理念，或者说思维习惯，即大规模地生产同样的产品，可以得到更低的生产成本。这种思维的确也是有一定道理的，而且在经济学中也有充分的论述，即规模经济及分工效率性的基本原理。

这种思想在市场需求非常充分的条件下，是毋庸置疑的，而且实践也证明是十分有效的。但是，随着生产力水平的不断提高，企业的生产能力逐步增强，市场的需求得到了一定的满足，在逐步达到饱和或者说结构性饱和之后，这种生产方式的局限性就充分地暴露出来了。即由于大量生产相同的产品数量已经超过市场的需求，而市场需求的其他种类产品又没有或不足，因此最终会导致大量的库存积压，造成巨大的浪费。而且，不仅仅是最终产成品的库存积压，因为大量生产体系是基于对市场需求数量充分的假定进行的，即便是产生一定的库存，也会认为是价格过高的原因造成的(经济学的供求平衡理论)，只要适当地降价就能卖出去。所以，整个生产过程是提前进行的，生产过程中的半成品、原材料也会有大量的库存积压，这种情况在市场需求量下滑，或者出现需求结构发生较大变化时，都会导致大量的库存积压，造成巨大浪费。

丰田生产体系正是在这样的背景下产生及发展起来的，因为市场需求环境的限制，它无法像福特公司那样进行单一品种大量生产，因此，它改变了大量生产模式，采取满足市场多样性需求，生产多种产品，避免了市场需求变化形成的产成品库存积压的问题。同时，采取与市场需求同步进行生产(准时制生产)的策略，不仅可以避免产成品库存的发生，而且可以减少半成品及原材料库存积压，从而很好地解决了一直困扰企业经营者的库存问题，消除了浪费现象，降低了生产成本。因此，这种生产模式逐步得到关注及普遍的应用，后来经过有关人士的研究总结，认为它是一种资源更节省、效率更高的生产体系，被称为**精益生产**。

所以，精益生产并不是简单的一种改善流程的方法，而是一种先进的生产方式，有其独特的管理理念、体系与方法，是继大量生产方式之后，对人类社会产生重大影响的另一种新的造物方式。它的意义正如迈克尔·格里夫斯教授指出的那样，生产力是以波浪的方式发展的，我们创造的新事物或新的做事方式推动着生产力发展的新浪潮。一些生产力浪潮是由重要的发明，如蒸汽机、汽车或计算机推动的；而其他浪潮则是由我们做事的方式，如大批量装配线、事业部制(M型构造公司)或者精益制造所推动的。①

基于上述思考，为了说明精益生产的实质内涵，本章首先分析大量生产方式的产生及核心特征，从比较分析的角度来说明精益生产的核心思想及其运行特征。其次从市场环境变迁与生产系统协调的角度，来分析、讨论生产方式的演进。

第一节　福特体系与大量生产

如上所述，精益生产及精益思想，实际上是起源于丰田公司创立的准时制生产体系，丰田公司自己一直将其称为丰田生产方式，与福特公司创立的大量生产体系相比较，两者都产生于汽车制造领域，并且都运用了流水生产线技术，但不同的是，丰田体系具有更灵活的市场适应性、更少的资源投入、更低的运行成本。所以，为了能够更深入地理解精益生产的理念及技术，有必要先总结、分析一下福特(大量)生产体系的基本特征。

一、福特生产体系的产生

福特汽车公司成立于1903年，在此之前，亨利·福特(Henry Ford)已经是一名优秀的工程师，因为当时汽车还没有出现，人们的交通工具还主要是马车，所以，福特一直致力于为人们提供一种新的交通工具。经过长期不懈的努力，他成功研制了汽车及制造方法

① 迈克尔·格里夫斯.产品生命周期管理[M].北京：中国财政经济出版社，2007：1.

并建立起了公司，1908 年福特汽车公司研制并生产出了世界上第一辆普通大众型的汽车，被命名为 T 型车(见图 1-1)。

图 1-1　福特的 T 型车

但在 1909 年到 1913 年之间这段时期，由于制造技术的原因，汽车的产量并不是很大，远不能满足持续快速增长的市场需求，因此，福特一直在探索提高汽车生产效率的技术。直到 1913 年 10 月，福特汽车公司成功研制了世界上第一条流水生产线，并成功地应用于 T 型车的装配过程，这种制造技术使汽车的生产效率及产量得到了大幅度的提高，1927 年，T 型车的产量共计达到了 1 500 万辆，创造了世界纪录。同时，这种以流水生产线技术为核心的新的生产体系，不仅使汽车真正成为一种大众产品，而且改变了汽车制造及工业品的生产方式，对现代管理理论与思想也产生了巨大的影响。

在福特的流水生产技术形成之前，汽车的生产基本是通过工匠手工作业完成的，即停留在手工作坊的方式，每个产品的构件都是独特、专用的，只能用在特定的产品上，也就是零部件不是标准通用的，产品装配时需要靠技术工人进行修理、调整；生产过程也没有专业的分工，工人从头到尾地制作每个零件及产品；制造工艺和操作方法也不完善，生产设施、设备和工艺十分简陋，以手工作业为主。因此，产品的生产数量及质量，完全依赖于工匠的技术、经验和技巧，生产率水平非常低。

手工作坊方式的特征可以归纳为两个方面。一是技术领域。当时整个社会的工业技术水平比较低，汽车产品刚刚研制成功不久，产品及制造工艺技术并不是很成熟，产品的标准化、通用化程度极低，每辆汽车基本属于单独定制生产。生产设备及工艺标准也不健全或者说没有，主要依靠工匠个人的经验与技能。二是管理领域。作业分工及作业标准都不完备，没有按专业或工种的分工，采取工匠完成产品全部制造工艺的作业方式，专业化程度很低，这样也会导致生产效率低下。因此，手工作坊式的生产，总体来说，生产效率低，产品质量差，生产成本也比较高。所以在当时，汽车是奢侈品，只有少数有钱人才能买得起。

随着产品及工艺技术水平的提高，尤其是大众型的 T 型车研制成功后，市场对汽车产品的需求量非常大，但企业生产能力水平较低，产品呈现供不应求的状态，这样企业面临的一个主要矛盾就是如何提高产量，高效率、低成本地生产产品。其主要矛盾是数量，品种与多样性需求的矛盾基本不存在，因为汽车在那样的市场环境下，还没有款式、性能及颜色等方面的多样性需求，而消费者首先要解决的问题是有没有。流水生产线技术正是在如此的环境下产生的。

除了市场环境需要生产体系提高效率的要求外，流水生产线技术的成功，还需要以下两个领域的技术。

首先是在产品结构与制造工艺方面，实现了产品结构及零部件的标准化、通用化，零部件实现了完全互换性，制造性更好，更便于使用(操作与修理)。这方面的技术，源于美国的一位发明家艾利·惠特尼(Eli Whitney)，作为轧棉机的发明人，他同时也发明了一种制造系统，这种系统使得一个不熟练的工人生产出的产品，与经过高度训练的熟练技师生产出的产品一样好。他把这种系统首先用于生产来复枪，在这之前，每支来复枪的制造，从原材料处理到枪管都是手工打制的，每支枪的构件都和其他枪支不一样，也没有人想到要一样。惠特尼的想法是，他要将来复枪的零部件都做成相同的，使得这些枪支的零部件可以从一支枪到另一支枪之间实现互换。实际上，惠特尼的贡献就是产品结构及零部件的标准化。福特将这项技术应用于汽车的制造上，让汽车的结构一致，并且所有零部件都实现标准化，可以互换，这样就可以让工人的装配作业简单化，而不需要很高的技术要求，以及很长时间的熟练过程，如此，制造工艺过程可以实现流程化。

其次是在作业组织及操作标准方面。这个时期弗雷德里克·温斯洛·泰勒(Frederick Winslow Taylor)的科学管理原理已经基本形成，泰勒的贡献主要在于：①作业研究，确定作业操作规程和动作规范，确定时间消耗定额，完善科学的作业操作方法，以提高工效。②对工人进行科学的选择，培训工人使用标准的操作方法，使工人在岗位上成长。③制定科学的工艺流程，使机器、设备、工艺、工具、材料、工作环境尽量标准化。④实行计件工资，超额劳动，超额报酬。⑤管理活动和劳动作业分离。

福特将泰勒的管理技术，主要是时间与动作研究技术，应用于汽车制造过程，对汽车的装配过程进行分解，形成逻辑关联的一系列工序，对每道工序的作业进行分析，制定标准的作业规程以及时间。这样就可以将整个汽车的装配作业，按工序详细分工，每个工人只需操作一个工序(很少的作业范围)，并对工序的作业制定标准化的操作规程，使作业操作简单化，降低技术要求，不需要高技术的工人。同时，在工序之间应用传送带技术，将制造流程连接起来，形成流水生产线，让加工对象按着标准的时间在流程中连续运动，这样装配作业效率大幅度提高，实现了流程的效率性和连续性。

二、大量生产原理及其效果

由于流水生产线技术的成功运用，汽车的生产效率得到了大幅度的提升，到1921年时福特公司T型车的产量已占世界汽车总产量的56.6%。同时，由于生产效率的提高，汽车的制造成本也大幅度降低，随着设计和生产不断地改进，T型车从最初售价850美元，最终降到了260美元。

从理论上分析，福特运用流水生产线技术，逐步形成的规模化汽车生产体系，实现了规模经济性，以及分工的效率性，基本形成了大量生产原理。这是人类社会在制造领域生产方式上的第一次飞跃，从比较原始的手工作坊方式，转变为大量生产方式，总结其主要的核心技术主要有以下几点。

(1) 产品结构的标准化，以及零部件的通用化、可互换性，这是实现大量生产的制造技术基础。因为在福特的大量生产体系建立之前，汽车产品还是个别生产的，产品结构及零部件都不是标准通用的，虽然这项技术的发明并不是福特，当时惠特尼已经提出并在枪支制造中成功运用，但是应用在汽车及其他产品的制造过程，在产品结构及零部件的标准化设计方面，还是需要进行大量的工作。而且，在当时的社会背景下，推进标准化的困难也是很多的，因为整个产业领域尚没有建立起统一的标准。

(2) 制造工艺的流程化，以及作业分工专业化、作业活动和时间标准化，这是汽车制造流程及作业管理方面的基础。因为在手工作坊模式下制造汽车，整个作业过程基本上是没有专业分工的，或者说即使很粗略的分工，也是工匠根据自己的经验、技能，从头至尾完成产品的全部作业，因此，产品(加工对象)不需要流动起来，也就没有生产流程的概念。作业不是按岗位进行详细的分工，生产效率也就很低。福特成功地运用了泰勒的科学管理原理，尤其是时间动作研究的技术，对汽车制造的全部作业活动，进行了分解及标准化，在此基础上，对操作员工进行了按岗位的详细分工，使制造过程的每个岗位的作业内容范围减少，作业活动及时间标准，大大降低了作业操作的技术要求，具有一定熟练程度的员工就可以，再将全部作业岗位按着产品装配的逻辑顺序，用传送带连接起来，使制造过程流程化，并且，可以按着一定的时间有节奏地运行，从而形成了被称为流水线的制造体系。

(3) 企业组织的规模化，以及管理的职能化。随着大规模生产体系的形成，企业的组织规模也就会越来越大，因为，在当时的社会背景下，一般的物品是供不应求的，大量生产体系建立后，企业多半是单一品种(或较少品种)大规模生产，加之企业管理理论也处于发展的初期，所以自然地采取职能制的组织体系。在组织结构方面，由于追求规模经济，所以产品的内制率较高，企业会完成价值链的大部分，如从原材料的生产，到汽车零件加工、组装等工艺阶段。企业之间是按产品体系分工的。采用专用机械化设备，追求高效低成本，大量采用机械化、自动化的专用装备、工艺装备。

(4) 市场需求充分，基本处于供不应求状态，对品种及个性化要求不强，因此，企业采取生产导向、存货生产模式。

大量生产方式的建立，在当时的市场环境下取得了很好的效果，对生产效率的提高，以及社会生产力水平的提高都有很大的贡献，表 1-1 是当时福特公司的大量生产效率与手工作坊方式生产效率的比较。

表 1-1　福特公司的大量生产效率与手工作坊方式生产效率的比较

单位：分钟

	1913 年秋 后期手工作坊生产方式	1914 年春 大量生产方式	工时节约/%
发动机	594	226	62
磁电机	20	5	75
车桥	150	26.5	83
整车总装	750	93	88

资料来源：[美]詹姆斯·P. 沃麦克，等. 改变世界的机器[M]. 北京：商务印书馆，2003：29.

第二节　丰田体系与准时制生产

大量生产方式的建立，不仅在汽车产业，而且在整个制造业都产生了重大的影响。它大幅度地提高了社会生产力的水平，在 20 世纪前半期获得了很好的效益，可以说是对人类社会发展有着巨大的贡献。但在 20 世纪的 70 年代以后，随着市场环境的变化，许多商品已经不是供不应求，而是出现结构性饱和。尤其是在 70 年代初第一次石油危机后，资源的消耗成为人们的关注点，大量生产体系的局限，以及存在的问题随即充分暴露，引起人们对创立于丰田汽车的一种不同于大量生产方式的生产体系的关注。

一、丰田生产体系的确立

丰田公司的建立可以追溯到1933年9月在丰田织机建立的汽车部，而真正的丰田汽车公司成立于1937年8月。但在"二战"之前，汽车的产量很少，且多半是卡车。汽车业务的真正发展是在"二战"后(20世纪50年代初)。此时，日本处于战后的经济恢复时期，汽车工业也刚刚起步，很弱小。而美国汽车工业已经具有相当规模，大量生产体系形成多年，企业实力及产量都很强大，1950年福特汽车的日产量达到7 000辆之多，而日本丰田汽车公司的年产量才3 000辆左右。实力相差巨大，所以开始恢复汽车生产时，丰田的管理层也组织团队到美国的汽车企业，如福特、通用进行考察，学习当时先进的大量生产方式。

但丰田的决策层经过研究、分析，得出的结论是：大量生产方式非常先进，生产效率也很高，但是鉴于日本的情况，它不合适。其主要原因是：与美国不同，日本是一个面积不大的岛国，当时市场的开放程度也比较低，国内市场容量很小，并且日本的消费者比较挑剔，对产品质量和品种的要求苛刻，市场需求呈现多样化。另外，当时的丰田公司经济实力也非常弱，资金与劳动力短缺，设备、技术非常落后，也不可能组建多个生产系统，为了节省资源投入，只能在福特流水生产技术的基础上，实现多品种的、具有柔性的生产。

从理论上分析，汽车的生产需要比较大的资本投入，因为需要有各种设备、设施，以及工艺技术等，即便是在当时生产系统相对比较简陋的情况下，资金的投入也是很大的。根据规模经济的道理，这必然要求生产的规模要大，即产量要充分大，才能获得成本效益。生产规模大可以有两种选择：少品种大量生产，或多品种大量生产。福特公司建立时走的是少品种、大量生产的技术路线，因为当时美国的市场环境允许。但丰田公司此时不可能走这条路线，因为市场环境不允许，所以只能选择多品种大量生产。并且如前所述，当时丰田的资金、技术实力都很弱，也不可能组建多个生产系统，如通用汽车公司那样，组建多个工厂分别生产不同的汽车；只能探索在一个生产系统中生产多种产品，也就是在一条流水线上生产多种产品的汽车。这是丰田生产方式产生的根源，也是它的根本特征。

在一个流程中生产多种产品，也可以有两种技术路线，如图1-2所示。一种路线是：流程基本是稳定不变的，通过产品结构的变化，将产品进行模块化设计，然后通过不同的模块组合实现品种的多样化，最成功的例子是电脑的生产，这种模式被称为**大规模定制**。

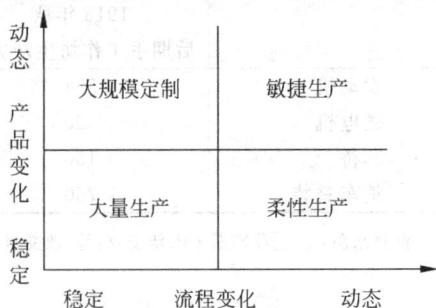

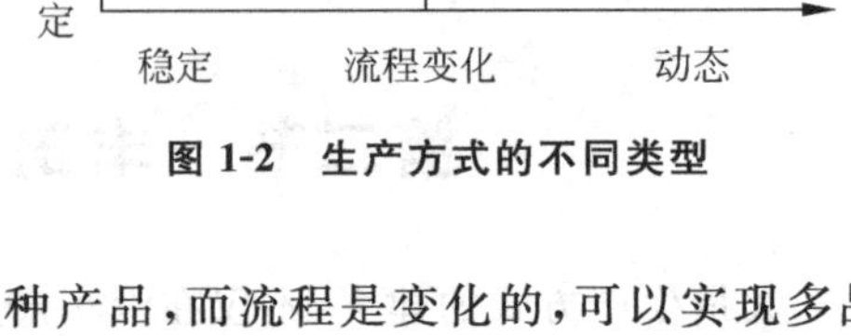

图1-2 生产方式的不同类型

另一种路线是：产品是稳定的，可以设计多种产品，而流程是变化的，可以实现多品种的生产，一般称为流程的柔性，所以称为**柔性生产**。丰田公司实际走的是这条路线，因为汽车产品在结构设计上实现模块化，这在当时还是很困难的。从图1-2的划分可知，如果产品与流程都是稳定不变的，就是典型的大量生产模式。福特(建立初期)的大量生产体系，就是这种模式。

二、丰田生产体系的管理思想

根据生产运营管理的常识可知，在一个流程中生产的产品品种数量越多，流程的运行成本就会越高，反之亦然。这也正是福特生产体系成功的一个重要因素，因为在流水生产线发明的初期，很长的一段时间福特公司是生产单一品种的，这样就可以得到大量生产单一品种的产品带来低成本、高效率的好处。但由于市场环境的原因，丰田生产体系的定位是一定要在一个流程中生产多种产品，那么带来的一个问题就是如何降低成本，否则的话，丰田生产方式就很难成功。

丰田生产方式的创始人大野耐一(Taiichi Ohno)认为，福特的大量生产体系确实是很先进的，生产效率很高，但仍然存在有可以改进之处，其中一个主要问题就是，这种生产体系存在很多浪费的地方，尤其是在市场需求发生变化时会产生大量的库存。同时，长期的大量生产方式也影响了管理的思维模式，由于市场需求充分，追求规模的经济性，企业各种资源的投入较大，因而形成的生产能力有过剩现象。同时，在生产流程各个阶段，都是采取大批量、按计划提前投入，流程中大量持有半成品及原材料，市场需求的变化不仅会导致产成品的库存，也会导致半成品及原材料的库存，最终形成浪费引起成本上升。这种浪费及对成本的影响会逐级地传递，最终导致产品成本上升，如图 1-3 所示。

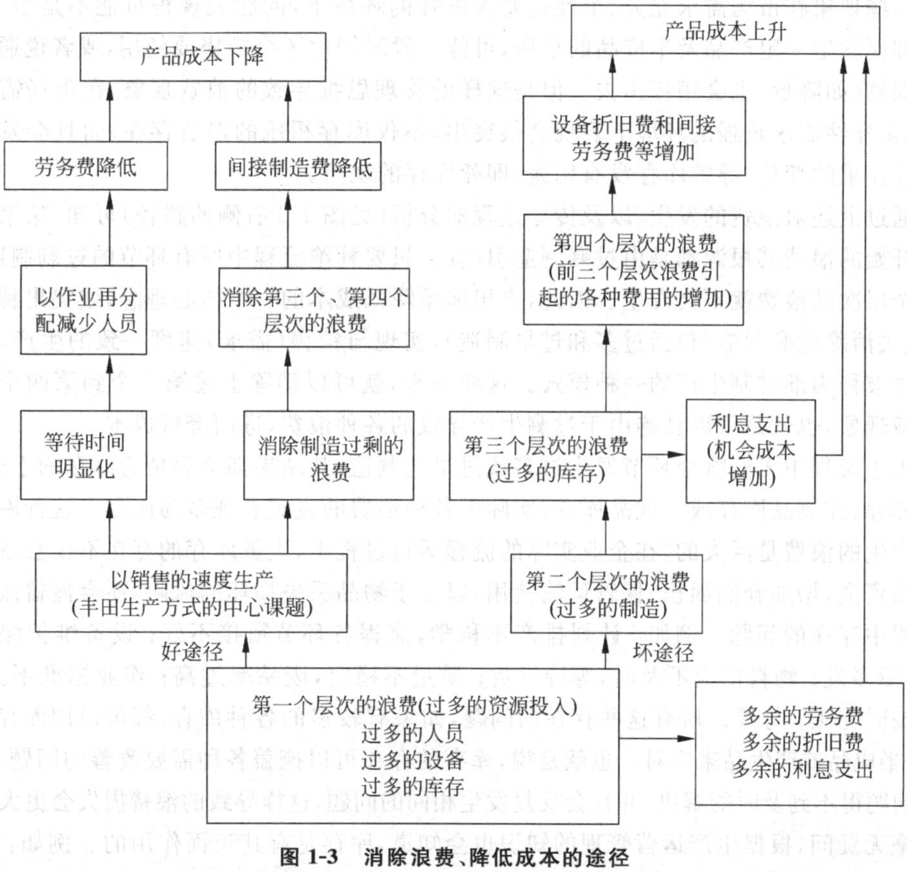

图 1-3　消除浪费、降低成本的途径

资料来源：[日]门田安弘. 新丰田生产方式[M]. 第 4 版. 王瑞珠，译. 保定：河北大学出版社，2012：4.

第一个层次的浪费主要是过多的资源投入。其中包括人员、设备、库存、设施及物料等生产要素的过多投入，这样会形成生产能力的过剩。这种现象在市场需求充分、经济高速增长的环境下是常见的。并且在生产能力形成后，当市场下滑需求不足时，减少或调整生产能力时是非常困难的。这就会导致资源的空闲，即产能过剩，通过劳务费、折旧费及利息等形式引起产品成本的上升。

第二个层次的浪费是过多的制造。由于大量生产方式的特点是根据市场需求的预测进行存货生产，加之追求规模效益，所以在制造过程中，最终产品及生产流程的各个环节都会出现过剩生产的现象，从半成品，直至产成品都会有过多的生产，尤其在需求发生变化或减少时表现更为严重。

第三个层次的浪费是过多的库存。过多制造的产成品、半成品不能及时销售，或者投入下一阶段使用就会导致库存。不仅仓库的存储大量积压，而且工厂或车间生产现场堆积的材料、在制品等也会大量存在。这会引起流动资金的大量积压、资金周转速度减慢，从而导致资金占用成本及机会成本上升。

第四个层次的浪费是由于上述浪费引起的各种费用的增加。例如：过多的制造会产生工时费用的浪费；过多的库存会需要仓库空间、保管费用、搬运费用的增加，以至于物料或产品的维护及损坏的损失费用增加。

这些现象在市场需求充分、个性化要求不强的环境下，问题表现得可能不是很突出，因为即便发生一定产品及半成品的积压，可能一段时间后还会销售或使用，或者说通过一定的促销(如降价)也会销售出去。但是这样的管理思维导致的浪费现象，在市场需求低增长、多样性需求较强的环境下表现会很突出，不仅库存积压的浪费存在，而且会发生由于市场需求的变化，导致库存没有用途，即死库存的现象。

通过上述对浪费的发生，以及传导过程的分析(见图1-3右侧的路径)可知，从第二个层次开始的浪费其根源都是由过剩制造引起的，只要杜绝流程中所有环节的过剩制造，后面三个层次的浪费就不会发生。因此，丰田体系降低成本的一个核心理念，或突出特点就是，坚决消除过剩制造(包括过多和过早制造)，实现与销售(需求)速度一致的生产，也就是后来被称为准时制生产的一种模式。这样一来，就可以消除上述第二个到第四个层次的浪费现象，也就是可以杜绝由于过剩生产导致的各种浪费，进而降低成本。

由于流程中无论哪个环节发生过多或过早地制造，其结果都会表现为库存的上升，如材料库存、在制品库存或产成品库存，实际上各种浪费的直观表现多为库存。这种库存的积压产生的浪费是巨大的，在企业实际的流程运行过程中，大量库存的存在不仅会占用大量流动资金，增加仓储面积、保管运输费用，以至于物品丢失损坏的风险，还会掩盖流程运营过程中存在的问题。例如：计划排产不科学，流程各环节衔接不好；设备维护保养不好，故障多发；物料供应不及时，等待供货；质量不稳定，废品率过高；作业标准不完善，不能按时完工；等等。所有这些存在的问题，如果有较多的各种库存，都可以用库存的原材料、半成品或产生品来应对。也就是说，库存的存在可以掩盖各种需要改善的问题，导致存在问题得不到及时的解决，并且会反复发生相同的问题，这样导致的浪费损失会更大。

毫无疑问，根据生产运营管理的知识也会知道，库存是有其正面作用的。例如：可以平衡供求间的时间与空间上的差异；可以集中批量生产或采购，得到规模效益；可以防止意外发生，保证生产连续等。但是，过多的库存导致的浪费，无论是对某一个企业，还是对整个社会资源，其浪费都是巨大的。而且，在传统管理思维的大量生产体系下，存在导致库存过多的机制，因为，人们总会认为库存是必需的，多一点会防止意外，可以保证生产与供货，保证满足客户的需求，即便有些积压通过促销等措施也会逐步消耗的。丰田体系的核心要点就在于改变这种思维模式，坚决杜绝过多库存的现象，而且发现在减少了库存后，各种掩盖的问题充分地暴露出来了，这样可以逐步地分析原因加以改善，使问题得到彻底解决（见图 1-3 左侧的路径）。实施准时制生产，不仅可以消除库存，减少浪费，而且可以充分地暴露存在的问题，可以更长久、彻底地减少浪费现象，可谓是一举两得。

但是这里还存在一个问题，即如果企业存在产能过剩怎么办，也就是第一个层次的浪费如何处理的问题，这也是现实很多企业面临的难题。丰田（大野耐一）的主张是，如果产能确实存在过剩，宁可让其空闲，也坚决不过多生产，否则不仅生产出来的产品有可能卖不掉，还会产生后面几个层次的浪费现象。但这样一来，会出现资源（设备）利用率降低的问题，与传统的管理思想不同，这需要有一个观念的转变，需要管理层有决心，或许这会更艰难。当然，如果市场趋于稳定，企业长期的产销平衡下来，一直有过剩的产能存在，就应该逐步调整。

三、丰田生产体系的实现路径

根据前面的分析可知，丰田生产体系有两个核心的要点：一是多品种柔性生产，因为市场需求不允许实施单一品种的大量生产；二是准时制生产，因为只有实现与需求同步的生产，才能减少系统中的库存，彻底消除浪费来降低成本。那么接下来需要进一步解决的问题就是：如何实现多品种条件下的准时制生产。

大野耐一通过分析认为，大量生产体系中过多库存发生的根本原因，主要是生产系统过多或过早地生产了产品。因为，大量或批量的存货生产方式，是根据需求预测进行计划并安排生产的，是在需求发生之前进行生产（提前生产）的。因此在需求发生变化，多样性需求较突出时，很难保证产销的一致，必然会导致库存的发生，有时甚至会产生非常严重的库存积压，导致前面分析的各种浪费的发生。因此重要的是，一定要改变这种运营模式，实现与需求一致的准时制生产。需要指出的是，这里所说的准时制生产，不同于订货生产，因为订货生产是在订单到达后再进行产品的生产（事后生产），顾客需要等待一个交货提前期，而且有时这个提前期还很长，所以订货生产并不是准时制生产。

准时制生产的宗旨是：在需求发生时，生产出与需求相同品种与数量的产品。这是一种既不同于存货生产，也不同于订货生产的运行模式。实现方法是：借鉴超市的运行模式，在产品被销售后，进行补货与生产的运营模式，也就是产品被卖掉多少，再补充生产多少，这样就不会发生库存积压，也就是根据实际需求来驱动生产流程，如图 1-4 所示。

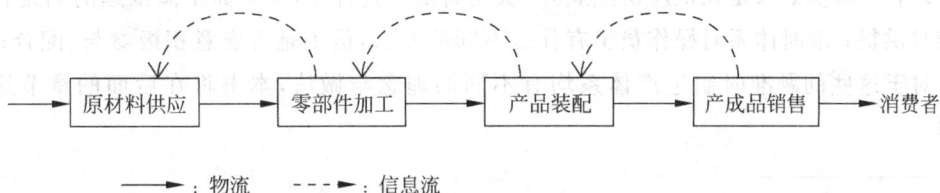

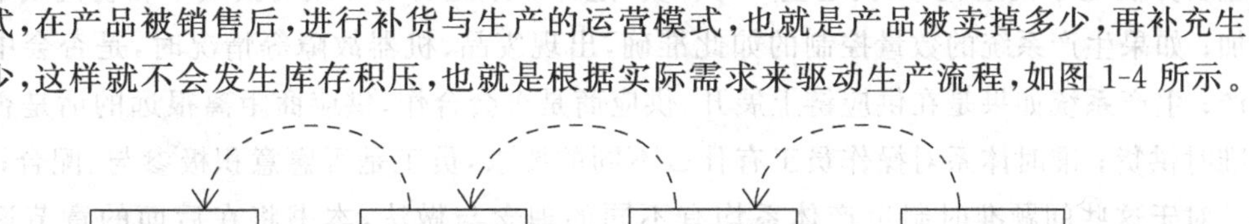

图 1-4　准时制生产系统运行流程

其具体的方法与规则是：在最终产成品被卖掉时，零售部门将实际的销售信息（品种和数量）传递给生产系统的终端（装配阶段），生产系统按此信息补货给销售环节（假定是超市），以备之后的销售使用；同时生产系统再安排生产被送出数量的产品，以备下次补货使用；装配阶段在进行产成品组装时，需要使用各种零部件，此时，组装工厂要将消耗掉的零部件的信息向前传递给零部件加工阶段（有时可能是供应商），前阶段的加工环节要对消耗掉的零部件，根据后阶段的实际消耗数量，进行补货并安排生产相同数量的零部件，以备下次补货使用。依此类推，实际的需求信息沿着生产流程（或供应链）逐阶段地向前传递，而产成品、零部件、原材料等物流，则沿着生产流程或供应链逐阶段地向后传递，生产流程则会达到与需求同步的生产，市场需要多少产品就生产多少，就不会产生过多库存。这种运行形式类似于用需求信息将生产流程拉动起来，所以被形象地称为**拉动式生产**。相对于此，按预测进行的提前生产模式，被称为**推动式生产**。

一个问题或疑问是：这种拉动式生产究竟能够多大程度地实现准时性，是否还有库存存在。其实，在拉动式生产系统中，需要存在一个起始的最小数量的库存，也就是它并不是零库存，这个起始的最小库存数量取决于流程环节间的补货间隔时间。例如：如果销售环节每天向生产环节发送一次补货信息，也就是每天补货一次的话，则最小的起始库存就是一天的销量；同样的道理，装配环节如果每天向零部件供应环节发送一次需求信息，零部件供应商每天给其送货一次的话，则装配环节就需要有一天消耗量的零部件库存。所以，库存降低到什么程度取决于补货的间隔时间。目前不只丰田公司，许多实施精益生产的汽车企业，零部件的供应商采取一个小时补货一次的实例已经很多（有些大型部件，如发动机、座椅等甚至供货间隔更小）。所以，库存可以降到一小时的需求量，如果不考虑安全库存的话，应该说效果很可观。丰田体系追求的目标是一件一件地补货与生产，即所谓的一个流生产[①]。当然这是一种理念，但对于一个年产十几万辆或几十万辆的企业而言，如果实现存货只有一个小时的需求量，应该说已经接近零库存，所以也有人将准时制生产体系称为**零库存生产**。

另外，拉动式生产体系的运行会带来许多新的问题。例如：如果要能够很好地实现准时制生产，需要准确、及时地将实际的需求信息反馈到生产系统的各个环节；准时制生产是根据实际的需求信息进行的，是否还需要制订生产计划；准时制生产体系降低库存的主要方法是小批量、多频次地生产与补货，这样一来是否会导致转换成本和物流成本的增加；如果生产系统的数量控制的如此准确，出现废品、机器故障等情况时，是否会中断生产；生产系统如果是在供应链上展开，供应商是否会合作，供应商距离很远的话是否可以准时供货；准时体系对操作员工有什么不同的要求，员工是否愿意积极参与、配合；等等。对于这些问题准时制生产体系均有不同的理念与做法，本书将在后面的章节逐步讲解。

---

① 注：一个流生产是一个形象的比喻，也是一种流程运行的状态描述，详细的讲解见第六章。

第三节 精益思想及体系

丰田创立的准时制生产体系(just in time,JIT)是从20世纪50年代初开始,经过长期不断地探索、改善逐步建立起来的。在70年代初第一次世界石油危机发生后,其充分显示出了它的优越性。尤其是进入80年代后,日本制造的产品开始大量进入各国市场,日本制造业显示出来的竞争优势开始受到关注。

20世纪80年代中期,美国麻省理工学院领导组织了一个称为国际汽车计划(IMVP)的研究机构,开始了对丰田生产方式的系统研究。经过长期、大量的调查研究发现,准时制生产与大量生产最根本的不同在于,前者是一种更能适应市场环境,更节省资源投入,以更少的浪费、更低的成本运行的生产体系。

同时,无论是企业界还是学术界,都一直在研究这种产生于日本汽车制造业的新型制造模式,其核心优势究竟来源于什么,技术与方法是否也适合于其他产业或国家,这也是将准时制生产方式理论化,形成精益思想的原因。

一、精益思想的形成

在丰田公司建立的初期,即20世纪的三四十年代,大野耐一听到有人说,日本与美国的生产率之比是1∶9。1945年战后时期两者比例是1∶8。那么,也就是说,要赶上美国的生产率水平是非常困难的事情,等于要让10个人去做100个人做的事情。但大野耐一认为,总不会是在体力上,美国人付出了10倍于日本人的力气吧。可以肯定地说,日本人在某些方面有巨大的浪费。只要杜绝浪费,生产率就有可能提高10倍[①]。这其实是丰田生产方式的出发点,也是丰田一直努力想实现的。

生产率是一项衡量企业运营总体效益的指标,可以表达为如下公式:

$$生产率 = 产出 / 投入 \tag{1-1}$$

根据以上大野耐一对生产率的分析,以及丰田的实际做法,丰田体系提高生产率的思路并不是单纯地追求提高产量,而是通过减少浪费来减少投入。通过公式(1-1)可以明显看出,即便不增加产出,只要减少投入,同样可以提高生产率。

同时,大野耐一对当时丰田生产系统的状况做了分析,指出由于各种原因,流程中存在很多不必要的作业,以及过量的生产导致的浪费现象(见图1-3),如果用一个概念性的公式来表达,可以表示为如下的公式[②]:

$$\begin{gathered}现在的能力 = 工作 + 无效劳动(浪费)\\(作业 = 劳动 + 无效劳动)\end{gathered} \tag{1-2}$$

实际上,公式(1-2)是说明企业目前投入的资源形成的生产能力,做了两件事情:一是有用的工作;二是无用的劳动,是浪费。因此,大野耐一认为,只有使无效劳动(浪费)成为零,而使有用工作的比例接近100%,才能真正提高生产率。因此,丰田生产体系一

① 参见[日]大野耐一.丰田生产方式[M].北京:中国铁道出版社,2014:5.

② 同上书,23页。

直追求消除流程中存在的各种浪费现象，以尽可能少的投入来完成生产、满足市场需求的目标。这其中当然也包括对劳动力数量（人员）投入的减少，也就是丰田所说的“少人化”，这点我们会在后续的章节讨论。

前文已经提到过，对一个企业而言，最大的浪费是库存，因此，丰田体系以准时制生产为手段，以消除浪费、降低成本为最终目的，也就不难理解了。也就是说，在生产系统产出（产品的数量与质量）相同的条件下，投入的资源更少，运行的成本会更低。即这种生产体系并不是靠扩大生产规模来获取效益，而是靠节约资源、减少投入、降低成本来增加效益。同时，市场的实际情况也表明，日本制造业的产品质量也是非常优良的，对市场的适应性也更好，尤其在1973年第一次石油危机发生后，因人们更关注能源的消耗问题，日本的汽车体积小、节能的优势也就更有竞争力。所以生产的规模实际上也在不断地扩大。

国际汽车计划研究组织广泛、深入地调查了丰田企业内部的运行发现，准时制生产完全改变了大量生产的管理模式，实施准时制生产不仅仅是技术手段，更是消除了一直困扰大量生产体系中库存积压的问题，同时，通过不断的改善消除了一直隐藏于生产流程中的各种浪费现象，这是大量生产体系最严重的缺陷。甚至某种程度上可以说，相比较而言，大量生产体系是一种大量生产、大量消费、大量消耗的生产模式。

所以，国际汽车计划组织在其后出版的《改变世界的机器》一书中认为，产生于丰田的这种准时制生产体系是一种更节省、更精细化管理的生产方式，将其称为精益生产（lean production）方式。主要意图是强调这种生产方式的投入低、浪费少的特点。同时，也指出了传统的大量生产体系，存在大量投入与消耗的严重浪费现象①。

精益生产的概念一提出，就得到了广泛的认同，也进一步推动了对准时制生产体系的学习与应用。直至今天，丰田公司一直将自己的生产体系称为丰田生产方式（toyota production system，TPS），或丰田生产系统。所以，丰田生产方式、准时制生产方式、精益生产方式，三个名词一直都被使用，核心的技术与方法应该说没有什么实质的不同，精益生产的概念，主要是从更深入、更实质性的角度分析，将准时制生产系统的运行与传统生产系统比较，获得效益模式不同的角度认识生产方式。同时，精益思想更多的是提炼准时制生产体系中共性的技术与方法，以及思想性的管理理念，将产生于一个具体企业的管理思想、技术与方法理论化，通用化，从而具有更广泛的意义。

因此，国际汽车计划研究组织在其后的《精益思想》一书中，将前面讨论的准时制生产体系的核心思想与技术，如用拉动式生产流程实现准时性，通过减少库存消除浪费、充分暴露问题及不断改善等，进行了系统性理论的提炼，提出了如下的精益步骤。

（1）确定价值。正确识别、确定顾客的真实需求，不生产得不到顾客认同的价值的产品。这是准时制生产的核心理念，在实物的制造业，表现为不过多、过早地生产产品，就不会产生库存积压。但是如果仅停留在实物的理解上，非实物的服务业就不同了，所以，将实物的库存提炼为具有价值的产品，将不多生产实物产品，提炼为不生产得不到顾客认同价值的产品，则具有更广泛的应用意义。

（2）识别价值流程。对企业形成价值的流程进行描述、分析。无论是实物生产的制

① 注：关于大量生产方式是否一定会产生库存，而导致浪费的发生，请参考本章后面的案例来分析。

造业，还是非实物生产的服务业，向市场提供的都是具有一定价值的产品，而产品的形成过程都可以认为是一个流程。不过制造业的流程是运用机器、工具等改变实物加工对象的形状与性质等，服务业多是通过作业活动将服务（无形的产品）传递给顾客。两者在表现形式上是不同的，但其实质是相同的，都是一个价值形成的过程，即价值流程。在这个过程中是否存在各种浪费，以及如何发现、消除这些浪费，是精益生产的核心理念，所以说，识别、描述价值流程是发现问题的基础。

(3) 形成流动。使价值流程能够通畅地流动起来。价值流的流动发生不通畅，或者阻塞等，在实物的制造业表现就是库存，而在服务业的表现多是等待。例如，交通系统的拥堵现象，以及各种服务机构的排队现象等。所以，只有消除这些现象，才能让流程顺畅地流动起来，或者通过组织、改善流程，让流程顺畅地流动起来，从而更有利于消除如库存及排队等待现象。其实，福特发明的传送带式的流水线，更能说明这个道理，但是精益生产主张的是，整个系统内都能像福特的装配线那样，使加工对象一件一件地流动起来，也就是所谓的一个流生产，以达到最大限度地减少浪费。

(4) 拉动价值流。用顾客的需求将价值流程拉动起来。如前所述，在丰田体系实现准时制生产的方法是采取拉动式生产运行模式，这与传统的计划推动式运行模式不同，是根据实际的需求发生来生产并补货给销售（超市）。这里更强调的是按顾客的需求（实际需求）来生产，来拉动价值流。当然，具体的拉动式生产过程，还有许多具体的技术与方法，例如，众所周知的看板技术，将在第三章讲解，这里我们只是先从思想、理念上进行说明。

(5) 尽善尽美。对价值流程进行不断的改进，消除浪费。这一步实际上是精益思想的关键，因为丰田体系最根本的不同是，主张实施准时制生产后，库存会减少，流程中被掩盖的问题会暴露出来，然而采取措施将问题彻底解决，确保以后不再发生同样的问题，才能达到真正彻底地消除浪费的目的。但是如果问题暴露出来后不能得到解决，那将是灾难性的。因为流程精益后，没有多余的库存（或者冗余资源），问题暴露后如果不能及时解决就会导致系统停顿、瘫痪。所以，实施准时制生产需要有管理体系上的配合，以及面对问题的勇气，否则难以实现。

(6) 从头做起。反复精益生产的改进过程。精益思想的一个重要主张是，改善是无止境的，问题总会产生，改进总会有空间，只有不断地改善，才能不断地学习、进步，不断地发现新的技术与方法。所以丰田公司特别强调改善，不断改善，且是全体员工参与的不断改善。

二、技术系统与社会系统

无论是丰田创立的准时制生产，还是后来形成的精益生产理论，在学习时，不同的人会从不同的角度去理解，有时大家关注的是表面看得到的一些技术与方法体系，尤其是初步接触精益生产时，多半会关注具体的技术、方法与工具，如看板技术、5S 管理方法、快速换装技术、单元生产线、标准化作业等。但实际上，这些技术与方法都是比较简单易学的，基本没有什么深奥的机密。不过真正掌握并很好地运用它，却是十分困难的。这是为什么呢，因为这些方法、技术的产生及成功地发挥作用，还会有一些表面看不到的，但是对技术与方法体系的实现，甚至是不断地改进与创新，起到很重要作用的管理思想、制度体系、行为规范等方面的要素，也就是很多企业在学习应用时体会到的人的因素。而且，这些要素发挥的作用甚至更大。

同时，丰田公司特别强调持续改善，无论是技术与方法，还是流程与作业标准，都会对它进行不断的改进与完善。因为，企业外部环境在不断地变化，产品、工艺也在不断变化，总会有新的问题出现，只有不断地改善才能一直保持生产系统的活力，保持其优势。并且，丰田公司一再强调，这些才是产生生产方式优势的关键。而这些表面上看不到的要素，恰恰是学习与应用精益生产方式的难点所在。

所以，在此我们将围绕企业产品的制造过程（或者服务过程），所采用的工艺、作业等技术与方法，称为**技术系统**[①]，如福特的大量流水线技术，丰田的看板技术，以及与之配合的一些方法等。而将对应的一些管理思想、制度体系，以及行为准则类的内容定义为**社会系统**。当然这个社会系统蕴含的内容更深刻，我们在后续的章节会讨论。

因此，一个完整的生产方式应该是两者的结合，具体表现为流程、人员、方法三个要素的结合，共同相互作用达到生产方式的目的，如图 1-5 所示。

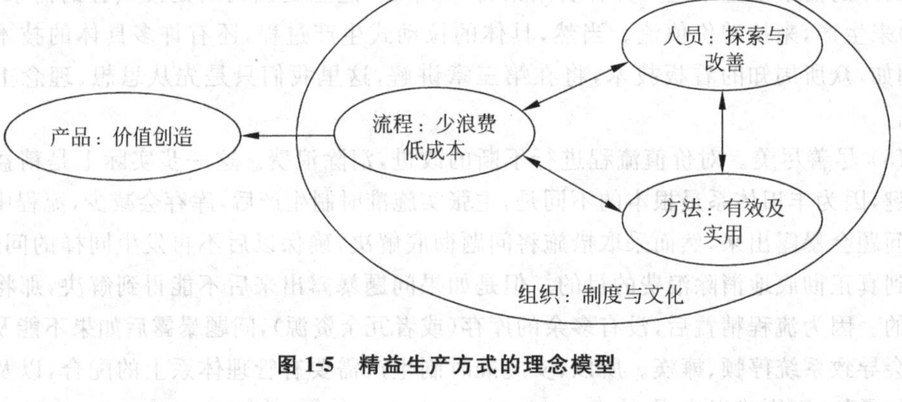

图 1-5 精益生产方式的理念模型

流程是实现精益思想的主要手段。不断地发现及改善流程中存在的问题，是丰田体系最核心的优势。精益体系与大量生产方式最大的区别，就在于以更少的投入、更低的成本生产出满足顾客需求的产品。而要实现这个目的，消除存在流程中的浪费是主要途径；同时，如前所述，丰田体系是一种多品种、小批量的生产体系，是一种根据灵活适应能力的生产体系，但是也是在流水生产体系中实现的，这就需要流程具有充分的柔性。因此对流程的组织与改善，是实现精益生产的前提。

方法是指完成产品的各种手段与技术等。严格意义上讲，也应该包括设备与工艺等硬件的技术体系，但这里更强调的是对生产流程进行的计划、组织与控制等方面的方法。如前所述，这些是大家在学习精益生产时较多关注的。从丰田生产体系的产生与发展，直到精益生产理论的形成，提出了许多较独特的方法与技术，有些是源于丰田汽车生产的实

① 注：这里所谓的技术系统，不是指硬件技术，或者说设备、工艺等专业性的技术，而是指在生产过程中可以直观地看到的技术，包括管理技术，如看板等。

际，这些方法与技术对丰田体系确实发挥了重要作用，但这里想特别强调的是，这些方法与技术是有一定的产生与应用背景的，学习时应更关注它产生作用的机理，以及方法与技术之间的相互作用，或者从系统性的角度去理解。

人员是指全体员工，尤其是参与现场作业的员工。丰田公司特别强调，全体员工参与现场改善，不断地发现存在的问题，不断地改进，永无止境。精益理论也将此作为主要的要素，如前面提到的，尽善尽美、从头做起，强调不断改善，反复循环。其实丰田体系中的许多方法，都是在这个过程中形成和完善的。也就是说，丰田强调的核心竞争力在于它的员工能够不断地探索新的技术与方法，不断地发现解决问题，使流程不断地完善。当然也包括企业的其他领域，不断地改进。这里的问题是，为什么丰田的员工能够具有这样的行为表现呢，或者说怎样才能让员工参与精益过程呢，答案在下面的要素。

最后一个要素是组织（或者说是社会系统），具体体现在制度与文化方面。多数企业在学习与应用精益生产的过程中，都会感到很难实现理想的效果，总结起来最后都会说是人的因素不行，而不是因为具体的方法技术十分复杂学不会，那么为什么会是人呢，这里面更深层的问题就是制度与文化。在图 1-5 中，所有其他要素，流程、方法与人员都是存在于组织的制度与文化中的，都是在一定制度与文化背景下产生与发展的。例如，丰田公司特别强调现场主义，认为对一件事情最有发言权的是做这件事情的人，所以他们会动员现场作业人员积极参与改善活动，而不是被动地执行。这与传统的自上而下的管理理念不同，传统的金字塔式的管理结构，是高层决策，中层监督，现场人员仅是执行，如发现什么问题，再逐级地向上级反馈，由高层组织，请专业人员或外部专家来解决，这其实就是一种文化，表现为管理的理念。另外，如大家所熟悉的，丰田公司一直采用稳定的就业制度，员工相对有长期在企业工作的保障，有利于员工积极地参与改善活动。

当然，这里说的制度与文化是指企业范围内的，并不是一个国家或民族，也就是说，不是强调发源于日本的精益体系，在其他国家很难应用①，而是想强调一种生产方式，需要一定的与其相适应的制度、文化背景，这是需要长期建设的。

本章小结

本章主要从生产方式演进的角度，对精益思想及精益生产体系的形成，进行了讨论与分析。说明了由于市场环境的变迁，以及技术手段的不断进步，企业内部的制造技术及生产方式在逐步地发生变化，也有学者将这个过程称为生产系统的进化。精益思想及精益生产的产生与发展正是这样的过程。大量生产产生于 20 世纪初，是当时的市场环境，以及技术基础所导致的，同时，随着大量生产的发展及普及，逐步形成了与其对应的管理思想，即基于规模经济与科学管理原理的大量生产原理。

同样，准时制生产的产生，也是在当时市场环境下出现，并且逐步得到完善与发展，后来经过理论化被称为精益生产，这种生产体系同样产生了与其对应的，不同于大量生产管

---

① 关于这一点，请参见韩健杰. 精益与民族文化无关——访管理大师詹姆斯·P. 沃麦克[J]. 当代经理人，2007(2).

理理念的思想、理念，逐步完善形成了精益思想。所以，本章的第一个目的，是想说明精益生产绝不仅仅是一些改进流程的工具与方法，而是一种先进的生产方式，是继大量生产之后出现的一种新型生产方式，是人类社会制造模式的又一次飞跃。这是正确理解精益生产的内涵。

本章第二个目的是要说明，无论是精益生产，还是大量生产，一种生产方式的形成与运行，既有比较表象的技术与方法体系，即本章中所说的技术系统，例如，在大量生产中的流水生产线技术，同时，也一定会有比较隐含的思想、制度、文化体系，亦即本章所说的社会系统。两者共同的相互作用生产方式才能成功运行。

并且，这一点也得到实践的证明。同时，对于想学习和运用精益生产方式的企业尤其重要。因此，本书给出了一个精益生产方式的理念性模型，有助于读者对精益生产的学习理解，同时，后续章节的讨论也是基于这样的思路进行的。

案例分析

库存为什么居高不下

会议室里的火药味越来越浓，董事长知道如果现在不出面调和的话，他手下的几员爱将会陷入争执中，生产经理、销售经理、各大分公司经理，各执一词，谁都有自己的理由。

董事长所领导的公司是国内叫得上号的男装，特别是西装的生产厂家。公司的经营战略走的是品牌之路，早在20世纪90年代初公司就设立了自己的男装品牌。现在，公司的主打品牌已经成为业内和消费者心目中的知名品牌。公司年销售额6.5亿元，日生产能力10 000套西装，每年开发30多个新品种。公司的生产线全部是从意大利、德国和日本引进的。在销售方面，总公司在全国有60多家分公司，1 000家专卖店。

让董事长有苦难言的是，大规模经营的一个负面效应是居高不下的库存量。按照公司的经营模式，公司自己的成品仓库、分公司的仓库、代理商仓库和零售店中的成衣都是公司自己的库存。仅总公司的成品仓库中就有将近40 000套，这只是总库存量中的一小部分，散布在分公司和零售店的库存总和竟然高达4亿人民币，相当于大半年的销售收入，计划、生产与销售，不可调和。

销售经理振振有词："我们的生产有问题，生产计划是根据每年的订货会来制订，从采购面料到生产、再把货运到分公司及零售店要历时两到五个月。我们在生产半年后需求的成衣，但半年后我们生产的成衣却不是客户所要的。例如，某款1万件成衣，只能卖出去1 000件，9 000件成了库存。现在，我们全国有1 000多家专卖店，每个专卖店都有款式出现了不同程度的压货，这样一来，库存怎么下得去。"

生产经理急了："大家也知道生产部下面的计划科做计划是按照三种依据：根据每年三次的订货会确定年生产计划，再根据分公司的日报表和月报表调整生产计划。如果我们不按照订货会生产的话，分公司来提货提不到，他们又要抱怨。而且分公司信息的反馈又不是很准确，再加上我们靠手工做计划，计划当然不可能很细化和准确。"

这下矛头指向了分公司经理，华东地区分公司经理沉声道："信息反馈的速度慢和不准确这是手工管理造成的必然后果。现在都是靠人工盘点，数据人工输入。而且再订货的方式是通过传真、打电话等方式，确实很难控制。”

董事长意识到这个问题已经很严重了，不是哪个部门的错误了，而是产品需求预测准确性的问题，计划、生产和销售的矛盾，不仅造成了大量的库存，减慢了资金流的速度，还直接导致了客户服务质量不高，对客户要求的响应慢。这对于走品牌路线的服装公司来说是非常不利的。董事长希望有方法来帮助他协调企业内部和外部的诸多矛盾。

资料来源：作者根据网络资源整理。

讨论

(1) 你认为这个服装企业的库存问题，产生的根本原因是什么？

(2) 如果引进一个先进的信息系统，加强预测与计划的科学性，是否可以消除这个企业中的库存问题？

(3) 你有一个好的解决方案吗？

第二章 准时化与精益流程

一个卓越的流程可以成为企业获取竞争优势的战略性武器。同时，流程又是企业一项非常基础的要素，无论是生产一件产品，还是做一件事情，都会有一个依据客观逻辑的实施步骤，这个逻辑步骤其实就是流程。只不过在现代化的企业中，生产流程是由组织内部分工协作完成的，并且需要投入大量的设备、设施、工具、人员等多种资源。因此，作为一个企业有组织地生产产品（或提供服务），应该如何组织好这个流程，让生产流程的工作效率更高，出产的产品更能适应市场需求，投入的各种资源更节省，运行的成本更低，也就是如何具有一个卓越的流程，一直是企业面临的一个难题。丰田公司创建的准时制生产方式，之所以被研究者称为精益生产，也正是因为其流程是卓越的。

福特公司建立的大量生产方式，在生产流程组织方面的核心技术，就是发明了传送带式的流水生产线，实现了生产流程的线性化及流动性，大幅度地提高了生产效率，可以说是第一次让生产流程流动起来的生产方式。但是由于当时的市场环境，采取的是少品种的大量生产方式，流程的运行逻辑是存货生产模式。与福特方式相比较，丰田公司创立的准时制生产方式，是多品种、小批量的柔性生产流程，这主要是由于当时丰田面临的市场需求是多样性的，这种模式可以满足其多样性的市场需求；同时，它又特别强调实现与需求速度同步的准时化生产，以消除过多库存积压导致的浪费。

所以，丰田的生产流程不仅要准时化，而且还要柔性化、多品种生产。这与福特的大量生产方式明显不同。但是，两种生产方式都发生在汽车制造企业，流程的组织形式都是采取流水生产线，各自都有长处，只是运行逻辑是不同的。正如大野耐一指出的，丰田生产方式同福特生产方式一样，基本形式是流水作业。但丰田生产方式是“小批量多品种”，而福特生产方式是“大批量少品种”。丰田生产方式和福特生产方式都有自身的优点，并且都在日日求新与改革，无法下结论说哪一个更优秀，但是我个人深信在低增长的时代，丰田生产方式较为合适①。

此外，一提到丰田公司的生产流程，大家可能都会想到它是以低成本、消除浪费为明显的特点的。但如果进一步分析，对于一个企业最大的浪费是什么，你就会明白，丰田为什么一再强调准时制生产，因为生产过剩、产品积压才是最大的浪费，也是一个企业致命的问题。而福特公司当时的市场环境不存在这样的问题，但丰田不同，它面临的市场环境不允许它采取与福特公司相同的方式生产，因此它要实现准时制生产，要精细化生产流程。

作为精益思想或精益生产的基础，或者说获取优势的重要技术系统，精细化的流程是其核心技术。所以，本章从流程的组织形式，以及运行逻辑两个方面，讨论精益化的生产

---

① ［日］大野耐一．丰田生产方式［M］．谢克俭，李颖秋，译．北京：中国铁道出版社，2014：104.

流程是如何实现的。尽管精益思想从理论上对丰田生产体系进行了提炼，形成的理论与方法已经超越了具体的汽车制造流程，但是，无论是思想的提炼，还是核心技术与方法的总结，都来源于丰田的准时化生产体系，并且基本上是将其原理抽象化、通用化，使其能够更加广泛地应用。所以，本章首先从准时制生产体系流程的特点，生产流程组织与运行的基本原理出发，分析精益化的流程是如何实现的。

第一节　流程的目标与特点

大野耐一之所以认为在低增长的市场环境下，丰田生产方式更适合，应该是基于市场需求特性的考虑。因为市场发展到一定水平，增长速度会放慢，需求必然表现为多样性，这一点已经被社会发展的实践所证明。在一个需求是多样性的市场环境下，如果采取单一品种的大量生产方式，是无论如何也不可能实现准时制生产的，一定会发生库存积压，这也正是大量生产模式的局限性所在。

丰田的决策者发现了这个问题，因此，丰田生产体系的定位就是多品种生产。实际上在丰田公司战后刚刚恢复生产汽车时，1950 年以丰田英二为首的一个考察团，就访问了美国的汽车企业，其中包括福特当时最先进的、坐落于底特律的红河工厂。当时丰田公司还很弱小，而红河工厂可以说是效率最高的工厂，丰田英二等人对该工厂进行了非常详细的考察，也认为其生产系统确实非常先进、高效。但丰田的决策层很清楚地认识到，这样的生产方式不适合日本，其原因就是如前面论述过的，大量的单一品种生产，在日本的市场环境下是行不通的。

同时，大野耐一通过对大量生产过程的观察、分析发现，单一品种大量的存货生产运行模式，流程中存在的浪费现象比较严重，无论是过多的库存，还是过多的资源投入，最终都会导致流程运行成本的上升，究其原因，主要是大量存货生产的管理思维模式，会引发生产的过剩，也包括资源投入的过剩。所以，他提出准时制生产的运行模式，意图是通过生产与需求的同步，来消除过多库存，并进一步将准时制生产深入流程的全过程，让流程（或供应链）的每个环节都实现准时制生产，这样不仅可以消除各种多余的库存，以及过剩的资源投入，而且可以充分暴露导致浪费发生的问题，并采取对应的措施，彻底消除产生浪费的根源。这一点更为重要。

实际在当时，丰田的生产体系是很落后的，不仅不是精益生产体系，就连大量流水生产体系也没有很好地实现，许多加工过程还是采取相同的机器布置在一起，工人也多是单一岗位技能的操作，产品采取批量地生产，流程中的浪费很大。因此，大野耐一提出以减少浪费来提高效率，并不是他看到美国的大量生产系统的浪费严重，而是他们自己的生产系统浪费非常严重。而且，在刚刚推进准时制生产方式的一些方法时，也遇到人们思维模式上的巨大阻力。例如，看板的使用、多岗位操作的实施、小批量生产等，都受到现场操作人员，以及现场管理人员的抵触，因为他们已经习惯了原来的工作模式。所以，准时制生产的思想及相应的生产系统的建立过程，不仅仅是方法的发现及应用，更是人员的思维模式的转变，而这个过程是缓慢的。

另外，在学习与应用精益生产时，大家首先关注的多半是流程的准时化特征，即采用准时制生产的模式以减少库存，同时可以暴露问题消除浪费。但实际准确地理解精益生产流程的特点应该是，在多品种生产的条件下实现准时制生产，也就是流程要具有柔性。因此，应该说，多品种与准时化是精益生产流程最基本的两个基本特征。

任何企业的生产系统都会存在两个基本目标，即满足需求与降低成本。如我们一再提到的那样，丰田公司在建立汽车生产体系时，面临的是一个多样性需求的市场，在这样一个市场环境下，唯一的选择就是多品种生产。同时，如果不实施多品种生产就很难实现准时化生产，试想一个大量生产单一品种的流程，如果想实现准时制生产，那么就会出现流水生产线开开停停的状态，除非市场需求是非常平稳的。

但问题是，丰田的生产体系也是采用流水线技术生产的①，在一个流水生产线（生产系统）上实现多品种生产，并且要实现准时化生产，首先应该实现生产系统的柔性，也就是品种与产量可以随着需求灵活地变化，否则的话，大家很容易想到准时化就很难实现。因此，生产流程的柔性化，可以说是丰田体系的一个重要技术前提。这里我们将精益流程的两个基本特点，以及力求实现的目标、各种主要要素的关系，构造成一个简单的精益生产流程的运行原理模型，如图 2-1 所示。

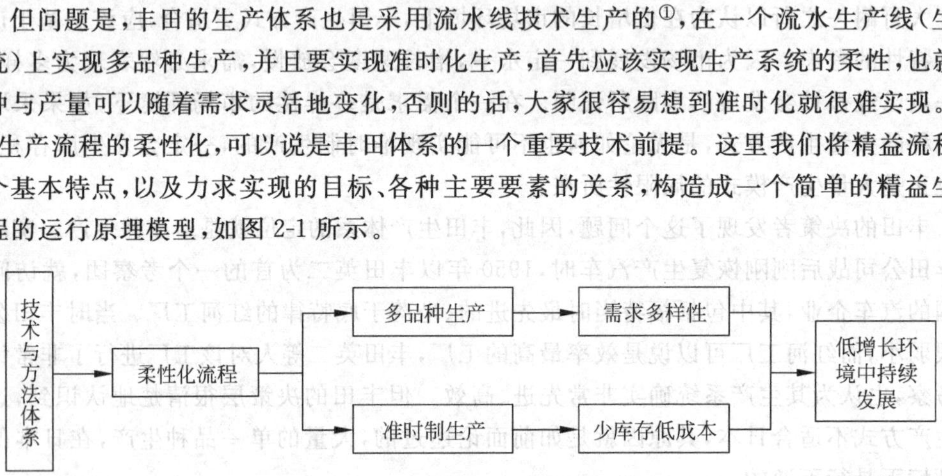

图 2-1 精益生产流程的运行原理模型

需要说明的是，无论是丰田的生产体系，还是从精益思想的角度理解的精益生产，都是一个比较庞大、构造复杂的系统，其中还包括许多内容、技术与方法，很多书籍也从不同的角度对此进行描述。图 2-1 的精益生产流程的运行原理模型，只是从流程的组织与运行的角度，简单地将精益流程的目标与主要特点表现出来，力图建立一个精益流程的基本概念，其实具体的技术与方法是非常多的。实际上，为了实现上述流程的目的，丰田公司开发了一系列的技术与方法。例如，看板系统、快速换装技术、自働化系统、5S 管理、可视化管理、标准化作业等。这里我们暂时将其归纳为技术与方法体系，而这些技术与方法的作用、相互关系将在后续章节逐步讨论。

另外，这个简单模型强调的是：准时制生产方式一个重要前提是低增长、多样性需求的市场环境。也就是说，如果福特体系建立时供不应求的市场环境仍然存在的话，大量生产方式仍然是最适应的，这也是大野耐一所说的"丰田生产方式和福特生产方式都有自身的优点"的原因。当然自从 20 世纪 70 年代开始，这种市场环境已经逐步消失，目前大部分国家的市场环境已经是低增长、多样性需求。我国的市场经过 30 多年的发展，也逐步进入这样一个环境，所以学习应用精益生产方式的意义也就很清楚了。

---

① 关于这一点，在汽车产业基本上是采用流水线生产，所以本章还是基于流水生产线的组织原理，进一步讲解实现准时化生产。

第二节　准时制生产的运行逻辑

简单地理解，准时制生产就是使生产与需求同步进行，出产的产品恰好等于需求，在时间与数量上都与需求一致。但是这样的准时化生产理念是否能够实现，进一步地说是如何实现的，一直是许多企业在学习与应用精益生产实践中的一个难题。

一、生产与需求的协调模式

从协调生产与需求的角度分析，准时制生产实际上是一种新的流程运行逻辑。在经典的生产管理理论中，根据企业如何协调生产与市场需求之间的关系，将生产体系的运行模式分为两大类，即存货生产与订货生产。

存货生产（make to stock，MTS）模式的运行逻辑是：企业根据对市场需求的预测，确定未来一段时间需要生产的产品品种、产量，并在顾客实际需求发生之前组织生产（提前生产），生产出来的产品放在仓库（或零售店）等待消费者来购买。所以称为存货生产（也称为预测生产）。存货生产模式的运行逻辑如图 2-2 所示。

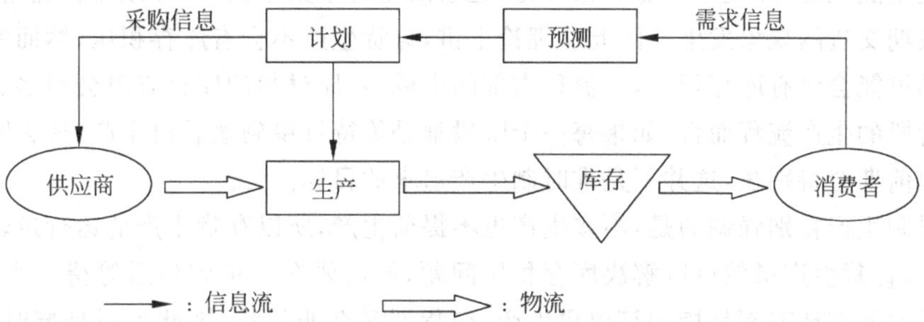

图 2-2　存货生产模式的运行逻辑

在上述运行逻辑中有两个关键点：预测与库存。推理可知，预测如果准确产品都会卖得出去，不会有积压或者缺货；反之，预测如果不准确，产品或者积压或者缺货。因此，存货生产运行逻辑，在市场需求比较稳定，或者持续增长的市场环境下，是比较适合的，不会发生较大的库存积压。但在市场需求不稳定，数量变化较大，尤其是经济下滑需求减少时，产生库存或者说发生库存积压现象是很难避免的，因为无论采取怎样的预测方法，预测终究会有一定的误差，需求不稳定的话，这种误差会很大，这也是大量生产模式会产生过多库存的一个根本性的原因。

当然，在经济高速发展、市场需求持续增长的环境下，库存的积压现象不严重，即便是有些积压也是一时性的，经过一段时间后，或者采取一定促销策略后，存货仍然可以卖得出去。更多的情况是供货不足，企业会不断地扩张规模、提升产能，这正是存在过多资源投入导致浪费产生的原因。所以，大量的存货生产模式在经济高速发展时期，存在的负面问题不严重，且生产效率高的优势能够更好地发挥。但是在经济低增长，市场需求多样，数量变化较频繁的环境下，其负面的问题，如库存积压导致的浪费就会充分暴露。这也是大野耐一认为在低增长环境下，丰田生产方式更适合的道理。

与存货生产对应的是订货生产(make to order, MTO),它的运行逻辑是:企业是根据用户的实际需求(订单)组织生产的,无论是品种、数量还是交货时间都是确定的,生产是在需求确定后(事后生产)进行的。所以称为订货生产(或订单生产)。订货生产模式的运行逻辑如图2-3所示。

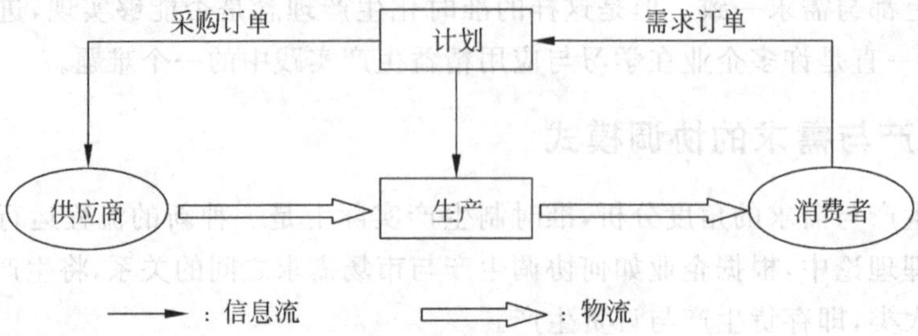

图2-3 订货生产模式的运行逻辑

在订货生产环境下,显然不存在库存问题,但订货生产是事后生产,顾客要等待一个交货期才能拿到产品,并且,按订单生产的企业内部流程的组织多半不是流水线,加之订单的到达是随机的,即便生产能力很充分,也会发生订单集中到达,导致流程拥堵、订单排队不能按期交货的现象发生。因此从理论上讲,订货生产不会有库存积压,然而实际情况是产成品可能会没有库存积压,但流程内部的半成品、原材料的库存有时会很多。而且对一个多阶段的生产流程而言,如果每一个阶段都是等待订单到达后再生产,那么顾客等待的交货提前期会特别长,这并不是准时制生产追求的目标。

准时制生产特别强调的是,不多生产也不提前生产,所以存货生产的运行逻辑不是准时制生产,订货生产虽然可以解决库存积压问题,但需要在订单到达后等待一个交货期,如果流程的所有环节都是接到订单再生产,交货期又会非常长,因此也不是准时制生产。这里特别需要说明的是,企业在实际学习准时制生产时,有许多人认为准时制生产就是无库存,而订单生产不会产生库存,就是准时制生产,其实这是一个误区。

所以,从流程运行逻辑的角度分析,准时制生产,既不是存货生产,也不是订货生产,而是一种新的生产系统运行模式,是让流程运行的产出与投入,与需求的品种、数量和时间完全一致。这里所说的产出,不仅包括流程最终产成品的出产,也包括流程(甚至供应链)中间环节的出产。例如,对汽车生产企业而言,不仅最终的整车出产是准时的,而且中间各种半成品(零部件)的出产也是准时的。同样,各个阶段的投入也是准时的。准时制生产模式的运行逻辑如图2-4所示。

需要说明的是,这里只是为了用运行逻辑的道理来说明准时制生产理念,图2-4表示的是一个比较简单的描述,其中,用虚线表示的产品出产及消费者的购买,表明的是两个活动的行为,而不是时间长度,应该理解为两者几乎同时发生,所以在图中用虚线表示,来说明生产活动的准时性。对于多阶段流程的不同环节,或者供应链的各个阶段,准时化的概念是一致的,这时可以将链条的后端环节理解为需求方,前端理解为供应(生产)方,可以将上述逻辑逐级地向前推进,直到流程或供应链全体。

当然,究竟如何实现这个逻辑,如同存货生产模式的运行一样,关键技术是预测与计

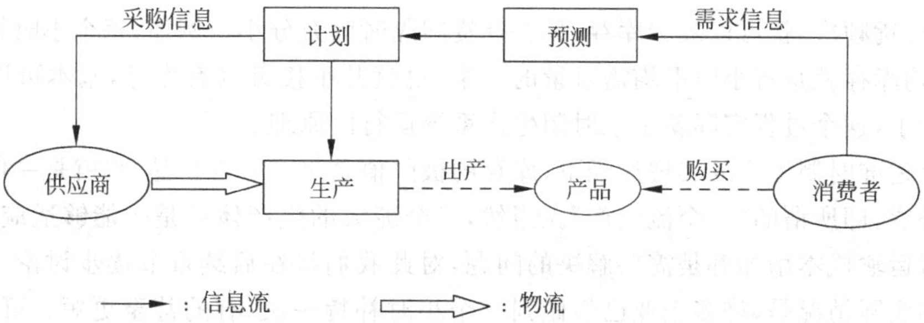

图 2-4 准时制生产模式的运行逻辑

划、库存控制；与订货生产模式的关键技术是订单评审、产能配置决策、订单排序一样，准时制生产也有适应运行逻辑的许多技术与方法。例如，看板系统、拉动式生产、均衡生产的计划技术等，这些内容及详细的流程运行方法将在以下逐步讨论。

二、拉动式生产

根据以上对生产流程运行逻辑的分析可知，准时制生产理念的核心，是使生产系统的出产速度与需求速度一致。但在市场环境下，需求是由消费者决定的，多数商品的需求是随机发生的，需求的速度也是无法控制的，所以实现生产准时的关键，在于如何控制生产系统的运行速度，使其出产的品种、产量、时间与需求一致。

看起来这是一个难以实现的难题，大野耐一根据对超市供货体系的观察得到启发，采取后补充的方式进行产品的生产与配送，也就是在流程的后一个环节（流程最后的环节是消费者）真正发生需要时，或者说实际消耗掉多少（产品或半成品），前面环节再补充生产多少给后面环节送去。类似超市货架上的商品，被消费者买走多少，再补充上架多少，货架上总是保持最小数量的商品。如果生产流程也采取这样的后补充方式，就可以将库存水平控制到最少，实现准时制生产。因为只要控制补货的频次（两次补货的时间间隔）最小，库存数量就会很少。例如，假设一个超市每天补货一次，那么简单推理，超市商品的最高库存就是一天的销量，如果可以半天补货一次，最高库存水平就是半天的销量。所以，在这样的补货模式下，库存水平就取决于补货的频次，或者说每次的补货数量。这时库存水平的变化规律与经典的库存管理理论中控制模型是一致的，如图 2-5 所示。

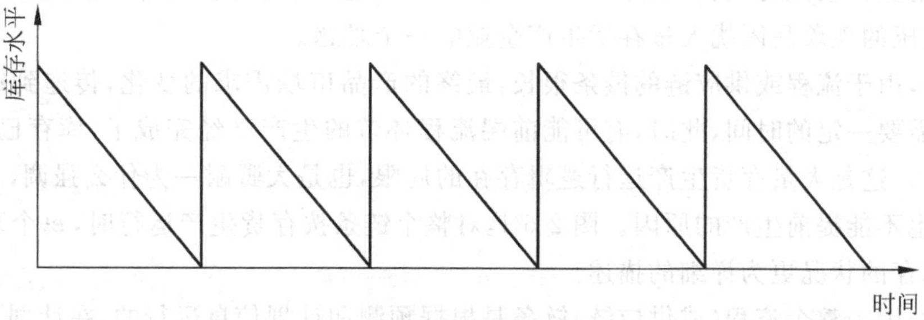

图 2-5 库存水平与补货频次、批量的关系

根据库存控制理论可知，如果不考虑安全库存，只考虑上述周转库存的话，则平均库存水平就是最高库存量的 1/2。那么，只要降低一次补货的数量，或者缩短补货的时间间隔,增加补货频次,就可以减少库存,只要补货间隔时间充分小。例如,每个小时补货一次的话,平均库存就是每小时平均需求量的一半,也就几乎接近没有库存,基本可以实现准时制生产了,这个过程实际就是准时制生产系统运行的原理。

在上述准时制生产的实现途径下,库存的极限值是仅有一件物品,也就是一件一件地生产与补货,即所谓的"一个流生产"。当然,一个庞大的生产体系是否能够适应,是否会引起物流运输成本增加都是需要解决的问题,对此我们将在后续章节逐步讨论。目前企业应用的实际情况是,许多企业已经做到一个小时补货一次,有的甚至更短。可以认为,实现一件一件地生产与供货,也就是实现了无库存的生产,这正是精益生产追求的极限目标。

大多数产品的形成过程是一个多阶段的链条结构,其中两个环节之间的衔接,都可以看作是供求关系。例如,汽车的组装与零部件的生产,组装环节就是需求方,而零部件的生产就是供应方。这个链条如果是在企业内部完成一般称为流程,如果链条中的每个环节都是独立的企业,即链条全部业务是在企业之间完成,一般称为供应链。准时制生产所追求的是在一个流程或整个供应链过程中,所有环节的出产都是准时的,两个环节之间的库存都是最小的,这样才有意义。如果仅仅最终产品与市场需求之间是准时的,无库存的,其他环节仍然提前生产有库存的,那么高库存的衔接就失去准时制生产的意义。因为,这样仅仅是将库存向前推移,推给供应商了。

在图 2-5 表示的库存变化模型中,如果需求是稳定不变的,实际上按预测进行提前生产与准时制生产的区别应该不大,只是在库存控制理论中追求的不是无库存,而是库存成本最低条件下的经济批量,一次补货的数量是按经济批量确定的,当然这样的管理思路有其一定的合理性。但在需求不稳定,变化不断,预测误差较大时,两者的差别可就大了。

因为,在存货生产的运行逻辑中,一般的流程运行规则是,企业的生产管理机构根据对市场需求的预测,制订未来一定时期的生产计划,并在计划期到来之前,下达给流程的各个环节,各环节根据自己的存货、产能等情况,安排提前生产。产品(各种物料)出产后运送到下一个环节,作为中间库存以备下一个环节取用。

如前所述,存货生产模式对于库存数量的控制,普遍的做法是:采用经济批量方法,而经济批量的方法有一个重要的前提假设,就是需求平稳。因此,在市场需求发生变化时,尤其是变化较大时,实际的库存状况就会出现问题,缺货与积压都可能发生。但实际上库存积压的现象是困扰大量存货生产企业的一个难题。

另外,由于流程或供应链的链条很长,最终的产品市场需求的变化,传递到链条的最前端,还需要一定的时间,此时,有可能前端流程环节的生产已经完成了,库存已经形成,无法改变。这是大量存货生产运行逻辑存在的局限,也是大野耐一为什么强调,一定不能多生产,也不能提前生产的原因。图 2-6 是对整个链条按存货生产运行时,每个环节的衔接都有库存的状况更为详细的描述。

此时,因为整个流程(或供应链)链条是根据预测和计划信息运行的,在计划下达给各个流程的各个阶段后,各阶段马上执行,而且是在需求真实发生之前完成生产,并且将各阶段的出产物品(产成品、半成品)提前送给流程的下一个阶段,类似用计划信息将流程推动起来,所以被形象地称为**推动式生产**。

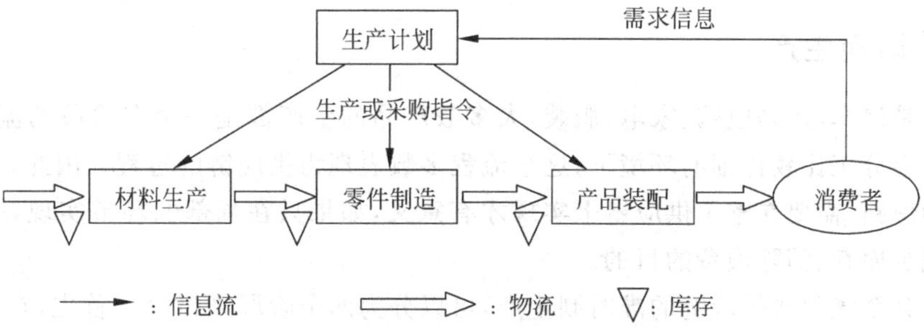

图 2-6　推动式生产（提前生产）的运行逻辑

丰田体系实现准时制生产的方法是：生产计划仍然是要编制的，仍然根据对市场需求进行预测，根据预测做出未来一定时期的生产计划，但计划的执行过程与存货生产不同。生产计划的最终执行，只是下达给流程的最后环节，对汽车企业而言就是产品的总装线。而流程或供应链的前端各环节，具体的生产时间与数量，都是根据流程后端环节的实际需求数据来进行的，类似对超市卖掉的商品进行补货。

例如，总装线的运行会消耗各种零件，这时总装车间会将各种零件实际消耗的信息通过一种叫作"看板"的工具，传递给零件加工车间，加工车间根据看板记载的信息（品种与数量）进行补货并生产。零件车间与前端环节，例如，材料生产车间的连接道理也是如此，这样逐步向链条的前端传递，驱动整个流程或供应链就会运行起来。这个过程类似用计划和看板信息将流程拉动起来，所以被形象地称为**拉动式生产**，运行逻辑如图 2-7 所示。

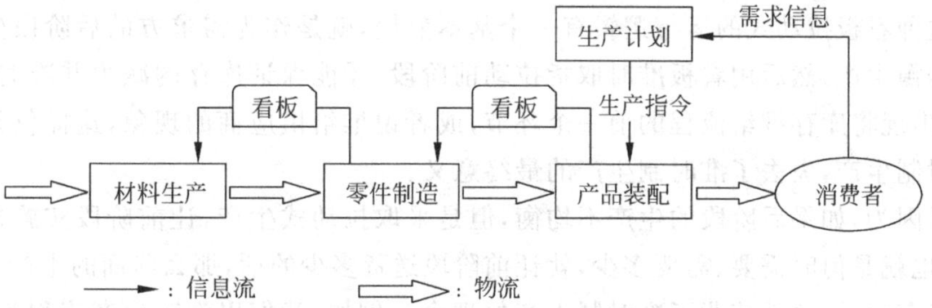

图 2-7　拉动式生产（准时制生产）的运行逻辑

结合前面对库存问题的分析来理解，实际准时制生产的理念是通过小批量、多频次的补货来减少库存，以到达不多生产的目的；通过拉动式生产的运行方式控制出产时间，以达到不提前生产的目的。两者结合起来就可以最终实现准时制生产的目标。当然，此时许多人都有一个疑问，即准时到什么程度。实际上是依据补货的频次可以小到什么程度确定的，极限的目标，或者说理想的目标是一件。

其中，运用的一种独特的工具就是丰田发明的看板，关于看板工具的具体方法，我们将在第三章详细讨论，这里想说明的是，看板的实质是一种信息传递工具，如果用超市的例子来比喻的话，它的作用是将实际被卖掉商品的信息传递给供应商。看板根据一定规则运用后，起到的作用是生产控制，与计划结合起来形成计划与控制系统，所说的拉动式生产就是用计划控制系统将流程拉动起来，让流程的运行速度与需求速度一致。通过比较图 2-6 与图 2-7 表示的两个运行模式，就可以清楚地理解准时制生产的特点。

三、均衡生产

无论是汽车，还是电脑、家电、服装，大多数产品的生产都是一个多阶段的流程，而且在目前社会分工比较详细的环境下，这个流程多数表现为供应链的过程。因此，上述拉动式生产的思路，需要在整个供应链上实现才有意义，如果只在局部的环节实现，就很难达到彻底减少库存、消除浪费的目的。

关于整个流程或供应链的准时制生产，可以分为两个阶段来讨论。首先，在图 2-7 所表示的供应链体系中，从消费者到最终产品的出产过程，也就是销售环节，其实这个环节不是通过看板拉动的，而是依靠计划来实现拉动式生产运行的。因为在销售渠道环节，消费者或者中间的零售商，很难采用看板来拉动，而是通过需求信息的及时反馈，制订跟踪需求的生产计划来拉动流程最后环节的准时运行的。例如，丰田公司的汽车总装线，仍然是根据顾客的需求信息制订计划，安排具体的生产进度，只不过通过一定方法尽量及时反馈顾客实际需求的变化，制订可以实现准时制生产的日程计划①。

其次，从流程的最终环节直到整个流程或供应链的最前端，都是采取看板的方法来拉动的，即用看板将后阶段的实际需求信息传递给前阶段，前端环节采取按实际消耗的信息生产补货的方式，向后阶段送货来实现准时制生产。这有些类似凭订单（看板）到前车间或工厂领取需要产品（物料），而不是后阶段的车间或工厂，按计划生产出产品，无论后阶段是否需要就送过来，所以，丰田公司强调的是生产是取货制②。而且如前所述，补货的时间间隔越短，生产的准时性就会越好。

但这种看板拉动式的运行逻辑有一个基本前提，就是作为需求方的后阶段生产环节要实现均衡生产，然后用看板准时取货拉动前阶段，才能保证库存的减少并准时制生产，否则，会出现将库存推给流程的前一个环节，或者说推给供应商的现象，这样仅是在局部实现准时制生产，失去了准时制生产的最终意义。

这是因为，如果后阶段的生产不均衡，但是采取拉动式生产，让前阶段实施按看板准时供货，也就是何时需要、需要多少，就让前阶段送货多少的话，那么前面的生产环节必然会增加库存数量，这就违背了准时制生产的理念。例如，我们以汽车生产流程为例，现在以产品的总装环节与零件制造环节为例，如果总装线的生产不均衡，但采取拉动式准时取货的方式，情况会是这样：某一段时间（如间隔期是 2 个小时）通过看板向前传递信息，需要补货 500 件某种零件，而下一个间隔期需要补货 800 件，再下一个间隔期可能只需要取货 300 件，如此波动式地向前取货的话，作为前阶段的零件制造车间，为了不发生缺货，必然要保有一个最大的批量，即后面车间发生过的取货数量的最大值，否则有可能会发生缺货，使得生产流程中断。

如果这两个环节是制造商与供应商，那么就等于制造商向供应商传递了一个波动的需求信息。任何一个厂商如果面临的需求是波动的，毫无疑问，库存一定会增加。而且这

① 具体的计划生产方法，以及需求信息的及时反馈流程等，将在第三章详细讨论。

② 目前实际物流的运输多为第三方物流企业，但是准时制生产强调取货，是指没有看板信息的到达，不可以给后阶段送货。

个现象会沿着供应链向上游逐步放大传递，也就是会发生供应链管理理论所说的“牛鞭效应”。这个过程如图 2-8 所示。

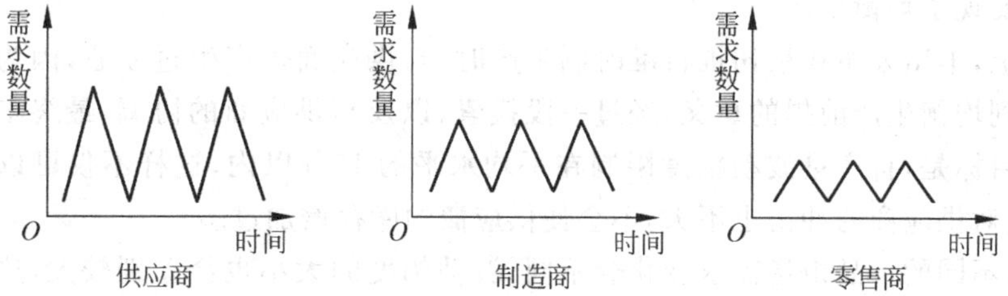

图 2-8　牛鞭效应

之所以发生这种现象，是因为当一个厂商作为供应商时，如果看到的需求是波动的，也就是客户企业的要货是不稳定、波动的，那么它为了确保不缺货，或者发生缺货的概率较小的话，只有增加库存(包括安全库存)的数量。这一点在经典的库存控制理论中已有充分的论证。同时，这个厂商向自己的供应商要货时，需求也一定会是波动的，而且，会增加保险系数，放大波动的幅度，致使波动的幅度沿着供应链逐步放大。因此，在供应链上各级供应商的库存会逐步增多，一旦终端需求发生变化，库存积压导致的浪费将非常严重，这是与准时制生产的目的相违背的。

因此，使用看板系统进行拉动式生产，一个重要的前提就是实现均衡生产，否则，库存不但不会减少，还会引起牛鞭效应，导致供应链上游的库存增加，将库存推给了供应商。这也是当前许多企业在学习应用精益生产时的一个常见现象，也是不能收到预期成效的一个重要原因。这其中一个原因是企业对精益生产理念的理解不够深入，简单认为只要让供应商准时供货，自己的库存能够减少，甚至可以是无库存，就是实现了精益生产。实际上，库存推给供应商并没有减少库存，也没有消除浪费，只是成本的负担者暂时不同，但最终还是要计入产品成本的。

另一个原因是，制造商(尤其是最终产品的厂商)认为自己面临的市场需求不稳定，是波动的，从而无法实现均衡生产。这是应用精益生产企业面临的一个难点。在供求关系中制造商是主导地位，如果制造商能够实施均衡生产，并且将稳定的需求向前传递，整个供应链的效果都会体现。丰田的准时制生产体系能够取得很好的效果，其中一个重要的因素就是：采取一定的计划技术，以及流程组织措施力求达到生产的均衡，并且是在有一定波动的需求环境下，实现均衡生产。并在此基础上，运用拉动式的生产模式，沿着供应链将需求向前推进，如果各级厂商都能采取这样的机制运行，则在供应链中就消除了牛鞭效应的现象，如图 2-9 所示。

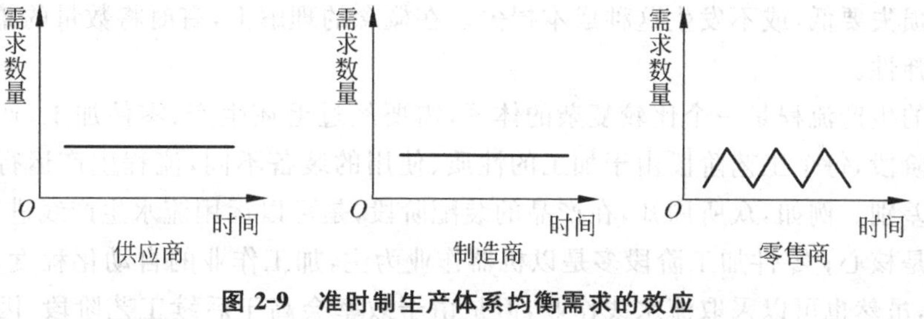

图 2-9　准时制生产体系均衡需求的效应

严格意义上讲，均衡生产是指生产体系在相同的时间间隔内，所完成的产品数量基本相同或稳定递增。当然，在生产实际中，产量的波动幅度只要控制在较小的范围内，也可以认为是实现了均衡生产。

实际上，丰田公司在最初推行准时制生产时，与供应商也产生过矛盾，因为当时它也没有意识到均衡生产前提的意义，经过一段摸索，以及与供应商的协调，最终丰田公司制订的均衡目标是，将产量波动幅度限制在平均水平的10%以内，这样不仅可以实现减少库存，而且对供应商的冲击也不大，不会使供应商的库存增加过多。

当然，不同的产品市场需求变化会不同，波动幅度的大小也会差别较大，这也是许多企业难以实现均衡生产的原因。根据我国企业的实践，一般认为波动幅度在20%以内，上下游企业都比较好接受，库存水平的增加也不至于过大，否则就难以实现库存控制，以及准时制生产的目标。

需要指出的是，在一个市场需求波动比较大的环境下，实现均衡生产仅依靠生产系统的措施是不够的，还需要市场需求与销售管理的配合，需要企业的市场策略、营销措施等方面的支持。例如，市场的促销、产品及价格等方面的策略，应该有利于需求的平稳，而不是使需求波动幅度变大。即精益生产体系的成功运用，不仅仅是生产系统内部的问题，更需要企业的其他系统的协调与配合。

第三节　准时制生产流程组织

如前述所，丰田生产体系的另一个特点是多品种生产，并且是在一个系统中实现多品种生产，这就需要生产系统具有一定的品种柔性；同时，要达到准时制生产的目的，就需要系统具有数量的柔性(弹性)。这是准时制生产体系在流程组织方面的特性。

一、汽车制造工艺流程

少品种大量生产的优势是效率高、成本低，但是一个局限就是生产系统的刚性。也就是说，改变生产系统的品种与产量很困难，会引起很高的成本损失；不改变生产系统的刚性，则准时制生产的目的是不可能实现的。因此，采取措施实现流程的柔性，是保证准时制生产实现的一个基础性技术。

所谓流程的柔性，是指在一个流程中(如一条流水线上)，可以相对容易地改变生产产品的品种与数量。这里所说的相对容易应该理解为：在转换品种或调整产量时，所发生的系统停顿、人员等待等时间要短，甚至不发生调整时间；同时，改变品种和调整产量带来的成本损失要低，或不发生这种成本损失。在概念的理解上，有时将数量的柔性称为生产系统的弹性。

汽车的生产流程是一个比较复杂的体系，需要经过毛坯生产、零件加工、产品装配等多个工艺阶段，每个工艺阶段由于加工的性质、使用的装备不同，流程生产运行的特点会有较大的差别。例如，众所周知，在产品的装配阶段，是可以运用流水生产线进行的，而且手工作业是核心；零件加工阶段多是以机器作业为主，加工作业的自动化程度、生产效率都比较高，虽然也可以采取流水线作业，但是由于效率会高于后续工艺阶段，因此批量生产的方式比较多，最为代表性的是冲压工艺。所以，汽车的生产流程，不仅仅是流水线形式的大量生产，还是多品种的批量生产。图 2-10 是一个典型的汽车生产工艺流程的简单示意图。

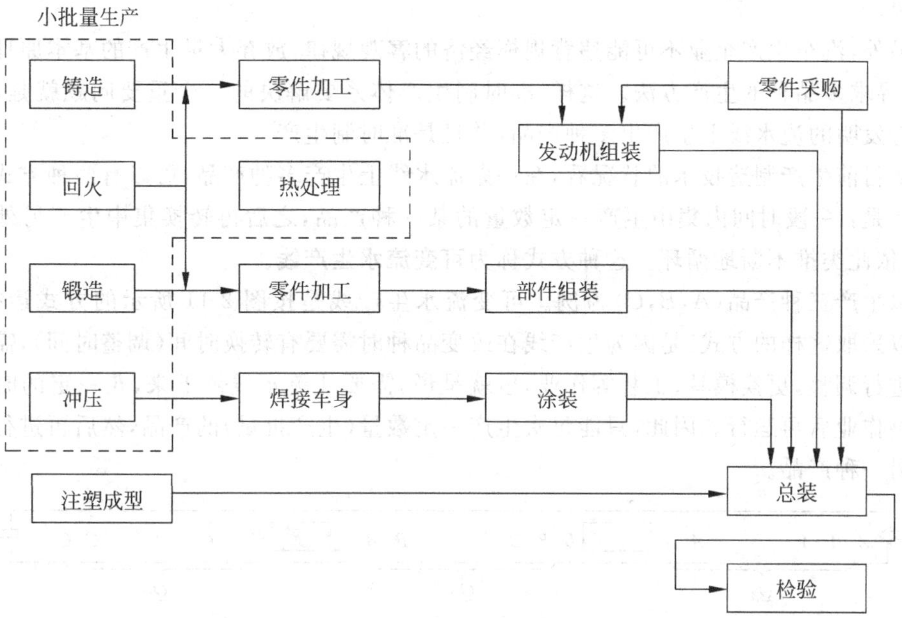

图 2-10　汽车生产工艺流程

资料来源：[日]门田安弘.新丰田生产方式[M].第 4 版.王瑞珠，译.保定：河北大学出版社，2012：7.略有改动.

丰田生产体系一个明显的特点是：零部件的外包比率比较高，大部分零部件的加工都是外包生产，由供应商生产并供货。自 20 世纪 80 年代初期开始，美国和其他各国企业开始学习精益生产后，也广泛地采取外包生产的策略。目前绝大多数汽车生产企业，零部件的生产大都是外包。但是由于冲压件构成汽车的车身，经过焊接、涂装后进入总装，所以一般的汽车生产主机厂，都是配备冲压、焊装、涂装、总装四大工艺流程，其他各种零部件都可以是外包生产。当然，对于像发动机这种关键的核心部件，可以设立独立的工厂生产，但一般与主机厂有比较密切的关系。

在这样一个庞大的体系下实现柔性生产，我们可以分为两种情况来讨论：一种情况是在流水生产连续的流程环境下，如何实施柔性生产；另一种情况是在批量的间断流程环境下，如何实施柔性化生产。

二、混流生产组织

流水生产的过程，例如，在产品的装配阶段，准时制生产体系采用的是混合流水生产的技术。这是因为，一般流水生产线建成后，是按一定的速度（节拍）稳定地运行的，其中各个岗位的作业分工、标准时间，以至于系统产量等都是相对稳定的。但是，如果在一条生产线上只生产一种产品，除非该产品需求量非常大，否则采用拉动式生产模式，会有问题。因为市场的需求一般是波动的，所以，如果是拉动式生产，流水线只能是开开停停，损失更大，这会导致成本的大幅度上升，不符合精益生产的理念。所以，实施多品种生产几乎是准时制生产体系必然的选择。因为，在多品种情况下，每一种产品的需求是有一定变化的，但是总的需求量可以满足生产系统产量的要求，不至于使流水生产线出现开开停停的状况。

另外，汽车生产企业不可能违背规模经济的客观规律，放弃大量生产的基本原理与技术，去寻求多品种的生产方法。这样，准时制生产体系要解决的一个重要问题就是，如何在福特发明的流水线上生产出多种产品，并且是准时制生产。

从目前生产制造技术的状况看，在一条流水线上生产多种产品，可以有两种方式。一种方式是：一段时间内集中生产一定数量的某一种产品，之后再转换集中生产另外一种产品，依此类推不断地循环。这种方式称为**可变流水生产线**。

以生产三种产品(A，B，C)为例。可变流水生产线是按图 2-11 所示的方式运行的。之所以采取这样的方式，是因为生产线在改变品种时需要有转换时间(调整时间)，需要对设备进行调整，更换模具、工装等作业，也就是说，需要让流水线停下来，花一定的时间进行调整作业后再运行。因此，只能每次生产一定数量(生产批量)的产品，然后再进行转换生产另一种产品。

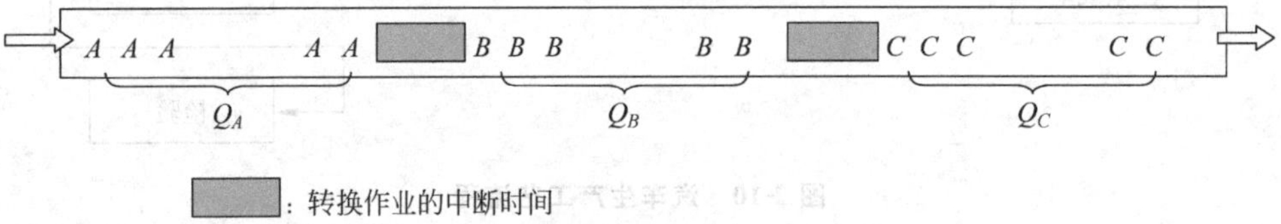

图 2-11 可变流水线的运行方式

另一种方式是**混合流水生产线**，也称为混流生产，就是在一条流水生产线上同时交叉混合地生产多种产品。仍以 A，B，C 表示三种不同产品为例，混合流水生产线的运行方式如图 2-12 所示。

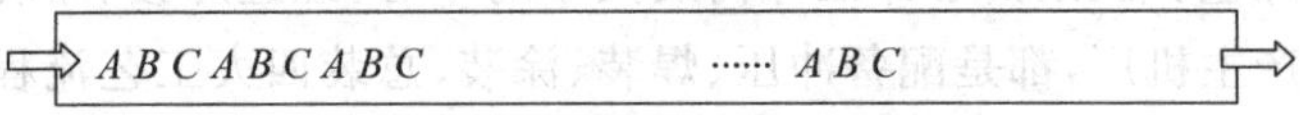

图 2-12 混合流水线的运行方式

此时的一个前提条件是：流水线在改变品种时不需要转换作业，没有中断时间，否则难以实施混流生产。所以混合流水线一般在装配线上比较多用，因为装配线多半是以手工作业为主，人的适应能力较强不需要转换时间；而加工流水线一般是以机器作业为主，机器设备在改变加工对象时一般会有转换时间，所以可变流水生产线用在加工线上较多。

这里的问题是：如果采取可变流水生产线方式，同时生产多种产品的话，仍然会有库存发生，无法实现准时制生产。以下仍以三种产品为例，来讨论此时的库存现象。采取可变流水生产时，企业内部(车间与仓库中)物流(加工对象)的运动规律如图 2-13 所示。

也就是说，此时对某一种产品而言，生产速度比需求速度要快，集中生产一定的数量后，生产线停下来，经过一定的调整，再生产另一种产品。这里将消耗一次转换时间，连续生产一批产品的数量称为**批量(Q)**，生产一个批量产品所消耗的时间称为**生产周期(T)**，

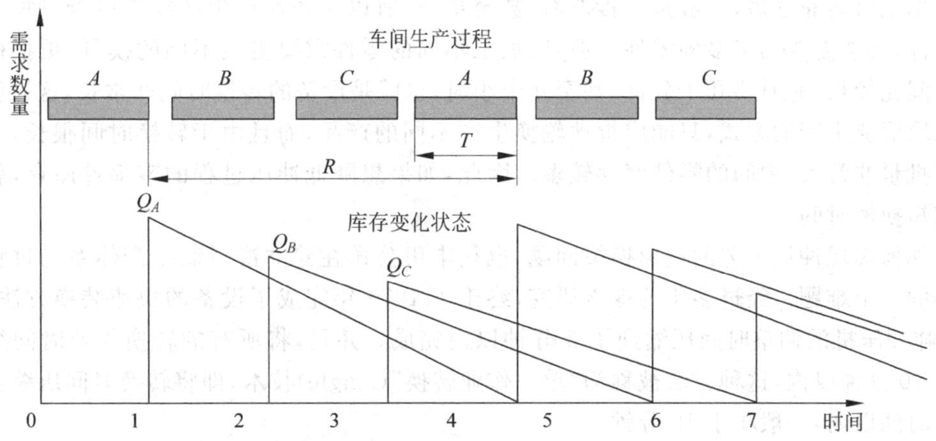

图 2-13　采取可变流水生产方式的物流运动规律

两次投入或者出产同一种产品的时间间隔称为**生产间隔期(*R*)**。所以,此时库存的多少就取决于一次生产的数量,即批量的大小。而批量的大小主要取决于调整时间,调整时间越长,批量必然越大,库存则会越多。

可变流水线虽然也可以实现多品种生产,获得一定程度的流程柔性,但由于是集中轮换的生产,与需求的一致性难以实现,所以会发生库存,这与准时制生产的目的相悖,因此实施准时制生产一个更好的选择必然是采取混合流水线的方式。根据图 2-13 可知,产品库存的数量主要取决于批量的大小,批量越小库存会越少,实际批量小到极限就是一个,也就是混流生产线,当然此时批次会非常多,如果发生转换时间无论如何是不行的,所以混流生产线的前提是没有转换时间(转换时间为零)。

因此,要实现精益化的生产流程,混流生产是一项重要的技术。实施混流生产的优点比较多,不仅可以增加品种,提升系统的柔性,而且可以实现准时制生产,毫无疑问可以降低甚至消除库存,减少由于库存导致的浪费,降低运营成本。但是不发生转换时间,在加工流水线上比较难实现。例如,在冲压线上无论如何还是会发生转换时间的,而且有时还会很长,所以,仍然是可变流水线方式生产。混合流水线一般应用在装配线上比较多,尤其是最终产品的装配线,根据市场的实际需求,合理地进行计划,组织混合流水生产,能够减少产成品的库存,会取得更好的效果。

三、快速换模及小批量生产

汽车产品结构比较复杂,需要成千上万的零件组装起来,尽管一般的汽车企业产量都比较大,组装过程可以是流水生产,但大部分的零件生产过程,由于设备投入、技术工艺等条件的限制,仍然是多品种的批量生产模式,或者是采取可变流水线的模式。根据生产系统内部的物流运动规律,零件加工与产品装配之间的衔接如图 2-13 所示。库存的多少,或者说准时化的程度取决于批量的大小。因此,减小生产批量就成为降低库存的一个关键问题。

在汽车生产企业,缩小批量最难的环节是冲压工艺。因为冲压工艺的特点是,单件产品的加工时间非常短，一般是1秒左右，甚至更快，所以一条冲压生产线不可能只加工一种零件，必然需要加工多种零件。但是，加工不同的零件需要更换不同的模具，更换模具的时间比较长，有时要几十分钟，甚至几个小时，也就是设备的转换时间非常长，这样就无法采取混流生产的方式，只能成批地轮换生产不同的产品，而且由于转换时间很长，一般生产批量非常大，中间的零件库存较多。因此，如果想降低冲压过程的零部件库存，就必须缩短换模时间。

如何实现冲压工艺的快速换模问题，也是丰田公司在建立准时制生产体系的过程中遇到的一个难题。经过多年的探索研究，终于于1970年完成了设备的快速装换方法，将800吨冲压机的调整时间压缩到了3分钟以内完成。并且，将所有的转换作业时间缩短到了10分钟以内，这种方法被称为“单一作业转换”(single)技术，即将转换时间压缩在一位数时间以内，一般小于10分钟。

这项技术是在20世纪50年代初期，由日本丰田汽车公司的新乡重夫(Shigeo Shingo)首创的，并在众多企业中实施应用。在1945年前后，当时的丰田工厂中，大型设备的换模时间一般在2～3小时[①]，因此带来的管理习惯就是，尽量加大生产批量，减少换模次数。因为，从习惯的思维看，谁都不会相信对于大型的冲压设备，换模时间能够减少很多，但是如果换模时间不减少，批量就无论如何不能减下来，库存也就无法减少。

新乡重夫基于丰富的现场经验以及工业工程的思想，开发了一个可以分析换模过程的方法，从而为现场人员找到了换型时间之所以长的原因，以及如何减少换模时间的方法。在他领导的多个案例当中，换型时间被降到了10分钟以下。

美国学者莱克教授指出，令人难以置信的是，这些先前得花几小时才能切换至印模生产的数百吨重压膜，如今只需要花几分钟就可以完成切换作业，就像在赛车途中，赛车手快速加油后重返赛车跑道上，前后花不到1分钟的情形一样。

多年来，生产线的切换工作在日本的制造业界已变成一种竞赛，等同于美国的马术竞赛会。笔者在20世纪80年代初的一次日本之旅中参观了马自达的一家车门压制供应商工厂，该工厂的一支团队不久前在日本全国性生产线切换竞赛中获胜，这支团队只花了52秒钟切换数百吨重的压膜生产线[②]。

快速换模技术解决了批量生产中批量过大的难题，可以将批量降低到很低的水平。例如，假设一个设备的换模时间是3分钟，加工一个批量时间为30分钟时的话，换模时间与加工间之比是10%，根据生产管理中最小批量法的原理，这个比例是一个可以接受的损失系数，此时30分钟的生产批量(假定生产一件为1秒)是1 800件。如果你是有冲压生产经验的人，马上就会知道，1 800件的批量已经是非常小了。

以同样的思路，读者可以很容易计算出，在相同的10%的比例系数条件下，换模时间增加1分钟批量增大的幅度。

另外，根据经典的库存控制理论，多数企业生产批量的大小，主要是依据经济批量

---

① 参见[日]大野耐一. 丰田生产方式[M]. 北京：中国铁道出版社，2014：108.

② [美]杰弗里·莱克. 丰田汽车案例——精益制造的14项管理原则[M]. 北京：中国财政经济出版社，2004：158.

(EOQ)方法确定的，经济批量的计算公式如下[1]：

$$EOQ = \sqrt{\frac{2DS}{H}} \tag{2-1}$$

式中：EOQ——经济生产批量；

D——产品(物料)的年需求量；

S——设备的一次转换成本；

H——单位物品的库存持有成本。

从公式(2-1)中可以看到，制约批量缩小的一个主要参数是转换成本，因为 H 位于公式的分母，越小批量会越大。D 是需求量，应该是越大越有意义。所以，只有减少转换成本才对批量的减少有意义，或者如果不减少转换成本，只是大幅度地减少批量，毫无疑问会导致运营成本大幅度上升，从而失去了压缩库存的意义。

丰田公司开发的快速换模技术的贡献，恰恰是在于缩短了换模时间，从而减少了由于长时间换模带来的成本损失[2]。依据快速换模技术，丰田的生产体系中批量生产的环节，可以将生产批量大幅度地减少，库存(中间的半成品库存)压缩到很低的水平。这样运用看板方式实施多频次地补货，拉动式生产运行模式才真正有意义了。

不过这种快速换模技术，虽然可以从理论方面分析，找到一般的规律，例如，批量与库存的关系，具有比较广泛的借鉴性，但是，终究是针对特定的生产环境与特点开发并运用的，收到了非常好的效果。在不同的生产环境下，是否都存在这样的问题，企业是否需要采用快速换模技术，需要根据实际考虑。

第四节　技术与方法体系

以上讨论了精益化生产流程的核心是实现准时制生产，目的是减少库存，消除各种浪费。但是，这种精益化的生产流程的运行，既然在管理理念、运行逻辑上有许多不同于大量生产流程之处，也必然需要一些特定的方法来实现。虽然精益生产也是以流水线技术为基础运行的，为了发挥它的运行特点，需要一系列独特方法。例如，丰田公司陆续开发了许多与准时制生产方式相适应的技术与方法，这些技术与方法相互配合、相互作用，共同支持准时制生产的技术系统。

为了完整地理解精益化生产流程，我们还是以丰田的体系为一个实例，来说明技术与方法的作用。同时也想指出，不能简单、孤立地运用这些方法与工具，需要从系统的角度全面理解各种技术与方法的原理，以及在系统中的作用。图 2-14 概括地描述了丰田准时制生产体系的目标，以及方法与技术的关系。

这虽然只是丰田的生产体系构成，但实际上也是实现精益生产流程的主要方法。当然，每个企业所在的产业、生产的产品、流程结构，以及运行模式会有许多不同之处，也未

---

① 详细的数学分析及推导过程略，感兴趣的读者可以参阅运筹学中的存储论部分内容。

② 当然，缩短转换时间和减少转换成本之间的关系如何，是需要考虑的，是否会出现新增的不同的费用等问题，我们将在后续讲解快速换模方法时再讨论。

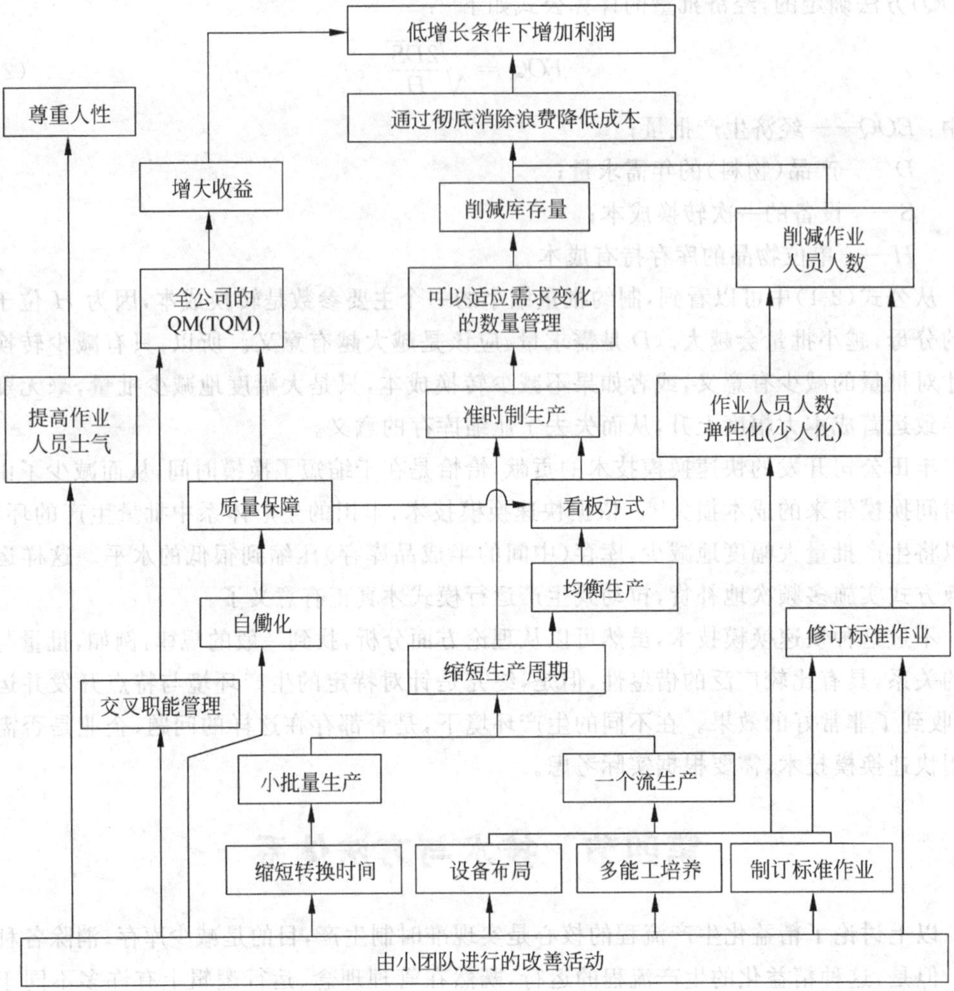

图 2-14 准时制生产体系总体构成

资料来源：[日]门田安弘. 新丰田生产方式[M]. 第 4 版. 王瑞珠，译. 保定：河北大学出版社，2012：7. 略有改动.

必简单地模仿上述体系，尤其是一些具体的方法与工具，更需要充分理解其产生及应用环境。但上述体系与方法中的内涵思想和运行机理是有许多共性的，对于理解精益生产的理念，以及体系特点、方法的地位与作用还是十分有益的。

首先，上述体系具有两个目标。第一个目标是作为组织的企业，要实现在低增长的环境下能够不断地获得利益。围绕这样的目标，通过不断地探索，形成前面讨论的模式、体系与方法等诸多要素，这些是准时制生产的技术与方法体系；第二个目标是作为个人的员工，是企业中的全体员工，能够积极地参与探索、发现新的方法，发现并解决存在的问题，并在这个过程中得到自我价值的实现，这可以认为是准时制生产的人文与社会体系(在第一章中我们也讨论过)。两种体系的相互作用，使企业的生产系统能够在外部环境不断变化中，持续地改善、提升，保持对环境的适应性，以及竞争的优势，这是丰田体系的核心优势所在，也是理解掌握精益思想、生产方式及相应方法的关键。

其次，从对于实现企业目标的技术与方法体系看，系统构成有三个子系统。第一个系统是作为产品形成过程的物流体系，这是我们前面较多讨论的内容。包括：为了降低库存，采取混流生产、准时制生产；为了实现准时制生产，采用看板进行拉动式生产；以及为了能够实现拉动式生产，对流程的各种组织方法。例如，一个流的连续生产，或者小批量的成批生产。直到为了能够小批量生产所实施的快速换模技术等，都是围绕物流展开的各种技术与方法。因此我们将第一个子系统称为**准时化**。

第二个子系统是关于对质量的控制。在准时制生产体系中，对数量的控制比较严格，要实现与需求一致的出产。那么就存在一个新的问题，即产品的质量。根据简单的推理可知，如果生产系统的各个环节都实现了准时化生产，那么一旦发生废品就会导致生产过程中断，以往这种临时性的问题都是依靠库存来应对的，但准时制生产体系库存很少，如果发生质量问题就会导致流程中断，带来新的损失。所以，准时化生产体系必然要求更严格，或者说要以不同的理念来控制质量。在大量生产体系下对于质量的控制，先后开发了许多方法与工具，每个企业也都有自己的质量控制体系。但丰田公司更强调的是，不仅仅依赖技术手段的质量检查与控制，还将人的作用也融合到质量体系之中。质量问题的发现，不仅仅依靠技术手段检查，更依赖人的主观判断，丰田将这种质量控制体系称为“自働化”，是一种有人的智慧的**自働化**。

这种所谓的自働化，其实是一种质量保障体系，但是在对于发现质量缺陷与处理方式上有不同的理念。它强调发现隐含的质量问题，主张在发现质量问题时：首先要将生产线停下来，不允许有问题的产品继续运行；其次要分析问题产生的原因，将引起问题的因素彻底解决后再继续生产，这样流程会不断得到改善，不会发生同样的问题。而且，问题的发现不是仅仅依赖自动的检测手段，更重要的是依赖现场作业的操作者，因为每个岗位的操作者都知道问题所在。因此自働化体系规定，每个作业员工都有发现质量问题的责任，并不依靠专门的质量检查与控制人员，同时，每个人都有随时停机的权利，发现质量问题可以随时停机，并且参与问题的解决。当然，也会有一些技术手段来检测质量，如光电检测、感应器、计数器等，无论是技术手段还是人员，只要发现质量问题都会及时停机，集中力量改进、消除产生问题的因素，力求不再发生此类问题，这才是自働化的核心理念。

第三个子系统称为**少人化**，主要是指用工数量的控制。尽量减少投入生产系统的人员数量，这样不仅可以减少人工成本，而且还可以降低系统总成本。但人员的减少是以保证产量为前提的，也就是说，用工数量要随着产量变化，产量增加时用工量增加，产量减少时用工量减少，即弹性的用工模式。这种弹性用工模式是依靠多岗位作业实现的，也就是在产量增加的时候，分工可以尽量细化，每个员工作业内容较少，流程作业速度快、产量高，可以保证产量多的要求，这与大量生产是一致的；在产量减少时，需要减少用工数量，要实行分工综合，多岗位操作，每个员工负责完成几个不同工种的岗位的作业，这样既可以使流程运行速度降下来，减少产品的出产数量，又可以保证用工数量的节省。但是这种模式是与传统生产体系有很大的不同，不仅需要员工有多岗位的技能，工作内容有伸缩的可能性，而且需要员工的培训、雇用制度、激励方式等一系列的配合。

最后，需要特别注意的是，这个体系所有的活动、方法，都是建立在小团队进行改善活动的基础上的。而且，这个体系还有另外一条路线，就是提高员工士气、尊重人性。实际上也就是我们在第一章中提到的社会系统，这是丰田生产方式的重要特征，也是丰田管理层特别强调的要素，即它具有一支能够主动参与改善活动的员工队伍，可以不断地发现问题，对流程不断地进行改善。

简单地说，丰田自己强调成功的关键有两个要素：一个是流程与改善；另一个是有意愿参与改善活动的员工。如果进一步解释为什么员工愿意参与，原因是在这个过程中，员工可以得到认可，可以体会到自己的贡献与成就感。如果用组织理论来解释，上述体系实际上是实现了企业的组织目的，以及员工的个人目的，这样精益的流程就能够得到不断地改善，企业（组织）就会持续不断地发展。

本章小结

如果仅就生产系统看，一种生产方式的特点，主要表现在流程的组织策略，以及流程的运行逻辑两个方面，也就是如何制造产品。让流程能够流动起来，是大量生产方式的突出贡献，主要体现在流水生产线技术上，解决生产效率的问题；而精益生产是让流程可以更低成本、柔性的运行，主要体现在准时化生产上，解决生产系统的适应性与成本问题。

本章从比较分析的角度，对准时制生产体系的流程组织及运行逻辑进行了讨论。虽然，大量生产体系与精益生产体系都是采用流水生产线技术，但是两者的市场定位不同，前者是基于少品种多产量的定位，后者是基于多品种少产量的定位。因此，在流程的组织上，丰田体系主要特点是要实现多品种的混流生产，也就是要运用混合流水线的技术，达到流程柔性化的目的。同时，运用拉动式生产的思路，解决准时制生产，消除库存的问题。

一个企业流程性能主要体现在效率、成本、质量与适应性几个方面，这也是企业获取竞争优势所在，尽管本章的讨论还是基于丰田公司或者汽车领域，但是，分析得到的结果是具有普遍性的，说明精益化的流程是实现精益生产的关键，也是企业获取优势的关键，这也是本章的一个主要目的。

另外，在此基础上，尤其是在本章构建的精益流程的基本模型的基础上，有助于理解后面讨论到的各种方法与工具，理解精益体系中各种方法、工具之间的关系，以及它们的作用及在系统整体中的地位等问题，这也是本章力求达到的另一目的。

最后，关于小组改善活动、人员的激励等，也就是我们前面所说的社会系统的问题，我们将在后面的章节做进一步的讨论。但这里想强调的是，社会系统是技术系统能够得以实现的关键，也是学习及应用精益生产时的难点。

案例分析

销售数据为什么不准确

生产与销售的矛盾由来已久

HG公司是一家生产汽车零部件的企业，主要产品为汽车用的各种铸造件，客户为国内的主要汽车企业，如上海大众、上海通用、长安福特等。铸造件的生产是汽车供应链的最上端，一辆汽车零件中有10.5%的零件是铸铁件，6.4%的零件是铸铝件，不仅数量大而且对质量的要求也很高。2006年我国汽车产量已经达到800万台,汽车铸造件的产量已经达到780万吨,可见汽车铸件市场发展非常快。HG公司近年来也得到迅速发展,生产品种达250多种,年产量已经达到35 000吨,生产能力达到50 000吨。

但随着企业的迅速发展,管理过程的问题也越来越突出,尤其是和多数制造型企业一样,企业的生产与销售始终是一对矛盾,而这种矛盾在管理基础薄弱、流程不规范的企业更加明显,这一点在HG公司表现得尤其突出。一方面,由于企业指标的影响,销售人员从自身利益的角度出发,希望库存品种尽可能齐全,数量尽可能多,以更好地满足顾客需求,提高销售业绩;另一方面,生产管理人员希望尽可能地均衡生产,尽量减少生产中的不确定性因素,降低库存,从而降低运行成本。

应该说,双方都是站在企业两个重要职能的角度开展自己的工作,都没有错,但任何一方的过于强势,都不能满足企业整体目标及提升竞争力的要求,特别是当企业还没有ERP等软件系统来实行生产计划管理的操作流程时,此类矛盾尤其突出,甚至有时会上升到损害企业利益。

销售计划与生产计划的衔接

由于市场需求的不确定和竞争的激烈,公司为提高市场的占有率,对销售部门有一定的指标要求,当销售人员面对挑战性的指标要求时,往往会采取特殊的方法。由于汽车零部件行业的特点,公司的客户均为汽车产业链中的下游企业,不是面对最终消费者,并且客户一般是长期、稳定的,这就给销售人员在短期内操纵销售额创造了条件。

销售人员利用与客户的私人关系,用强加库存、预开发票等手段增加短期收入,以完成当期的销售目标。当这种情况成为普遍现象时,就会严重干扰企业内部的经营秩序,除了会使库存增加等直接经济损失之外,由于业务上的沟通问题影响人际关系,继而会影响企业各部门间的协作,最终使各部门各自为战,失去合作精神,损害公司的战略协同能力。

如在2006年12月,公司的销售指标为2 500万元,面对这个指标,销售部门认为其中2 000万元是有把握完成的,另外500万元是要根据当月的实际情况见机行事的,因此给生产部提出的销售计划是3 000万元,其用意就是用多出来的1 000万元来确保没有把握的500万元指标的完成。

由于销售计划无缘无故地增加出500万元,在生产系统中对各环节库存总值的影响超过500万元,并且由于1 000万元缺乏市场依据的指标,在月度中期需要进行调整又在所难免,严重影响了生产系统的平稳,从而使生产成本提高,如果再考虑由此而来的超额产能的浪费,对企业的负面影响还要深远。

从销售人员的主观方面来分析,这种做法主要有以下两个基本原因。

(1) 无法准确预测未来销售的实际情况,为了完成销售指标,必须要依靠额外的库存来保障。

(2) 通过将生产需求放大和频繁调整计划两个手段,造成生产系统内部的矛盾,从而在公司内部矛盾中转移销售部门的压力。

从客观上分析,这种做法会带来以下影响。

(1) 人为因素引起的过量生产造成过量库存。

(2) 由于产品品种的调整,造成客户不需要的产品过量生产,客户真正需要的产品却来不及生产，使得本来基本与市场需求匹配的产能变得不平衡，影响准时交货。

(3) 由于需求信息在传递过程中，被噪声干扰引起牛鞭效应，在企业内各部门之间逆流而上，形成严重影响，库存被进一步放大，一方面积压了大量资金，另一方面，由于客户的需求不断变化，面临库存陈旧的风险。

当前企业销售与生产计划的制订流程

公司在长期能力规划与年度产量计划的基础上，每月制订月度生产计划，生产计划主要根据期初库存、安全库存、销售计划来制订，每月制订一次，在前一月的25日前，销售部门向生产部门提供下月的销售计划，生产部门据此制订生产计划。但是在月度中期的计划执行过程中，会有临时、随机的需求变化，销售部门通过每周的适时供货计划反映变动信息。计划制订流程如图2-15所示。

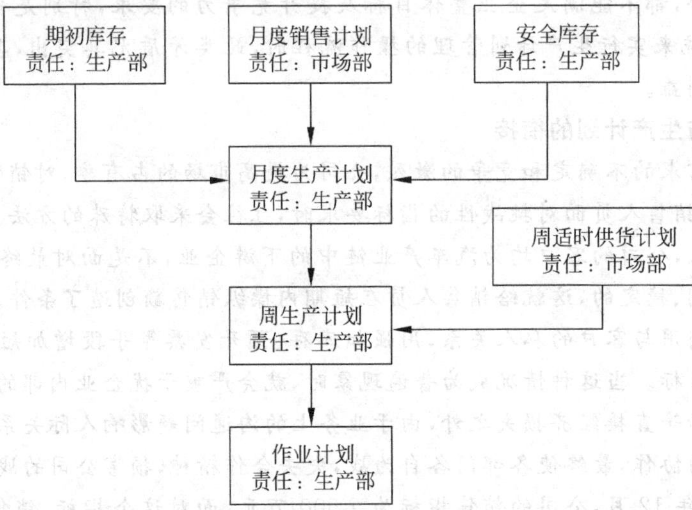

图2-15 计划制订流程

资料来源：作者根据网络资源整理。

讨论

(1) 依靠预测进行存货生产，如果预测数据不准确，会是怎样的结果？

(2) 在一个企业中，预测由哪个机构做出？这个案例出现的问题说明了什么？

(3) 怎样解决销售与生产计划的协调问题？生产部门怎样对待适时的变化的需求数据？

(4) 公司目前的计划制订流程、分工是否合理，可以改进吗？用准时制生产的理念可以对这个问题改进吗？

第三章 看板与拉动式生产

拉动式生产是对精益生产流程运行逻辑的一种形象比喻,它的最大特点在于,生产系统的运行,是以用户的实际需求为依据,流程的每个环节都是根据下一环节的实际需求运行的,最后的环节就是消费者(最终的客户)。拉动式生产与大量存货生产不同,后者是依据预测与计划提前生产的。如果流程的每个环节都严格地按着这样的规则运行,就类似用实际需求将生产流程拉动起来,就不会过多、也不会过早地生产产品或半成品,自然就不会产生库存积压及浪费现象。

本章要讨论的关键问题是:怎样建立这样的拉动式生产系统。这其中,实际需求的信息传递是一个关键。丰田公司根据自己汽车生产流程的特点,开发了一种看板的新型工具,采用看板将实际需求信息逐级地向流程(供应链)的上游传递,流程上游环节严格地按看板指示的数量生产,需要的物料再采用看板向它前面的环节传递信息,依此类推,看板承载的需求信息会将整个流程或供应链拉动起来。

如果生产系统严格地按着看板的使用规则运行的话,那么,看板不仅可以控制生产系统出产的数量,还可以控制系统的出产时间。因此从看板及运行规则所起的作用看,它实际上是一种生产控制系统,将生产系统的运行,控制在与需求同步的状态下。所以,也有人将这样的拉动式生产体系称为**看板生产方式**。

第一节 看板及其运行原理

看板(kan ban)是丰田公司发明的一种工具,是实现拉动式生产的主要手段,因此也就是实现准时制生产的主要手段。据大野耐一自己回忆①,看板的发明是受超市运行模式的启发,因为超市商场货架上存放的商品(类似生产线出口的库存),是有一定数量限制的(因为货架的空间有限),如果商品售出,只要经过计价收银后就会知道销售出去的商品品种与数量信息。假设将这个信息用卡片(看板)的形式传递通知给仓储部门,他们根据此信息向商场货架补充等量商品,就类似取货用的看板;再将补货消耗的商品信息,用卡片通知给采购部门,采购部门据此向供应商采购供货,就类似外协看板(对外的取货);同理,供应商根据补货消耗信息再生产相同数量的商品,以备下次取货,则需要的生产指令信息,就是生产看板。这样一来,生产系统就可以根据后面实际销售的数量进行生产了。

这个例子实际就是看板的作用及运行规则,只不过看板是一个实物的卡片,这在当时(1953 年)是可以理解,但是读者可能会想到,在信息技术如此发达的今天,传递信息还需

① [日]大野耐一.丰田生产方式[M].谢克俭,李颖秋,译.北京:中国铁道出版社,2014.32.

要用实物的卡片看板吗?!或许你的这个想法是有道理的,实际上现在许多企业已经在使用被称为“电子看板”的信息技术了。但是这里想说明的是,无论是用什么方式传递信息,只不过是一种形式,看板的核心功能及所起到的作用是没有变化的,使用看板真正实质的意义在于改变生产流程运行的方式。

一、看板的概念及种类

看板的基本形式一般是一张纸质的卡片,现在多半是用塑料封装好的一张卡片。在看板上记载着对应物料(零部件、原材料等)的信息,如物料名称、物料编码、用途、加工地点、容器装载数量等。就看板本身而言,其实质是一种信息传递工具。一般存放在物料箱上,与物料箱是一一对应的,即一箱物料一定具有一张看板,看板上记载的内容,与物料箱中装载的实物一致,同时还会有相关的生产信息,如产品名称、装入数量、运送时间、运送方式和存放地点等。根据生产的特点,每个企业看板记载的内容会有所不同,但它的内容一定与实物一致,而且简单明确,能够使现场操作人员清楚地知道需求的信息,能够按照看板的要求生产或传送产品。

看板的运用有一定的规则,如前面超市的例子描述的那样,流程的各个环节都严格地依据这个规则运行,就形成了一个由看板传递的信息系统,随着看板的运行,生产系统会逐级地被拉动起来,即实现了拉动式生产,流程的每个环节都是根据下一个环节的实际需要进行生产的,不会过多,也不会过早地生产。看板的运行起到了对流程运行的控制作用,所以我们将其称为**看板系统**,从其功能的实质看,是一个**生产控制系统**。

看板根据功能和应用对象的不同,可以分为不同类型,但主要分为取货看板和生产看板两大类①,两类看板的功能和内容如下。

(1) 取货看板。取货看板是领取物料时使用的,后工序(生产单元)到前工序(生产单元或外部供应商)领取零部件或材料时所用的看板,其作用主要是领料的凭证。规则是由后面工序到前面工序领取物料,不可以前面工序向后工序送料。在实际操作时,运输作业人员要携带取货看板,并一定按看板上所列的工件号、数量等信息领取等量的货物。另外,没有看板不可以领取物料,这是看板方式的**第一条规则**,也是实现拉动式生产的关键。

取货看板又可分为两种类型。一种类型是工序(单元)间的取货看板,如图3-1所示。它记载的是领取的工件号、工件名、产品类型、工件存放位置、前工序号、后工序号等信息,是厂内工序间的取货凭证。另一种类型是外协取货看板,如图3-2所示。它除指出了有关外协件的特征信息外,还有本企业名称、外协企业名称、交货时间、数量等信息,是向固定的协作厂商取货的凭证。

(2) 生产看板。生产看板是指在一个工厂或车间内,指示某工序(生产单元)加工制造规定数量工件所用的看板,它的作用是传递生产作业的指令,如果某个工序(生产单元)收到生产看板,就可以按其中记载的信息生产对应数量的产品,不可以生产超过看板记载数量的产品,没有得到生产看板就不可以生产,这一点是看板系统的**第二条规则**,也是应

① 注:在实际的应用中,根据企业生产流程的特点,会有多种不同作用的看板。例如,加急看板、连通看板等,在此我们主要是讲解看板的基本原理,因此,仅说明两种最基本的看板。

<table>
<tr><td colspan="3">存货点号 5E215 背面号 A2—15</td><td rowspan="4">前工序
锻 造
B—2</td></tr>
<tr><td colspan="3">工件号 34510S06</td></tr>
<tr><td colspan="3">工件名 主轴</td></tr>
<tr><td colspan="3">产品类型 SX5DBC</td></tr>
<tr><td>容器容量</td><td>容器形状</td><td>发行张数</td><td rowspan="2">后工序
机加工
M—6</td></tr>
<tr><td>20</td><td>B</td><td>4/8</td></tr>
</table>

图 3-1 工序间的取货看板

<table>
<tr><td>协作厂名</td><td>××公司</td><td>存放地</td><td>A1—1</td><td>背面号</td><td>SA102</td></tr>
<tr><td rowspan="2">交货时间</td><td rowspan="2">AM：11:00
PM：4:00</td><td>工件号</td><td colspan="3">13125—021</td></tr>
<tr><td>工件名</td><td colspan="3">车轴</td></tr>
<tr><td></td><td></td><td>收货厂名</td><td>××公司</td><td>箱数</td><td>35</td></tr>
</table>

图 3-2 外协取货看板

用上需要特别注意的。

生产看板又有两种类型。一种类型是加工看板，其内容如图 3-3 所示。它指出了须加工工件的工件号、工件名、产品类型、工件存放位置、加工设备等信息。另一种类型是信号看板，它是在固定的生产线上作为生产开始指令的看板，一般的表现形式是三角看板、信号灯或不同颜色的小球等。两种看板的使用对象有所不同，我们将在后面具体讨论。

<table>
<tr><td colspan="2">加工看板</td><td rowspan="5">加工设备
机加工
1.D—6</td></tr>
<tr><td>存放货架号F14—26</td><td>工件背面号A3—252</td></tr>
<tr><td colspan="2">工件号 56790—321</td></tr>
<tr><td>工件名 曲轴</td><td>容器容量 16</td></tr>
<tr><td colspan="2">产品型号 SX50BM—170</td></tr>
</table>

图 3-3 加工看板

对于同一种物料，如某种装配汽车需要的零部件，一定同时存在一定张数的生产与取货两种看板，并且两种看板记载的信息是相同一致的，与物料箱里装载的实物也一定是一致的，这与库存管理中的台账与实物一定要一致的道理相同，这也是使用看板进行控制流程运行的基础条件，如果实物与信息不一致，就会导致混乱。另外，物料的存放地点一定要按看板指定位置存放，看板一定按规定位置存放在物料箱上，或者是其他指定位置，这些都是看板系统运行的前提基础。

二、看板的运行规则

看板是在工序（这里的工序应理解为生产环节，如车间、工段、生产线等生产单元）之间进行传递的，以总装配线终端为起点（最下游），向上游工序逐级传递指令信息，每种看板都是按一定规则运行的。

以汽车生产为例。在汽车生产过程中，每一流程环节的两端都分别设置了两个存放物料箱（容器）的空间，如图 3-4 所示。一个用于储存上一道工序已制成的，作为本工序加工对象的待加工零部件（或原材料）；另一个用于储存本工序已加工完毕，供下一道工序随时提取的零部件（半成品）。由于最后一道工序的制成品是一辆完整的汽车，因此，它只有一个用于储存上一道工序已制成的，作为本工序待加工零部件的存料空间。其他任意两阶段之间的衔接过程如图 3-4 所示。

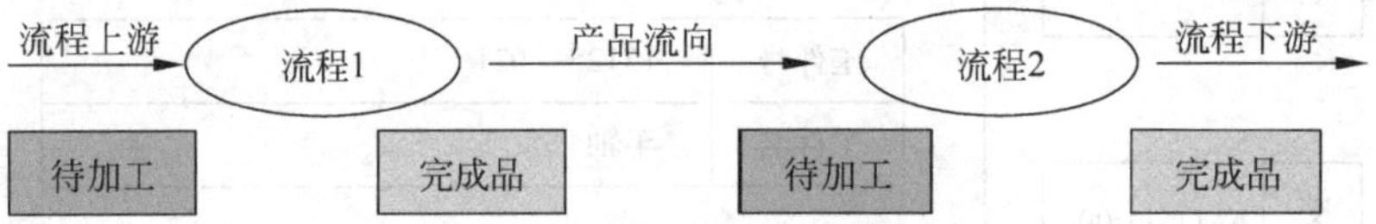

图 3-4 工序之间的衔接关系

如前所述，看板是与存料箱一起存放的，即每个存料箱上都有一个与之对应的看板，而且看板上记载的零件名称、数量等信息与存料箱中的物品一定是一致的。看板的运行分为两部分：取货看板随生产过程的进行，在两个流程环节之间循环运行，完成传递后工序的需求信息，以及领取物品的凭证两项基本功能；生产看板则在某一流程内部不断地循环运行，完成指示生产、控制数量的基本功能。两者结合则形成一个对生产过程的控制系统，看板及零部件在流程环节之间的传递过程，如图 3-5 所示。

为了讲解方便，我们这里规定越接近用户的工序为后工序，消费者是最后一道工序，反之，越接近供应商的工序为前工序。图 3-5 所示的运作步骤具体规则如下。

(1) 后工序的运输工（一般为专职运输工人）在取货看板积累到一定量时（有定期和定量两种方法确定，参见看板数量确定的讲解），将一定数量的看板和空容器一起拿到前工序进行取货。如图 3-5 中当积累到三张看板时，运输者将三张看板连同三个空容器，一起到前工序取货。

(2) 搬运者到前工序存料处[①]，将前工序完成产品存放处的已经加工好的物品取回（与带去的看板指示品种、数量相同物料，一般装在搬运的小车上），将同时带去的空容器放在前工序的存放处；更重要的是，将附在前工序存料箱上的生产看板取下，放入前工序

---

① 注：在此处应该有前工序已经加工好的待后工序领用的物料，但是在产品投入生产的第一次，这个物料是事先按计划准备的，之后只要看板不断循环，就会不断生产出来。

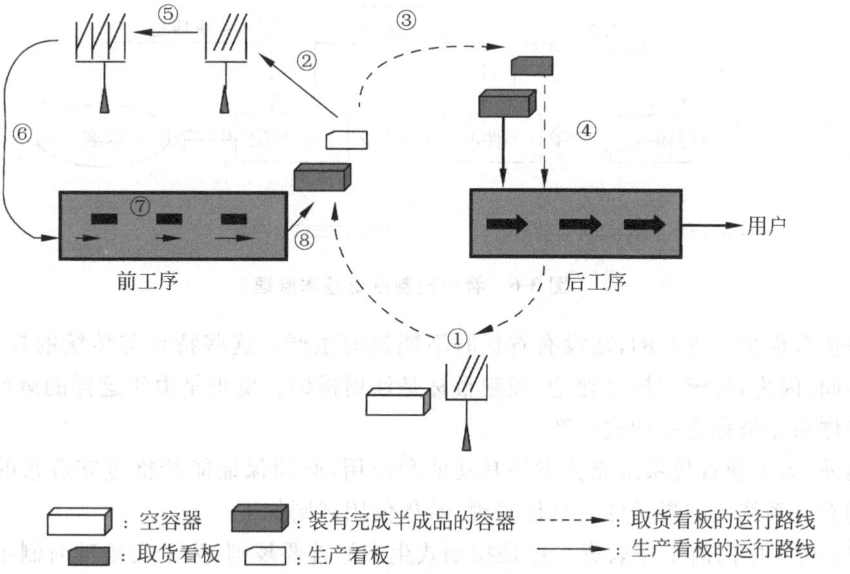

图 3-5　看板系统运行原理

资料来源：[日]门田安弘.新丰田生产方式[M].第 4 版.王瑞珠，等，译.保定：河北大学出版社，2012：37.

指定的存放处。

(3) 搬运者用带来的取货看板代替生产看板，放到存料箱上(在存料箱上有固定的看板存放处)，连同前工序加工好的物料一起运送回到后工序，将料箱放到该工序的备加工零部件存放处。

(4) 后工序的操作者开始作业时，即开始使用取来的物品时，必须将附在存料箱上边的取货看板取下，放入指定位置。

(5) 前工序隔一定时期(与看板积累的时期相同)，将生产看板汇总，按工序排产顺序放入指示生产开始的箱中。

(6) 前工序按放在生产指示箱中的看板所指示的品种、数量及顺序开始生产被取走的本工序的产品。

(7) 前工序在加工过程中，物品与看板一起在流程内移动。

(8) 加工完成后，再将生产指示看板和物品一同放在工序后部的完成物品存放处，以备后工序下次领用。

按着上述的基本规则，取货看板在流程(车间、生产线)之间，生产看板在流程(车间、生产线)之内不停地运行，产品就可以按着顾客需求的速度被不断地制造出来，而且在流程内及流程间都不会产生过多的库存。将这个规则沿着流程(供应链)向上游推进的话，就形成了一个看板为信息载体的控制系统，将完成整个生产流程，以至于整个供应链拉动起来的功能。看板控制系统基本原理如图 3-6 所示。

这里需要强调的是，以看板技术为核心形成的控制系统其特点是，控制目标不是计划规定的任务，而是顾客的实际需求，是按顾客的实际需求速度来控制整个生产过程的运行；而且不是事后(反馈)控制，是一种事前(前馈)控制。因为，流程中每个环节实际的产

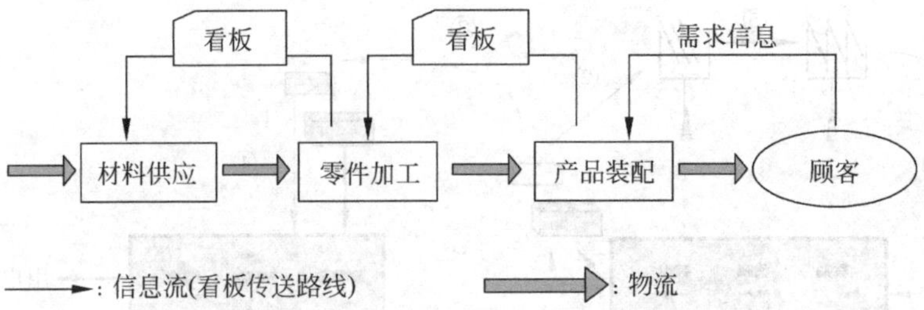

图 3-6 看板控制系统基本原理

出都是按看板指示进行的，在没有看板时不能提前生产。这些特点与传统的控制理论有明显不同，因为，传统的控制理论，控制目标是计划指标。也正是由于这样的运行机理，这种生产体系才被称为拉动式生产。

另外，为了使看板系统充分发挥其功能和作用，必须保证能严格遵守看板的规则，这是运用看板系统的前提条件。具体来说，看板使用规则如下。

(1) 后工序向前工序取货。这是拉动式生产的首要规则，为了实现准时制生产，避免过多、过早生产导致的库存问题发生，采用看板控制时，必须由后工序在必要的时候到前工序领取必要数量的零部件，而不是前工序向后工序送货。为确保准时制生产，后工序还必须遵守下面三条具体规定：第一，禁止不带看板领取物料(零部件或原材料)；第二，禁止领取超过看板规定数量的物料；第三，实物(物料箱)必须附有看板。

(2) 不良品不交给下道工序。因为如果数量控制得非常准确，发生质量问题时就会引起生产流程中断，所以，上道工序必须为下道工序生产百分之百的合格品；如果发现生产了不良品，必须立即停止生产，查明原因，采取措施，防止再次发生，以保证产品质量，防止生产中断，以及产生的不必要浪费。

(3) 前工序只生产后工序领走数量的产品。即前工序只能按照后工序的需求，在备货被取走后(类似超市的商品被销售掉后)进行生产，不能根据计划提前生产，而且不生产超过被取走数量，即看板所规定数量的产品，以控制生产流程的进度，不发生库存积压。

(4) 看板的数量必须控制合理。因为使用看板的一个基本前提是，看板与实物必须是严格对应的，也就是每一箱(甚至每一件)物品必须有与其对应的看板，这样一来，每一种物料都要有对应的取货和生产两种看板。就存在一个看板发行数量的问题，参考图 3-5 看板的运行原理也可以知道，如果看板数量过多，流程中间在制品的数量会很多，这不符合准时制生产的目的。当然，过少也不行，会导致运输频繁，甚至发生流程中断。

所以，使用看板系统的一个重要问题是看板发行数量的控制。关于如何确定看板数量我们将在下一节讲解，这里需要注意的是，许多开始应用看板的企业，多半都是会多发行一些看板，因为，他们担心生产流程出现问题会中断，这样不仅很难收到看板系统的效果，而且现场操作人员会认为，使用看板没什么用，反而增加了负担(见【例 3-1】)。

三、看板的功能

如果仅就看板本身而言，它只是一个记载、传递信息的工具，但根据上述对看板传递过程分析，只要遵循看板的使用规则使用看板，就会形成一个控制系统。它不但能很好地控制生产过程的运行，而且还可以与计划系统结合，自动地调整生产计划（计划的微调整）。所以所谓看板的功能，应该是指看板系统的功能。它不仅具有控制生产过程的功能，同时又具有传递指令、调整计划、管理现场物品等多项功能。具体如下。

（1）看板是指示作业的生产指令。这是看板最基本的功能，如在取货看板上，取什么货、取多少、什么时间到什么地点取货和怎样搬运等，这些信息都指示得很清楚。各工序的作业人员只要得到看板，就等于获得运行的指令；在生产看板上，会记载生产数量、出产时间、顺序及搬运时间等信息，生产车间得到生产看板就等于得到下达的生产指令。因而，看板像生产线上的神经，传递取货和生产指令，控制着生产系统的运行。

（2）看板是现场物品管理的工具。由于看板在任何时候都必须与实物一起移动，因而它不仅能够控制过量制造，还可以指明现场物料的数量、地点等信息，可以简化现场的物料管理程序。如果坚持按规则使用看板，就会使现场物品管理更明确，更直观。例如，看板上指明了零件的名称、产量、生产时间和方法、运送地点和数量等有关内容，使得生产现场人员可以清楚地知道哪里有什么物品、有多少物品；同时，这也便于管理人员掌握工序生产能力、库存状况和人员安排等情况，发现流程中存在的问题等，提高现场管理水平。

（3）看板是调整计划的手段。根据前面对看板运行规则的讲解可知，看板是根据后工序的实际需求运行的。这样一来，在使用看板的情况下，就不同于以往的方法，即在按事先安排的计划运行后，发生需求的变化时，要对生产计划进行专门调整；而是在实际需求量发生变化时，随着最终工序的运行，看板系统会自动地进行计划的调整。如每日出产量增加，则后工序向前要货就会增加，随着看板的传递，前工序的生产量也会增加。但这里需要注意的是，使用看板系统不等于不需要计划，而是需要更合适的计划，需要适应看板系统运行的均衡的生产计划，关于这一点后面会做详细的讨论。

（4）看板是改进管理的手段。精益生产中一个重要的理念是，暴露问题，让问题充分地暴露出来，找到产生问题的原因，采取措施彻底解决，不再发生相同的问题。看板系统的运行会很好地体现这种理念。因为如果某一工序设备出现故障，或生产出不良品，根据看板的使用规则之一——不良品不交给下道工序，后工序所需就会得不到满足，就会造成生产线停工，由此可立即使问题暴露出来，从而能迅速采取改善措施。这样，不仅使问题得到解决，而且使生产线的“体质”不断增强，带来生产率的提高。但是，如果没有能力发现问题，解决问题，改善流程的话，运用看板系统则会导致混乱。因此，这需要管理层，乃至高层管理者的决心，或是坚决的支持才能收到效果。这也是许多企业在开始使用看板系统时，看板张数发行较多的原因。例如，以下实例是一个汽车零部件生产企业，在刚开始推行看板方式时，所遇到的问题及体会。

【例 3-1】 企业在推进精益生产，刚开始使用看板的时候，谁都不习惯拿进拿出这些小卡片，所以经常会发生看板丢失的情况。有时候，丢失的看板过几天会在垃圾桶或车间的某个角落出现，也有些就再也没有出现过。所以，生产线上有一阵比较混乱，没有看板有空箱到底要不要生产，大家心里都没谱。也有人发现看板丢了，就去找负责看板管理的精益生产专员补看板，精益人员也不知道该不该补。

于是，很多人反映，这样下去不行，正常的生产秩序都给打乱了，还是恢复按计划生产的好。总经理却并不表现出特别的担心，告诉大家这是磨合期的正常现象，并说服精益生产专员，看板丢了不是件坏事，不要急于补上，先注意观察会不会影响交货，而且特别告知所有生产线不见看板一律不准生产。

因为总经理知道员工还是担心库存不足，生产跟不上，即便使用了看板拉动，也在计算流动看板张数的时候放了许多的余量①，成品仓库仍然有过多的库存。

而看板丢失正好可以减少生产数量，把库存量降下来。过了一段时期，看板丢失的情况好了很多，为了进一步降低库存，总经理和生产经理还经常在生产现场转转，有计划地到某些线上"偷"走一两张看板以减少产量，降低库存。

另外，计算库存数量也不是通过一些公式的精确计算，而是靠实际操作中调节流动看板的张数来控制。比如，某产品原来根据主机厂的月计划设计了27张看板，但是10天下来发现真正需要流动的只有23张看板，那么就先撤出去2张。如果接下来几天发现根本没有影响供货，那么就再撤掉1张。库存就是这样一点点被压缩掉了。

四、看板的使用条件

如前所述，看板系统的实质是生产控制系统，它的发明对生产控制方法来说是一大贡献，在准时制生产系统中起着重要的作用。但使用它需要一定的前提条件，否则不但收不到成效，还会造成混乱。主要应具备以下条件。

(1) 实行均衡化生产。均衡生产是看板管理的基础。实施看板管理，只对总装配线下达生产计划指令，流程的其他环节都是按看板指示运行的，因而，总装线实现生产均衡化就变得十分重要了。例如，某零件生产工厂每周接到总装厂用看板传递来的需求量都是100个，那么它可以将自己的生产速度控制在每周出产100个零件，这样就不会有多余的库存，产能的利用也会较好控制。但是如果后面总装厂的需求不是均衡的，需求的数量有时多有时少，这样的话拉动生产就失去意义了。例如，在上面的例子中，如果这个零件工厂得到的需求有时突然增加到200个，或者减少到30个，有时会是50个、80个，那么你试想这个零件生产商会怎样应对呢，根据计划与库存控制的知识，你就会想到零件生产商很可能会增加安全库存，将库存加大到足以应对最高需求的状态，而在需求少的时候会有很多库存，这就与精益生产要消除库存的目的背道而驰了。所以均衡生产(也称为生产平准化)是实现准时制生产的一个重要前提条件。

这里存在一个理念的问题。有许多企业在实施准时制生产时，仅强调让零部件的供应商准时供货，但是自己却不努力实现均衡生产，因为他们认为自己面对的需求是不均衡的，是无法实现均衡生产的；而且认为，即便有库存，库存也是在供应商那里，自己实现了准时制生产。实际上，这是一种误解，因为精益生产主张消除库存，减少浪费，而这样做仅是将库存推给了供应商，并没有消除库存，这与精益的理念是相悖的。另外，这样做实际也没有减少自己的浪费，因为库存引起的浪费，还是会通过零件的供应，转移到产品成本的。

(2) 必须使生产工序合理化和设备稳定化。使用看板会从数量上对生产系统进行比较严格的控制，假设将数量控制在一个也不多的情况下，那么如果某个环节出现不良品，或设备发生故障、操作出现失误、材料供应不及时等问题，都会导致生产中断。因此，为了

---

① 关于看板发行张数的确定，参见下一节的讨论。

确保对后工序供应百分之百的合格品，必须实行作业标准化、设备稳定化，尤其是前面提到的自働化的质量保证体系。

(3) 看板必须与计划结合进行微调整。如前所述，看板的运行具有根据实际对计划进行调整的功能，但如果调整幅度过大，就会破坏均衡生产，导致前道工序(供应商)或是增加库存，或是产能损失，失去准时制生产的意义。所以必须在允许范围内对计划进行微调，即适当地进行产量的增减调整，尽量不给前工序造成很大的波动而影响均衡生产。丰田把调整幅度确定为平均产量的 10%，这样既可以根据实际需求拉动生产，又不至于产生太大的波动，从而导致库存增加过多。当然，产品不同，市场需求特点也就不同，每个企业应该根据自己生产的产品、生产流程、市场需求等特点，合理地确定调整幅度。

这里还存在一个如何实现调整产量的方法问题。通过图 3-5 的看板系统运行原理可知，在后工序增加或减少产量，需要调整对前工序的需求数量时，有两种方式。以增加产量为例。使用看板控制生产流程，如果后工序需要增加产量时，可以是取货时比以往多带一张看板(假设增加的数量是 1 张看板)；或者是，比以往的取货间隔时间短一些，例如，以往一般是 2 个小时取一次货，现在可以是 1 小时 45 分取一次，这样全天运行下来产量就会增加了。

若使用前一种方式，某一次突然多带一张看板，就需要前工序要有一箱对应的零件库存储备(实际上也就是保险库存)，这会导致增加库存，对实现准时制生产不利的。所以，丰田公司多半是采取后一种方式调整产量，也就是缩短每次取货的间隔时间，实际上也就是加快看板的循环速度。但此时，有可能你会担心前工序是否有时间来得及做完。其实，这个问题不必担心，因为，一般来讲，在一个多阶段的生产流程中，前工序的生产速度一定比后工序的生产速度快，至少是相同。如果比后工序的生产速度快，那么生产时间是没问题的；如果与后工序的生产速度相同，那这两个工序之间也就不必使用看板连接了(或者使用一张看板连通两个工序)，可以将两个工序视为一个工序对待，实际上就是两条节拍相同的流水线了，中间的衔接可以是更紧密的信息传递，这点我们会在第五章讲到。

通过对两种调整产量方法的分析，可以再一次体会到均衡生产的重要性。因为，在使用看板控制准时制生产时，无论使用哪种方式调整产量，都会出现问题。或者是库存增加；或者是生产进度安排还乱，产能有时空闲；有时紧张，导致加班加点；最终都会导致运行成本的增加。这就是丰田公司将产量变化的幅度控制在 10%以内的道理所在，也是许多企业运用看板系统时，经常遇到的难题。

第二节　看板发行张数的确定

运用看板系统控制流程运行的另一个关键要素，就是确定合理的看板发行张数。这里看板发行张数的含义是指，针对某一种物料(零部件、原材料)，在两个工序间运行的取货看板，或者在一个工序内部运行的生产看板共需几张。在看板方式下，流程中的在制品数量，或者供应链中半成品的数量，都是由看板张数决定的。看板张数越多，中间的在制品及半成品库存就越多；反之，亦然。取货看板与生产看板的运行规律略有不同，下面分别讨论这两种看板发行张数的确定方法。

一、取货看板发行张数的确定

取货看板传递的是取货指令，简单地理解，就是传递每次取货的数量信息（也可以理解为取货批量），只不过此时是用看板张数来表示数量。例如，对于某一种物品，每个物料箱装载 20 件的话，因为每个料箱上一定对应有一张看板，所以此时一张看板就表示对应有 20 件物品，那么如果每次要取 60 件物料，就需要持有 3 张看板。这就是看板张数与取货或生产数量之间的基本关系。

这里一个基本的前提条件是物料箱的装载数量。每一种物料根据体积大小、价值贵重程度、使用数量等因素，一个物料箱的装载数量会是不同的，但在计算看板张数时应该是一个确定已知的参数，一旦确定了一次取货的数量，就可以计算得到对应的看板张数。

看板发行张数确定的另一个因素是循环时间，是指一张看板从起始点发出，直到再回到此点所需要的时间。例如，在图 3-5 中，取货看板从①点发出，再回到这一点的时间，这个时间长度为循环时间。循环时间的长短，取决于取货间隔时间、中间运输路程时间、物品装卸时间等一系列因素，需要根据生产流程的实际计算得到。另外，如果前工序备有已经加工好等待后工序领用的物料，则不应包括前工序的加工生产时间，例如，在图 3-5 中⑧的位置已经备有加工好的物料，则不必计算前工序的加工时间。否则，如果前工序是等待看板到来再进行加工的话（有特殊工序是这样），就需要包括前工序的加工时间。

在循环时间中，其他构成要素，如运输路程时间、生产操作时间、装卸时间等，都是比较固定的，在生产条件一定的情况下，是不会临时变化的。例如，两个流程环节的空间距离一定，运输时间则不会改变。只有补货的间隔时间，可以根据管理需要确定。

采取拉动式实现准时制生产过程时，决定准时化程度的一个因素是一次补货的数量。根据库存控制理论可知，每次补货数量越少，库存水平就越低，就越能准时制生产。因此，一次取货数量的确定，类似库存管理中的订货频次（补货间隔时间）与一次补货批量的确定，也可以有定期取货和定量取货两种方式。

（一）定期取货方式下，取货看板发行张数的计算

定期取货是每间隔一定的时期，如 2 小时或 4 小时取货一次（取货看板运行一次），而每次取货的数量可能是变化的，会随着后工序需求的变化增加或减少；定量取货方式是只要看板积累到一定数量（如 3 张看板），看板就运行一次，而每次运行的间隔时间是变化不确定的（如果需求量均衡，两者是没有差别的）。在丰田公司的实际运用中，在企业内部，因为路程比较近，两种方式都有采用，对于外部供应商的取货，基本采取定期取货的方式，每间隔一定的时期将积累的看板汇总后，到供应商处取货。无论是企业内部的取货看板，还是外协看板计算原理基本相同，但是对于外协看板由于路程较远，中间的运输时间很长，看板的循环时间会非常长，具体的供货过程会有变化，这点我们将在第五章讨论。

在企业内部定期取货的条件下，取货的间隔时间是一定的，例如，每隔一个小时或两个小时取货一次，这样每天的工作时间、班次确定，就可以很好地排好运送计划，比较好组织物流运输。

此时，取货看板的发行张数计算，类似在库存控制理论中，定期补货模型中最高库存量的计算，计算公式为

$$Nm = DTw(1 + Aw)/b \tag{3-1}$$

式中：Nm——取货看板的发行张数；

D——某一种零件后工序的平均需求量(可以是每小时的需求量，或每日的需求量，但要与看板循环时间的计量单位一致)；

b——物料容器装入物料的数量；

Tw——取货看板的循环时间(此时应包括取货间隔时间、运输路程时间、物料装卸时间等。如果前工序已经有加工好的备货，则不包括前工序的生产时间。时间长度用日或小时表示，要与需求量的时间单位一致)；

Aw——保险系数，可以根据工序的实际情况确定，也可以取零。

按此公式计算得到的取货看板数量，是根据看板运行的规则，两个工序之间需要的看板最大数量，按着这个数量发行看板，就可以控制中间的在制品不会过多，但由于其中存在保险系数，因而在实际运用中，每个企业会根据自己的需要，决定保险量的多少，从而导致中间库存的不同。下面我们看一个企业应用看板的实例。

【例 3-2】 神龙汽车公司座椅看板取货实例①

直送看板供应原理

在汽车生产企业中实施准时制生产，是指以市场为拉动源，以总装配线为控制点，各生产环节都按后工序的需要组织生产和运输，不设置多余的库存；前工序仅仅生产后工序所取走的品种、数量，不进行多余的生产。与此同时，也要求供应商进行准时化供应，改变传统供应方式中设置大量的库存储备来保生产、保均衡的做法，减少库存费用，降低生产和运输成本，使得供应、生产与市场需求同步。

直送看板供应是拉动式准时供应的重要方式之一。将准时化要求向上游延伸至供应商处，即用户厂家以看板作为准时化要货指令，供应商按照看板指令实施生产或运输；所供应的外协件不进入用户仓库存储，直接转运至用户生产线消耗点。通过看板拉动供应商按用户生产线需要的时间、数量和品种实施生产与运输。供应商供应点至用户生产线消耗点之间实行直送，减少存储点和存储量，从而降低供应商和用户的库存成本；同时发挥看板的现场自动微调功能，平顺排产、运输与仓储作业，减低调度协调难度和工作量，提高系统化管理水平。

采用直送看板供应的前提性条件

采用直送看板供应的前提性条件如下。

(1) 人员素质。直送看板供应运行涉及的相关人员必须经过培训，了解看板知识和运行规则，具备看板管理必备的素质和责任心。

(2) 质量保障。质量保障在供应商处完成，用户和供应商都对产品质量有足够的信任和信心，直送看板零件达到质量免检水平，只有合格的产品才能挂看板卡片。

(3) 技术经济性。应优先选择 A 类物资(占用资金、面积、容器等制造资源较多的零件)。

(4) 包装特性。标准化耐久容器；容器体积不大，装载数量少。

(5) 运输特性。每次运输批量较小，每日运输频次大于一次，供应商供应点在 50 千米范围内。

---

① 资料来源：王辉. 神龙公司直送看板供应分析与应用[J]. 工业工程与管理，2000(3)：50-53. 略有改动.

(6) 管理保证性。用户及其供应商愿意和能够实现准时制生产或运输管理,签订一份座椅直送看板供应合同/协议。

直送看板供应的实践应用

作为一个现代化轿车生产整车厂,神龙公司武汉工厂从1995年生产启动之初就引入和实施看板管理,已经历了4年多时间的发展,在观念普及、技术手段、信息处理、操作水平、运行效果等方面都取得了长足进步,形成了管理优势;在实现混流生产、降低成本、优化现场管理、合理组织物流、改善仓储供应、提高劳动效率等方面发挥了重要作用。

从1995年至1997年,武汉工厂总装、油漆、焊装、冲压四大工艺车间相继投产运行。这些工艺生产环和相应的内部运输物流环都实现了看板管理,但只限于本厂范围之内,准时化要求尚未延伸至外部供应环。看板管理的效益潜力有待进一步开发。

1998年年初,神龙公司相关部门推出生产管理优化新举措,试行外协件直送看板供应,首项零件定为座椅。神龙富康轿车成套座椅价值4 100元;采用专用耐久容器盛放,每个容器盛放两套座椅;供应商为云鹤座椅厂,距公司总装车间约1千米;运输工具为3吨东风轻卡,每车运送9个容器;神龙公司总装车间实行5天两班制生产,日产214辆份,日有效工时为15.5小时;云鹤座椅厂实行5天单班制生产,但仓库发交和运输作业时间与神龙总装车间同步,当时神龙公司仓库座椅库存水平为240套左右。

针对以上情况,首先进行了初步设计。

设计要点

(1) 描述座椅厂为公司总装车间实行座椅直送看板供应的流程。

(2) 进行工时分析,确定工时参数。

(3) 看板计算。

(4) 确定重要控制点和作业点。

(5) 提出看板样本。

(6) 提出看板运行所需要的人员、设备、物品、面积、环境配套等资源需求。

工时分析(见表3-1)

表3-1 座椅直送看板供应工时分解

单位:分钟

序号	项　目	符号	数值
1	日工时	TMU	930
2	生产节拍	TH	4.3
3	一个容器在线边存放和消耗时间	t_1	17.4
4	运输间隔(等待)时间	t_2	78
5	用户站台卸车时间	t_3	7.5
6	上线运转时间	t_4	3
7	收回空容器时间	t_5	3
8	将空容器装上车时间	t_6	7.5
9	运输车辆返回供应商处路途消耗时间	t_7	10
10	供应商处卸车时间	t_8	7.5
11	供应商处装车时间	t_9	7.5
12	运输车辆来用户处路途消耗时间	t_{10}	10
13	看板循环时间合计	$\sum t_i$	151.4

看板发行张数计算

看板卡片总数计算公式为

$$R = [CMJT(1+a)+LOT]/UC \tag{3-2}$$

式中：R——看板卡片发行总数；

CMJ——用户日消耗零件数(下工序每日需求量)；

UC——容器装载量；

a——安全系数(1/F)；

F——每日送货运输频次；

LOT——运输批量；

T——看板循环时间(以用户工作日有效工时为量纲)。

本次设计取值：

CMJ=214(套)，UC=2(套)，F=12(次)，$a=1/F=0.08$，

$T=\sum t_i/TMJ$=151.4(分)/930(分)=0.163(天)，LOT=18(套)。

看板卡片总数：$R=[214\times0.163\times(1+0.08)+18]\div2=28$(张)

每张看板对应一个容器(满或空)，共需28个座椅容器周转。

直送看板供应运行效果

经过严谨的设计和精心准备，座椅直送看板供应按计划于1998年6月16日启动，运行情况非常好，尤其是经济效益十分显著。供应量曲线和库存水平都比较平滑和均衡，座椅平均库存水平降到24套左右，为原来库存水平(240套)的10%，同比降低了90%，减少库存资金占用88.56万元。真正是"管理出效益"。

对上述应用实例的分析

首先，看板是在汽车的总装厂与座椅生产供应商之间运用，虽然应该属于外协看板，但是从运输路程的时间消耗(10分钟)看，两者的距离很近，类似两个车间。其次，座椅是体积比较大的零部件，是按每车一套计量的，此例中每个容器装载两套座椅。因为是用卡车(3吨位的卡车)运输，所以每车满载是9套座椅，此时需要考虑运输工具的满载负荷问题，否则会增加运输成本。

本例中，每天工作按930分钟(两班制，每班8小时，中间有30分钟交接)计算，看板循环时间，包括了取货的间隔时间(78分钟)，以及其他消耗(见表3-1)，共计151.4分钟，折算为0.163天。但没有前工序的生产加工时间，也就是前工序在取货时，至少有已经加工好的一个批量的座椅产品。

这里需要说明的是，此案例中看板发行张数的计算公式[见式(3-2)]，比我们前面的理论公式[见式(3-1)]多了一个运输批量。因为在看板的循环时间中，已经包括了取货的路程时间，以及各种消耗时间，而且有保险系数，如果再增加一个运输批量，会使得中间的半成品库存增加，这或许是企业在应用时应考虑的问题。当然，数量增加不会导致由于缺货而发生生产中断。

(二) 定量取货方式下，取货看板发行张数的计算

定期取货方式一个较大的问题就是，每次取货的数量都不同，如果后工序的需求发生变化，或者有时发生因质量问题而停线检查等情况，就会调整取货的数量，这对于前工序

的影响比较大，丰田公司一再强调均衡生产的道理也在于此。不过在实际生产中，调整需求量的事情总会发生的，所以有时也会采取定量取货的方式。

在定量取货方式下，取货看板发行张数的计算公式基本与式(3-1)相同，但其中的看板循环时间的确定有所改变，计算公式为

$$Nm = DT_Q(1+Aw)/b \quad (3\text{-}3)$$

式中：Nm——取货看板发行张数；

D——某一种零件后工序的平均需求量(可以是每小时的需求量，或每日的需求量，要与看板循环时间的计量单位一致)；

b——物料容器装入物料的数量；

T_Q——取货看板的循环时间(此时其他内容与定期取货时相同，但其中的取货间隔时间应改为取货批量的等待时间，即等待看板积累到一个取货批量的时间)；

Aw——保险系数，可以根据工序的实际情况确定，也可以取零。

以下仍然使用【例 3-2】中的数据，计算定量取货方式下看板的发行张数。因为在上述的案例中，使用的运输工具一次可以装载 9 套座椅，所以我们这里假定一次取货的批量为 9 套，也就是以运输工具满载为依据计算。后工序(总装线)的节拍是 4.3 分钟，9 套座椅的批量等待时间是 38.7(4.3×9)分钟，其余时间均与定期取货时相同，因此，看板的循环时间为 112.1 分钟，换算为 0.12(112.1 分/930 分)天。根据公式(3-3)计算看板发行张数为

$$看板卡片总数=[214\times0.12\times(1+0.08)]/2=14(张)$$

需要注意的是，这里我们采取了相同的保险量，去掉了公式(3-2)中认为多加的一个运输批量，折合看板数为 9 张。两种方式比较，定量取货方式会比定期取货方式减少一些看板发行张数。定期取货时是 28 张，即便去掉 9 张多加的看板，还有 19 张，比定量取货时多 5 张，对应多出 10 套座椅的在制品。这个结论与库存控制理论相同，即定量取货方式中间的在制品会控制得更少一些，准时化程度更好。

二、生产看板发行张数的确定

生产看板的运行规律是，看板一直在某一个工序(流程环节)内部运行，并且根据拉动式生产的规则，前工序只能生产被后工序取走数量相同的产品，不能多生产，当然一般也不会生产比取走数量少的产品，而且也不能提前生产。因此，生产看板的运行是由后工序的取货看板触发的，前工序的生产数量是由后工序的领取数量决定的，这是生产看板运行的基本规律，以下分几种情况来讨论生产看板张数的确定方法。

(一) 后工序定期取货，前工序不定量生产

后工序采取定期取货的方式时，每次取货的数量都有可能不同。当然，如果均衡生产水平较好的话，取货的数量比较稳定。此时，生产看板的发行张数主要取决于后工序的取货数量，因为看板运行的原则是前工序只能生产后工序取走数量的产品。另外，生产看板的循环时间，应该是从生产看板被取下(如图 3-5 中⑧的位置)开始，直到前工序生产出来一批产品，再送到工序出口的存货区(如图 3-5 中⑧的位置)为止，中间所经过的所有时间。但是，一般来讲，前工序的生产时间都要比后工序的需求时间短，也就是说，前工序的

生产速度要比后工序的需求速度快。例如，在【例 3-2】中，后工序总装线的节拍是 4.3 分钟，那么前工序座椅的生产速度会小于这个速度，至少是会等于这个速度，如果大于后工序的这个需求速度，那是不可思议的，流程的组织也是不合理的。

所以，在此条件下（生产提前期小于取货间隔期），前工序的生产数量是根据后工序的领用量决定的，在计算生产看板的发行张数时，可以不必根据看板的循环时间计算，而直接根据后工序的取货量（需求量）来计算，公式为

$$N_p = (Q + A)/b \tag{3-4}$$

式中：N_p——生产看板的发行张数；

Q——生产批量，根据后工序的取货量确定（取最大值）；

A——保险数量，根据工序状况设定，一般可以根据工序的质量稳定性、设备的故障率等因素来确定，但在精益生产中主张尽量减少保险量；

b——物料容器装入物料的数量。

在公式(3-4)中，关键是生产量(Q)的确定。按照拉动式生产的原则，应该是后工序取走多少，就生产多少。但是，如果后工序是采取定期、不定量的取货，则每次取货的数量是不确定的。例如，图 3-5 所表示的一次间隔内，取货数量是 3 张看板，如果每次都是稳定地取货 3 张看板指示的数量（这里我们假定每章看板指示 20 件）。那么，前工序每次的生产批量就是比较稳定的，3 张看板指示 60 件。但是，如果后工序每次取货的数量是不确定的话，有时会多或者少一些，例如 4 张或 2 张看板，那么，按照规则，后工序的生产数量就会随之增加或者减少。此时，应用公式(3-4)计算看板张数时，Q 的确定就要取后工序的最大取货数量来计算，否则在后工序取货最大时会缺货，但是按最大值计算的看板张数，在后工序取货小于最高值时，工序间的半成品库存会增多，这也是丰田公司一再强调均衡生产的意义所在，因为，如果生产均衡，后工序的取货数量保持平稳，就不会出现这种现象。

（二）前工序固定批量生产的情况

无论后工序采取怎样的方式取货，前工序都是固定批量的生产模式。例如，冲压生产线，由于更换模具时间比较长，更换模具后，一次的生产批量是固定的，此时生产看板的运行规则是，工序出口加工完成的备品（冲压好的零件），被取走的数量一旦超过某一点的数量，就发出生产指令（在丰田公司此时是应用三角看板指示生产），冲压工序就会再补充生产一个固定的批量。这与库存管理中的订货点法完全相同，但丰田公司的固定批量并不是采用经济批量，而是根据模具的装换时间，尽量减少批量，以保证库存的最少。此时生产看板发行张数可以按下式计算：

$$N_p = (Q + DL + A)/b \tag{3-5}$$

式中：N_P——生产看板的发行张数；

Q——一次生产的固定批量；

D——某一种零件后工序的平均需求量（可以是每小时的需求量，或每日的需求量，要与提前时间的计量单位一致）；

b——每个容器装入物料的数量；

L——生产补货提前时间（从发出生产指令开始，到一批产品生产完成运送到存放地点的时间长度，计量单位要与 D 相同）；

A——保险数量。

需要说明的是，应用公式(3-5)计算得到的看板张数，仍然是每一个物料容器对应一张看板。而发出生产指令的时间点(订货点)对应的看板张数，可以按下式计算：

$$N_l = (DL + A)/b \tag{3-6}$$

式中：N_l——订货点的生产看板张数，也就是应用三角看板时的位置。

三角看板的含义，实际上就是用一个特定的看板形式(三角看板)，表明发出生产指令的时间点，前工序在接到指令时，按固定的批量规模生产一个批量，生产出来后再补充到出口的存货地点。这个过程与订货点方法进行库存控制，以及库存补货的过程相同，可以说，三角看板是一种特殊的生产指示看板，它的使用过程如图 3-7 所示。

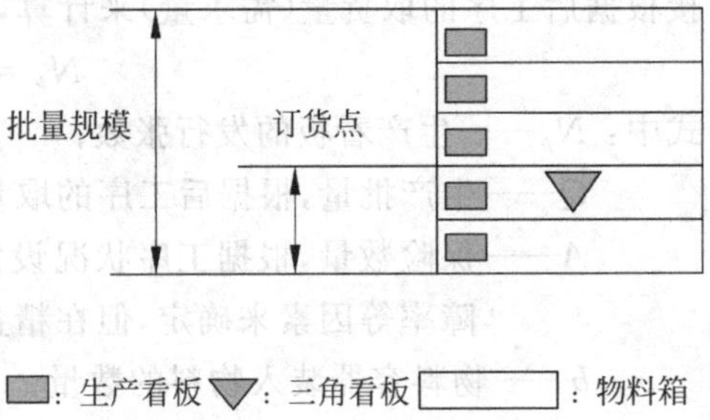

图 3-7　三角看板的使用过程

(三) 前后工序都是连续的生产流程

如果前后两个工序是生产同一种产品的两个连续流程，例如，汽车生产的总装线与前面的部件(发动机、变速箱等)组装线，或者部件的组装线与前面的零件加工流水线之间的衔接，特点都是如此。这时假设各个流程都是流水线生产，一般节拍应该是一致的，例如总装线是 2 分钟一辆汽车的话，那么，发动机或变速箱等的装配线也应该是 2 分钟一件，同样道理，零件的加工线也是 2 分钟一件。此时，两个流程之间甚至可以由传送带或传送链条等装置来衔接，类似一个流水生产过程，也就是"一个流生产"的概念。

这时，流程之间的衔接实际上完全可以不用看板，只采取日程计划衔接就可以，原理与大量流水生产的日程计划方法完全相同。但是在实际运行时，会有一些特殊的情况，例如，出现质量问题停机、发生设备故障停机等，都会导致两个流程之间有一些缓冲。所以丰田公司对这样的流程使用信号看板，会用如乒乓球等作为传递信息的工具，将后工序的实际生产信息传递给前面的流程，过程如图 3-8 所示。

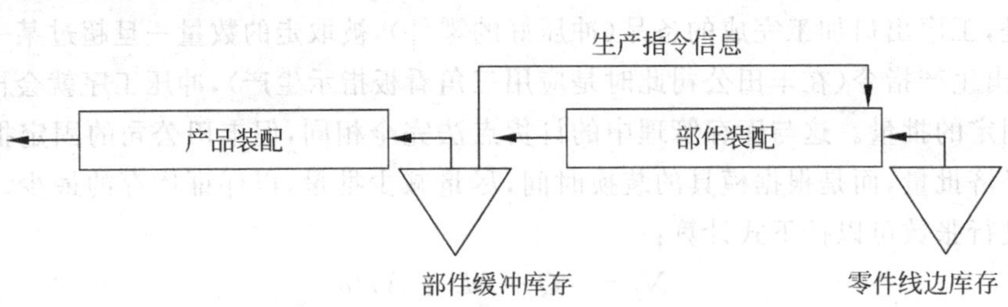

图 3-8　连续流程生产看板传递

这样后工序的实际投入(使用前工序半成品)的数量，就通过乒乓球的数量传递给前面的工序，前工序可以根据这个信息指示自己的生产，控制生产的数量不至于过多。如果这个前工序(部件组装)再与自己的前工序衔接，仍然可以采用取货看板的方法，去领取自己需要的零件。当然，目前信息技术，尤其是物联网技术都已经很发达，这种连续的两个流程之间的连接完全可以使用信息技术实现。

总之，看板是连接两个流程环节的信息传递工具，起到控制生产流程运行的作用，具体的使用方法，以及各种看板的发行数量，应该根据流程环节之间的物流运动规律，经过分析确定。当然，每个企业可以根据实际情况来决定。但看板的实际发行数量对控制在制品、原材料库存有重要作用，看板发行过多会导致中间物料库存增加，但是计算很严格的话也会由于中间的运输、机器故障等原因导致缺货的风险，所以实际应用时企业会有许多方法，根据实际生产运行情况逐步地摸索确定一个合理的数量。而且在对外部供应商的取货时，需要考虑运输距离等因素来确定看板数量，对此我们将在后面章节详细讨论。

第三节　看板及拉动式生产的相关问题

每个企业无论生产什么产品，具体生产活动总是按照一定的指令进行的，一般将这种指令称为生产作业指令，它的作用是指挥生产活动的具体实施。这种生产作业指令的具体表现形式，每个企业会有所不同，有的企业称为工单，有的企业称为作业传票，但无论怎样的形式，功能都是相同的，都是指挥调度生产流程的运行。尤其是像汽车制造、家电、计算机领域等，生产体系都是比较庞大、复杂的，流程中每个环节的具体运行，没有一个基于合理计划基础上的作业指令，后果将不可设想。

看板技术确实是一项重大发明，为生产控制提供了一种有效的方法，对生产管理理论也是一大贡献。在生产管理理论方面，对于生产计划问题的研究，无论是理论上还是方法上都比较多。例如，经济批量、线性规划、盈亏平衡分析、最优排产计划等。而且有像企业资源计划(ERP 系统)这样，应用广泛的运用计算机支持的计划系统。但是，对于生产系统的控制，一直没有很好的方法与技术，而看板系统的运用，可以说是提供了一种有效的生产控制技术。

一、看板与计划间的协调及看板发行张数的变更

根据前面讨论的看板发行张数的确定方法可知，影响看板张数的主要因素有两个：一个是看板的循环时间；另一个是平均每日的需求数量。一般生产流程确定后，看板的循环时间比较稳定，所以主要问题是需求量的变化。如果市场的需求发生变化，每日的平均需求就会发生变化，准时制生产追求的又是与需求同步的生产，因此，看板张数就要变化。这样一来，就会出现一个问题，即计算得到的看板张数怎样进行调整。

实际上，一个企业的产量几乎每天都会发生变化，生产的产品不同，变化的幅度、频率也会不同，那么看板张数如果随着产量频繁地修改，不仅工作量巨大不太可能，同时还失去了看板管理的意义。因此，从拉动式生产的意义看，应该将看板张数稳定为好。但是，当需求量变化较大时，如果不改变看板张数，就不能实现准时制生产。

因此，在实际应用看板系统时，需要在一定时期根据需求量的变化，修改、变更看板张数。丰田公司的方法是：每个月根据月度生产计划计算一次看板的数量，在月度之内则保持张数的稳定，月度之内产量的小幅度变化，可以依靠看板循环频次的增减，来微调整产量。当然，若计算工作量比较大，一般可以采用计算机来支持完成。

这里的关键问题是：每个企业要根据自己的实际，来确定多长时间调整一次看板的

发行张数。丰田的产品是汽车，应该说需求量是相对稳定的(尤其在发达国家，需求量的变化会更小一些)。但是，如果企业生产的是其他产品将会怎样，例如，家电、服装、电脑、家具等，是否可以应用看板系统，看板发行张数如何确定，多长时间变更一次，这些问题在企业开展精益生产学习、应用的实际中，是经常会遇到的、无法回避的问题。

从理论上讲，对于需求量波动越大的产品，看板稳定使用的时间间隔越短；反之，需求量越稳定，看板数量的稳定时间会越长。从实际情况看，应该说以一个月为期限，变更一次是比较短的时期了，因为如果再短，例如，10天或者一周变化一次，从工作量、对系统稳定性的影响、看板使用效果等方面看，都会有问题。当然，这个问题很难一概而论，企业只能根据自己的实际情况确定。也有企业认为，需求很不稳定的产品是无法使用看板的。也有企业开始推行精益生产时，选择比较宽松的看板发行张数，这样不会给生产带来较大的波动，经过一段时间后，再根据实际观察逐步减少看板发行张数(见例3-1)。

总之，这里想说明的是：看板的运行实质是一个生产控制系统，应与计划结合，形成一个对流程进行计划与控制的信息系统，只不过拉动式的生产控制方式是一种前馈式的控制方法，它与以往的反馈式的生产控制理念不同。在反馈控制方式下，生产系统的运行逻辑如图3-9所示。

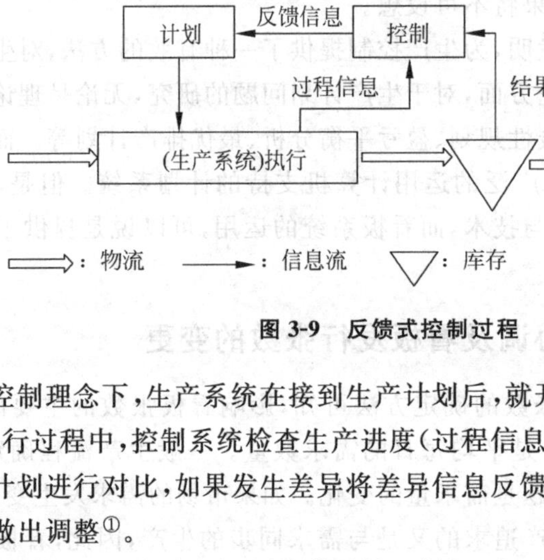

图3-9 反馈式控制过程

在这种控制理念下，生产系统在接到生产计划后，就开始具体地执行生产计划所规定的任务，在执行过程中，控制系统检查生产进度(过程信息)，执行后控制系统检查产量(结果信息)，与计划进行对比，如果发生差异将差异信息反馈给计划，计划职能将在制订下一期计划时再做出调整①。

这种运行方式的一个最大问题是滞后性。例如，由于计划都是根据预测制订的，当需求发生变化时，生产数量与实际需求就会不一致，库存会过多或缺货，但是当控制功能发现库存问题时，生产系统的执行已经完成，也就是事实已经发生，在企业的现实运营中，导致库存严重积压的重要原因也恰是如此。另外，如果产品的提前期很长的话，问题会更严重，不仅产成品会出现库存积压，半成品和原材料也会产生积压现象。这是因为，计划是按提前期推算流程各个环节生产任务的，在推动式生产的模式下，在计划下达后，流程的各个环节是同时执行计划规定的生产任务的，这样，如果后面流程环节的需求发生变化，传递到本工序就需要经过一个提前期，可能这个流程环节的任务已经执行完成多时了。

① 这里我们主要讨论的是，生产系统运行时间与数量方面的控制，不涉及质量控制。

因此，会导致流程的每个环节都有半成品或材料库存加压，形成巨大的浪费。以下是一个简单地运用 MRP 系统制订生产计划过程①的例子。

【例 3-3】 某种产品（A）的结构及提前期信息如图 3-10 所示，在制订生产计划时，根据预测在第 8 周时有 100 件需求，因此，生产计划确定第 8 周出产 100 件 A 产品，如产品 A 以及所有零件的当前库存均为零，则根据产品结构与提前期信息（暂时不考虑批量的话），可以计算出产品在各时期的投入、出产数量，如表 3-2 所示。

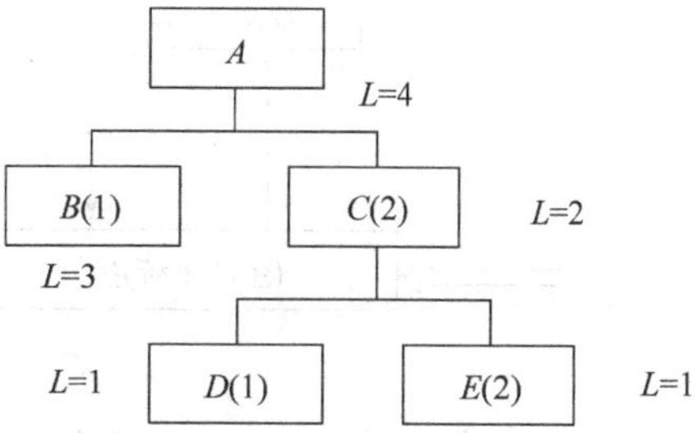

图 3-10 某产品（A）的结构及提前期信息

注：L 为对应层次物料的提前期（周）；

（ ）中数字为该物料装入上一层次物料中的数量

表 3-2 MRP 系统生产计划推算过程

L	物料	项目	1	2	3	4	5	6	7	8
4	A	产出								100
		投入				100				
3	B	产出				100				
		投入	100							
2	C	产出				200				
		投入		200						
1	D	产出		200						
		投入	200							
1	E	产出		200						
		投入	200							

根据表 3-2 示意的计划制订过程，在第 8 周需要的 100 件产品 A，由于产品构成，以及每一种零件（物料）都需要有一个生产（采购）提前期，所以，最早在第 1 周就开始投入生产或者采购了。这样控制系统跟踪实际执行的结果，与计划对照是否有差异，再将差异信息反馈回去，下次制订计划时调整。但是，如果后面的需求发生变化，假设，在第 3 周时，市场部门反馈信息，产品 A 第 8 周不需要 100 件，而只需要 80 件就够了，此时前面的各种零件及材料已经全部投入，有的甚至已经出产或到货，所以只能成为库存。更严重的是，如果需求变化的信息发生在第 5 周，不只是零件及材料，产品也已经投入正在制造中，会导致产成品的库存积压。

采取看板方式进行的拉动式生产，一个关键的方法是，流程的运行不是根据提前制订的生产计划，而是根据看板传递的指令进行的。当然，看板的数量如前所述，是与生产计划规定的产量相关联的，这实际上就形成了一个前馈性的控制系统，将生产系统的产量，以及中间半成品、原材料的投入都控制与需求同步，这样就避免了过多库存积压的产生，这个控制过程如图 3-11 所示。

---

① MRP 是物料需求计划系统，是一种生产计划体系，读者可参见运营管理或相关书籍。

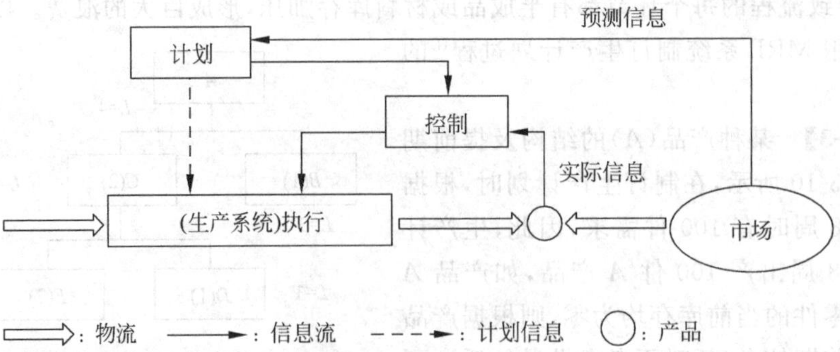

图 3-11 前馈控制过程

这里需要说明的是：在采用看板方式拉动式生产体系中，并不是不需要计划，而是仍然需要根据需求预测，提前制订出详细的生产计划方案(关于准时制生产体系的计划问题我们将在第四章详细讨论)。但是，与推动式生产方式不同的是，生产流程的实际运行，并不是由计划信息驱动的(推动式生产是由计划驱动的)，而是由实际的需求，通过看板(控制)系统发出的指令驱动的，这样就避免了过多、过早地生产。所以在图 3-11 中用虚线表示计划信息，其含义就是如此。

二、均衡生产：拉动式生产的基本前提

在上述看板发行张数变更问题的讨论中可以体会到，如果需求数量稳定不变，则一切问题都好解决，也就是说，如果生产是均衡的，采用看板系统将生产过程拉动起来，会收到更好的效果。因为，如果生产不均衡，即便使用看板拉动生产，不仅仅是看板发行张数变更问题不好解决，实际上库存也无法降下来，也就失去了拉动式生产的意义。以下通过一个例子来说明这一点。

【例 3-4】 KS 公司是一家生产汽车排气系统的企业，主要致力于为汽车制造厂商配套设计开发并生产汽车排气系统，产品主要包括汽车排气歧管、净化系统和消声系统。主要客户有上海大众、上海通用、上汽乘用车、吉利汽车、奇瑞汽车、南京名爵汽车等各大汽车制造商。公司在上海、芜湖、柳州和沈阳等地有生产工厂。

目前，各整车厂内部都在实施精益生产，一个明显的不同是，要求供应商根据其发布的滚动日计划进行拉动供货，实现准时供货。但问题是整车厂本身的生产是不均衡的，而且产量每天都在变化，变化的幅度也比较大。其中某一个整车厂，提供的月度生产计划是每天平均需求 800 套，但每天的实际需求量有很大变化，例如，实际需求最多时会增加到 1 200 套，最少时会降到 400 套。

因为排气管的体积比较大，根据主机厂的要求每小时供货一次，也就是主机厂采取定期补货的方式，每小时取货一次，每次的数量是不确定的。主机厂是每天一班，工作时间为 8 小时，根据前面需求的实际数据可知，每次的取货数量，如果是按平均数计算的话为 100 套，但实际是，有时是 100 套，有时会是 150 套(最高值)，有时会是 50 套(最低值)。这样一来，公司的产成品库存，就要保持在 150 套(不包括保险量)，但实际只有最高需求时才需要，其余时间都是库存。当然，也可以采取按平均需求准备，其余用增加安全库存

的方法应对，不过在准时供货的要求下，是不允许缺货的，所以实际公司另外还设置了较高的安全库存。总之，这种情况下，作为供应商公司还没有彻底降低库存。

实际上，这个现象在运营管理中已经有很明确的结论，也就是，如果厂商面对的需求是波动的，库存一定会增加，波动幅度越大，库存会越多。当然，如果一个企业的产能弹性很强，就可以随着需求的波动增减产量，从而避免库存发生。但在制造业中是极少见的。

另外，根据前面的分析，也很清楚地看到，如果自己企业（主机厂）内部没有很好地实现拉动式生产，只是要求供应商准时供货，仅仅是将库存推给了供应商，并没有消除库存积压导致的浪费。所以大野耐一非常明确地指出，不改变自己公司内部的生产方式，只在外部协作企业的合作上应用“看板”，“准时化”便会马上变为凶器，失掉它固有的功能而变成另一性质的东西①。

实际上，看板系统的运用，首先是一种生产方式的改变，看板只有在适合它运行的生产环境下，才能发挥它的控制功能，否则，反而会带来混乱。其中实现均衡生产是看板方式的一个基本前提。

三、信息技术及电子看板

随着信息技术的发展，是否还需要卡片式的看板来传递信息，这是目前许多学习、应用精益生产的企业提出的一个问题。而且，已经有许多企业应用信息技术取代卡片看板，将其称为电子看板（e-看板）。其实，这是一个目的与手段的问题。看板本身只是一种工具，是承载、传递信息的工具，如前述所，看板依据一定的规则运行，形成的是一个具有独特功能的控制系统，其中，最基本的功能是生产控制，起到控制生产系统的运行与需求同步，即实现准时化的目的。

从信息的承载、传输，以及发出控制指令，即从手段的角度看，信息技术可以替代传统的卡片看板，应该说是没有异议的，这也是电子看板得以广泛应用的原因。但是从实现的功能（目的），以及看板系统运行的原理看，电子看板并没有什么改变，运行的原理及起到的基本功能与卡片看板系统是一致的。现在已经有软件企业将看板系统做成信息软件，比较形象地通过电脑的界面，在系统里看到看板的运行状态。

包括丰田公司自己也在做这方面的改进，例如，在对外的协作供货时，两个企业内部仍然有卡片看板运行，但是中间的信息传递采用了信息技术，具体过程如图 3-12 所示。

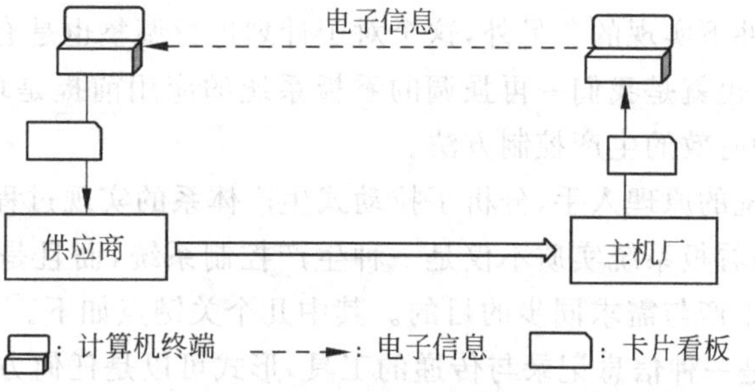

图 3-12　电子看板应用过程

① ［日］大野耐一．丰田生产方式［M］．谢克俭，李颖秋，译．北京：中国铁道出版社，2014：37．

在上述的电子看板系统中，首先，作为主机厂（丰田公司）将取货看板摘下，然后，将信息读入电脑中，通过电子信息传递给供应商，供应商再通过电脑将取货信息打印出来，其余过程与前面看板的传递时相同的。信息技术只是在两个节点之间传递，到达节点后企业还是需要有卡片看板，但是卡片会比较简单，类似商场收银的凭条[①]。

当然，随着信息技术的不断发展，电子看板的新变化一定会不断出现，现在也有企业将物联网的理念及技术应用于看板系统，例如，在物料箱上添加电子标签（FRDI），这样根据物料箱的位置就可以知道物料的消耗情况。但总的来讲，这些信息技术的应用，会在很大程度上改变信息记载与传递的方法，但是都没有改变看板系统的原理，这一点非常值得关注，因为，无论是信息系统还是物联网的应用，都需要巨大的资金投入，以及较大幅度地增加运营成本，如果对于流程没有什么明显的改善，仅是增加了成本，这与精益思想完全不符，也是企业实践难以承受的。

本章小结

看板系统可以说是一大发明，对生产管理，尤其是生产控制有特殊的贡献。虽然看板本身并没有什么深奥的技术，学习与应用也并不一定有什么技术上的困难，但是，这项发明解决了一个生产系统控制的难题。一直以来，对于生产系统的计划，无论是理论研究方面，还是实际应用方面，都有比较成功的方法。例如，大家都熟悉的ERP系统。但是，对于生产系统运行的控制，却一直没有什么好的方法，比较多的是运用反馈控制的方法。也就是对系统的输出进行统计，看看是否与计划目标一致，如果不一致就及时调整。但是，这种反馈控制是事后处理，由于种种原因，如果反馈信息不及时，这样形成的既成事实（如库存积压）将无法改变。

另外，对于计划系统面临的另一个难题，也就是对于市场需求变化的及时响应，即计划的灵活性问题也可以有一定的改善。例如，以往企业制订出一个时期的计划后，在执行期间市场需求会发生变化，这时需要根据需求的实际变化对计划进行修正，但是在反馈控制的条件下，这个变化的信息反馈回来，也可能库存已经形成了，无法改变。运用看板系统，它不是根据计划指标来控制流程的运行，而是根据实际的需求来控制流程的运行，所以在需求发生变化时，它可以及时得到调整，不至于产生库存。当然，这是在整个流程运行变为拉动式的条件下实现的。另外，这个对于计划进行调整也是有一定范围的，如果过大也就没有意义了，也就是我们一再强调的看板系统的应用前提是均衡生产。所以应该说，看板系统是一种有效的生产控制方法。

本章从看板系统的原理入手，分析了拉动式生产体系的实现过程，并与推动式生产进行了比较分析，说明看板系统实质不仅是一种生产控制系统，而且是一种前馈控制系统，因此它能够实现使生产与需求同步的目的。其中几个关键点如下。

(1) 看板本身是一种信息记录与传递的工具，形式可以是任何方式，传统典型的看板是纸质的卡片，但是目前各种电子看板已经出现，并且运用。

---

① 注：关于电子看板的运行，以及应用意义将在第五章详细讨论。

(2) 看板系统是一种生产控制系统，与传统的反馈控制不同，它是一种前馈控制，控制的目标不是计划指标，而是需求的实际发生，即后工序的实际需求，如果将消费者作为最后一道工序的话，那么它可以控制整个生产系统实现准时化。

(3) 看板方式、拉动式生产、准时化生产，三者是统一的，相互关联的，共同的目的是实现与需求同步的生产，消除库存及浪费，达到精益生产的最终目标。但是，这种新的生产方式的运行，需要理念的转变，方法与技术的协调等一系列因素的配合。

案例分析

S公司应用看板推进准时供货

S公司是一家位于上海的汽车减震器专业生产企业，2003年公司进行战略调整，将乘用车减震器业务转给了集团的其他公司，并增资2 000多万元建立了新工厂，将业务领域转向了铁路机车用减震器和商用汽车减震器。随着中国商用车及铁路市场的爆发式增长，以及凭借着集团公司先进技术支持，公司很快度过了初期的低谷，进入了高产出的阶段。铁路方面全面参与了中国高速列车、上海地铁项目、长春地铁项目，以及商用车方面，公司成功与一汽解放、宇通客车、东风商用车等大中型企业开展合作，为16吨以上的轻型、中重型客车和卡车配套生产各种液压减震器、空气弹簧减震器等产品。

随着整车厂的个性化需求越来越多，S公司必须寻求多品种、小批量、柔性化的生产方式来适应商用车市场的变化，为此设计的新版减震器的型号呈逐年递增趋势，也由此增加了更多种类的物料采购需求。物料种类的增加必然会导致库存的进一步上升。为了能够同时做到降低成本和适应客户需求，引入准时供货成了公司的一条出路。

在开展精益生产的基础上，采用看板拉动推行准时供货，努力实现在供应点和生产线之间进行零件直送，减少储存点和储存量，从而降低双方的成本。经过一段努力，目前公司的商用车减震器生产线已对部分料件实现了内部看板配送管理，料架放置在装配线边。开始以零件体积较小的减震器内部零件为主，大零件因为占用生产面积较大，只有几种橡胶件在使用看板配送。生产线工人装配前，直接从货架上取用所需零件放在小推车上，生产时从小推车上取用零件进行装配。

对于量小体积小的零件看板设置1根货道，量大体积小的零件看板设置2根货道，这两种零件均使用公司内部周转箱为容器，每个箱子对应一张看板。较大的零件则直接在地面设置看板库位。由于其体积较大不方便使用周转箱作为容器，特别设定每个物料托盘为一张看板。看板卡上包括零件号码、零件数量、看板箱号码、生产准备区域、库存地点以及空箱及满箱的条形码。

目前，内部看板直送已经与信息系统衔接，实现了电子化，使用的看板库存标准为2小时生产使用量，仓库配送人员每次送料的时候，将生产线使用完毕的看板卡收回并进行扫描，SAP系统自动跳出补货拣料配送单并根据FIFO原则显示货物所在库位。配料人员根据拣料配送单对空的容器进行新一轮的补货。

但是现有的看板配送仅仅限于公司内部物流，由公司自己的仓库人员根据每日生产需求对生产线进行定时配送，并未实现由供应商对供货进行操作和管理。供应商仅根据公司的叫料单进行周供货。这种供货方式较为原始，浪费了公司的人员精力、仓库面积，增加了零件库存，配送过程也较为繁复。为了降低零件的库存，公司决定尽快实现供应商之间的看板配送物料。

精益生产推进小组首先选择了一种大客车减震器的内缸筒，作为进行看板直送供货的开始，对于供应商之间运用看板的实验，此内缸筒零件单价为10.52元，目前由张家港的一个公司进行供货，由于是批量供货，以及路程较远，平均存货为6 000根。由于内缸筒容易生锈，公司经常通过J公司（一清洗公司）对管子进行清洗。J公司距离非常近，送货距离为3千米左右。目前公司已与J公司谈妥，由J公司直接购买供应商的内缸筒，并对其进行清洗后送至公司的指定点。此型号的内缸筒设计使用周转箱进行存放，每箱可以容纳125个零件。

公司现有该减震器的生产线1条，实行每周5天两班制生产，每班工作7.5小时（去除0.5小时休息时间）；日均减震器产量为2 000根。看板实施的第一步是设计方案，根据以上情况，初步计算看板卡片数量。经过分析，精益小组首先对于计算看板张数需要的基本参数分析、计算，得到相关的数据如下：

每日的有效工时（Te）：8－0.5＝7.5小时；

生产线节拍（Tr）：7.5×2×60×60/2 000＝27秒（按两班制计算）；

一个满容器在生产线边消耗时间：27×125/60＝56.25分钟；

运输间隔时间：120分钟，即一天运输8次；

满容器装车时间：5分钟；

运输至公司时间：10分钟；

用户（本公司）站台卸车时间：5分钟；

上线运送时间：5分钟；

回收容器时间：5分钟；

送货车辆返回供应商（J公司）厂区时间：10分钟；

空容器卸车时间：5分钟。

所以，看板循环时间合计：221.25分钟（扣算为0.245天）。

然后，根据看板的公式计算应发行的看板卡片张数，看板卡片总数计算公式：

$$R = \text{物料日需求量} \times \text{看板循环时间} \div \text{周转箱容量}$$
$$= (2\,000 \times 0.245) \div 125 = 3.932\,8\text{（取整为4张）}$$

每张看板对应一个周转箱，共需4块看板进行周转。但以上情况为理想状态，即在看板供货运输全过程中，不出现任何差错。而实际的供货情况往往会出现各种变数，并且考虑开始推行准时供货的适应过程，精益小组为看板卡增加一个安全系数。设安全库存为1小时的使用量，产线1小时生产需要2 000/16＝125个，则应备有125个安全库存，即增加1张看板卡。因此，最终的看板卡需求数量为5张。

供应商使用3吨东风轻卡进行运输，每车运2箱（250个内缸筒），平均间隔120分钟送货1次，日送货频次为8次，1次送250个即2张看板的量。通过库存控制原理可知，安全库存为125个，当看板零件送到时，周转库存为最大（375个）。每过2小时，看板零件正好用完，库存降至最低点125个。此时，第二车零件正好及时送到。进行供应商看板准时配送后，内缸筒的库存占用资金下降了很多。原来该零件平均积压为 6 000 个，积压流动资金 63 120＝10.52×6 000 元，推行准时供货后，零件平均存货为 250 个（包括安全库存）积压资金为 2 630 元，下降了 95％的资金积压，效果非常明显。

该内缸筒只是减震器数百种物料之一，如果对供应商提供的物料进一步推进看板配送的准时供货，其库存的下降空间是很可观的。在初期配送成功执行后，可以进一步对现行的看板零件逐步实行供应商看板直送，为进一步优化库存打下基础。另外，配送开始前会对料件的单包装数量事先做出定义，并且在配送过程中使用小的周转箱作为供货容器，取代了原先用于周送货的大箱子，这就为公司的仓库人员节省了很多翻箱的时间，较大幅度地降低了工作量。但是现有的看板零件没有根据需求的稳定性和每周产量进行设置，而是笼统地将一些内部件放上货架，这些设计是有缺陷的。有些看板零件生产需求并不是很频繁却长期占用了看板架，不利于供应商看板配送的开展，应该根据零件的实际需求量来重新定义看板配种零件，选择相应的配送供应商。

资料来源：作者根据网络资源整理。

第四章 计划与均衡生产

看板运行方式可以说是准时制生产的一个重要特征，但采用看板系统拉动生产，并不是不需要计划，而是需要更加严谨合理的计划。这里所说的严谨合理指的是，看板方式的运行要求生产要均衡，否则会失去看板运用的意义。而均衡生产的实现，主要是靠计划功能来完成的。同时，如前所述，准时制生产体系是一个多品种生产的体系，准时制生产的计划不仅要实现均衡生产，而且要实现在多品种环境下的均衡生产，所以，制订出达到这样要求的计划方案，可以说是实现准时制生产的另一项关键技术。

拉动式生产的实现过程，在企业的内部流程，或者是供应链的过程中主要是由看板系统完成的。但是，自产成品出产后，一直到消费者手中，也就是流通（渠道）环节，消费者购买商品是不会使用看板的，所以如何将消费者的实际需求信息传递到工厂，这个过程实际是依靠计划功能来完成的。这里所说的计划功能，不仅仅是指计划的编制，还包括需求信息的收集、传递，需求预测，订单变更信息的传递等。

从供应链系统（包括渠道过程）整体来看，准时制生产是依靠看板与计划分为两个阶段来实现的。第一阶段是从用户需求到最终产品的出产（渠道阶段），即解决独立需求的准时化问题。这一阶段主要依靠与市场需求紧密结合的计划体系实现。第二阶段是从最终产品的制造到各种零部件加工、原材料的供应，即解决相关需求的准时化问题，这一阶段则主要是由前一章讨论的看板系统来实现的。整个过程如图 4-1 所示。

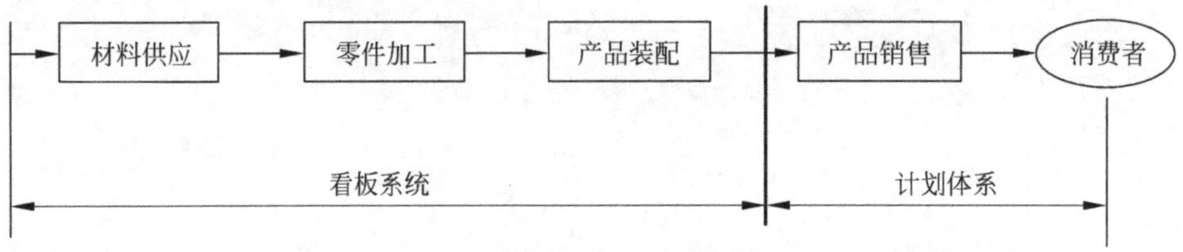

图 4-1　系统整体准时制生产的实现过程

显然，目前在大多数情况下，上述过程是在多个企业之间合作完成的，即是在供应链上实现的。因此，本章讨论的系统整体准时化问题，尤其是计划所涉及的需求信息传递、订单变更信息及时反馈、计划的编制等问题，会涉及供应链（特别是销售渠道）的运行，以及企业之间的合作。

第一节　计划体系及信息流程

准时制生产计划体系的构成，以及计划的制订过程，形式上与多数企业是一样的，同样是要根据对未来一定时期的市场需求预测，来确定企业的生产任务。按计划期间分类，也会有长期、中期与短期的生产计划。其中，企业的长期生产计划一般主要是规划产能，时间跨度一般在3～5年，属于战略性的投资规模的决策。而中短期的生产计划，主要表现为年度生产计划、月度生产计划，以及生产日程计划三个层次。由于本书的主题的关系，对于长期的投资决策问题在此我们不做讨论，下面主要以中短期计划为核心，讨论需求与计划信息的流动过程，以及计划制订流程等问题。

一、生产计划体系①

每个企业对于生产任务的确定，都要经过从需求信息的获取，到任务总量的决定，再到详细的出产进度，以及具体的执行时间等一系列过程。这是一个将企业的总体任务，在机构中逐步分工细化的过程，其中一般会有各种形式相互关联的计划，例如，年度的综合生产计划、月度的出产进度计划、物料需求计划、生产日程计划等，我们将这些相互关联的各种计划称为**计划体系**。

年度生产计划是指导企业全年运营的总体计划，按年度根据企业的经营方针、各项经济指标和市场预测来确定总的产量指标，按产品系列规划数量，主要作用是规划任务目标及生产准备的依据，是公司层面的计划，但并不是具体的执行计划，起到指导性的作用。

月度生产计划(也称为基本生产计划)是按季度分月编制的，是基于年度计划及每季度市场需求的变化信息，采用滚动式计划方式编制的，月度生产计划的作用是规定计划期(主要的是当前一个月)的具体生产任务，需要按品种详细确定具体的出产数量。在丰田公司月度生产计划一旦确定后，基本会保持稳定，在月度内当有需求量的变化时，主要是依靠看板系统的运行，即前面论述的看板对计划的微调整功能，对产量进行修正的。因此，月度生产计划在丰田的生产体系中是非常重要的，具有稳定性及灵活性，衔接长期目标与短期任务，以及各种生产准备的依据等一系列功能。

在月度生产计划确定后，各个生产工厂(在丰田公司重点是总装工厂)开始制订作为生产指令的生产日程计划(一般以投产顺序计划形式下达)。由于市场需求的变化，生产日程计划会根据实际需求信息，对基本生产计划进行修正，具体的排产计划每天制订一次，但只下达给装配工厂的总装线，其他绝大多数的工序都是通过看板的运行，来传递具体的生产指令并进行生产的。

从计划的表现形式、各种计划间的相互关系看，准时制生产(丰田公司)的计划体系与其他方式的生产系统没有区别，计划体系构成及流程如图4-2所示。

图4-2描述的计划体系，以及制订计划的基本思路，对于大多数企业基本是相同的，但具体的计划时期每个企业会有不同。例如，如果市场需求变化比较大的话，有些企业可能不是以月度计划为核心规定任务，而是以半月或

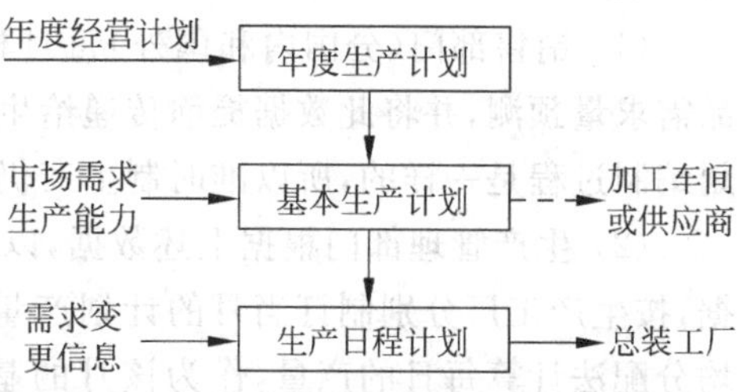

图4-2　准时制生产计划体系总体构成及流程

---

① 注：我们这里主要以丰田公司的计划体系为背景，来讨论准时制生产计划体系的构成，以及计划编制的方法与流程等问题，同时也会说明对大多数企业的适用性。

周为主，制订基本的生产计划。当然，如果需求比较稳定，计划的时间段可以较长一些，不过以月度为核心制订生产计划，以及具体展开生产活动的企业还是比较多的。

二、生产计划的形式与信息流程

年度计划是对企业年度内总体任务目标性的规定，是比较宏观的，而与看板系统衔接，实现生产的准时化，主要是从月度（丰田公司称为基本生产）计划开始的。所以，为了比较清楚地说明计划对实现准时制生产的作用，以下从基本生产计划开始，来讨论从需求信息开始，到完成生产日程计划为止的信息传输、加工过程，以及计划的形成过程。

（一）基本生产计划的制订过程

在丰田公司，基本生产计划是以月度为核心制订的，方法是，根据年度计划规定的总体规模，以及市场需求信息，采用滚动式计划编制方法制订，每次编制三个月的计划，即在第 $N-1$ 月制订第 N 月、第 $N+1$ 月及第 $N+2$ 月的生产计划。其中，第 N 月的生产计划为确定的执行计划，第 $N+1$ 月以及第 $N+2$ 月的计划只作为准备性计划，随着时间的推移，当第 $N+1$ 月变为第 N 月时，再进一步根据需求的变化，进行调整、修改后，形成确定的执行计划。基本生产计划的形成过程如图 4-3 所示。

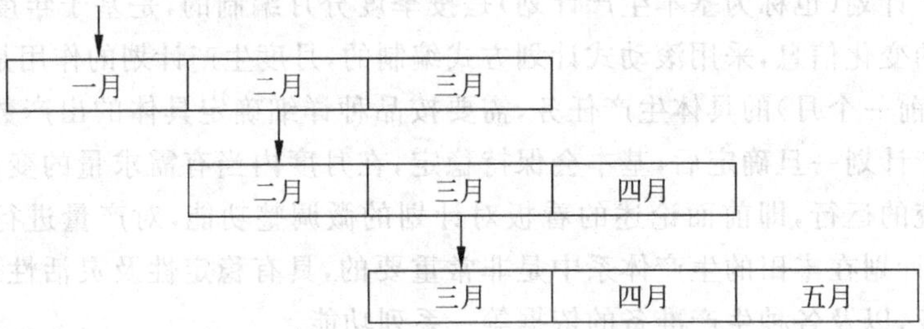

图 4-3 基本生产计划的形成过程

丰田公司在制订月度生产计划时，信息的流动过程，基本与其他企业计划制订过程相同，即根据订单，以及需求预测数据来规定月度的产量任务。但是在一个计划期内（一般为一个月内）会均衡地分配计划产量，即追求均衡生产，这一点是其生产计划制订的特殊性，如前所述，也是准时制生产所必须追求的。以下结合丰田的方法来说明基本生产计划的编制步骤。

(1) 销售部门（分国内和国外）每月根据市场需求及订货情况，做出今后三个月的产品需求量预测，并将此数据提前传递给生产管理部门，这个步骤与一般存货生产方式的计划编制过程是一样的，所以准时制生产仍然需要预测销售量，需要提前做计划。

(2) 生产管理部门根据上述数据，以及计划期内生产能力的大小、各种资源状况等数据，按生产工厂分别制订当月的计划产量[1]，以及每日出产计划，为实现均衡生产采取平均分配法计算每日的产量，作为该月的基本生产计划[2]。这是准时系统协调生产与需求

① 注：需求预测数量与产量计划应该有所不同，主要是要考虑库存，但准时制生产强调无库存，同时我们也为了简单、明了，所以将产量等于需求量，但这不影响对均衡生产计划制订的理解。

② 具体均衡生产计划的编制方法将在下节讲解。

的初步过程，也是实现最终产品与需求准时的**第一步**。

(3) 在月度基本生产计划的基础上，依据产品的构成，计算各种零件、部件及材料的需求数量(物料的计算方法是与 MRP 相同的)，并将此需求计划下达给对应的内部零部件加工工厂，以及外部的供应商。但需要注意是，各工厂和供应商接到此计划时，并不是按这个计划马上安排生产，送货给主机厂，而是在接到这个物料需求计划后，按此计划做好生产准备，实际生产的具体时间、品种及数量，是通过看板系统来控制的，也就是要等到看板传递过来才开始生产、供货，这是拉动式生产的关键。

(二) 生产日程计划的制订过程

基本生产计划任务的确定，是采用平均分配的方法，实现月度内的均衡生产(具体计算方法见下一节)，但由于市场需求是随时变动的，用户订单也可能随时更改，也就是在月度内需求仍然会有波动，仍然会存在均衡生产与需求波动的矛盾，如果计划任务保持月内一直不变，会导致生产准时化程度降低。

为进一步实现产量与需求的一致性，在基本生产计划的基础上，制订生产日程计划。丰田公司的做法是：首先，每旬再根据订单变动情况，对月度基本生产计划进行调整，修改后的旬计划称为修正的基本生产计划；其次，在旬的修正计划基础上，还可以根据每日的需求变化进行小的修改，调整具体的出产数量；最后，根据确定后的实际需求确定产量，而且因为丰田是多品种共线的生产模式，所以最后根据实际的需求数量，针对每一条装配线，编制出混流的投产顺序计划。这个过程的具体编制步骤如下。

(1) 制订修正的基本生产计划。此时，需求变更数据来源于各营销零售网点，在每旬的中期，各个网点根据用户的实际订货数量(包括订单变更)，确定下一个 10 天内的具体订货数，将数据在每旬开始的 7～8 天前，发送给公司的营销部门；营销部门将数据汇总整理后传递给生产管理部门；生产管理部门根据此数据，按生产工厂(总装厂)分别修正基本生产计划。这个过程如图 4-4 所示。

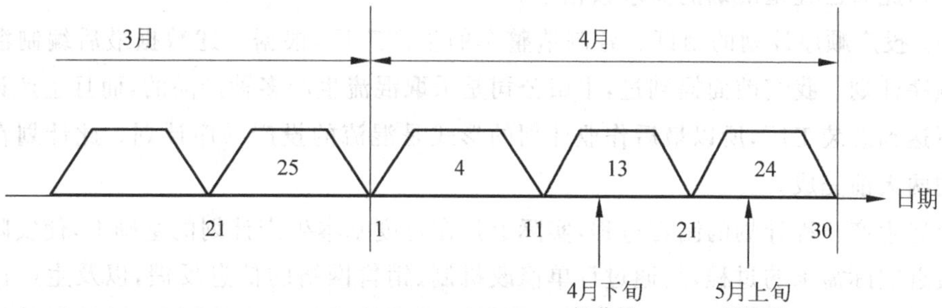

图 4-4 旬修正生产计划制订过程

资料来源：[日]门田安弘. 新丰田生产方式[M]. 第 4 版. 王瑞珠，译. 保定：河北大学出版社，2012：101.

利用修正生产计划的制订，可以将月度分为三个阶段，每旬的产量再一次调整，与实际需求数量进行同步，并且在此基础上，确定一个新的均衡产量水平，即一旬之内的产量是均衡化的。当然，各旬之间均衡产量的水平，根据需求会有一定差异，这样可以进一步实现与需求一致，这是计划系统实现准时制生产的**第二步**。

(2) 订单修改机制。旬的修正生产计划制订后，全国各销售网点仍然可以在上述确定的计划量的一定范围内，根据用户的要求进行订货变更，并将变更数据每天反馈到公司的营销部门。反馈信息应在产品下线的前 4 天进行修改，如图 4-5 所示。但是，此时变动的幅度不能过大，需要控制在平均日产量的 10%以内，因为变化幅度过大，会引起生产过程投入的物料、人员的波动，失去均衡生产的意义。

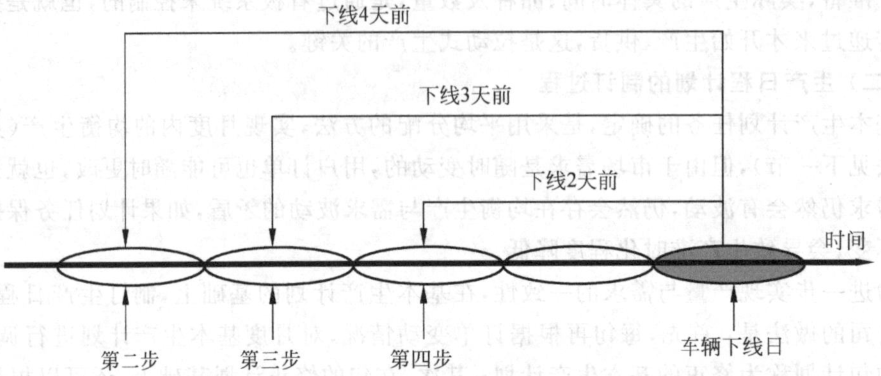

图 4-5 生产日程计划的制订流程

资料来源：[日]门田安弘. 新丰田生产主式[M]. 第 4 版. 王瑞珠，译. 保定：河北大学出版社，2012：102.

运用订单修改机制，可以进一步使生产与需求相一致，这是计划系统实现准时制生产的最后一步。但是运用订单修改机制是有一定限度的，如上述过程，订单变更要在产品下线 4 天前完成，之后用户就不能再更改订单了，也就是说冻结期为 4 天①。

(3) 信息加工。公司的营销部门将各零售网点的订单变更数据，每天根据产品及工厂进行分类、整理，在最终产品下线前 3 天，将此数据传给各制造整车的工厂（最终产品生产工厂），此时已经是准确的需求数据了。

(4) 投产顺序计划的制订。各制造整车的生产工厂，根据上述数据最后编制混流的投产顺序计划。我们前面提到过，丰田公司是采取混流生产多种产品的，而且生产日程计划只下达到总装工厂，所以最后作业计划的形式是混流的投产顺序计划。此计划在产品下线的两天前完成。

上述生产日程计划的制订过程，实际上是在月度基本生产计划的基础上，使实际产量逐步接近实际需求的过程，是通过订单修改机制、销售网络的信息反馈，以及生产计划的修正与平衡，逐步实现的。当然，这个过程需要营销策略与渠道的配合，以及能够及时反馈需求信息的信息技术的支持。丰田的实例是，订单的冻结期为 4 天，其中有两天是信息处理的时间，以上步骤(2)到步骤(4)的过程如图 4-5 所示。

上述计划的流程是以丰田的实例来讨论的，毫无疑问，具体到每个企业会有不同的表现。例如，有的企业基本生产计划是按半月或周编制的，修正的生产计划、订单变更都会

① 这个数据是根据丰田公司的流程确定的，而且其中有两天时间是信息处理的过程，实际上每个企业可以根据自己的流程来确定。

有不同的规则，但这并不影响对准时制生产计划体系运行原理的分析，最后，我们将准时制生产中计划体系的信息流程归纳为如图 4-6 所示。

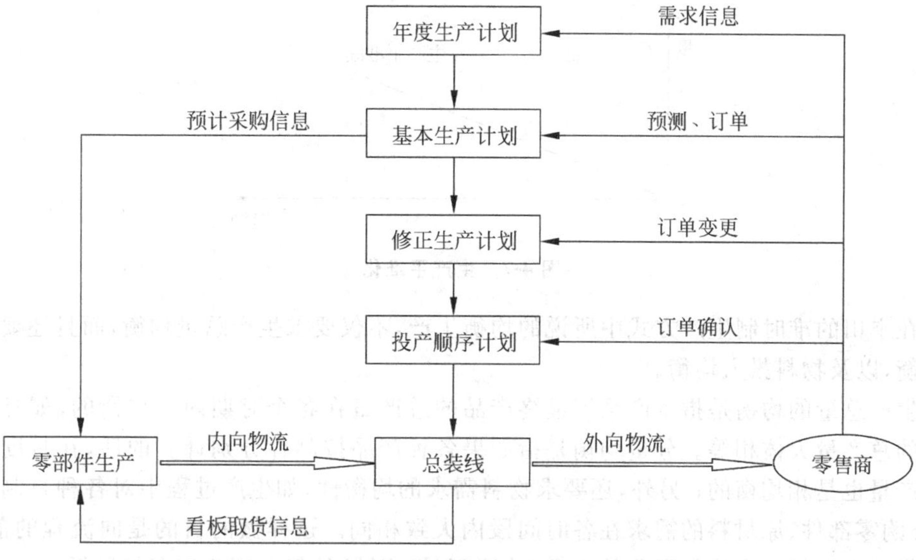

图 4-6　准时制生产计划体系的信息流程

上述准时制生产计划制订以及订单变更的处理过程，国内许多开展精益生产的企业也在不断地学习与应用，同时，每个企业都会根据自己企业的特点有不同的方法，在企业的实践中将这个过程称为**订单管理**。

实际上，从需求信息的收集、预测，到订单数据的变更，以及根据需求信息如何制订生产计划的流程管理，恰恰是准时制生产的计划过程。但这个过程会因为零售商与制造商之间的关系、信息传递的过程、订单变更的规则，以及生产计划制订的方法等因素的影响，有很大的差异。其中会产生一些具体的实际问题，究竟对准时化的实现有如何的影响，以及应该采取什么方式与方法更好地实现准时制生产，除本章讲解的基本原理外，大家可参考本章后面的实际案例做进一步理解。

第二节　生产计划编制方法

在市场需求不断变化的环境下，实现均衡生产，似乎是一道难解的题。但均衡生产又是准时制生产的一个基本前提，如果生产不均衡，而单纯地追求拉动生产，则会如大野耐一指出的那样，将会导致严重的后果。所以，在精益体系中，基本生产计划编制的一个主要任务是力求达到均衡生产，以下我们仍以丰田的实例来说明均衡生产计划的编制方法。

一、基本生产计划制订方法

所谓均衡生产，是指流程的单位时间产量相等或近似，计量的时间单位越长，表明均衡性越高。例如，按月、周或日计算均衡性。一个流程在一个月内，每天的产量基本相等的话，就是实现了月均衡。系统达到均衡生产时，产量曲线在直角坐标上呈现一条斜率一定的直线，如图 4-7 所示。这条线称为生产平准线，所以均衡生产也称为生产平准化，此时的斜率就是均衡的产量。

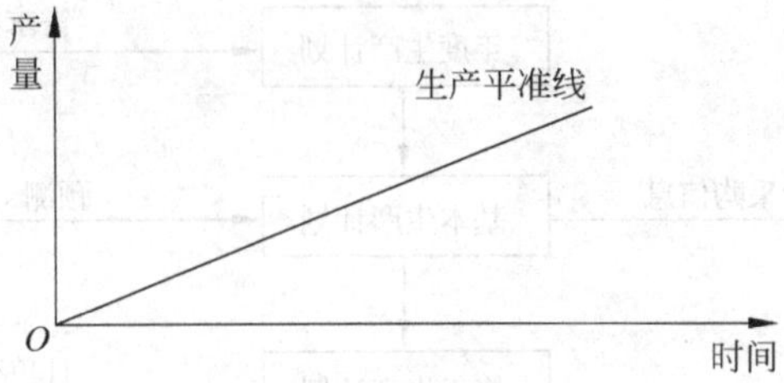

图 4-7 生产平准化

在丰田的准时制生产方式中所说的均衡生产，不仅要求生产总量均衡，而且还要求分量均衡，以及物料投入均衡。

生产总量的均衡是指生产系统最终产品的总产量在各个时期内是均衡的，如月度内每日的总产量大体相等。分量均衡是指如果各种产品按品种分别计算的话，在月度内每日的产量也是相均衡的；另外，还要求物料需求的均衡性，如生产过程中对各种自制零部件、外购零部件、原材料的需求在各时间段内大致相同。这样做的目的是向流程的前端，以及供应商传导一个均衡平稳的需求，使流程（供应链）的每个环节库存都最低。

但无论哪种产品，市场的需求总是会有波动的，而且有的品种市场需求波动的幅度比较大，追求均衡生产是准时制生产必然的目标，所以，生产计划面临的一个难题是，如何处理需求波动性与产量均衡性之间的矛盾。

丰田公司的解决思路是：根据需求量波动的规律，将整个计划期划（年）分成若干个小的时间段（月），在较短的时间段内比较好实现均衡，而时间段之间的产量水平可以有一定的差距。例如，丰田的基本生产计划是按月编制，可以说是将一年分成 12 个月，在每个月的期间内，平均分配产量。这样就可以根据需求高峰与低谷时期计划的需求数量，分别计算一个月内的平均数，以此来制订均衡的出产计划。

当然，这里需要说明的是，产品与市场需求不同，需求波动的规律也会不同，丰田公司生产的是汽车，在日本的国内市场情况，它是针对每个季度的需求，再按月度内进行平均分配产量。但其他企业可以根据产品需求的特点，采取不同的计划阶段，分别制订均衡产量。以下我们还是通过一个企业的实例来说明具体的编制方法。

【例 4-1】 某摩托车生产企业，根据对本月市场需求量波动特点分析，确定将月度分为两个阶段，其中上半月需求量较大，确定每天出产 250 辆，下半月需求量减少，所以确定每天出产 200 件，最终，制订一个分段的均衡生产计划，如表 4-1 所示。

表 4-1 摩托车月度生产计划

单位：辆

日期	1	2	3——	14	15	16	17	18——	30	31
生产数量	250	250	250	250	250	200	200	200	200	200
用工数量	54	54	54	54	54	44	44	44	44	44
循环时间/（秒/辆）	115	115	115	115	115	144	144	144	144	144

据表 4-1 的数据可知，该企业实际是按半月制订一次基本生产计划的。这样的生产计划方案，既可以实现均衡生产，又可以一定程度地适应需求的波动，比较好地实现与需求一致的产量。

归纳起来看，均衡生产计划方法的技巧是，在计划期内，根据需求量波动的规律，将计划期划分为不同阶段，然后在各阶段将产量平均分配至每个工作日，保证在一定阶段内每日产出量均衡；但在各阶段之间，可以有一定程度的数量变动，以此来与需求协调一致。抽象一点讲，实际就是用阶段性的直线产量，来接近长期性波动的需求曲线，计划方案的解决思路如图 4-8 所示。

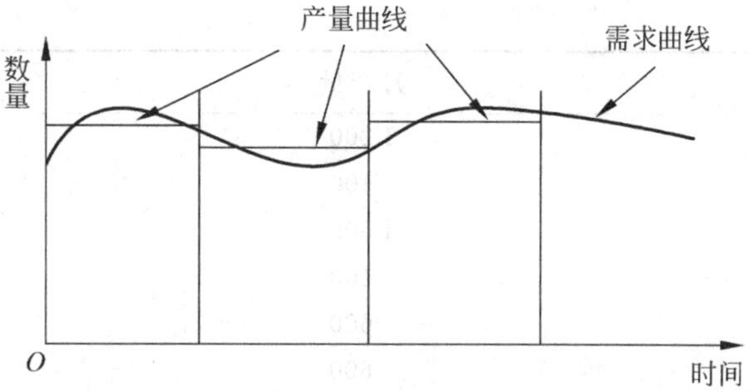

图 4-8 均衡与波动的拟合

当然，具体的产品不同，市场需求特征不同，需求波动的规律也会不同，应采取不同的时间阶段划分。例如，时装、空调机等季节性产品的波动幅度会较大，但变化周期可能比较明显；而日用消费品类的商品一般需求波动会小一些。因此，每个企业究竟以多长时期作为一个均衡生产的阶段是不同的，不能一概而论。

例如，【例 4-1】中摩托车企业是以半个月作为一个均衡生产阶段的，而汽车企业一般是采取一个月的情况较多。如果需求相对稳定的时期较长，比如一个季度，则可以制订一个较长时期的均衡生产计划，效果会更好。但无论怎样，这是一个实施准时制生产的难题，需要企业根据自己的生产系统、需求变化规律，分析确定均衡生产计划的制订方法。

另外，一项重要的内容是，根据各个阶段均衡产量计算出生产速度（如流水生产线的节拍），以及对应的用工数量。也就是根据系统的产出来调整资源（人力）的投入，不仅可以实现产量的柔性，而且可以实现资源投入的柔性。当然，这一点是有局限的，因为设备等固定资产性资源投入是无法短期出现变化的。

具体用工数量的确定步骤是：首先，根据每阶段确定的均衡产量计算循环时间，如在【例 4-1】中，前半月为 115（8 小时×60 分×60 秒/250 件）秒，后半月为 144 秒；其次，根据这个循环时间，以及流程组织与分工情况确定用工数量①，本例中前半月为 54 人，后半月为 44 人，可以节约用工 10 人。

二、生产日程计划的编制方法

生产日程计划面临的任务是，在均衡生产的基础上，制订出一个混流的排产计划，这

① 具体计算方法会在“少人化与单元线生产”一章详细讨论。

也是准时制生产体系作业计划的主要特点。在混流生产环境下，作业计划面临的问题是，如何制订一个合理的流水生产线投产顺序，既能保证均衡的产量，又能让不同品种的产品尽量交叉混合，实际也是满足分量及物料投入均衡的要求。以下我们通过一个例子，来简要地说明投产顺序计划的制订方法。

【例 4-2】 表 4-2 所示的是某汽车制造企业，一个产品系列不同品种产品月度的产量计划，根据均衡生产的理念，出产进度计划是按平均数将月产量分配到每个工作日（每月以 20 个工作日计算）的。总装线是采取混流生产方式，现需要制订投产顺序计划。

表 4-2　某企业的基本生产计划（月计划）

单位：台

产品	月产量	平均日产量
A	1 200	60
B	400	20
C	1 600	80
D	400	20
E	600	30
F	600	30
合计	4 800	240

首先，根据表 4-2 中月度基本生产计划给出的产量数据，计算得到每日的平均产量（各品种合计）为 240 台，如果每天按 8 小时工作制，480 分钟计算（假设不考虑工时损失）的话，确定投产顺序简单的方法是，可以按较短时间间隔分配各种产品的产量，如按 48 分钟（480 分钟的 1/10）为单位均匀分配的话，则各种产品在 48 分钟的区间内的产量如表 4-3 所示。

表 4-3　48 分钟内的均衡产量

单位：台

产品	生产量	产品	生产量
A	6	*E*	3
B	2	*F*	3
C	8	合计	每 48 分钟 24 台
D	2		

大家可以注意，这已经是最小的时间区分了，如果再小有些产品就出现小数了，这是不可能的。这个最小区分内的产量我们称为一个循环的产量，本例为 24 台。也就是装配线在 48 分钟内生产 24 台不同的产品，平均节拍是 2 分钟，反复循环 10 次，则可以完成全天的生产任务。如果管理层认可此方案，这也可以认为是混流生产投产顺序计划的一种简单编制方法。当然，这还不是最佳的方案，因为上述方案还是每个品种连续生产几个，而混流的排产计划方案，最好实现品种之间充分交叉生产。

另外，运用这个例子，我们还可以更清楚地说明混流生产一个更重要的优点，就是可以增强生产系统对市场变化的适应能力，当市场需求发生变化时很容易及时调整计划。

在本例中，假设月初时确定的计划执行到月度中期时，顾客需求改变，要减少订购 400 件 C 产品，增加 400 件 B 产品。如不改变原计划，势必会产生剩余库存，而且需求增加的产品会缺货。所以，计划面临需要根据需求的变化调整产量的问题。在本例中如接受需求变更，按新的需求数量调整后，则下半月的产量如表 4-4 所示。

表 4-4　需求变更后的下半月的修正的生产计划

单位：台

产品	下半月产量	日平均产出量
A	600	60
B	600	60
C	400	40
D	200	20
E	300	30
F	300	30
合计	2 400	240

因为投产顺序计划可以是按日制定的(参见前一节)，所以，就可以根据修改后的下半个月的修正生产计划，重新制订新的投产顺序计划。例如，仍然采用 48 分钟的最小间隔均匀分配产量的话，其结果如表 4-5 所示。

表 4-5　变更后的 48 分钟内的均衡产量

单位：台

产品	生产量	产品	生产量
A	6	*E*	3
B	6	*F*	3
C	4	合计	每 48 分钟 24 台
D	2		

由此可见，采取混流生产技术可以很好地适应市场需求的变化，如果工厂不采用混流生产模式，而是采用集中完成一种产品的月产量后，再生产下一个品种方式，那么在生产过程中当市场突然发生变化时，工厂就很难进行调整了，因为市场发生变化的产品有可能已经集中生产完了。例如，在上面的例子中，如果采取按每月产量要求，先集中生产 1 200 件 A 产品，接着生产 400 件 B 产品，再生产 1 600 件 C 产品等，有可能用户要减少订单的产品已经集中生产完了，系统就没有适应能力了。

上述例子只是简单说明基本的排产思路，因为在表 4-3 的结果中，还会有连续生产相同产品的现象，当然并不是说混流生产一定不能连续生产两件相同的产品，但是交叉得越彻底，效果会越好。

关于投产顺序的制定方法目前有许多种算法，例如，丰田公司自己开发了一种方法称为目标追踪法，追求总产量均衡、品种产量均衡、物料需求也均衡。混流生产的投产顺序，但是比较复杂。以下我们介绍一种最基本，也是最简单的方法——生产比倒数法。

生产比倒数法的特点是，主要根据各品种产量的多少来确定投产顺序，产量越大的产品投入的次序越优先,机会也越多。以下用一个例子来说明具体的计算方法。

【例 4-3】 假设某企业的一条流水生产线,混流生产(A,B,C)三种产品,各品种计划产量分别为:A=1 000 件; B=2 000 件; C=3 000 件,采用生产比倒数法确定投产顺序的步骤如下。

(1) 计算生产比。三种产品的生产数量比例为 1 000 : 2 000 : 3 000=1 : 2 : 3。一个循环的产量为 1+2+3=6(件)。

(2) 计算生产比倒数。分别计算三种产品的生产比倒数为 $m_A=1, m_B=1/2, m_C=1/3$。

(3) 确定一个投产循环的投产顺序,按如下规则确定。

规则一:倒数最小的产品优先投入。

规则二:如出现倒数相同时,在选出的品种中,以选出较晚的品种优先投入。

规则三:将选出产品的倒数,再加上一个自身的倒数,其他产品不变。

规则四:重复上述步骤,直至一个循环确定为止。

上例的三种产品生产比的倒数,以及按上述原则确定投产顺序的计算过程如表 4-6 所示。

表 4-6 生产比倒数法计算过程

循环	A	B	C	投入顺序
1	1	1/2	1/3*	C
2	1	1/2*	2/3	$C\ B$
3	1	1	2/3*	$C\ B\ C$
4	1	1*	1	$C\ B\ C\ B$
5	1	3/2	1*	$C\ B\ C\ B\ C$
6	1*	3/2	4/3	$C\ B\ C\ B\ C\ A$

注:* 表示每次选中的品种。

最后,本例确定的投产顺序为 $C—B—C—B—C—A$,按此顺序反复循环 1 000 次,三种产品的产量全部完成,而且相邻的两个产品品种都不同,混流生产的效果实现最好。

第三节 信息传递与需求管理

在上述准时制生产计划的形成过程中,有两个重要的影响因素。一个是需求信息的准确及时反馈,包括订单变更信息的及时反馈; 另一个是需求的稳定性,或者说是需求的波动不至于过大,以至于难以实现均衡生产。

因为很多企业在应用看板系统时,一个最大的难点是很难实现均衡生产,原因是需求不均衡,所以生产无法实现均衡。尤其是,在主机厂与零部件供应商的合作时,许多企业要求供应商要准时供货,间隔时间也逐步缩短。例如,一天可以几次送货。但是自己的生产却不是均衡的,根据前面的讨论可知,这样供应商就要准备一定的库存,产量波动幅度越大,供应商的库存就会越多,且不能消除库存,只是将库存向前推移了,失去了准时制生产的意义。

关于需求信息的及时反馈，随着信息技术的发展，应该说实现起来更容易了，并且已经出现了很多先进方法，但是将信息技术结合到准时制生产体系中，以更好地实现生产的准时性，还是有进一步改进之处的。以下我们来看一个在电子行业比较普遍的运行模式的例子。

【例 4-4】 戴尔公司一直以来采取直销的模式销售电脑，销售过程是在互联网上进行的，在接到顾客在网上下达订单后，立即进入订单处理、计划安排，以及生产过程。电脑装好后由物流公司负责送到顾客手中。

戴尔公司在中国的厦门设有装配工厂，同时，会在各地采购生产电脑所需的零部件，由供应商负责运送到厦门工厂(也有些产品外包给其他工厂装配)，厦门工厂的总装线是按照订单排定的日程计划运行的。

产品的销售过程是这样的，首先顾客通过戴尔的网页找到自己所需要的电脑(有时可以选择配置)，在网上直接确定、下达订单。戴尔公司的销售部门接到顾客的订单后很快会给顾客一个回信，信中会告诉顾客，接受了您的订单；同时告诉顾客，为您处理订单的信息需要一天的时间，在厦门的工厂为您组装好电脑需要 2 天的时间，将电脑运送给您需要 5 天的时间等，一些供货时间信息，也就是告诉消费者交货提前期是多少。

而在戴尔公司的内部，这个订单会经过计划部门编入厦门工厂的装配生产计划中，工厂会按计划进行组装作业。但是，要保证两天的时间完成订单，必需事先准备好订单所需要的各种零部件，这些都是由戴尔的供应商生产的，并负责运送到厦门工厂(当然很多情况可以是第三方物流运输)，而这些零部件是需要根据戴尔的采购计划，提前生产准备好的，也就是这些零部件还是以存货方式生产的，需要供应商做好需求的预测，保证不能缺货。

装好的电脑运送到顾客手中，戴尔公司是外包给第三方物流来完成的，上述全部过程如图 4-9 所示。

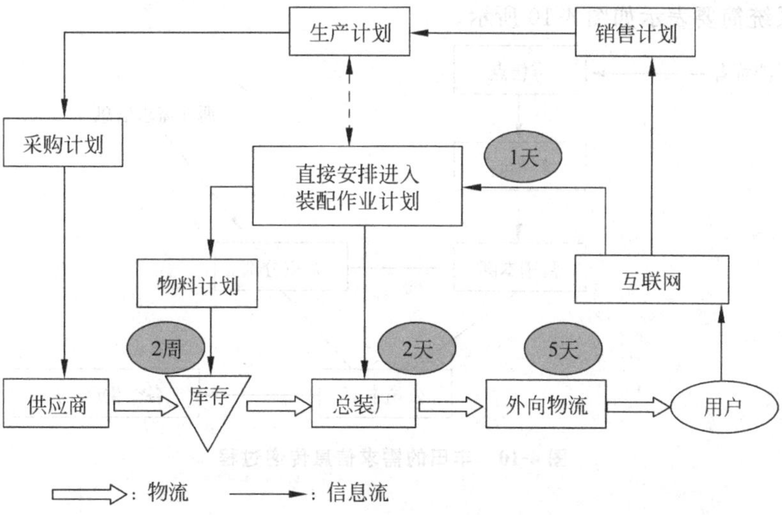

图 4-9　戴尔的需求信息及物流过程

资料来源：[美]马蒂亚斯·霍尔韦格，弗里茨·K.皮尔. 第二汽车世纪[M]. 北京：机械工业出版社，2006：121.

如果将这个例子与图 4-6 所示的丰田体系比较，就可以很清楚地看到准时制生产体系与其他体系的不同。

首先，需求信息的传递，戴尔公司已经采取互联网的模式，取消了中间环节，直接与消费者联系，这样消费者的需求信息可以更及时、快速地到达制造商；而丰田公司仍然是经过实体的零售商的，是经过对未来需求的预测，再经过不断的订单变更机制，逐步地实现与需求的同步生产，实际上消费者的网上订货，应该说就等于丰田的订单变更机制。

其次，从计划过程看，两者应该是有许多共同之处的，都需要根据一定的信息，对未来的需求做出预测，然后制订销售与生产计划。在图 4-9 所示的戴尔的例子中，实际也是有预测与计划的步骤的，否则，供应商无法知道戴尔需要什么，不能提前生产好零部件，当戴尔的实际订单到达时，就没有零部件备货，将无法组装产品。

最后，两者最根本的不同在于对流程运行的控制，戴尔的流程运行特点是，流程的最后阶段，从产成品到消费者是订单生产模式；前阶段，从产成品直到最前面的供应商，是存货生产模式，这种方式是目前电子行业比较典型的，因为电子产品的构件相对比较标准。但此时的问题是，如果需求控制不好，生产均衡性较差的话，会导致大量的物料库存，甚至发生积压、过期等现象。实际上，这种运行模式还不是完全的拉动式生产，是存货与订货生产的结合，还不能彻底解决流程（或供应链）整体的库存问题[①]。

与其相比较，丰田体系在流程与供应链物流的控制上，不同于戴尔模式，它的零部件等物料不是靠库存来连接，而是靠看板拉动的准时供货（见图 4-6），这样就消除了由于大量库存物料引起的浪费。另外，对于需求信息的快速反馈，以及引导需求均衡两个关键问题，丰田的具体做法如下。

首先，建立一个能够与零售商密切联系的信息系统，这是一个技术体系，在丰田的准时制生产体系形成的初始年代，还是需要一定努力才能实现的。但是，在信息技术及互联网技术高度发达的今天，对每一个企业而言都已经是很容易实现的了。丰田公司在其国内的信息系统简要表示如图 4-10 所示。

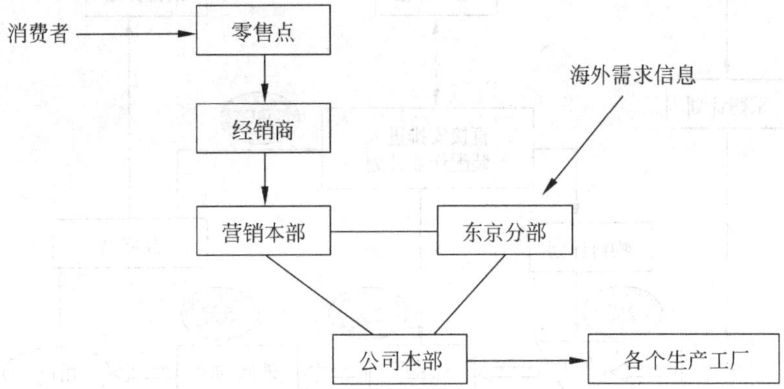

图 4-10 丰田的需求信息传递过程

① 注：这种模式实际是将存货与订货结合起来使用，也有人将其称为推拉结合的方式，但我们前面已经讨论过，订单生产并不是准时制生产，所以，也不能说这种模式是推拉结合。

在这个系统中，消费者的需求信息或订单变更信息，是通过各个零售网点（如各个4S店）获取，经过经销商（每个经销商拥有若干零售网点）汇总整理后，传递给丰田公司的营销部门（见图4-5），营销部门经过分类等加工后，再传递给公司的生产管理部门，最后做出计划或订单变更的处理。这个过程在前面提到的丰田实例中是两天时间，在戴尔的例子中是一天的时间。当然，目前信息技术高度发达，很多企业建立了与零售商的实时信息传递系统，可以更加迅速反馈需求信息。

实际上，丰田与戴尔在需求信息在渠道领域的传递逻辑，基本是一致的，只不过戴尔已经实现了网上直接订货，丰田仍然经过实体渠道订货，但是如果考虑信息技术的应用，两者的时间差异不大。而且在日本国内丰田的汽车下线基本都是有订单的，也就是整车的组装基本是按订单进行的，这样就和戴尔一样了。从交货提前期看，两者的差别也不大，而且对于汽车，消费者会有更长一点的等待耐心。目前汽车产业也在探索订单生产的可能，从这里也可以体会到，缩短生产周期（交货期）对于准时制生产的意义。

讨论至此，通过进一步分析可知，在信息技术发展迅猛的今天，例如，大数据、物联网、云计算、智能制造等技术的应用，一定会对准时制生产系统中，需求信息的反馈，以及计划信息流程产生重大的影响。如果汽车的销售也能实现网上直销，如戴尔的渠道模式，那么上面我们讨论的准时计划的制订过程也会有些变化，可以更快捷、准确地掌握需求信息，以及更及时地掌握订单数据，这样就会使生产更准时。

与我们在讨论电子看板时的想法相同，信息技术一定会影响计划过程，但是上述计划系统工作的基本原理，是说明在准时制生产的理念下，如何通过计划系统，以及与需求实时连接的订单系统、计划修正系统、混流排产系统的运行，实现从消费者的需求，到产成品的出产（流通）过程的准时性。信息技术仍然只是一个工具，它不能改变这些原理。

另外，虽然我们是以丰田公司的做法为例进行讨论的，可能会有一些局限，因为汽车产品的需求是有自己的特点。但是，其中说明的基本原理是有普遍意义的，无论生产何种产品的企业，都存在需求与生产平衡的问题，准时制生产是一种理念，是通过与需求同步生产来实现这个平衡的。但它的主要难点在于需求的不稳定。因此，信息技术的运用如果能够更好地解决及时掌握需求，及时反馈信息的问题，那么，正如上面讨论的那样，无论是戴尔模式，还是对于丰田模式，都是非常有意义的。在图4-10所示的流程中，信息的速度会更快，数据也会更准确。

实际上，目前电商的运营模式基本上与戴尔相同，只不过电商企业的运营是一个商业的过程，它不只销售一种产品，而且没有生产过程，其生产过程都是由供应商完成的，目前来看，各种商品在完成销售之前是处于库存状态的，仍然应该按需求预测来准备库存，也就是仍然有库存积压的风险。所以，电商的运营模式也只是在流通领域有所改变，与戴尔相同减少了流通环节，从这个意义上讲，也可以认为是在流通环节实现了准时，但没有涉及生产环节的准时化问题。电商的运营模式如图4-11所示。

最后需要说明的是：需求波动与均衡生产之间的矛盾，是实施精益生产的一个难题。它不是一个简单方法问题，而是一个社会（或者说关系）体系。丰田公司是通过与零售商建立稳定、长期的合作关系，以及不同的营销策略来协调的。这是由丰田生产体系的特殊

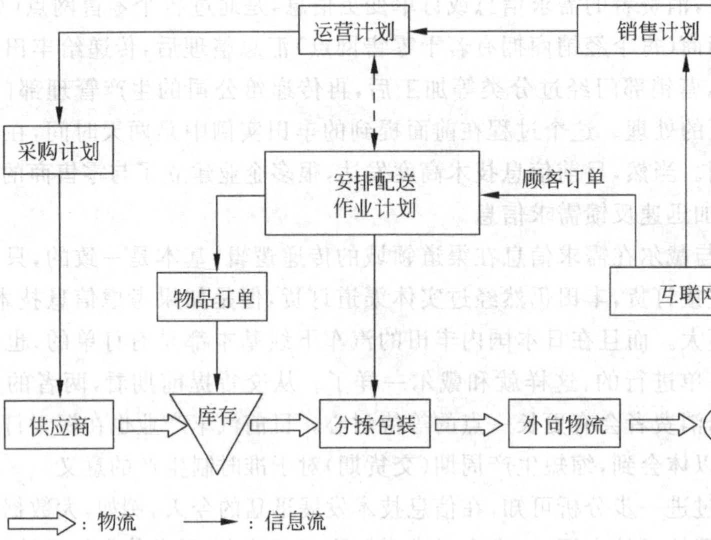

图 4-11　电商的运营模式

性所决定的。它不仅需要需求信息的及时、准确反馈，更需要需求数量的稳定，如此才能很好地实现生产均衡。如果经销商不配合，采取的营销策略不利于需求的稳定性，就很难实现生产的均衡。所以，只有与零售商长期合作才能实现均衡生产。

本章小结

计划是管理的首要职能，企业面临的许多问题其实都可以追溯到计划。例如，困扰多数企业的库存问题，实际根本原因在于计划，通过本章的讨论可知，如果计划做得好，库存就会少许多。虽然，准时制生产可以通过看板方式，根据消费者的实际需求，将生产流程动起来，可以减少或消除库存，但是，并不是不需要计划，而是需要既能满足均衡生产，又要跟踪需求，适应需求变化的计划。因为，前面的讨论一再强调了，看板的应用一个关键的前提是均衡生产。而且，由于需要在多品种生产的环境下实现均衡生产，因此，准时制生产计划的制订会更加困难。

本章主要以丰田公司的计划体系为背景，讨论了准时制生产的计划体系构成，以及信息流程和计划的编制方法，但更想说明的是，计划对于准时制生产体系的重要性。另外，通过戴尔及电商的运营模式分析，以及与丰田模式的比较，可以看到，由于信息技术的运用，在渠道领域的准时化问题，有很大的发展变化，甚至可以说得到更好的实现，以至于可以按订单生产，或者配送，但是从整个流程或供应链来看，如果仅停留在渠道领域，供应链过程仍然有库存积压的风险，这一点是与精益生产最大的不同之处。

最后，关于需求不均衡如何实现均衡生产的难题，确实是一个很现实的问题，许多企业难以实施精益生产也恰恰在于此。毫无疑问，这与企业的产品特点，市场需求的表现有很大关系，不会有一种灵丹妙药，只能通过企业自己的探索来解决，本章介绍的丰田的解决思路可供企业参考。

案例分析1

某汽车制造企业的订单管理

某汽车公司经过多年的发展，已拥有整车、发动机及部分关键零部件的生产能力，成为具有整车制造技术的轿车生产企业。整车产量达到60万辆，目前的产品线包括乘用车、商用车MPV，这些车型采用同一品牌标志，并已经开始实行多品牌战略，将来会把产品分为三个类别：乘用车、商用车和微型车。乘用车将进一步分为普通和高端两种类型。因此，未来将有四个副品牌，分别为高端乘用车、普通乘用车、商用车和微型车。拥有多款互补的精品车型、多条营销渠道支撑的汽车企业。

订单管理模式的变革

公司的订单管理模式，经历了两个阶段。第一阶段为2001—2004年，主要是以生产为主导型的，以大规模生产为主要起点，整个订单的管理方式以手工操作为主。第二阶段是2005以后，这一阶段执行的是以市场为导向，经销商周度订单提早四天按批次提报需求，并刚性地执行的订单模式。

第一阶段。订单管理模式非常简单，和早期的合资企业一样，采用的是月度确定订单的制度。具体订单管理业务流程如图4-12所示。

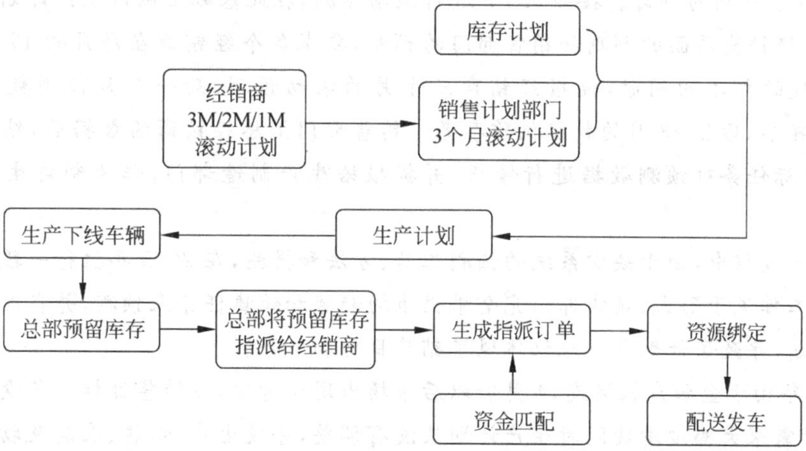

图4-12　订单管理模式(第一阶段)

在这一阶段中，经销商在每月中旬，提报后三个月的滚动需求计划，同时每个月经销商将会收到公司下达的销量目标，由于销量目标完成与否将直接影响经销商的返利水平，一般经销商会考虑目标来提报需求计划的。

公司销售部门在制订生产需求计划时，会参考经销商的需求计划和总部的库存计划，最终形成3个月的生产需求计划，由生产部门考虑产能和资源情况后，形成生产计划。在这一过程中，销售部门更多的是参考库存和任务来进行需求计划的安排。

在这一阶段中，规模化生产和库存销售是主要的特点，订单的执行过程中，经销商每日都可提报,执行与否主要考虑资金是否能够及时到位。因此,这一阶段的订单模式更多的是大规模生产和库存销售的模式①。

第二阶段。订单管理模式的变革是从2005年以后开始,针对2004年市场的大滑坡,公司针对订单管理进行了颠覆性的调整。新的订单管理主要流程如图4-13所示。

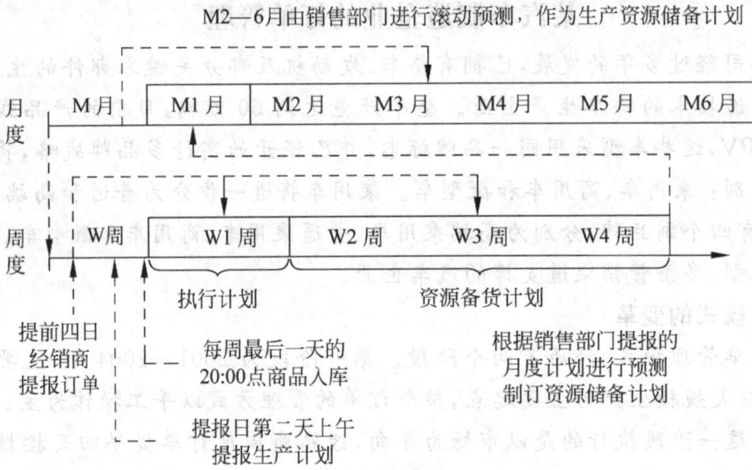

图4-13 订单管理模式(第二阶段)

在此阶段,公司的订单管理主要分为以下两个步骤。

(1) 月度计划的制订。按照X+3进行滚动预测,在此基础上制订生产计划。预测过程,可分为经销商层面的预测和销售部门的预测,要求各个经销商在每月的17日订单日提报下周度的订单的同时,提报经销商三个月的滚动预测,后一个月预测数量要求有80%的准确率,后2~3月的数据仅作参考。销售部门汇总经销商的数据后,结合市场趋势,结合目标任务对预测数据进行修正,并提报给生产制造部门,作为制订生产计划的依据。

在执行过程中,由于缺少系统的预测工具、方法和措施,在2005年执行一段时间后滚动预测的工作流于形式,销售部门完全根据市场趋势和销售任务来预测,并在此基础上制订生产计划,导致了计划更多地仅体现了销售目标和任务。

2008年由于金融危机爆发,4月份以后市场出现大滑坡,但销售目标任务没有相应的调整,由于需求大幅度滑坡同时生产计划又没有调整,导致生产、销售、采购及物流体系均出现较大的混乱。

(2) 周度计划的制订。在周度计划的制订与执行中,公司采取的是要求经销商提早4天提报下周度的需求,依此来安排具体排产计划。在考虑初期,主要结合的是生产线中焊装线白车身的生产节点开始,因为车身焊装过程中将确定车身车代号,从而确定了车辆的所有装配信息,包括配置、动力系统、颜色等信息。由于目前公司的生产线布局比较分散,冲压、焊装、涂装等多工厂布局,导致生产线的相应时间比较长,需要96小时进行响

① 注:这是一个学习精益生产的案例,所以,此阶段实际还不是精益生产的方式。

应。因此，当时考虑订单时间按照4天来安排提前量。

经销商提报周度订单的同时要求去准备下一周度的资金，可以通过自筹也可以通过公司金融来筹集资金。经销商的周度订单必须刚性执行，一旦不执行将受到考核。

在订单执行过程中，销售部门会针对经销商提报的订单进行梳理，首先对仓库库存车辆进行发车，实行先进先出的原车进行车辆发车，确保库龄不超过3个月。

在实际运行过程中，由于订单日安排上，仅考虑了生产线的响应时间，没有考虑供应商的响应时间，因而出现的实际情况就是，要么物料出现大量库存，要么出现经常性的生产线停线(尤其是针对一些小品种产品)，给企业造成巨大浪费。

订单管理的特点

公司的订单管理模式，在汽车行业内是非常有特点的，具体表现在以下几个方面。

(1) 订单日。公司要求经销商在每月的26日，下月的3日、10日和17日作为订单提交时点，要求经销商提报下周的需求产品品种、数量、板型和颜色。这一点在行业内没有厂家是这么操作的。订单日的确定，要求经销商可以在每周都审核内部的资金需求、实际市场和销售的状况，并确立下周的需求计划，下一周的资金需求计划，从而指导企业内部在短周期战术层面的运营方案。订单日的确立，对公司来说，可以是销售部门能够按周度指导制造单元来进行物料准备，进行生产实际安排。销售部门也可以根据周度订单周期来指导物流部门开展板车的实际需求安排，指导物流供应商来确定物流量和物流路线的设计。

(2) 双向考核。公司订单管理的过程中，在经销商提报周度订单后，在订单日的第二天公司将对经销商订单进行周度回复。对于公司有回复的订单，如果不能满足，将对经销商给予考核赔付。同时，经销商明确的订单，在周度内不打款提车的，同样公司将对经销商进行考核。同时，在销售部门和制造单元之间，也有双向考核的要求，对销售部门提供的订单需求，生产制造单元必须满足，销售部门也必须提走下线的产品，否则相关部门都会被考核，考核金额将在下个月的工资额度中体现。

(3) 订单的交货周期比较短。在公司订单计划中，经销商订单只提前了4天，因此确保交货周期短，最长的也就4+7+物流时间，一般能控制在12～13天。这么短的交货周期是目前行业内时间最短的交货期。交货期比较短，可以有效控制整车的库存，包括经销商库存和整车厂的库存。

订单管理的困境

(1) 短期和长期的割裂。在公司当前执行的周度计划订单模式中，能够非常快速地响应经销商的订单需求，一方面通过生产来调节响应速度，另一方面通过整车库存来调节。通过两个调节实现迅速的交付和短期的客户满足。这种模式能较快地满足经销商和客户订单，但缺失了企业在中期和长期的计划。即使是月度计划也无法进行刚性执行，使得短期计划和长期计划完全割裂，没有人重视中长期的计划，从而使得制造部门、物流部门、采购部门等均缺失中长期的计划，各部门的能力建设无法相互配合。

表4-7列出了各类零部件的生产制造及物流周期。

表 4-7 各类零部件的生产制造及物流周期

序号	专业	最短周期		一般周期		最长周期	
		比例/%	周期/天	比例/%	周期/天	比例/%	周期/天
1	金属	20	7	60	20	20	75
2	非金属	15	10	70	10	15	75
3	电器	30	20	10	80	30	90
4	通用	19	15			81	90
5	进口	14	60	12	90	44	135
6	发动机						

亮条最长周期200天

主要为钢板

玻璃导槽最长6个月

主要为油漆化学品

说明：① 零部件厂家原材料采购下单开始计算；

② 零件供货周期包括原材料生产、原材料运输到厂家、厂家生产零部件、零部件运输到公司。

(2) 供应链各节点部门间割裂。由于过度依赖短期计划，加上严格的双向考核机制的实施，使得生产部门、采购部门和供应商长期处于被考核的状态，因此，在计划的制订与执行过程中，制造、采购及供应商均会采取非常保守的计划，或者在计划制订过程中有意识地隐瞒信息，结果就是部门之间信息割裂。

(3) 交货期太短，使得生产组织反应时间不够。订单提报周期只提前了四天，只考虑了生产线的响应周期，没有考虑供应商和零部件生产的响应周期，很多零部件生产、物流时间没有充分考虑，使得生产组织难度大幅度加大，再加上质量问题的频发，导致经常性的生产线停线，造成巨大浪费。

(4) 物料浪费严重。由于订单计划没有前瞻性，加上产品战略安排和产品组合带来的产品数量极度膨胀，导致公司的物料号达到几万个，因此产生大量的小品种车型，并由此带来的物料库存品种和数量巨大，占用了大量的资金。受近几年竞争压力的影响，公司这几年在车型车开发，变型车包括动力总成、配置变化很快，导致物料浪费严重。

(5) 物流组织时间不够，物流计划较差。由于订单执行的制度是周内刚性执行，销售部门要求生产部门周度数量、品种准确刚性入库，要求物流部门周度95%以上的刚性执行物流计划，以确保整车库存的降低。这种状况使得物流部门的物流计划时间不够，尤其是在周度末和月末物流压力非常大，物流计划执行难度巨大，造成巨大的物流成本浪费。

(6) 人员流失严重。计划的波动带来生产计划的波动，导致经常性的生产一线员工工作量的波动。往往由于生产目标的经常性变化，对一线员工的工作量、收入、质量考核、持续的技能提升等产生巨大压力，从而导致人员流失严重。

资料来源：作者根据网络资源整理。

讨论

(1) 请你分析该公司的订单管理模式变革前后有哪些不同，变革后需求信息、计划信息是如何流动的，需求计划与生产计划是如何制订的。

(2) 公司规定每月有几个订单的提交日，其实际意义是什么？它在整个订单管理流程中起到什么作用？

(3) 你认为该企业的订单管理模式面临的六个困境的实质原因是什么，你有什么好的解决思路与方法吗？

(4) 通过这个案例，你对企业运营中库存量、交货提前期、生产周期这几个参数的作用及其影响有什么认识？如何调节这几个参数？它们对准时制生产有怎样的影响？

(5) 通过此案例，试着分析预测数据的准确性、订单提交的提前时间、产量的稳定性对企业的准时制生产的影响，应该如何做？

案例分析2

如何制订公司的生产计划

NHS公司是一家大型的日用化妆品生产企业，其主要产品为日用护肤品。产品分七大系列，共100多个品种，品牌在国内具有很高的知名度，产品销售量居于国内同行的前列。由于品牌、市场、生产都由公司自己掌控，而且产品属于日用消费品，要求企业有足够的存货供应市场，在竞争日益激烈的环境下，为防止缺货，保持与抢占更多的市场份额，公司选择了存货生产的计划组织方式。

公司目前的产品属于中低价位，其市场需求量非常大，市场的范围也很广。因此，公司在国内的华东、华中、华南地区分别建立了苏州、武汉、深圳三个生产工厂，各自的产量分别占到公司总产量的25%、60%、15%。同时公司考虑到为市场提供更加快捷的送货服务，又在东北、西北、西南、华中、华东、华南地区选择了六个市场较为发达的城市，建立了六个物流配送中心。

公司的市场需求、原材料供应，以及生产能力的配合情况大致是：每年春季的三、四月份与秋季的九、十月份，4个月的销售量就占了公司全年销售量的70%～80%，这四个月是市场需求的高峰时期。但此时三个工厂的当月总产能是无法满足市场需求的，可是三个工厂的全年总产能之和，除可满足全年市场的总需求之外，尚可以剩余10%～15%的产能。考虑到库存的积压成本远远低于为了应付需求高峰期而提高产能时所需追加的费用投入成本，以及有部分材料是进口的，需要较长的订货提前期，所以，无论是原材料还是产成品都需要有一定的存货来满足市场需求。

公司选择存货生产方式的另一目的是，更好地平衡一年当中各个月的生产能力和提高设备的利用率。由于公司的合理选择与计划安排，正好每年的1～4月的生产总和可以满足三、四月份的市场高峰期要求；6～9月份的生产总和可以满足九、十月份的市场高峰期要求。公司为满足市场需求及确保市场占有份额，一般每年三、四月份的市场需求预测会在上一年的10月底提出；九、十月份的市场需求预测会在当年的3月底4月初提出。

另外，由于公司的原料供应中有70%是从国外进口的，进口原料的最短订货提前期为60天，而且，其中部分原料为公司要求国外公司专项研制的，其供应能力也有限；同时公司的包装供应商受磨具、机器等因素的限制，也无法满足公司在需求高峰期按需求生产的要求，因此，对公司来说选择存货生产方式也减少了供应环节对公司的生产制约。公司总体的生产运营计划制订与执行过程概况如图4-14所示。

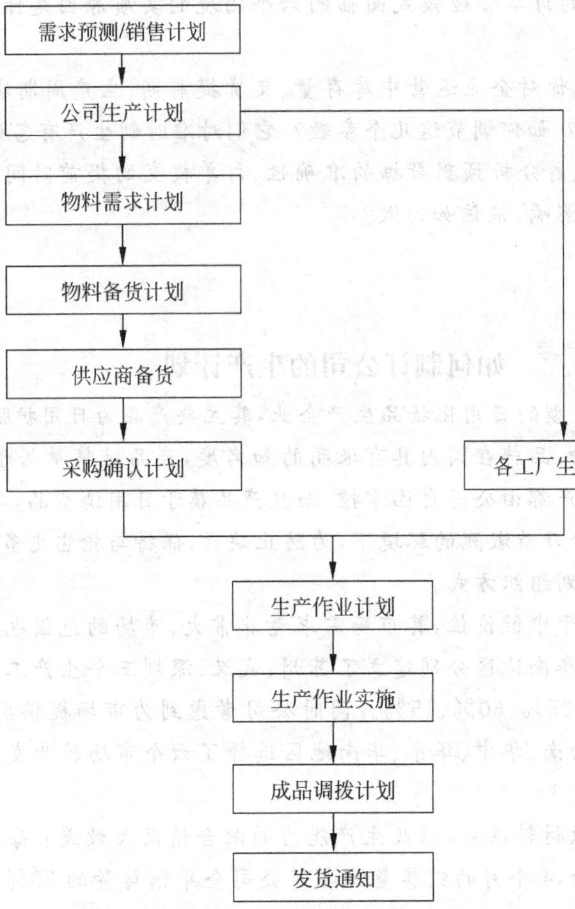

图 4-14　公司的生产运营计划制订与执行过程概况

计划业务流程的描述

(1) 策划中心根据历史的销售统计数据,以及下一个销售季节的产品广告投放与促销计划情况,做出产品的市场需求预测数据,提交给计划管理部组织安排实施。考虑到原材料的采购周期与生产配送周期,一般季节的配货,市场需求预测计划的制订要提前 3 个月,高峰季节的配货,市场需求预测要提前 5 个月制订。

(2) 计划管理部根据市场需求预测数据,结合产品现有库存、下阶段的实际生产能力、生产与运输周期等因素,制订出下一阶段的生产计划。

(3) 计划管理部按照生产计划,综合原料及包装材料的现有库存情况,编制出下一阶段的物料需求计划。考虑到各供应商的实际供货能力,计划部会将物料需求计划预先通知采购部,由采购部与供应商联系提出对各供应商分配的备货数量与实际供货安排的建议。

(4) 计划管理部根据采购部门的反馈信息与分配建议,综合原料的最小包装、包装订单的最小批量、采购价格、采购周期、批量的经济性等情况,编制出各物料的备货计划。

(5) 采购部根据计划管理部编制的备货计划通知各供应商按备货数量与时间要求进行备货。

(6) 计划管理部根据策划中心预测计划的确定预测与暂定预测(说明：策划中心将最邻近的一个月的预测作为确定预测，以后各月的预测为暂定预测)，考虑到今后各区域市场的产品需求预测，以及各工厂的产能和配送周期，制订出各工厂的生产计划，并通知各工厂做好相应的人力资源及生产能力的准备。

(7) 计划管理部根据生产进度安排(月计划)，通知各工厂向指定的供应商，按指定的原材料品种、数量、价格、交货期向供应商下达采购订单。

(8) 各工厂按计划管理部下达的生产计划，编制自己工厂的生产作业计划并反馈给计划管理部。

(9) 各工厂按生产作业计划组织生产。

(10) 计划管理部按各区域市场产品需求预测编制成品调拨计划，并通知相关工厂，将指定的产品品种及数量调往指定的物流中心。

(11) 计划管理部根据各市场的产品需求申请，向最近、最方便运输的物流中心下达发货指令。

目前存在问题

策划部门对个别品种预测量过小，导致材料订货不足，造成材料缺货导致生产中断，从而形成销售损失；有些产品需求预测量过大，引起产成品的积压，而产品又有保质期的限制，最终导致库存损失严重；另外，个别产品市场需求会发生突然的变化，超过预测需求，引起市场断货。

包装材料采购成本较高、难控制；各个区域市场的要货需求失准，造成产成品生产的安排不合理，导致成品的大范围调动引起运输成本增加；年市场需求的两次高峰，需求量非常集中，如何合理地平衡产能是一难题。

资料来源：作者根据网络资源整理。

讨论

(1) 这个企业的计划体系及工作流程，与准时制生产计划体系及流程有什么不同？具体表现如何？

(2) 在这样的计划体系，以及流程运行模式下，是否会发生库存，或者说是否会产生库存问题(加压或缺货)？为什么？

(3) 预测应该由企业的哪个部门做(谁来做更准确)？对该企业的产品(日用化妆品)怎样进行预测？怎样提升预测的准确性？如果预测误差较大会怎样？

(4) 这个企业是否可以采取准时制生产的模式？如果可能，计划怎样制订？是否可以实现均衡生产？怎样实现？

第五章 物流与准时供货

看板系统的基本原理，同样可以应用在与外部供应商的协作上，以至于逐步扩展到整个供应链上。理想地分析，如果供应商也引入准时制生产，再向供应链的上游传递，随着最终生产阶段(如汽车的总装配线)的不断运行，看板系统会不断将生产指令信息逐级传递到供应链的各级供应商，直至最终的供应商为止。这样一来，在整个供应链上就可以实现准时制生产与供货，减少各个环节的库存。

但是在供应链上运用看板方式，会涉及协作厂与主机厂之间的合作关系，这与企业内部工序间看板传递有所不同，因为供应商内部的生产体系是否能够适应准时供货的要求，需要协作企业的合作，而且有些供应商的距离会很远，运输物流的组织也会有一定的要求，情况会相对复杂一些。

丰田公司的做法是，根据供应商的产品，以及物理空间距离等因素，对供应商的供货方式分为两种：一种称为**后补充方式**(也称为看板取货方式)，是运用外协看板到供应商处取货，其运行原理基本同前面讨论的企业内部看板运行规则相同；另一种称为**前补充方式**(也称为顺序取货方式)，这种取货方式不使用看板，是用信息网络直接向供应商传递主机厂的投产顺序计划，供应商按产品总装的计划顺序，将自己的零部件(一般是比较大的零件或部件)排序供货。两种方式的信息传递、物料包装、物流运输都有所不同。本章将结合丰田的实例，从物流组织、信息传递，以及供货流程等方面讨论准时供货的组织方式。

第一节　后补充供货方式

所谓的后补充供货方式，是指在供应商的产品(客户工厂的投入物料)被消耗一定数量(或者经过一个补货周期)时，依据看板传递的信息进行补充供应的方式，所以也称为看板取货方式。根据库存控制的理论可知，此时中间半成品的库存水平，取决于每次取货的数量，或者每次取货的间隔时间。

一、看板取货过程及物流组织

丰田公司的实际做法是：针对供应商一般采用定期取货方式，也就是固定时间间隔进行取货，但是每次取货的数量会有变化，主机厂(后工序)在一定时间点，向供应商发送取货(外协)看板，供应商根据丰田取货看板指示的品种、数量、时间组织供货。原理完全与企业内部相同。但是，此时供应商的距离一般会比较远，需要一定的运输时间(供货提前期延长了)，而且供应商企业内部的生产组织也有所不同，有些供应商的内部生产流程，并不一定完全实施了准时制生产的改造，所以运用时需要考虑供应商的能力。另外，在定期不定量的取货模式下，如果每次取货的数量变动幅度过大，就会增加供应上的库存，如前所述，丰田是通过力求实现均衡生产，保证取货的波动幅度不超过平均水平的10%，以确保不会将库存推向供应商。以下通过一个例子来说明后补充方式的运用。

【例 5-1】 日本板硝子京都工厂汽车玻璃的供货过程[①]。企业背景：板硝子京都工厂为丰田公司生产供应汽车挡风玻璃，该厂每年生产 60 万～70 万平方米的玻璃，其中一半是供应给丰田公司的，该工厂位于距离丰田公司 200 千米左右的京都市，为丰田的 5 个整车生产工厂供应玻璃（这 5 个整车工厂都在丰田市），丰田采用看板方式进行准时供货，物流运输采用卡车公路运输方式，按双方商定的供货计划，五个整车工厂每天的取货次数分别为：堤工厂 16次；元町工厂 10 次；高岗工厂 6 次；田原工厂 4 次；日野工厂 3 次。两者间的供货关系如图 5-1 所示。

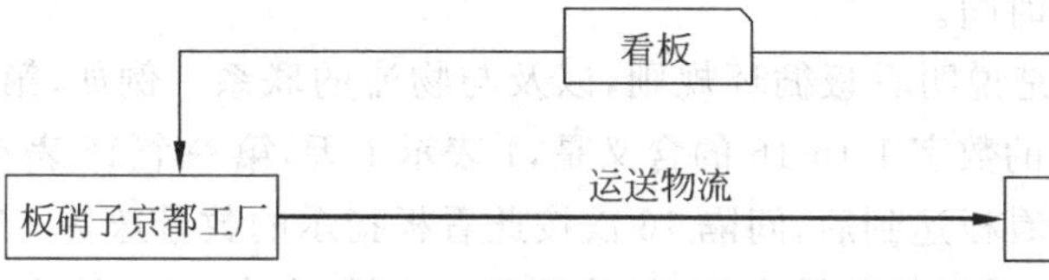

图 5-1 板硝子京都工厂与丰田汽车的供货关系

以其中三个工厂的供货为例，双方商定的准时供货计划如表 5-1 所示。此外，因运输距离达 200 公里，单程运行时间大约 3.5 小时，为防止运输中途发生故障，在距离客户方 30 分钟路程处设置，冬季保持 2 天，其他季节保持 1 天的安全库存。考虑各个工厂的产量、运输装载量使用 11 吨的卡车运送。

表 5-1 板硝子京都工厂的准时供货计划

丰田工厂			板硝子京都工厂		看板	看板循环结构
堤	元町	高岗	发出	到达	到达时间	
1	1		3:20	8:00	13:30	
2	2		5:10	9:10	15:20	堤工厂
3		1	4:10	8:20	14:20	1-16-16
4	3		7:40	11:30	17:30	
5		2	7:20	11:20	17:30	元町工厂
6	4		11:10	14:10	23:20	1-10-10
7	5		12:20	15:50	24:30	
8		3	11:50	15:20	1:00	高岗工厂
9	6		14:20	21:00	2:30	1-6-6
10	7		16:10	22:00	4:20	
11		4	15:10	21:20	3:20	
12	8		18:30	24:30	6:50	
13		5	18:20	24:20	6:30	
14	9		24:10	3:40	10:20	
15	10		1:20	4:50	11:30	
16		6	1:50	4:20	11:00	

① 资料来源：[日]门田安弘. 新丰田生产方式[M]. 第 4 版. 王瑞珠，译. 保定：河北大学出版社，2012：77. 略有修改。

这是一个比较典型的依据看板取货的实例。供应商是一个独立的企业，两者之间是企业间的合作，与企业内部的看板运用有所不同。表 5-1 是一个供货计划，对表中的数据需要做如下几点说明。

(1) 此例中三个整车生产工厂都在丰田市，相距比较近便于组织混载运输，从表 5-1 可以看出，运输卡车每次装载两个工厂的货物。实际的运送物流是按先后顺序将物料送到各个工厂的指定地点，配送运输一般也由独立的物流公司(第三方物流)来承担。

(2) 看板到达时间，是指将物料送到丰田的工厂(客户工厂)后，卡车运回空容器的同时带回取货用的外协看板，到达板硝子京都(供应商)工厂的时间。例如，第一次送货 8:00 到达丰田工厂，卸货后将空容器与看板一起带回到板硝子工厂的时间为 13:30，实际应该是取货看板的送达时间。

(3) 看板循环结构是说明看板循环规则，以及与物流的联系。例如，第一个工厂(堤工厂)的循环结构，其中的数字 1-16-16 的含义是，1 表示 1 天，第一个 16 表示每天送货 16 次，第二个 16 表示取货看板达到后，间隔 16 次按此看板指示的数量送货。这点与工厂内部有些不同，不是马上按看板的数量取货，而是预留一个滞后时间，这是给供应商预留的生产准备、配套及装货等时间。如果根据前面讨论的看板张数计算原理，此时的看板循环时间就延长了，因为中间的路程时间、供应商工厂的生产时间都比较长，所以会导致看板的整个循环时间变长，毫无疑问看板的发行张数也会增多。

通过此例的分析，可以看到在供应链上的准时制生产，主要是通过与供应商协商确定供货的时间间隔，即每天的供货次数来确保尽量减少库存的。每天供货次数越多，中间库存会越少。在本例中，板硝子京都工厂向丰田的堤工厂每天供货 16 次，如果堤工厂是两班制 16 小时工作的话，供货频率为 1 个小时 1 次，可想而知，堤工厂组装线边的库存最高为 1 小时的用量，最低为零(不计算安全库存的话)。如果装配线的节拍是 1 分钟，则每小时需要 60 辆车的玻璃，所以平均库存只有 30 辆的用量。这就是通过准时供货可以降低库存的基本原理，也就是说，供货频率越高，库存会越小。

但是很多人会担心，如果每次都是如此小批量的供货，就会增加物流成本。对此本例也给出了一个很好的解释，即采取组合供货的方式，每次装载几个工厂的物料(本例是每次装载 2 个工厂的物料)，可以保证运输工具满载的话，就不会增加运输成本。因此，在供应链上实施准时供货，需要根据协作双方的产量、运输距离、物料体积、运输工具等因素，制订一个准时供货计划，以此能够确保供货准时，不增加库存，同时不增加运输成本。

根据上面的实例可知，在实施准时供货时，需要制订一个严谨的运输计划，虽然具体的计划方案对于每个企业都不同，但其中几个参数是需要的。以下我们来分析一下准时供货计划中的几个主要参数的确定，以说明计划的制订方法。

(1) 混载运输的组合。在实施多频次、小批量的供货时，一个最大的问题是物流成本是否增加。在本例中是一个供应商对应多个主机厂，而且，丰田工厂的产量都比较大，这样每次装载两个工厂的物料就可以让运输工具满载，也就不会增加运输成本。此时，根据简单的推理，我们就可以得到一个规则，就是只要运输工具满载就不会增加运输成本。当然，物流的组织方式，也可以是每次装载多个供应商的货物，运送给一个工厂(客户)，也可以实现运输工具的满载。

(2) 运输工具的确定。根据上述的原则可知，运输工具的容量越大，则每次运送的货物就会越多，也就越不容易满载；反之，如果运输工具的容量越小，每次运送货物就会越少。根据车辆运输经济性的原理，应该是运输距离较近才合理。所以，运输工具的容量是一个关键的参数，一般来讲，对于公路运输，距离越远应该采用容量越大的卡车；反之亦然。本例中供应商的位置离主机厂为 200 公里，采用的是 11 吨位的卡车[①]。

(3) 运送物料的比重(体积与重量之比)。具体供货物料(零部件)的体积、重量是影响供货计划的另一个因素。体积越大装载的物料就越少，例如，【例 3-2】中运送的是座椅，是一种体积大、重量轻的物品，这样每次装载的数量就会少，更有利于准时供货的组织，因为单一供应商的货物，运送给一个主机厂，即使批量比较小，也可以使运输工具满载，不会增加成本，这样就比较好协调。反之，如果装载的物料是体积小的零部件，每车的装载量就会较多，就需要装载多个供应商，或者是多个客户企业的物料，而且有时是在同一车辆上装载多种物料。这样由于涉及多个企业，协调比较困难。另外，如果装载多种物料，又由于包装规格不同，需要考虑运输工具的积载系数问题。

(4) 主机厂(客户工厂)的产量。一般讲，客户工厂的产量越大，每个间隔时间的需求数量也就越多，这样也就越容易组织混载运输。因为，每车装载涉及的供应商或主机厂就会越少。例如，在本例中每次一个卡车只需装载两个工厂的玻璃，就可以使运输工具满载，如果产量小的话，可能需要装载 3～4 个客户企业的物料，运输路线、卸货时间都会发生不同程度变化。当然，如果是多个供应商向同一主机厂供货，道理也是一样。【例 3-2】是一个极端的例子，是一个供应商给一个主机厂供货，协调管理最简单。

(5) 看板张数的确定。在外协供货的情况下，一般采取定期取货的模式，此时看板发行张数的计算原理与企业内部相同，仍然可以使用公式(3-1)计算。但此时由于供应商的距离较远，运输过程的路程时间较长，以及供应商内部的生产流程情况不同，完成一批产品的生产时间也会不同，再加上需要较长的装卸时间等，会导致看板的循环时间变长，所以看板发行张数会增多。

二、信息技术的运用及看板的新发展

随着信息技术的发展，在看板的运用中也逐步引入信息技术，尤其是在与供应商的取货过程中，看板的传递时间会很长。例如，在【例 5-1】中，供应商到主机厂的单程路线需要 3.5 个小时，往返就需要 7 个小时，所以看板的循环时间会很长，不但会增加看板发行张数，而且会引起供货的滞后现象，这也是在对外使用外协看板取货时，存在一个看板循环结构的原因。在【例 5-1】中，供应商的板硝子京都工厂，为丰田的主机厂供货，看板的循环结构是 1-16-16，即每次卡车装载的货物是 16 次前，取货看板指示的数量，这样实际就产生了一个时间的滞后，会导致与实际需求产生差异。

丰田公司在看板系统采用信息技术，首先是在信息的传递环节，取消由物流运输者携带卡片看板的做法，将传递信息的过程电子化，这样就可以加快看板的循环时间。以下我们以一个例子来说明具体的运用方法。

---

① 注：具体的运输工具的经济性，运输距离与卡车吨位的问题，读者可以参考有关运输经济的书籍。

【例 5-2】 在某发动机工厂的总装线，装配发动机所需要的各种零部件，是按照后补充的方式向供应商取货的(见图 5-1)。由于发动机本身就是汽车的从属需求，待汽车总装线的投产顺序确定后才能进行组装，给它的零部件供应时间就会更短，所以开发采用信息技术更有实际意义。具体方法的步骤如下。

(1) 随着发动机组装线的不断运行，线边的零件会逐渐地被消耗，根据前面讲到看板使用的规则，付在物料箱上的取货看板会被摘下来，放在指定位置。

(2) 在固定的时间间隔(假定是定期取货)，现场物流人员会回收取货看板。

(3) 将回收的取货看板(此时看板已经设计成带有可以自动读取的条码)，在看板读取机上读入，将信息录入计算机系统。

(4) 将读取的数据(零部件的名称、看板张数、对应的数量等)通过 EDI 专线，传递给生产零部件的供应商。

(5) 将被完成读取信息的取货看板废弃掉(此时看板可以是一张小字条，类似超市的收银条)。

(6) 在供应商处接收到上述信息后，再打印出纸质的看板(实际上就是第一步被取下的取货看板)，以及说明批次的"批次标签"。

(7) 将外协看板和批次标签付在零件箱上。

(8) 物流运输的卡车司机，将供应商准备好的一批附有电子看板(字条)、批次标签的零部件，一起运送到发动机工厂，发动机工厂在使用零部件时，再重复第一步。

上述过程实际上可以理解为电子看板，虽然只是信息传递过程实施了信息化，在供应商和主机厂内部还需要有打印的纸看板(一张小字条)，但此时的看板已经条码化了，而且一次性地使用，主要起到凭证及实物标识的作用。上述过程如图 5-2 所示。

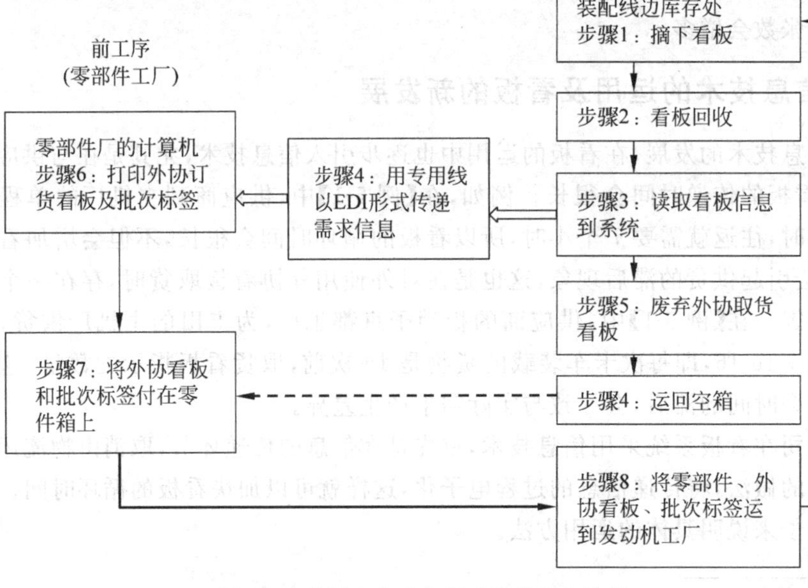

图 5-2 后补充方式电子看板的信息流程

资料来源：[日]门田安弘. 新丰田生产方式[M]. 第 4 版. 王瑞珠，译. 保定：河北大学出版社，2012：345. 略有改动.

由于电子看板的应用，看板系统的运行会有一些改变，可以说流程(供应链)运行的控制，或者说准时化的程度都有改变。下面讨论几个相关问题。

(1) 由于采用信息技术，信息的传输速度加快了，这样会改变看板的循环时间，能够减少供货的时间滞后问题。在【例 5-1】中，看板循环结构是 1-16-16，运送的滞后时间是 16 次，卡车路程的往返时间是 7 个小时，所以采用卡片看板的传递信息速度很慢，送货的滞后时间长，因为后补充方式是物品消耗后补充，但是如果补充滞后时间很长的话，货物到达时实际已经不是信息发出时的需求了(需求可能会发生变化)，这一点与库存管理中，供货提前期远远大于补货间隔期的情况是相同的。这就有可能出现差异，即货物送到时的实际需求量与送到的数量不一致，这也是使用电子看板的意义所在。

在使用电子看板传递信息时，取货信息可以瞬间到达供应商，会减少时间的滞后，但是由于物流的运输时间是无法改变的，所以还不能彻底消除时间的滞后。例如，【例 5-1】中的运输路程的单程时间是 3.5 小时，即便信息传递不需要时间，供应商在接到需求信息后马上出发的话，也需要 3.5 小时以后才达到客户企业，如果供货间隔时间是 1 小时，那么也要间隔 3 次后才到达。也就是说，某一次到达的货物是若干次前发出的信息，到达时如果需求发生变化，和发出信息时的需求数量不同就会出现问题。因此，使用电子看板传递信息时，这个延后的次数会少许多。例如，像上面说的那样，如果只是延后 3 次，或 4 次，而每次的间隔只是一个小时，加之丰田体系一再强调均衡生产，所以发生需求有较大变化的可能性就小多了。

(2) 关于看板发行张数。在电子看板的环境下，就不存在看板发行张数的问题了，因为信息传递非常迅速，时间基本可以忽略不计。另外，丰田的实例虽然还是打印纸质看板，但是一次性就废弃了，也不存在循环使用的问题，所以看板发行张数的问题就不存在了。但是信息系统内应该严格按照看板的原理，定期地进行信息的传递，否则中间库存会出现混乱。

(3) 信息技术的进一步发展。在丰田的例子中，没有采用将条码贴在包装箱上的规则，仍采用打印一个纸质看板(一张字条)，基本维持看板的运行规则。目前有许多企业已经采取完全的电子化看板，在物料箱上有条码，并且，随着物联网技术的出现，也有在物料箱上付电子标签的方法。这些技术都会提供新的手段，使看板系统不断地发展，企业应该根据自己的环境，合理地规划。但需要注意的是，信息系统也好，物联网技术也好，构建及其应用的成本是很高的。

第二节 前补充供货方式

所谓前补充方式，是指制造商与供应商之间的补货信息，不是采用看板传递，而是直接采取通过信息网络传递投产顺序计划的方法。基本过程是，由制造商适时地将每日的出产顺序计划(混流生产的投产顺序计划)传送给供应商，供应商按这个顺序计划，将自己负责供货的零部件，排列成与制造商的投产顺序一致的状态，按规定的时间直接送货。前补充方式的供货关系如图 5-3 所示。

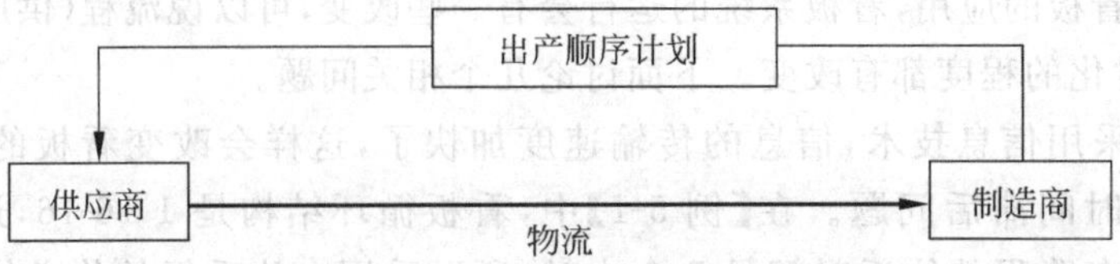

图 5-3 前补充方式的供货关系

与后补充方式关键的不同之处是，后工序（主机厂）的需求信息，是在实际需求发生之前就传递给前工序（供应商），供应商在接到信息后马上供货，这样就不会出现如同后补充方式那种时滞现象。但是，由于准时制生产是多品种的混流生产，要在投产顺序确定后，计划信息才能传递给供应商，供应商根据这个信息送货。所以，从投产顺序计划信息发出，到供应商货物到达需求点（零部件在总装线的装入点），这段时间的长度就决定了供应商的物理位置，一般说两者的距离应该较近，否则，供应商的货物来不及运到。

当然，如果投产顺序的发出时间较早，而且固定不变，供应商就可以稍远一些。例如，丰田的实例是投产顺序计划每天制订一次（见图 4-5），计划确定 2 天后产品下线。如果我们假定在这 2 天内投产顺序计划不变，则允许前补充的供货时间是 2 天，供应商在接到信息后，在 2 天之内按照计划送货，应该说时间相对比较充分。

另外，在前补充方式下，供应商要进行**排序供货**。因为如果总装线是混流生产的话，每种产品使用的零部件也有所不同，这样一来，供应商就要将零部件按照总装线的投入顺序排列好，按照时间节点运送到位。因此，与后补充方式相比较，增加了一项排序作业的环节。

一般对于比较大的零部件，或者比较关键的构件，例如，发动机、变速箱、仪表板、汽车座椅等产品，供应商可以在自己的工厂排序后供货。而且，供应商的内部生产流程如果也能进行准时制生产的话，甚至可以按总装线一致的顺序生产（见例 5-3），排序作业就基本完成了。但对于一些较小或者供应商距离较远的情况，也可以将排序作业放在中间的缓冲库存里完成，有时缓冲库存放在离主机厂较近的地方，这样可以更快地响应。

在前补充供货方式下，不使用看板，而是直接传递计划信息，要求供应商与制造商之间有信息网络连接，能够较及时地传递信息。目前，信息技术的应用比较普遍，在汽车企业主机厂与主要的供应商之间，较多地实现了信息的实时传递，供应商可以随时看见主机厂的计划信息。另外，如果供应商的主要产量都是针对某个制造商的话，实际制造商传递的投产顺序计划，就可以作为自己的生产作业计划，例如，丰田公司与供应商之间的信息连接，如图 5-4 所示。

在顺序取货的方式下，送货频率会更高，每次送货的数量也会更少，而且一般不经过中间仓库，直接配送到生产线边，基本接近零库存。以下我们仍然通过一个实例来说明在顺序取货方式下，制造商与供应商之间物流与信息流的连接过程，以及库存的情况。

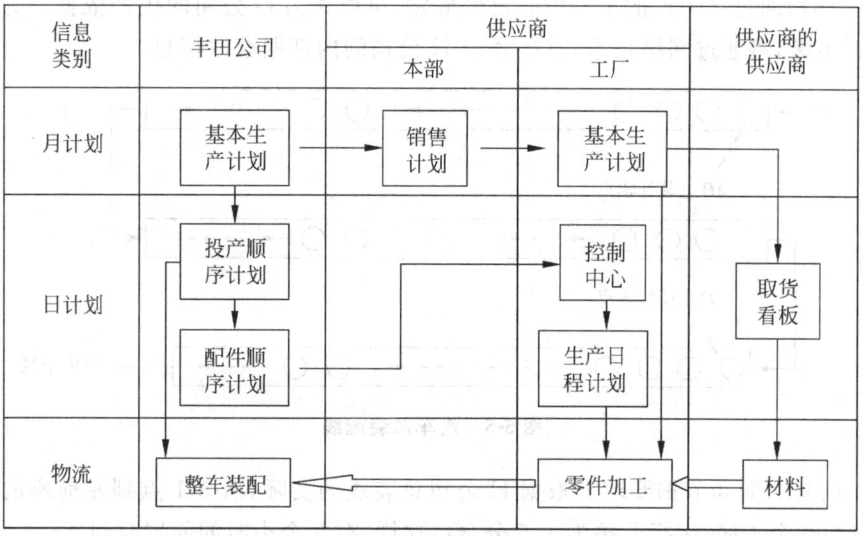

图 5-4　丰田公司与供应商之间的信息连接

资料来源：[日]门田安弘. 丰田生产方式[M]. 第 4 版. 王瑞珠，译. 保定：河北大学出版社，2012：60.

【例 5-3】 G 座椅公司同步生产与准时供货过程①

2008 年 3 月，在 G 公司与主要用户（H 整车厂）召开的一次联合供货工作会议上，整车厂经理提出，希望能够减少座椅的库存。主要原因是：由于座椅的体积较大，一方面总装车间的产量不断增加；另一方面将引进新的车型，需要更多的场地。

当时座椅的供货方式是，G 公司根据 H 整车厂生产部门的计划进行生产，然后根据 H 公司物料部门的送货计划，将座椅送到 H 企业的外库，H 公司的总装车间根据每天的生产计划从外库领料到 H 的内库，再由内库送到装配工位。当时 G 公司与 H 公司之间总的座椅库存将近有 1 000 套，库存场地有近 2 000 平方米。

针对 H 公司提出的要求，G 公司进行了仔细研究，认为解决这个问题的最好方法就是根据 H 公司的总装车间的进度进行准时供货，从而实现双赢。新的供货方式是，G 公司的座椅装配车间根据 H 工厂的总装计划，进行同步生产，同时，根据这个计划进行供货，供货直接到 H 公司总装厂的制定装配工位。

决定彻底改变原来的生产与供货方式，实行拉动式的生产与准时供货方式，这样一来可以减少库存量、节省空间、节约资金。但是对本公司的生产与供货管理将有很高的要求，需要进行准备。

经过双方的充分协商，并且进行了有关的准备，G 公司制订了一个准时供货的实施方案，具体方法如下。

(1) 信息共享。H 公司及时将自己的总装线的计划信息，如各车型的投入顺序计划信息传递给 G 公司。H 公司的总装车间的流水线，从油漆车间进入总装车间的 $M1$ 点

① 注：本例意在说明前补充取货方式的运行过程与原理，不存在对企业经营的评价。为了保护企业的经营信息，同时也不影响我们对问题的理解，例中隐去了企业的名字，并做了简化处理。

(详见图 5-5),通过这一点的车型配置已经确定,可以作为 G 公司的生产依据。为了保证信息及时传递,将通过网络技术,直接登录 H 公司的内部网获取信息。

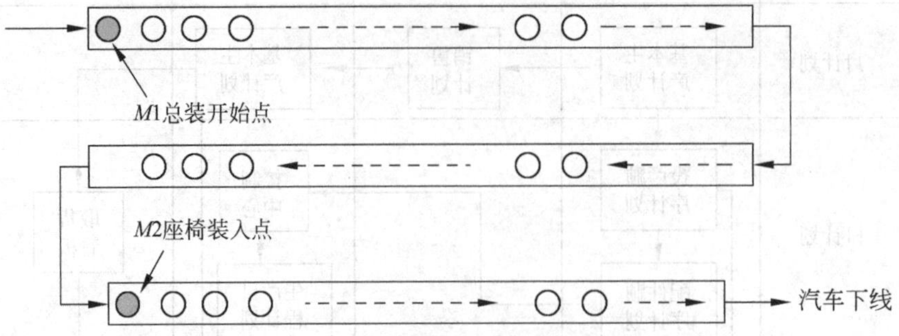

图 5-5 汽车总装配线

(2) 前置时间和节拍要求。根据 H 公司总装线的实际,从 M1 点到左前座的装配点 M2 点有 200 个工序,运行节拍为 1.5 分/台,这样,有 5 个小时的前置时间。

(3) G 公司内部生产组织的时间和节拍。针对 H 的要求,G 公司进行了内部组织,将座椅的生产线节拍也设计为 1.5 分/台。采取前补充顺序供货,根据卡车的吨位,每次发运的批量是 8 个料架,6 个产品/料架,共计 48 套座椅。

这样汇总一个发运批量的时间是:排序时间 15 分钟+8 个工位的冲线时间 12 分钟+悬链的时间 25 分钟+48 套产品的生产时间 72 分钟,共 124 分钟。

运输情况是:单程 20 分钟,产品卸货时间 20 分钟,回程 20 分钟,合计 60 分钟。总的生产与供货时间为 184 分钟,远小于(5 个小时)300 分钟。因此,这种组织方式能够满足准时制生产与供货的要求。

经过双方的共同努力,方案得到了成功实施,取得了很好的效果,达到了双方共赢的目的。具体效果如下。

(1) 通过同步获取最终产品的出产信息,G 公司实现了座椅同步排序、准时制生产,减少了产品库存。

(2) 通过组织按节拍的流水线生产方式,达到了高效率生产。

(3) 实现了生产线的高度柔性,在一条生产线上同时装配 3 种车型,12 种配置的座椅。

(4) 通过准时供货将原产成品 1 000 套库存降低为零库存。

(5) 由于库存量的减少,节省了生产和库存场地 1 200 平方米。

通过此实例可以看到,采取前补充方式供货需要具备两个条件:一是前置时间要充分长。即从主机厂的排序信息发出,到零部件装入点的时间(见图 5-5)要充分长,否则供应商收到排序信息后,再组织生产与供货来不及。当然,在这个案例中,供应商是收到排序信息后,开始生产一个批量的座椅,然后供货。也有许多实例是,供应商事先生产好一定量的零部件,收到信息后只是排序、供货(见【例 5-1】),这样对前置时间的要求会短许多,也容易组织前补充供货。但是在两者之间存在一个缓冲库存,这个缓冲库存的数量有时还很多,需要对它进行单独的控制,准时化程度不如直接供货好。

二是增加了一个排序作业的环节。这一点无论是有没有中间的缓冲库存，排序作业都会发生。本例中这个排序作业是由供应商完成的，而且是根据排序进行座椅的生产，将两者联系更紧密。但如果存在中间的缓冲库存，一般排序作业安排在存储仓库进行，多数由供应商(或第三方物流)进行。

前补充的取货方式实现准时化程度更好，目前，在汽车产业已有比较多的应用，虽然运用后补充方式送货频率达到每小时一次的实例也很多，但是由于后补充方式本身的局限，即会出现一定的时间滞后现象，会出现供货数量的误差。所以，前补充的顺序取货方式更有利于实现准时制生产。但在前补充取货方式下更重要的是，供应商内部的生产系统也与其对应地实现准时化生产，如果只是供货准时，而供应商内部生产仍然是按批量进行的话，在制造商处消除的库存，在供应商处仍然会发生，则准时制生产的优势就会减弱。

第三节　生产线供货形式

精益生产方式的主要特点是多品种小批量的混流生产。因此，随着一条生产线上共线生产的产品品种增加，汽车零件的品种也会急剧增加。如果按品种分种类供货，会使总装线边的零件总量增多，存放空间增加，面积不足的矛盾日益突出。以往的解决方案只能是通过增大线边零件存放面积来缓和这种种矛盾，但无论哪个企业，线边面积可增加的空间总是有限的，而且这种方案还会带来库存增加，取料作业时间损失加剧，内部物流复杂混乱等一系列负面影响。因此，向总装线配送物料的形式也应不断地有新发展。

本章前面讨论的两种取货方式，实际上是两种不同的配料形式，其中，后补充方式对应的是单品批量供给模式，而前补充取货方式对应的是品种排序供给模式。另外，目前已经出现并且得到应用的还有台套同步供给模式，线边供货模式不断向更高的柔性化程度和更简便的作业方式发展。以下分别对这几种模式进行讨论。

(1) 单品批量供给模式。即在一个最小供货容器里只装有一种物料，对应需求工位每次供货一个批量(若干个物料箱)。具体每次供货批量的大小，是根据看板规则进行确定的(参见后补充方式)。这种模式在总装线边设有定固定的料位，一般由专职物流人员通过牵引车将零件成批地供给到生产线边，过程如图 5-6 所示。

图 5-6　单品批量供给模式

单品批量供给模式的特点是：供货过程比较简单，如果双方商定好最小包装(一个物料箱的容量)，物料就可以直接配送到线边，不用拆包作业，物流作业也比较简单。批量可以根据看板来控制，就单品看，线边库存也可以控制较少。但问题是，如果生产的品种增多，装配线边的物料种类也会增加(由于会有共用物料，可能会比产品品种少)，某一工位对应的物料种类和总量会增多，即使每个品种可以根据看板小批量补货，物料的总量也会较多，占用空间随着品种的增多也会逐步增加；而且会导致取料距离远，取料动作幅度大，物料的选取时间损失多，对作业人员的体力和零件识别要求也较高，甚至容易引起物料选取错误等问题。在看板方式运行的初级阶段，以及物料体积较小的情况下，使用这种模式较多。

(2) 品种排序供给模式。品种排序供给模式是指在一个最小供货容器中，将某个工位不同产品所需要的多种物料，以件为单位，在特定的集配区按照车辆生产顺序进行排列，在适当的时间供给到装配线边。具体每个物料箱的装载，以及每次供货的数量及时间的确定都是事先计划好的(参见前补充取货方式)，供货过程如图 5-7 所示。

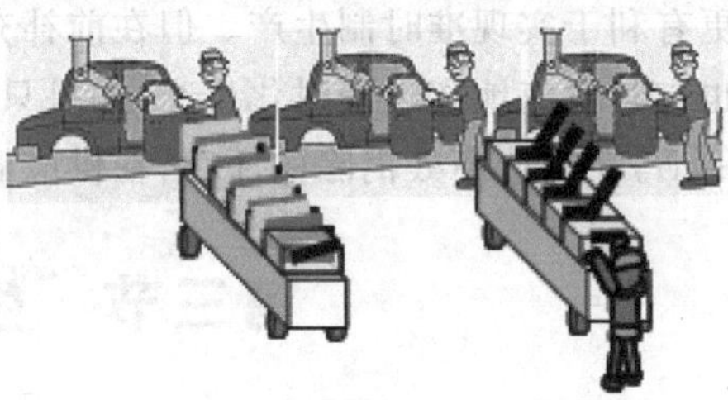

图 5-7 品种排序供给模式

品种排序供给模式的特点是：能够解决线边库存占用空间过大的问题，尤其是对部分体积较大的零件更有利(见【例 5-3】)；同时，可以改善取料作业动作，削减零件寻找、辨识作业，节省作业时间，减少发生错误的概率。但带来的新问题是，需要增加一个分拣排序作业环节，以及分拣排序的作业场所，并且需增加排序作业人员。另外，零件的排序信息需要在供货之前得到，这需要供需双方的合作，并且具备一定的信息技术条件才能取得好的效果。这种模式在汽车企业，体积较大的零部件产品得到广泛的应用，如【例 5-3】中的座椅的供货过程。

(3) 台套同步供给模式。即在一个供货容器中，将某一个产品所需的全部物料，按照一定的规则排列装入物料箱(或物料车)，根据产品的投产顺序，将对应的物料箱在装配线上与产品同步运行，物料全部用完该产品装配完成，是一种对应多工位的供货模式，也称为打包供货。供货过程如图 5-8 所示。

图 5-8 台套同步供给模式

台套同步供给模式的特点是：更加可以减少线边库存的数量，以及线边存货空间，减少取料步行和辨识作业，减轻取料作业负荷，以及发生错误的概率；同时，将装配线上寻找取料作业转移到了集配区，为实施第三方物流或物流自动化创造了条件，也为订单式的生产提供了基础，是线边供货模式的最高形态。但问题是，因为需要在仓库将物料包装开包，根据每个产品的要求选择零部件，并且按照规则装入物料箱，配送到装配线，因此，需要在线外进行大量的分拣与排序作业，需要更大的分拣与排序空间。而且，物料的排序也需要提前得到产品的信息，需要有很好的信息系统支持；另外，对于像汽车等大型产品很难针对产品全部排序，只能是装配线的局部排序供货，所以，应用范围有一定的局限性。

这种模式在汽车制造企业也已经得到应用，但一般是以一段生产线需求的所有零件为单位进行打包供货，在集中的集配区将零件按照车辆生产计划排列放置在料箱中，按照装配线的节拍供给到线边。下面通过一个汽车企业的实例，来分析台套同步供货的原理，以及所引起的物流组织问题。

【例 5-4】 某汽车制造企业的总装厂，其总装线是一个多品种混流生产的流水线，共线生产有三大系列二十几个品种的汽车，每种汽车的物料使用差异也比较大，工厂从2005年开始对上线物流的供给模式进行改进，根据使用零部件的特点，同时应用三种供给模式：对于体积比较小，共用性较多的零件，仍然采用按品种批量供货的模式；对于体积大，品种差别大，每个车型都不相同的零部件(包括颜色不同)，例如，仪表板、挡风玻璃、天窗玻璃、保险杠等，多采取针对某个工位按品种排序供货的模式；另外，对于一些零件体积不是很大，品种较多，在一段装配线上可以连续使用的物料，如内饰的装配过程使用的零件，采用了台套同步供货的模式。

其中，台套同步供货的方法是，选取总装线的一个阶段工艺，将这一阶段装入汽车的所有零件，按每辆车的品种要求，分别拣选到一个货箱中，这个货箱实际上是一个设计好配有轮子的小货车箱，可以由一个自动的小型牵引车拉走，到达总装线边时，其行走速度与装配线的运行速度一致，这样物料箱就会一直跟随装配线一起运行，装配作业者就可以从中拿取需要的零件装入产品中，直到物料箱的零件用完为止，这个阶段的作业也完成了。空的物料箱由小车牵引再回到分拣排序作业区，重新经过分拣装入下一个产品需要的零件。小牵引车在物料分拣排序作业区与总装线之间不断循环，零部件就会按照产品的要求，不断地送到总装线上。此阶段总装线的同步供货过程如图 5-9 所示。

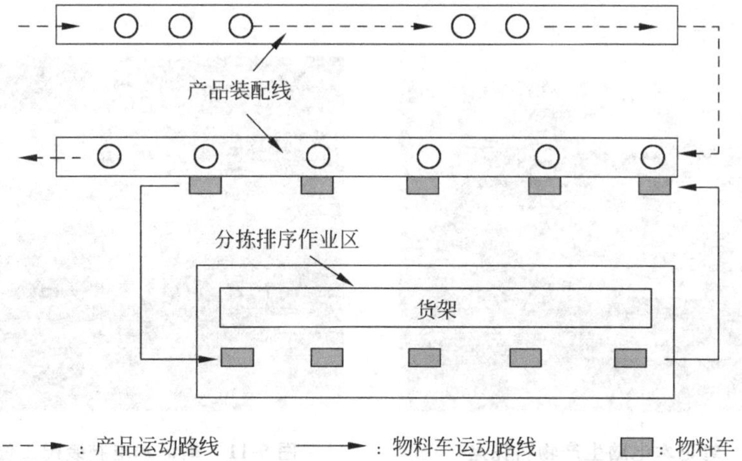

图 5-9 阶段性台套同步供货过程

做如下几点说明。

(1) 在上例中，物料的分拣作业区就设在总装线的附近，货架为直线型，分为几个分拣阶段，分别由几名作业员负责拣货，小车运行到每个货架区间，对应的作业员负责将零件按车型要求，从货架上拣出装入物料箱内。

（2）因为总装线是混流生产的，所以每辆车的品种都有可能不同，车型的信息是通过计算机信息系统传递到拣货区，配料员可以及时获取信息。

（3）运送物料的小货车由一个自动的牵引车运行，在现场的地面有固定的轨道，小车沿着轨道循环运行，速度应该与装配线的节拍一致。

（4）物料箱内装入的零件应该便于拿取，或者有一定的空间分隔排序，否则会影响装配作业的取料速度。

如前所述，在汽车企业成套的同步供货，很难将产品的零件全部包括在内，因为产品体积较大。但这种方式在电子行业则有更好的应用，因为，电子行业一般产品比较小，可以将一台产品的物料全部打包，真正实现台套同步排序供货。以下是一个电脑企业的例子①。

【例 5-5】 某笔记本电脑生产企业，是一个多品种小批量的生产体系，而且是按用户的要求定制生产的，产品的个性化程度很高，都是按客户要求的配置装配，最大的订单也不会超过 100 台，有时一个订单只有一台产品。所以，公司采用的是单元生产方式②，并不是大量生产的流水线方式，装配工位是由三名员工负责，比较集中的综合作业。同时，对应的物料供应模式也采取了按产品全部打包，同步供货的模式。

具体的供货方法是，公司针对产品特点，设计了一种装载物料专用的物料托盘，如图 5-10 所示，在物料的分拣作业区，由物料分拣人员首先将一台电脑所需的全部零件，按订单要求全部拣入托盘内。

这个拣货的作业过程，需要在一个专门的分拣空间完成，企业在物料仓库中设立一个分拣区，在分拣区内由专门人员完成拣货作业。在这个分拣作业区内，将装好物料的若干个托盘放入一个可以移动（带有轮子）的货架上，然后，将货架推到组装线的对应工位。如图 5-11 所示。

图 5-10 笔记本电脑生产物料托盘

图 5-11 笔记本电脑装配工位与物料架

① 注：当然电子产业也有产品体积非常大的情况，例如，大型的电机、变压器等，也很难将一个产品的全部零件进行打包供货。

② 注：关于单元生产方式的组织，以及运行的原理等问题，参见第七章节的讲解内容。

这样装配线上的三名员工就可以很方便地拿到一台电脑的全部物料，完成订单要求的电脑的装配(三名员工仍然是顺序作业，当然极端地也可以是一名员工完成全部装配)。这样一来，既减少了线边存放的半成品(此时，除物料架上的托盘外，再也没有其他的零件)，又减少了寻找、拿取物料的时间，而且可以减少装错零件的概率。

配料作业是在一个专门的作业区完成的，物料首先是分品种装载专门的料箱，并存放在货架上，配料作业人员根据作业指令及产品的物料信息进行配料。配料区及物料货架如图 5-12 所示。

图 5-12　配料区及物料货架

配料的信息是由计算机系统提供，顾客订单到达后，首先输入信息系统，系统会根据订单要求，计算出所需的物料品种及数量，并打印出作业工单供装配作业使用。同时，系统将得到所需要的物料需求信息，通过与拣货区的货架相互连接的信息网络，传送到拣货区及货架上，使得该需求物料的储位料电子标签亮灯，作业人员至亮灯的储位取物，取物后熄灯完成拣货动作。拣货信息的传递过程如图 5-13 所示。

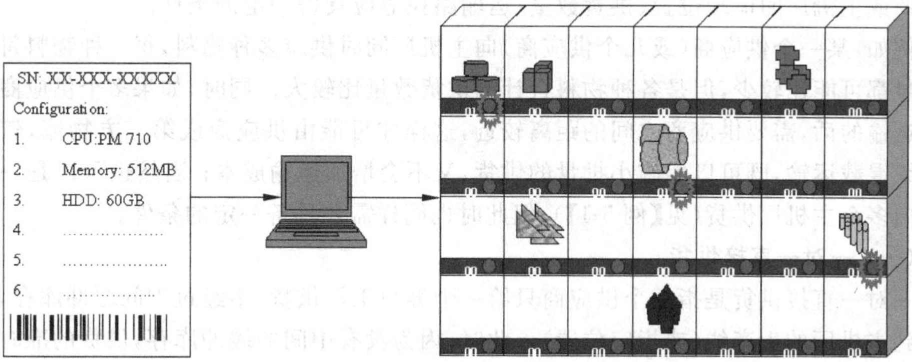

图 5-13　拣货信息的传递过程

在每一张特定工单中，通常会需要不同物料，因此，拣货作业人员必须将所拣出的物料摆放在特定的托盘上(见图 5-10)，完成工单内所有物料的摆放后，该托盘的物料就代表一台机器所需的全部零件，将托盘运送到生产线进行装配，在生产线上，该载盘是一直跟随着装配线一起运动，直到全部物料用完，产品完成组装为止。

这是一个按产品全部打包供货的实例，因为笔记本电脑的体积不大，产品的零部件也比较标准，通用性会更好，产品可以按订单组装，所以会有更好的效果。但这种方式仍然需要增加一个拣货作业过程，而且，如果是产品的全部物料打包供货，这个拣货的作业量会比较大，需要的空间也较大。

另外，由于多种物料来自多个供应商，因此不可能由一个供应商来按主机厂的进度实现准时供货，需要有一个中间的缓冲仓库（一般与拣货空间在一起），虽然打包供货可以解决上线物流的准时性，但是，在缓冲仓库中仍然会有一定数量的存货。由于供应商的距离、生产特点等原因，有时这个存货的数量还是很大的，也就没有彻底解决整个供应链上的库存问题，因而需要与供应商协作进一步控制这个缓冲库存的数量。

第四节　物流运输过程的组织

准时供货的另一个问题是，物流运输成本是否增加。因为多频次、小批量地准时供货虽然可以降低库存成本，但有可能引起运输成本增加。对于这个问题在【例 5-1】中已有初步的分析，其基本解决思路是，采取混载运输方式，运输车辆每次装载多个客户工厂（或供应商）的物料，只要保证运输工具是满载的，就不会增加运输成本。以下分几种方式来讨论运输过程的组织问题。

一、直接供货物流组织方式

直接供货方式是指物料不经过中间缓冲库存（物流中心），从供应商所在地直接向主机厂配送。配送的物料可以是单一种类，也可以是多种物料混载配送，运输可以由第三方物流企业来承担。在这种方式下，没有中间的缓冲库存，减少了存储环节的库存占用，同时也不会发生对应的入库、仓促、保管、分拣等相关作业，不会引起过多的物流成本。但是供应商或主机厂的地理位置、供货数量、运输路径等应具备一定的条件。

例如，某一个供应商（或几个供应商）向主机厂同时供应多种物料，每一种物料每次的供货量都可能比较少，但是各种物料合计的供货数量比较大。同时，如果多个供应商进行混载运输的话，需要供应商之间的距离较近，这样才可能由供应商或第三方物流，较方便地组织混载运输，既可以实施小批量的供货，又不会增加运输成本；当然也可以是一个供应商向多个主机厂供货（见【例 5-1】），但此时也同样需要具备一定的条件。

（一）一对一直接供货

一对一直接供货是指一个供应商只给一个客户工厂供货，不经过中间缓冲库存，直接运送到主机厂的生产线（或指定位置）。此时，因为没有中间的缓冲库存，供货的准时性会更好，中间库存也会更少，甚至可以是零库存。

但因为只有一个供应商，供货数量不会太多，如果供货的时间间隔很小的话，每次供货的数量会很少，不容易满载，所以一般适用于较大的组件、部件，或者供应商同时供货物料品种较多，供货量也比较大的情况。例如汽车的发动机、变速箱、仪表板、座椅等总成件（见【例 5-3】）。当然，有些供应商由于距离客户工厂非常近，可以采取比较小容量的运输工具，实施直接供货。供货过程如图 5-14 所示。

此时，因为物料来自同一个供应商，比较有利于在供应商处组织拣货排序作业，以及便于双方根据产量规划运输方案。所以，比较适用于前补充取货（顺序取货）方式，也便于

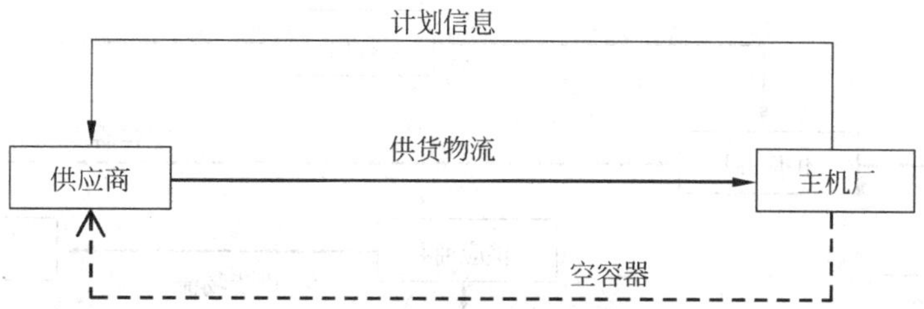

图 5-14　一对一直接供货过程

供应商直接向生产线边供货，主机厂内部的中间库存也可以省掉，库存会更少。但需要供应商与客户工厂之间有实时的信息联系，可以及时收到主机厂的排序计划。

（二）一对多混载直接供货

一对多混载直接供货是由一个供应商负责供应多家主机厂的物料，物料中间不经过缓冲库存，直接配送到各个主机厂。此时可以采取混载循环配送的方式（也称牛奶路线送货），比较适合主机厂分布密集，采购量较大的情况（见【例 5-1】）。

另外，如果物料需要排序供货的话，也比较容易在供应商处完成排序作业，在【例 5-1】中，供应商是向几个主机厂同时供应一种物料（玻璃），所以装载工具的规划相对容易一些，因为物料的包装形状、规格比较相同，但如果物料的种类较多，例如每个工厂需要的物料品种不同时，装载工具的满载要求和包装规格要求比较高，需要较详细的运输方案的规划。这种方式的物流过程如图 5-15 所示。

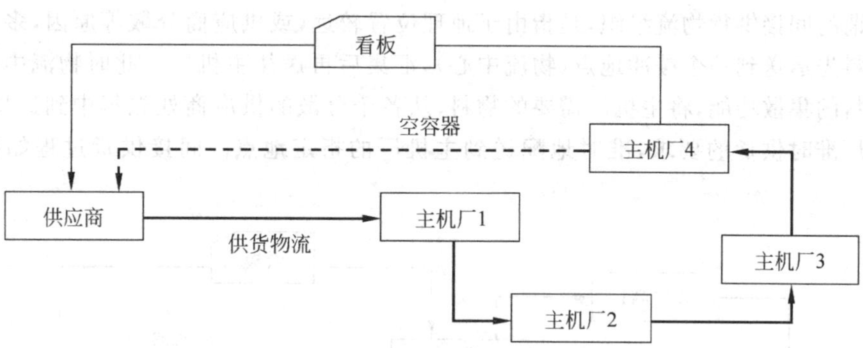

图 5-15　一对多混载直接供货过程

应该说这种一对多的直接供货方式效果比较好，有利于减少供货批量，以及运输过程的组织，但是条件具备不容易。【例 5-1】中丰田公司的实例比较特殊，因为几个主机厂都隶属于丰田一家公司，而且地理位置密集。在国内这种情况比较少，企业实际应用较少，因为主机厂有可能不是很集中，即便是在一个地区有几个主机厂，也不是一家公司的。因此，供应商能给多个主机厂供货就比较困难。另外，即便可以给多家企业供货，但由于每个主机厂的生产系统运行不同，对应多个公司的主机厂协调运输方案比较困难。

（三）多对一混载直接供货

这种方式是指由多个供应商向同一主机厂供货，不过物料中间不经过缓冲库存（物流中心）周转，直接运送到主机厂。物流过程如图 5-16 所示。

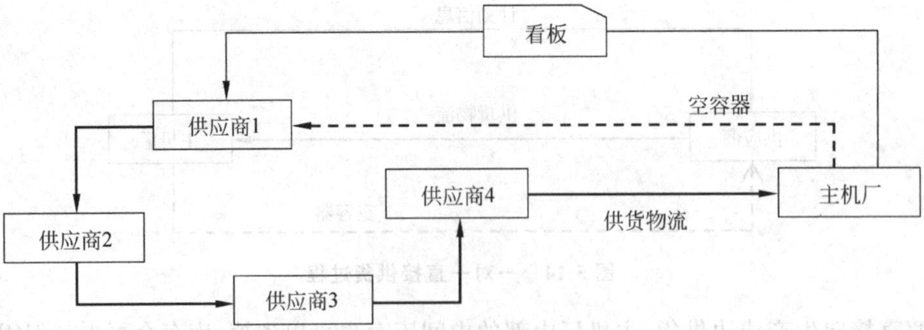

图 5-16 多对一混载直接供货过程

这种模式的应用背景是,因为每个供应商供货的数量较少,物品的体积也较小,准时供货又要求送货次数频繁,单次送货数量较少,所以如果只单独一个供应商的物料很难装满运输工具,几个供应商联合供货,运输车辆一次混载装运几个供应商的货物,运输物流因为是一个循环(牛奶路线),可以解决运输满载的问题,不至于增加运输成本。

但此时要求供应商的地理分布比较密集,容易组织循环取货,而且,因为多种物料来源于不同的供应商,不容易在供应商处组织排序作业,所以一般适合在采取看板后补充取货方式环境下应用。

二、间接供货物流组织方式

所谓的间接供货物流组织,是指由于地理位置较远,或供应商分散等原因,多个供应商的物料先运送到一个缓冲地点(物流中心),汇集后再送往主机厂。此时物流中心起到一个物料的集散功能,将主机厂需要的物料,从各个分散的供应商处先集中到这里,再根据主机厂准时供货的要求,准时地配送到主机厂的指定地点。间接供货过程如图 5-17 所示。

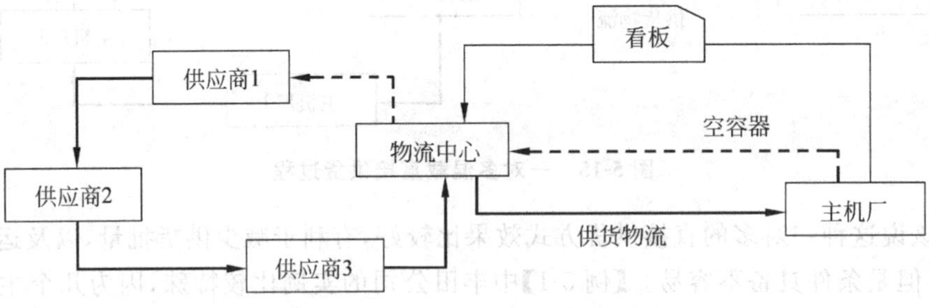

图 5-17 间接供货过程

在间接供货物流模式下,增加了一个物流中心,供货流程增加了一个环节,而且在物流中心会增加进货、保管、分拣、装卸等一系列的物流作业,毫无疑问,会导致物流成本的上升。但是由于我国地域辽阔,工厂的布局选择有很多不同的因素,致使供应商与主机厂的地理位置不容易满足直接供货的条件。加之供货数量、时间要求等因素,目前在国内应用间接供货的方式比较普遍,这也是在学习应用准时制生产时的一个特殊问题。此时,对于有排序供货要求的物料而言，可以在中间的物流中心完成排序作业，然后进行供货。

本章小结

本章对准时制生产方式的供货体系，实际上是对在供应链上如何实现准时制生产的问题进行了讨论。从补货的方式看，准时供货可以分为后补充与前补充两种，其中，后补充方式是采取看板传递信息，由于与供应商之间距离较远的原因，补货会发生延迟现象，虽然使用电子看板可以减少延迟，但不能彻底消除。所以，如果不能很好地控制生产的均衡性，这种方式在供应链上的运行，很容易失去看板的意义，回到传统库存控制的推动式生产模式。与其不同的是前补充方式，可以在物品消耗之前得到信息，及时补货，但是需要信息传递及时，允许的补货提前期有限，一般对于远距离的供应商较难运用。

随着精益生产体系的发展，以及信息技术的应用，物料的供货模式也在不断发展，出现了成台套的供货模式，与其比较，实际后补充方式是一种按品种批量的供货；前补充方式是一种按工位的品种排序供货，三种方式各有利弊，目前都得到较多的应用。但比较而言，按工位或按产品全部供货，都需要排序后供货，这样会在物流中增加排序作业，而且会产生缓冲库存，是需要做成本权衡的。

关于物流的运输，主要是要考虑是否可以直接供货，也就是供应商直接运到主机厂，中间不经过缓冲库存(物流中心)。这种模式没有中间库存，以及相对应产生的仓储、拣货等作业，效果会更好，但是在供应商较远、供货较分散、需要中间有排序作业的情况，都会出现中间的缓冲库存现象。

最后需要说明的是，本章内容所涉及的几个定量计算的问题，如循环取货最佳路径的选择、运输车辆装载率、物料包装的优化等，是影响本章讨论的重要因素。基本问题及解决的思路读者可以参见本章后面的案例 2。关于具体的计算方法或优化模型，由于本书主题的原因，没有涉及这些内容，关注此类问题的读者可以参阅有关物流的书籍。

案例分析1

同步供货在神龙公司的应用①

1. 同步供货的原理

神龙公司同国内大多数轿车生产企业一样，按准时制生产方式组织轿车生产。零件的准时供货是准时制生产方式的重要组成部分。准时供货通常采用三种方式：计划、看板、同步。本文讨论的是同步供货方式。同步供货的原理如图 5-18 所示。

这里有以下两个前提。

(1) 整车的装配顺序在通过生产线的装配顺序确定点(图中 A 点)以后就不再改变。

(2) 整车的装配顺序确定点到某零件的装配点(图中 B 点)有足够的距离，或者说有足够的发货提前期。

---

① 资料来源：胡锐. 同步供货在神龙公司的应用[J]. 工业工程与管理，2001(3). 略有修改。

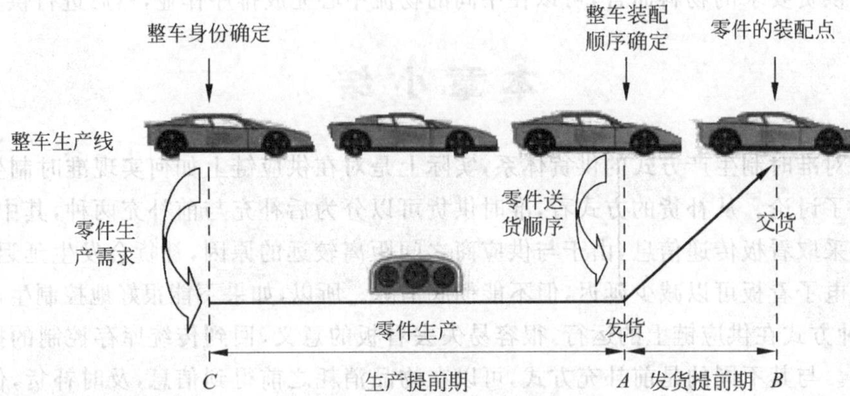

图 5-18　同步供货的原理

有了这两个前提，就可以利用发货提前期的时间按整车的装配顺序进行零件的备货、排序和运输。当整车沿生产线"流动"到某装配点时，相应零件同步送到该工位，从而实现严格地按生产拉动供应，消除一切零件中间库存。

整个生产和供应过程如图 5-18 所示，当车身通过整车身份确定点(图中 C 点)时，该车身被赋予一个具体的生产订单，它的零件构成和下线时间也就确定下来，这时将零件的需求信息传递给相应的供应商，供应商即可组织零件生产。整车身份确定点通常设在焊装车间车身形成(合装)处。整车经过涂装车间进入总装车间时，需按各整车品种均衡生产的规则确定装配顺序，并将该顺序信息转换成零件交货顺序传递给供应商，供应商按此顺序和预定的时间将零件送到工位，实现同步供货。

2. 同步供货应用的条件

同步供货虽可减少库存资金占用，但它对组织、管理的水平要求高，存在一定的风险(供应中断)，只有满足一定客观条件才能实行同步供货。通常需要考虑的主要条件如下。

(1) 发货提前期。发货提前期＞批量等待时间＋指令传递时间＋备货时间＋运输时间＋安全时间；其中，发货提前期＝生产节拍×零件装配点距整车排序点车位数；批量等待时间＝生产节拍×运输批量。

(2) 零件类型。通常选择同一功能下具有多种选装和变形的大型零件，如保险杠、座椅、车门护板、颜色件等。一般当同一类零件的变形超过 5 种时，就应考虑采用同步供货。

(3) 质量。由于每个零件都对应相应的整车，任何一个零件报废都有可能造成生产线停线，因此零件应达到很高的质量水平，必须为质量免检产品。

(4) 容器。同一类功能的零件采用一种专用容器，该容器要适应零件的多种变形和易于直接目视其装载的零件品种。

(5) 供应商。同一类功能零件只能选择一家与主机厂协作密切、互相信任的供应商(或运输代理商)，供应商到主机厂的距离要很近。

3. 同步供货在神龙公司总装车间的实际应用

神龙公司的同步供货是在客观条件不完全具备的情况下实施的。它运用了同步供货的理论，结合实际情况，通过科学的计算和严密的规则，确定了经济的人力和物力投入，保障了现场生产有序进行。

1) 应用背景

实施同步供货前，ZX系列轿车经常使用的颜色件已达10种，颜色件采用看板供货，每种都必须在线边保持一定的储备，造成现场十分拥挤，工人开包装、挑选，浪费大量工时，时常造成停线。而当时颜色件的质量并不稳定，供应商也未在神龙公司附近建立工厂或中转库，因此采用供应商直接同步供货的条件尚不成熟。为了解决这个现场问题，武汉工厂生产部决定在外协件仓库建立一个配送站，根据SPV(整车生产跟踪)系统提供的整车装配顺序，将颜色件排序装在专用配送容器中，按预定时间送到装配工位，实现同步供货。以下为试点零件尾翼的供货设计方案。

主要参数

装配点距排序点的最少车位数＝88个车位(不计缓冲区的车位)；生产节拍＝2.6分钟/辆；容器装载量＝30个/箱；运输批量＝容器装载量×容器数＝30个；(容器数＝1，2，3，本例中取1)；指令传递时间＝5分钟；备货时间＝22分钟；安全时间＝30分钟；运输时间＝6分钟；人员系数＝1.25；班产量＝170台；工作时间＝480(休息30分)分钟。

可行性验证

发货提前期＝2.6×88＝229分钟＞2.6×30＋5＋22＋6＋30＝141分钟，满足实施同步供货的要求。

信息传递间隔时间计算

批量等待时间＝生产节拍×运输批量＝2.6×30＝78分钟。由于该零件的发货提前期比较长，可适当增加间隔的时间，以减少信息传递的次数，实际确定每隔2个小时打印一份总装车间整车上线顺序表，包括车身流水号、车型、颜色、上线时间、是否装尾翼等信息。

送货频次及人员计算

送货频次＝班产量/运输批量＝170/30＝6次(向上取整)；

送货人数＝送货频次×(2×运输时间)×人员系数/工作时间

＝6×2×6×1.25/480＝0.19人；

备货人数＝送货频次×备货时间×人员系数/工作时间

＝6×22×1.25/480＝0.35人

以上计算结果都不满1人，可考虑由其他负荷不满的供储工兼任。

容器设计与数量计算

容器设计要点如下。

(1) 要考虑是在车间内运输，设计采用集包装和运输功能为一体的专用转运小车，动力方式为电瓶车牵引，最大时速7千米/小时，容器装载数量30个。

(2) 对尾翼要考虑其外形不规则，油漆表面易被划伤，而仅靠几个点定位又比较困难。采用软性仿型泡沫模，将尾翼嵌放在泡沫模内，可完全消除运输颠簸造成尾翼磕碰划伤的可能性，因此取消了尾翼所有一次性防护包装，方便了工人操作，减少了线边废弃物。

(3) 小车的设计使每一个尾翼都可自由取出，这样集配时只要保证每车的30个尾翼在数量和品种与相应的整车对应，而不必严格按顺序集配，减少集配工时。

容器数量计算：

容器数量＝[总循环时间/每个容器维持消耗的时间]

＝[备货时间＋2×运输时间＋线边等待时间＋安全时间]/[生产节拍×容器装载量]

＝[22＋2×6＋2.6×30＋30]/[2.6×30]

＝2(台)(向上取整)

另外，计入线边安全储备车和维修备用车各1台，则共需4台车。

2) 运行规则

为了使同步供货正常运行，特制定了运行规则，指导各部门工作，细则如下。

同步信息的产生

(1) 总装排产室每隔2小时打印一份总装车间整车上线顺序表，并且保证车身流水号无遗漏。

(2) 当因意外情况发生上线车身取消、插入或更改时，总装排产室及时以书面形式通知物流传递顺序表的供储工或物流班长。

同步信息的传递和零件运输

(1) 总装物流供储工每隔2小时到总装车间排产室，领取一份总装车间整车上线的顺序表，送到总装仓库配送中心。供储工应检查前后两张顺序表的连续性，如不连续，应查明原因，纠正错误。

(2) 配送中心完成备货后，物流供储工对照顺序表核对零件的品种、数量，检查“适用流水号”(以起始流水号和终止流水号表明某个配送小车中的零件所对应的车身流水号范围)的卡片是否填写正确并粘贴在配送小车上，确认无误后，将零件送上线。

(3) 当流过使用点的车身流水号超过某配送小车“适用流水号”的范围时，将该配送小车返回配送中心，其中多余的零件退库。

(4) 当线边零件的维持时间低于1小时时，物流供储工将下一个配送小车发出，无论该配送小车是否备满。

(5) 物流供储工在每班结束前，将“线边安全储备”(为防止因零件报废或错配而造成供应中断建立的零件储备)补齐，如目前颜色件的安全储备为每种颜色3个。

零件的使用

(1) 总装车间操作工严格按“适用流水号”对应的车身流水号的范围使用零件。

(2) 当发生零件报废或零件配错的情况时，从线边安全储备中取零件使用，不要从下一个配送小车中串用。

(3) 当线边正常零件储备低于0.5小时时，向物流班长报警。

零件的集配

(1) 总装仓库配送中心配装零件前检查车身上线顺序表的连续性，如有问题向物流提出。

(2) 配送中心按车身上线顺序表将需配的零件品种分解出来。装满一个配送小车后，对照顺序表核对零件的品种、数量，填写该配送小车的“适用流水号”，粘贴在配送小车上。

3) 运行后的实际效果

尾翼同步供货从1999年11月9日实施以后，现场整洁有序，取得了明显管理效益和经济效益。尾翼试点成功后，生产部继续向其他零件推广，截止到1999年12月，已有3类颜色件采用了同步供货方式，极大地减少了线边库存，保障了现场生产有序进行。表5-2为实施后的效果对照。

表5-2 实施同步供货后的效果

零件名称	原线边储备/(个)	现线边储备/(个)	下降百分比/%	原占地面积/平方米	现占地面积/平方米	下降百分比/%
尾翼	150	60	60.0	32	6	81.2
散热器护栅	768	96	87.5	26	3	88.5
尾灯左右装饰件	1 215	366	69.9	45	10	77.8
总计	2 133	522	75.5	103	19	81.6

4. 供应商同步供货的设想

车间内的同步供货虽然降低了线边库存，优化了现场管理，但是仍有大量的库存还压在仓库里，并且，我们还使用了宝贵的仓库面积作配送站，消耗了集配工时。客观地说，车间内的同步供货是以辅助面积和工时换工艺面积和工时。要想从根本上解决多变型的零件供货问题，只有采取供应商同步供货，并进一步与有条件的供应商实现同步生产，这样才能优化整个供应链的管理，而不是仅仅优化某个局部。

神龙公司经过8年多的发展，已经具备了实施供应商同步供货的条件，主要表现在：神龙公司外协件的水平有很大提高，已有许多零件达到免检水平；神龙公司已与供应商建立了密切的合作关系，许多供应商在神龙公司总装厂周围建立了工厂或中转库；车间内的同步供货使我们积累了宝贵经验；其他轿车企业已成功实施供应商同步供货，可为我们提供对比和借鉴；Internet普及和神龙公司Intranet的应用，可使神龙公司借助Internet与供应商实现廉价、方便、快捷信息传递。

因此，可以说实施供应商同步供货的时机已经成熟。可以预言，神龙公司实施供应商同步供货后，必将使神龙公司的管理水平再上新台阶，取得巨大的经济效益和社会效益。

讨论

(1) 同步供货与使用看板方式供货的区别在哪里？具体要求有什么不同？在什么情况下使用同步供货更合理？

(2) 案例中所谓的发货提前期是什么？时间怎样计算？它满足什么条件时可以采取同步供货。

(3) 如何选择运输工具？怎样计算运输所需车辆？有哪些影响因素需要考虑？

(4) 如何设计包装和容器？如案例中所说的，零件在容器中可以自由拿取任意一个零件有什么意义？

(5) 供货的物料应该如何排序？排序作业的增加是否会带来运营成本上升？应该怎样分析这个成本问题？

案例分析2

GT汽车公司的供货物流组织①

GT汽车公司是一家乘用车生产制造企业，2012年汽车的产销量达到了40万辆，全国市场占有率达到8%。公司共有2个轿车总装厂，6条总装配线，2个发动机厂，1个变速箱厂，拥有年产整车50万辆的生产能力。目前的产品有五个系列整车，以及与其配套的发动机、变速箱和关键零部件产品，其产品之多，系列之全，都足以使之在乘用车企业中占有一席之地。

公司在生产方式上很大程度学习了丰田的生产模式，也是通过看板的使用来传递需求和生产信息。在看板生产方式下，物流是通过存放零配件的料箱进行运送的，每一个料箱都存放了某生产工位在下一段时间所需数量的零配件，当装满物料的料箱被运送到某生产工位后，里面的物料被取空之后，满箱变为空箱，就会触发相应的供应补料行为。在产生了供应补料的需求之后，公司的零配件供应商和物流公司便会采取相应的补货活动。

公司目前采用的是订单拉动的混线排序生产。在这种生产模式下，市场部门会根据市场情况，对企业正在生产的和将要上市的产品的销售量，按照年度、季度和月度进行预测和估计，结合供应链上供应商的生产能力，为生产管理制订年度、季度、月度生产计划(指导产能安排和生产准备)提供依据。而订单的本质是客户与销售部门(或经销商)签订的产品供货合同，它明确了客户需要的产品种类、配置、数量、交货地点和期限，以及产品提供方所承诺的服务和保证。一般以厂方收取定金的方式予以确认，对双方在法律上和经济上都有约束力。因此，销售部门在接单时，特别是远超于季度、月度预测计划时，必须预先和生产部门协调，以确定订单的执行能力和对突增订单做好生产准备；市场部门对客户(预)订单进行汇总，综合市场趋势和工厂的生产能力，对工厂下达要货任务单；工厂对要货任务单进行拆分、优化组合，并经市场部门确认后，生成排序作业计划；并根据排序作业计划生成补料看板，实现零部件的即时供货；最终完成订单交付。

公司拥有近百家供应商，一部分是本地厂家，另一部分是国内外地厂家，还有少部分是来自国外的进口零件的供应商。本地厂家共有21家，基本已经将工厂设在了公司的周围，距离比较近，可以直接向总装厂供货。而分布在20个外地城市的厂家共有60个，生产433种零件，为了配合公司的准时供货，缩减长途运输费用，他们不得不在总装厂附近设立仓库，储备库存。但由于自设仓库的成本太高，而且如果供应商都设立了自己的仓库，GT公司则需要面对众多的供应商送货，协调难度将是难以想象的。因此，由GT公司指定了5家物流公司，这5家物流公司的仓库分别坐落于距离总装厂11千米以内的区域，外地供应商根据GT的生产计划，每周一次将物料送往物流公司的仓库，物流公司分

① 注：案例主要是为了说明准时制生产与供货的情况，不涉及对企业运营的评价，以及经营的决策，因此对企业级供应商的名字都使用代码，具体的数据也有修改，但不影响问题的讨论。

别管理着多家零配件供应商的货物，但一家供应商的货物只会送往一家物流公司，由于这些零配件供应商自行承担运输，因此他们各自选择了不同的运输商直接将货物送到指定仓库。GT 的物流公司会根据信息系统传递的实时需求信息，2 小时送货一次至 GT 公司的总装厂。

本地（在同一城市的厂家）供应商共计 21 家，运输距离都比较近。供货的品种及数量也比较多，目前，也是由第三方物流公司负责取货及物料的运送，因为距离比较近，所以都是采取直接将物料运送到总装厂。但是，以往是由多家物流公司分别组织运送，他们之间的运输采取的都是分别运输的方式，并没有在最大程度上进行运输的优化，因此，目前的运作模式相对于整个供货物流来说，并不经济合理，不仅会增加运输成本，而且各个公司为了装满运输车辆，有时运送批量比较大，这样就导致总装厂的库存也较多，因此，公司在 2012 年年初就开始规划改进物流体系。

首先，是对于本地供应商进行统一的优化，尽量分成几个区域，可以实施集中的供货模式。目前，21 家本地供应商的距离及采购零件种类如表 5-3 所示。

表 5-3　本地供应商采购的零件种类及配送距离

编号	供应商	距离/千米	零件种类/种	编号	供应商	距离/千米	零件种类/种
1	BS1	5	12	12	BS12	19	12
2	BS2	4	10	13	BS13	19	1
3	BS3	4	34	14	BS14	1	1
4	BS4	18	4	15	BS15	18	8
5	BS5	2	43	16	BS16	1	2
6	BS6	3	16	17	BS17	3	24
7	BS7	2	2	18	BS18	20	2
8	BS8	20	16	19	BS19	20	15
9	BS9	3	1	20	BS20	5	17
10	BS10	3	28	21	BS21	18	15
11	BS11	4	11	总计			274

因为供应商在设立工厂时，并没有事先的规划，没有统一的物流园区，根据对本地 21 家供应商的实际地理位置分析，公司进行了分类规划，分别形成 A，B，C，D 四个可以集中取货的区域，每个区域（除 A 区外）有若干家供应商，这样就可以采取循环取货（milkrun）的方式，由物流公司组织小批量、多频次的运输，每次可以装载几家公司的货物，可以进一步减小供货的批量，降低线边库存，并且可以优化运输路线，降低运输成本。

供应商的地理位置分布，以及具体取货及运输区域规划，如图 5-19 所示。其中，GT 为公司的主机厂地点。

循环取货的思路是，对于距离比较近的几个供应商，可以采取多次取货，集中运送到主机厂的方式，运输车辆每次可以装载几个厂家的货物，而且由于近距离运输，运输车辆的吨位相对也较小。因此，每次供货的批量可以更小，准时供货的效果也会更好。根据图 5-19 显示的各个厂家的分布，以及 4 个供货区域供应商的数量、运输距离、单次供货的体积总量等数据，物流方案规划如表 5-4 所示。

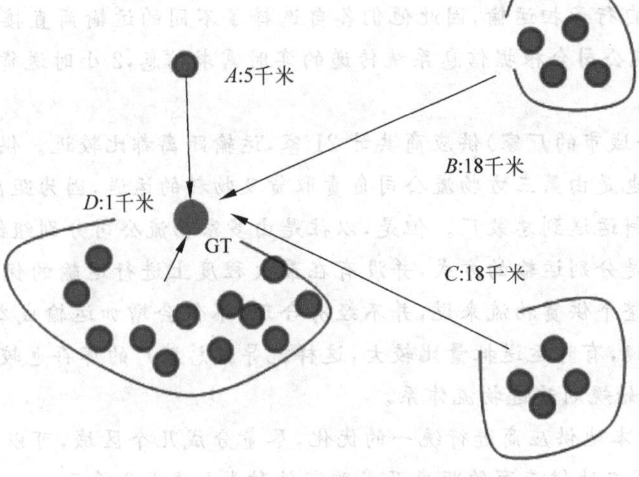

图 5-19 本地供应商的循环取货路线

表 5-4 各配送区域的厂家及其距离、货量

区域	供应商(编号)	最短距离(距 GT)/千米	货量/(立方米)
A	20	5	15.92
B	4,13,19,21	18	111.03
C	8,12,15,18	18	29.83
D	1,2,3,5,6,7,9,10,11,14,16,17	1	731.5

对于车辆的安排,需要从以下几个方面进行考虑。

(1) 装完所有厂点货物后的实际运输距离。例如在 *B* 区域,从 GT 点出发,如果走完四个厂点,车辆的实际行走距离为(GT—13)+(13—4)+(4—19)+(19—21)+(21—GT)的实际路程①。

(2) 在各个厂点的装卸时间,根据时间分析,初步以 20 分钟进行计算。

(3) 所有的厂点完成装卸并回到公司,要满足 2 小时的供货间隔要求。

以下是根据各个区域的实际情况,逐步分析和计算。

A 区域:区域只有 1 个厂家,且距离其他厂家比较远,根据其货量 15.92 立方米,只需安排一部 5 吨车辆进行提货即可满足时间的需求。

B 区域:区域里共有 4 个厂家,4 个厂家之间的距离较近,互相之间的距离分别为 1 千米;4 家的货量一共为 111.03 立方米,其中第 19 号厂家的货量最大,为 99 立方米,因此需要派 2 部 10 吨的车辆前去提货。考虑到时间的安排,一部车提 21 厂点货物,加上 19 厂点的部分货物,另一部分安排去提 13 厂点和 4 厂点以及 19 厂点剩下的货物;两辆车的行驶路程分别为 18+1+20=39(千米)和 19+1+1+20=41(千米),按照市内的车速 50 千米/小时,以及各个厂点的装卸时间,总共花费的时间都在 2 小时以内,而且,运输

① 注:括号中的数字是供应商的编号,见表 5-3。

车辆的平均装载率达到了110/141.4＝77.8%。

*C*区域：区域里也是4个厂家，相互距离都比较较近，其中，12和15的相互距离为1千米，15和18之间的距离为3千米。其货量总计为29.83立方米，12和15的货量为10.7立方米，8和18的货量为19.13立方米。如果从货量上来看，实际可以派一部8吨车即可满足其要求，但是从时间上来看，车辆需行驶的距离为(GT—12)＋(12—15)＋(15—18)＋(18—8)＋(8－GT)＝19＋1＋3＋1＋20＝44(千米)。按照时速50千米来算，车辆行驶时间为44/50×60＝53(分钟)。其中存在4个装卸点，假设每个点的装卸时间为20分钟，总共需花费的时间为53＋20×4＝133(分钟)＞120(分钟)。即不能满足线上的要求。

因此，这里会有两种方案：*A*方案是安排两部8吨车，停在12厂点，得到信息之后，即从12厂点进行取货，循环后送至GT公司。因省略了GT—12的路程，所以全程所需的时间为24/50×60＋20×4＝109(分钟)；车辆装载率为29.83/42.1＝70.9%。B方案是安排一部2吨的车提15厂点的货物，一部5吨车提8,12,18厂点的货物。此时车辆的行驶距离为44(19＋4＋1＋20)千米，所需的时间为(19＋4＋1＋20)/50×60＋20×3＝113(分钟)。两种方案中，第二种方案配备车辆所需的成本最少，所以选择第二种方案。

*D*区域：区域里共有12个厂家，基本都位于公司的周围，且距离非常近，基本都在1～5千米以内，因此*D*区域的规划主要从货量上进行分析。考虑到卸货时间的安排，所以一车的取货厂点最多不超过4个点。最后*D*区域规划的车辆安排如表5-5所示。

表5-5　*D*区域的配送安排计划

取货点	体积/立方米	配载车型/吨	车辆数/辆	装载率/%
3	532.73	10	10	75.25
5,14,7,9	21.24	5	1	67.64
2,6,16	58.71	10	1	83.04
1,17,10,11	118.32	10	2	83.68

由于物流公司都是自购车辆进行市内的短驳运输，因此，在规划时也会考虑车辆购置成本的摊销，尽量满足车辆的装载率，以下为上述计算依据的一些基本数据。

(1) 按目前企业的生产状况，总装线节拍为180秒/台，作为基本计算依据，即每小时3 600秒，3 600/180＝20(台/小时)。

(2) 公司根据准时制生产的理念，要求物流公司对本地供应商，每2小时送货一次至GT公司的总装厂。

(3) 每次零配件的送货量＝单台车用量×20×2，即2小时的用量。

(4) 每次的配送箱数＝每次配送量/每种零配件的单包装量。

(5) 每次配送的立方数＝每次配送箱数×包装材料的单箱体积。

根据以上的数据，大致可以计算出每次的配送量(体积)，因此目前几家物流公司采用派送的车辆基本上选择的是2吨、5吨和10吨的车辆。各吨位的车辆参数如表5-6所示。

表 5-6 各车型的尺寸、体积和购置费用

车型	长/米	宽/米	高/米	体积(立方米)	购置费用/元
2 吨	4.1	1.7	1.65	11.5	132 000
5 吨	6.8	2.2	2.1	31.4	200 000
8 吨	8.7	2.2	2.2	42.1	250 000
10 吨	12.5	2.3	2.46	70.7	280 000

根据对本地厂家四个区域的车辆规划，改进后的方案在运输成本方面会更优，按照这样的车辆配载计划进行，初步进行的成本计算分析，物流运输方案比原来的分散运输，仅从运输成本就可以节省 35.7%。

讨论

(1) 一个准时供货物流方案设计的影响因素有哪些？应设计哪些基础的参数？应该怎样收集、分析这些数据？

(2) 怎样规划一个循环取货的区域？其中供应商的地理位置，在进行物流方案设计时实际是一个不能改变的因素，你会怎样考虑？

(3) 怎样选择运输车辆的吨位？它对物流运输的成本有怎样的影响？

(4) 供应商供货的品种数量对物流影响如何？你认为这一点对供应商的选择，供应链的组成有什么影响？

第六章

改善与一个流生产

采取拉动式的方式实现准时制生产的最终目标，是在流程的各个环节间单件地，即一件一件地生产与运送产品，也就是所谓的"一个流生产"。根据前面的讨论可知，这样可以最大限度地降低库存，消除由于库存导致的浪费。本章要讨论的问题是，实现一个流生产，还可以最大限度地缩短生产周期，这对实现准时制生产来说同样是一个非常重要的因素。

这是因为，准时制生产与订单生产的根本区别，就在于产品的生产周期，或者说交货的提前期①。如果从消除库存的角度看，两者都可以达到消除库存的目的，甚至在订单生产环境下实现的效果会更好。但是，此时顾客需要等待一个交货提前期，才能拿到产品，而且这个提前期有时还会很长。前面我们已说过，订货生产不是准时制生产。在准时制生产环境下，顾客会及时获得产品，尤其是供应商与主机厂的连接过程，不会有等待现象。但是由于采取后补充方式进行生产，如果生产周期很长，根据前面对看板运行方式的讨论可知，看板的循环时间就会很长，补货的延迟期会加长，同样也会出现供货与需求之间的差异，这样一来其结果是，或者是出现过多库存，或者是需要等待很长时间，无论哪一种情况出现，都会使准时制生产的效果减弱。

因此，怎样设计、组织好产品的生产流程，或者对运行中的流程进行分析及改善（流程的再设计），使流程能够连续、顺畅地运行，满足一个流生产的要求，尽量缩短生产周期（交货提前期），在精益生产体系中具有重要意义。

第一节　生产周期的构成

产品的生产周期是一个时间长度的概念，一般是指从物料投入开始，到产品全部完成为止，所经过的所有时间总和。从时间的构成看，在生产周期的全部时间中，有一部分是由技术工艺决定的，虽然也会有改变的可能，例如，技术及工艺方法的革新、设备的更新换代、产品设计的变化等，但总的来说，在一定的时期是相对稳定的，是由制造技术（固有技术）决定的；另一部分是由流程的组织决定的，例如，工序之间的运输时间、工序加工前的等待时间、加工任务的排队时间等，这些时间变化很大，有时在生产周期时间构成中占有的比例非常很高。用精益思想分析，这些时间多是属于不创造价值的时间，由管理技术（联结技术）决定。也可以说，联结技术是如何有效运用固有技术的技术，它决定了制造技术发挥多大的经济效益。因此，流程的组织与设计，尤其对现有运行中流程的分析与改善，消除流程中由于联结技术的原因引起的各种浪费，对于缩短生产周期、实现精益化流

① 注：在企业的实务上，使用交货提前期或简称交期的情况较多，生产周期与交货提前期两者虽然有所不同，但提前期中的主要时间构成是生产周期，所以本文将两者视为一致来使用。

程是非常重要的。

由于上述的原因，根据流程的技术特性不同，组织方式不同，生产周期时间构成也会有很大的不同。例如，对于机械及电子类加工装配型的产品，流程是离散的，在生产周期的时间构成中，除工艺本身需要的时间之外，还会由于批量大小、运输路程等因素，发生许多联结性的时间，也就是联结的时间比例较大；而对于像钢铁、化工类产品，流程本身就是连续型的，在生产周期的时间构成中，联结的时间比例就比较少，因为工序中间的联结过程都是连续的，基本是以工艺时间为主。另外，如果用精益的思想去观察服务流程，整个生产周期（服务周期）中，则存在大量的联结时间，而且，其中有大量的时间是由于联结技术的原因造成的浪费时间，如排队等待时间。

丰田生产体系是工艺比较复杂的汽车生产，流程是离散的，中间会发生许多联结性的时间，这也是此类企业生产周期缩短的意义所在。以下我们通过一个简单的例子来看看生产周期的时间构成情况。

【例 6-1】 某产品的生产流程，从材料投入到产品的出产，经过 5 个加工步骤（5 道工序），如图 6-1 所示。其中，每一步骤使用不同的设备进行加工，设备可以针对不同产品的生产，在改变加工对象之前，需要进行一些准备作业，要有一定的转换时间，根据工艺方法的要求，加工一件产品工序需要一定的时间（见图中标注）。

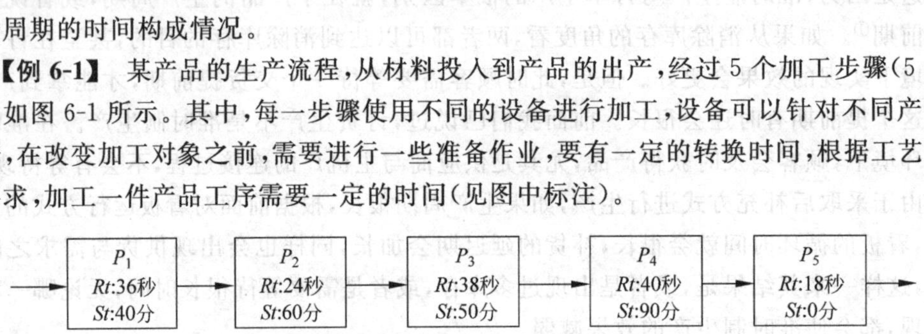

Rt：工序的加工时间；*St*：设备的转换时间。

图 6-1 某产品加工工艺流程及时间参数

如果仅就工艺流程看，所需的时间只是工艺消耗时间，在生产周期中称为加工时间，这部分时间比较容易确定，如在上例中第一道工序的单件加工时间是 36 秒，那么如果一次生产的批量是 100 件，则此工序的加工时间就是 60 分钟（3 600 秒）。但是，为了完成这 100 件产品的加工，需要进行的设备转换时间是 40 分钟，所以实际完成第一道工序的生产时间是 100 分钟。当然，这是在批量生产的情况下，如果是一条大量流水的生产线，较长时间一直生产相同的产品，设备的调整时间分摊到每个产品上就非常少了，以至于可以忽略不计了。因此，仅从工序的加工时间看，批量越大时间会越少。在批量生产环境下，某一道工序的生产周期计算公式为

$$PT = St + nRt \tag{6-1}$$

式中：PT——工序生产周期；

St——设备的转换时间；

Rt——工序的加工时间；

n——批量。

此外，在两道工序之间需要有运输时间，也就是前面提到的联结时间。这个时间的长短因流程的分工模式，以及设备之间的物理位置、运输工具等因素而有所不同，具体的数据要经过现场分析统计确定。所以，在计算一个产品的生产周期时，需要将中间的运输时间加上，计算公式为

$$LT = \sum PT_i + \sum Mt_i \tag{6-2}$$

式中：LT——产品生产周期；

Mt——工序间的运输时间。

我们假定在【例 6-1】的流程中，两道工序之间的运输时间都是 10 分钟，批量为 100 件的话，整个产品的生产周期为 $LT=(100+100+113+157+30)+(10+10+10+10)=540$(分钟)，正好是 9 个小时。

以上我们假定是以批量生产、批量运输的方式来讨论的生产周期，毫无疑问，如果采用其他方式，如流水线生产(一个流生产)，生产周期可能就不同了。改变的恰恰是中间的联结时间，以下我们通过对加工对象的运动过程分析，来详细看一下生产周期时间消耗发生的特点。

在批量生产方式下，加工对象是以批量为单位移动的，当一个批量到达工序时，工序的操作者只能一件一件地加工，因此会产生一个工序前的批量等待时间；而加工完成的产品也不能马上被运走，还需要等待整个批量完成后才被运走，又会产生一个工序后的批量等待时间，但这两个时间是重合的，可以合并一起称为批量等待时间，这个时间的长短根据批量的大小确定。另外就是两道工序之间的运输时间。所以，如果跟踪某一个特定的加工对象的运动过程，在流程中的时间构成就会如图 6-2 所示。

图 6-2 批量生产方式下流程的时间消耗

这个时间称为流程的通过时间，是指某一个加工对象走完流程的全部时间，根据图 6-2，某一道工序的通过时间计算公式为

$$TH = St + Rt + (n-1)Wt \tag{6-3}$$

式中：Wt——加工对象在工序的等待时间。

公式(6-3)中的工序等待时间，实际上恰好等于批量减一个加工时间，所以整个工序的时间消耗与式(6-1)是相同的，也就是说，如果不考虑保险等流程中的其他在制品的话，流程的通过时间与生产周期时间的数量是一致的。

根据图 6-2 的分析，生产周期的时间构成，一般包括设备的转换时间、产品的工序加工时间、产品在工序的等待时间，以及产品在工序间的运输时间。如图 6-3 所示。

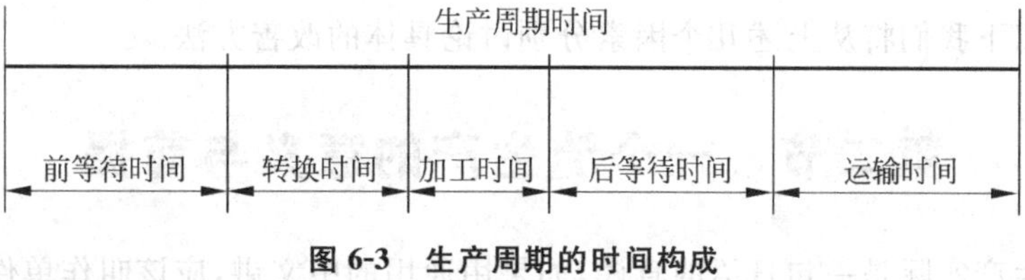

图 6-3 生产周期的时间构成

在上述时间中，工序的加工时间是改变加工对象的状态所发生的时间，是产品生产过程所必需的，每加工一个产品发生一次。时间的长度是根据工艺、加工方法决定的。在自

动化机器作业情况下，时间由机器的效率、工艺方法等因素决定，相对比较固定；在手工作业条件下，通过动作与时间的研究，可以有更多的改善空间。

设备的转换时间是为了生产特定的加工对象，对设备及使用的工具、卡具等进行准备活动所需的时间。对于机械作业一般发生较多，例如，在汽车生产流程中的冲压工艺，在转换加工对象时需要更换模具所发生的时间。转换时间的规律是，每更换一次加工对象发生一次转换，所以，如果转换时间较长，一般管理者势必要加大批量，否则时间浪费就会过多，这也是批量生产的一个习惯性思维。但批量越大，不仅会导致库存越多，而且还会导致批量的等待时间越长。

最后，流程中工序之间的运输时间是用于传递加工对象的时间，是将加工对象从前道工序运送到后道工序的时间。根据设备之间的物理位置距离，设施的布局不同，时间的长短也会不同，所以改变设备的布局形式及空间位置，是改变运输时间的主要方法。例如，流水生产线的设备布置，两道工序间的设备就可以距离很近，而且可以采取传送带的方式进行中间的运输，因此工序间的运输时间就很短，这也是流水线的一个优势所在。相反，如果是按工艺单元组织生产流程，设备之间的距离势必会远一些，中间运输时间就会长。也就是说，流程的组织（分工）模式，以及设施的空间布局是影响运输时间的主要因素。

从以上对生产周期时间构成，以及影响各种时间要素的相关因素分析可知，缩短生产周期的途径如图 6-4 所示。

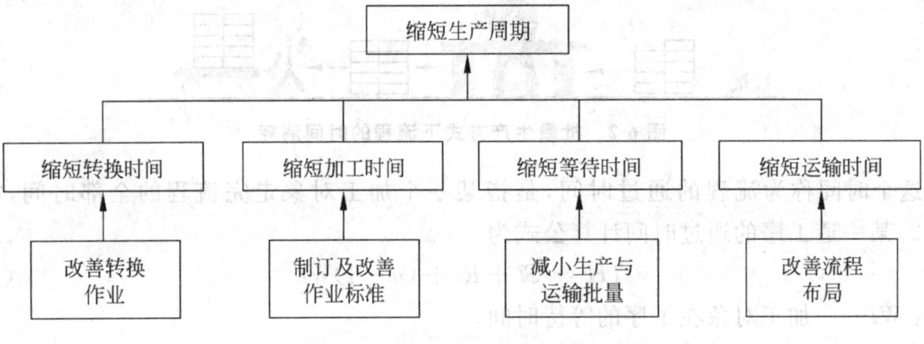

图 6-4 缩短生产周期的途径

同时，这些影响因素也是相互关联的，例如，想要减少生产批量，必须首先压缩设备的转换时间，否则时间的损失会过大，根据经济批量的原理，会使调整成本上升，这样就失去了减小批量的意义。另外，减少运输批量，实行工序间的单件运输，需要流程的组织分工，以及设备的布局是线型的，工序件的时间也需要平衡，否则会增加运输成本，以及生产工时的浪费。以下我们将从上述几个因素分别讨论具体的改善方法。

第二节 一个流生产的意义与前提

一个流生产实际是一句日语的直译，如果用通用的中文讲，应该叫作单件流生产。如果仅局限于某一个流程内而言，所谓一个流生产，实际就是流水线（或生产线）生产，也就是加工对象一件一件地在工序之间运送，一件一件地被加工。这样工序间是平行作业的，加工对象在工序前不需要等待(当然,前提是各工序时间相等),在工序之间单件地移动,如前所述,如果设备距离很近,中间的运输时间也很短。

此时,加工对象通过整个流程的运行过程,是比较通畅的。例如,在【例 6-1】中,如果是单件加工、单件运送的话,则产品在流程中的加工时间状态如图 6-5 所示。工序之间是平行作业的,也就是加工对象不需要等待(但在此例中,由于工序时间不一致,会产生另一种原因的等待),加工对象在工序间单件地运送,也不需要工序后的等待时间。

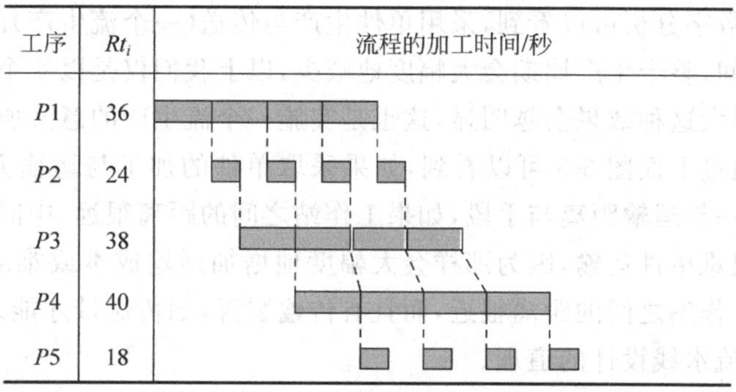

图 6-5　平行作业单件运送的产品生产过程时间

图 6-5 是以 4 个产品为例,来分析流程的生产时间,并且,忽略了中间的运输时间(关于运输时间在后面讨论),此时,各个工作站的作业是平行的,加工对象在工序之间是单件运送的,这样在工序前后的批量等待时间就没有了,根据流程运行规律,完成全部 4 个产品的加工时间的计算公式为

$$LT_p = \sum Rt_i + (n-1)Rt_1 \tag{6-4}$$

式中:LT_p——平行运行方式下一批产品的加工时间(忽略中间运输时间);

Rt_1——最长的工序时间;

n——批量,一次生产的数量。

所以,在上例中产品完成全部加工时间为

$$LT_p = (36+24+38+40+18)+(4-1)\times 40 = 276(\text{秒})$$

但是,如果采用批量生产、批量运送的方式,在同样的条件下,生产完上述 4 件产品,其加工过程的时间状态会如图 6-6 所示。

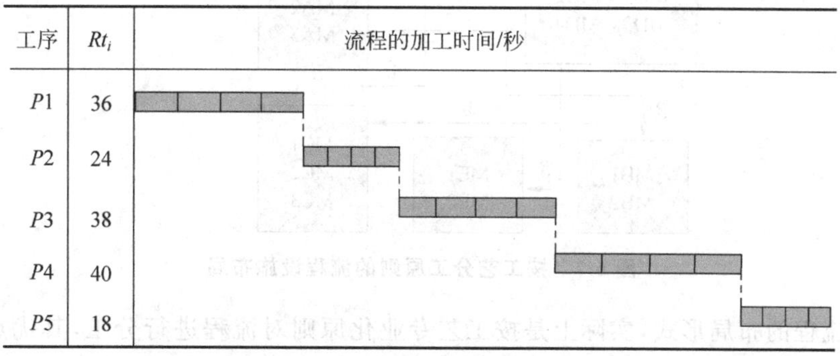

图 6-6　批量作业与运送的产品生产过程时间

此时,各个工作站的作业是顺序进行的,加工对象在工序之间是整批整批地运送的,因此,在工序的前后就会发生批量等待时间,而且批量越大等待时间会越长,完成一个批量产品的全部加工时间计算公式为

$$LT_s = n\sum Rt_i \tag{6-5}$$

仍以【例 6-1】中的工序时间为例,完成 4 个产品的加工时间为

$$LT_s = 4\times(36+24+38+40+18)=624(秒)$$

通过实例的数字分析可以看到,采用单件生产与传送(一个流生产)的方式,由于消除了批量的等待时间,整个生产周期会大幅度地减少,以上我们仅是以 4 个产品为例进行的时间分析,批量越大这种效果会越明显,这也是实施一个流生产的意义所在。

但问题是,通过上面图 6-5 可以看到,如果采取单件的加工与运输方式的话,有两个条件需要具备。一是运输距离与手段,如果工作站之间的距离很远,中间需要采用车辆进行运输的话,就很难单件运输,因为那样会大幅度地增加运输成本或难度,所以大都是在流水线环境下,工作站之间的距离很近,而且有传输装置,如传送带才能采取单件运输,这也是传送带式的流水线设计的道理。

二是工序之间的时间平衡。例如在本例中,各个工序的时间差异较大,这样采取单件地加工与运输,就会有大量的零散剩余时间(见图 6-5),而且很难利用,会导致生产工时的严重损失浪费,也会引起运营成本的上升。因此,采取一个流生产的前提是:流程的设施布局必须是流线型,有较便利的运输手段;工序之间的时间要尽量平衡,才会取得更好的效果。这也是流程改善努力的方向。

第三节　流程设施布局的改善

在流程的组织与设计方面,企业一般会采取两种分工模式,一是将同类设备集中起来组成一个小的生产单元(工作中心)。因此,在这个小的单元内部完成的工艺是相同的,作业员工的技术工种也是相同的,但是一般只能完成产品流程的某一道工序。例如,在【例 6-1】的流程中,如果各工序用到的设备用 MA,MB,MC,MD,ME 表示的话,按照设备相同的原则构成 5 个小的单元,流程的设施平面布局会如图 6-7 所示。

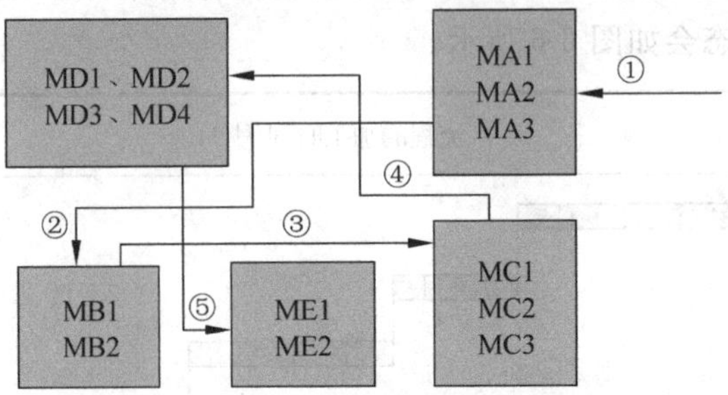

图 6-7　按工艺分工原则的流程设施布局

这种流程的布局形式,实际上是按工艺专业化原则对流程进行分工,其优点是,流程面对多种产品的工艺要求组建,加工的产品品种范围较宽泛,流程比较灵活,有较强的市

场适应能力，即流程具有较好柔性。但问题是，因为某一个单元仅完成一道工序，所以完成产品的全部流程，需要在各个单元之间运送物品。例如，【例 6-1】中的 5 道工序在图 6-7 所示的布局环境下，物流的路线如图中箭线所示。当然，各个单元的相对空间位置，会在流程设计时进行优化，但总的讲，流程中间的运输路径周折、路线较长，并且在企业的实际运行中，各个单元的空间距离有时会很远。毫无疑问，在这种流程布局的条件下，实施一个流生产方式是不经济的。

因此，在实施一个流生产进行流程改善时，第一项任务是要改变流程的设施布局，组成线性的流程布局形式。例如，在上例中将设施的布局调整为如图 6-8 所示形式。

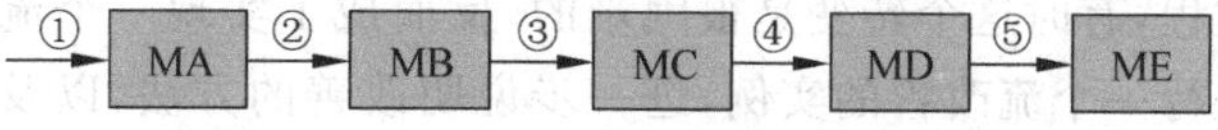

图 6-8　按产品分工原则的流程设施布局

这种流程的布局形式，实际上是对流程按产品专业化原则进行分工，是将产品生产流程中使用的设备全部集中在一个空间，并且按产品的工艺路线顺序地排列，形成一个生产单元，在单元中可以完成流程的全部工艺（个别情况是完成流程的大部分），而且，设备的空间距离可以很近，中间可以采用自动化的、机械的传输装置，如传送带、辊道等。其优点是，单元内部的物流路线通畅，运输路径很短，工序间的运输时间很短，可以大幅度地缩短生产周期中的运输时间。另外，更重要的是，在工艺原则布局形式下，会发生多个任务同时到达某一单元的情况，这样会产生一种特别的等待时间，即排队等待时间，这类似服务系统的窗口排队现象。如果采取线性流程布局，就不会发生由于任务同时到达工作站，而产生的拥挤排队等待时间的情况。

当然，在转变流程的布局形式时，会遇到以下一些新的问题，需要结合流程的改善采取措施来解决，才能取得改善的成功。

(1) 需要搬动设备。这对一个正在运行中的企业来讲，是一项影响较大的改善活动，涉及很多生产单元需要暂时停下来，重新调整后再开始运行，对正常的生产秩序影响很大，还会需要一定的资金、人工等方面的投入，遇到的阻力会较大。

(2) 有时会出现设备数量的增减。因为在工艺单元条件下，每个单元的设备数量都会根据产能有不同的配置，改变成线性单元后，设备的数量需求会不同。例如，比较图 6-7 与图 6-8 就可以理解，有时需要增减设备，会引起一定的设备投资，企业一般会考虑投资的回报问题，但有时这种用直接的经济效益计算的投资回报，并不一定能说明问题，改善后带来的其他各方面的收益，有时是很难定量计算的。

(3) 减掉了工序间的在制品库存。因为在工艺单元的形式下，一般会在每个工序前后存放一定的在制品（参见【例 6-2】），一方面是由于工序的时间不平衡产生的；另一方面有时会设置一定数量的保险库存，这样可以防备意外发生。改成一个流的线性流程后，这些中间的在制品就没有存在的必要了，其实这也正是精益理念所要的结果，但是对现场管理与作业的压力较大。

(4) 改变了对流程的计划与控制方法。实现一个流生产后，毫无疑问是实施拉动式的生产运行，此时如果某一个工位出现问题，就会引起整个流程的停顿，需要管理者改变原来的计划控制习惯，以及现场作业人员的习惯，否则会在形式上实现一个流，而在实际运行时仍然是推动式生产。

(5) 质量问题明显化了。因为实施一个流生产后，如果流程中的在制品数量控制到很低水平，一旦某个环节出现质量问题，流程同样会中断，这对现场作业人员，以及管理人员而言都会有压力感，因此，企业需要改变理念，以及质量控制的体系（详细参见自働化的讲解）。如果不能坚持改善的结果，甚至有的企业还会在一些关键岗位设置较多的保险在制品，这就减弱了一个流生产的意义。

总的讲，这些问题都是转变原有模式，以及管理习惯所引起的，需要管理者与员工有一个思维转变的过程，有时这个转变是很困难的，反而成了实现一个流生产的最大难题。以下我们举一个进行一个流改善的实例，进一步说明改善的方法，以及在转变过程中，企业会遇到的问题。

【例 6-2】 SK 公司拉动生产系统的转变

SK 公司是一家生产汽车排气系统的企业，主要致力于为汽车制造厂商配套设计开发并生产汽车排气系统，产品主要包括汽车排气歧管、净化系统和消声系统。

汽车排气系统的主要功能是，净化发动机排出的废气和消除发动机产生的噪声，汽车排气系统由两部分组成，排气歧管和净化器，在业内统称净化系统（俗称热端），根据发动机排量的大小和环保的要求，一套排气系统可有一到两个净化器。再就是消除噪声部分，称为排气消声系统（俗称为冷端），由多级消声器结合而成，根据发动机的排量和噪声要求可以决定是需要是一级、二级或是三级消声器，以及消声器的外形的大小。该公司生产的消声系统一般都是二级，第一级称为前消或中消，后一级称为后消，再后面还配有装饰性尾管，是唯一的外观件。制造消声系统的工艺流程可以简单描述成如图 6-9 所示。

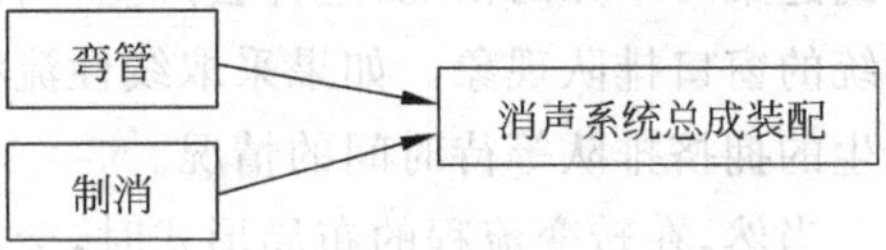

图 6-9 汽车消声系统生产工艺流程

以下我们仅以弯管车间为例，来说明该公司在实施一个流生产过程中，所进行的流程布局的改善。弯管车间的生产工艺为弯管—切割—压型—管口成型四个步骤，使用的设备以及加工内容如下。

弯管机：将管子弯成工艺规定的形状。

割管机：按工艺要求将弯好的管子切割成规定的尺寸并打磨去除毛刺。

压型机：将割好的管子压成规定的造型。

管口成型机：将管子两端扩口到规定的造型和尺寸。

设施布局及流程改善过程

因为弯管单元是为各个产品的总成装配单元输送部件的，如果此环节出现问题，将会导致总成单元无法正常运转。所以在改善前，弯管单元的生产总是被安排得满满当当，生怕遇到机器出现问题之类意外事件，影响后道工序的生产。

车间拥有加工产品所需各种设备，其中，有弯管机 10 台、割管机 10 台、压型机 4 台和 12 台管口成型机。在进行流程改善前，车间的设备是同类集中布置的，即设备是按照工艺原则机群式排布的，如图 6-10 所示。

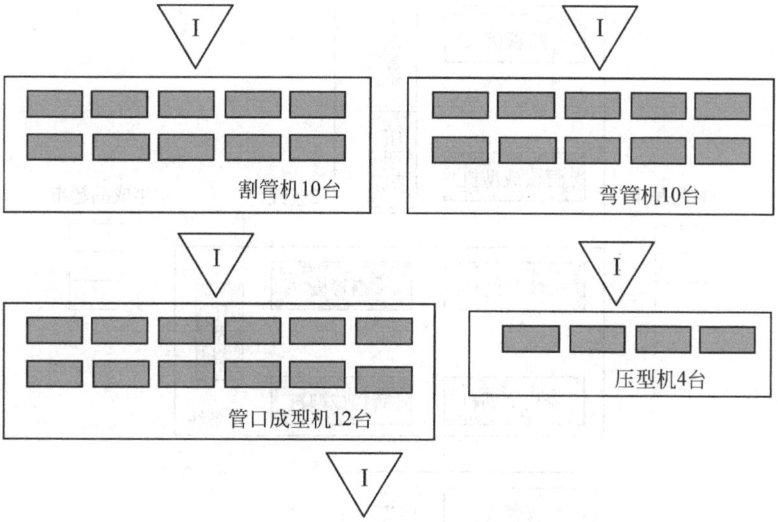

图 6-10 弯管车间改善前的设施布局

在改善前，各道工序只管按照计划部门拟订的生产计划生产，生产完成后的半成品堆到后道工序的小缓冲库存里，也不管后道工序什么时候需要，需要多少。整个弯管车间建立了 5 个小缓冲库存，弯管机前是存放原材料的库存，割管机前是弯好的管子库存，压型机前是存放割好的管子库存，管口成型机前是压好型的管子，最后是扩完口的管子库存。随着生产的品种越来越多，各工序前的库存占地也越来越大，甚至有时侵占了公共通道的用地，影响了叉车的行驶。

改善方案及实施状况

于是公司决定首先对弯管车间进行彻底的改善，打破原来的机群式布局，变为单件一条流的组织模式。取消工序间的小库存，只保留第一道工序前的原材料库存，以及最后一道工序后的半成品库存，并将传统的库存转变为零件（或材料）超市，由后道工序根据生产需要持看板前来领取。

具体的设施布局方案是，根据不同类型产品加工的工艺要求，以及设备的组合关系，经过一段时间的准备，最后将车间的全部设备分为 10 个独立的小单元生产线，改善后的布局如图 6-11 所示。

改变流程布局后，刚开始按一个流模式运行，现场工人们都觉得不习惯，因为中国人是相对保守的农耕民族，多少年来传统习惯思维都是手中有粮，心中不慌，这从中国人的储蓄率之高就可见了。可是一下子把每道工序的小库存都撤销了，就好比把积蓄都拿走了，要维持生计必须不能失业的感觉一样，让工人及线长们都感到心里不踏实。

而且实行一个流的生产对现场管理来说是一个很大的挑战，要求现场工人有高度的责任心和快速解决问题的能力，因为任何一个环节出问题都会导致停线，而平时这些问题都被库存掩盖了，因为库存较多，发生问题都可以用库存来应付，但改善后一旦发生质量或设备问题，必须及时处理解决。

虽然改善的初期是一个痛苦的磨合阶段，大小问题不断发生，但是过了磨合期后，明

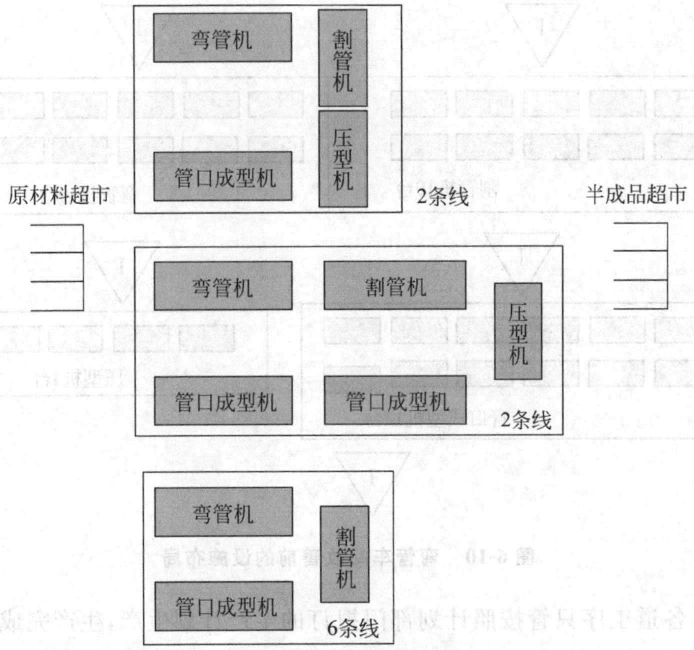

图 6-11 改善后的弯管车间设备布局

显感觉到不仅占地面积和在制品库存减少了，并且质量问题也减少了。因为任何一道工序出了问题，就立刻会被下一道工序发现，可以及时修正，工人的责任心提高了。尤其是在一些产品的产量下降的时候，一个流的优势就更体现出来，如果没有过多的提前生产，就不会产生大量的库存积压，甚至死库存现象。

另外，在流程布局改善后，作业时间也得到了优化，原来每个工人只负责一台机器的生产作业，现在最多可以负责一条生产线的作业，车间工人数量减少了，员工还培养成了多面手，一定程度也激励了员工的工作热情。

仍然需要改进的问题

(1) 如何激励员工进行持续改进。改善后逐步出现了新的作业现场，如何让员工能够积极参与不断地改善活动，成为一个新的课题，根据需求层次理论，分析不同层次员工的不同需求，制订不同激励方案，对现场员工也设立目标评估体系，将优秀员工从生产线上脱离出来推选为精益生产辅导员，指导其他成员和其他企业的精益生产。

(2) 现场 5S 的不足。改善后现场空间比较充分，物品也减少了，为推进 5S 管理提供了条件，计划成立 5S 监督和改善小组，由总经理任组长，各个部门定期实施自查和互查，勇于揭露问题，在生产淡季，进行彻底的 5S 改善活动，让 5S 成为公司员工的素养。

(3) 如何防范错误的发生。通过防止错误来提高质量是最有效的质量管理，建议由现场员工、技术人员和模具检具供应商一起用头脑风暴防错的手段逐一评估可行性，对有成效的建议予以奖励。

第四节　流程的时间平衡

流程设施布局的改善，为拉动式生产提供了空间上的组织条件，解决了一个流生产的运输问题。但是如果流程中各个工序的时间平衡得不好，当实施一个流生产时，时间的浪费就是一个很严重的问题。

例如，在【例 6-1】中，产品的 5 道工序时间分别为 36 秒，24 秒，38 秒，40 秒，18 秒，在此时间条件下，采取一个流的生产模式，各个设备的工时利用率将会不同，会出现工时及资源的浪费现象。另外，由于时间的不平衡，流程各环节的生产能力也会不平衡，最终会影响流程的生产能力。如在这个例子中，流程中工序最慢的时间为 40 秒，那么流程的最大能力也就限制在这里，也就是每个小时最多可以生产 90 件产品。但是流程其他环节的能力还有剩余，如最快的工序时间为 18 秒，此工序每小时可以生产 200 件。所以流程的时间如果不平衡，资源的浪费就是巨大的，如图 6-12 所示。

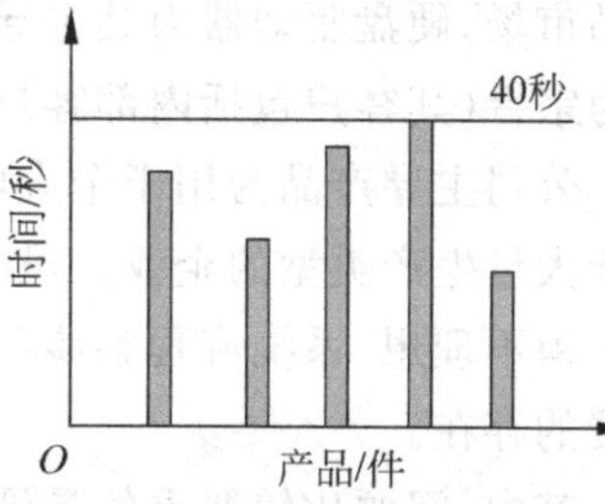

图 6-12　流程工序时间平衡状况

对于流程时间平衡情况的分析，除采用比较直观的条形图描述外，可以通过时间平衡率的计算定量地分析。例如，在上例中，5 道工序在目前的时间平衡状况下，如果按照一个流生产运行，我们假定流程的节拍时间按流程可能的最快时间来确定，即节拍为 40 秒一件，此时，流程的时间平衡及浪费状况，可以通过以下两个指标来分析。

(1) 流程的时间综合平衡率，计算公式为

$$TB = \sum t_i / r \cdot We \tag{6-6}$$

式中：TB——流程的时间综合平衡率；

t_i——第 i 道工序的单件加工时间；

r——流程的运行节拍时间；

We——流程的工作站（工序）数量。

在本例中，流程的时间综合平衡率为

$$TB = (36 + 24 + 38 + 40 + 18)/(40 \times 5) = 0.78 = 78\%$$

综合平衡率是说明流程时间，或者说是流程的资源综合利用状况的一项指标，本例的结果说明，该流程的资源利用率为 78%。

(2) 流程的时间损失率，计算公式为

$$Tm = (1 - TB) \tag{6-7}$$

式中：Tm——流程的时间损失率。

在本例中，流程的时间损失率为 22%(1－78%)，说明流程的运行过程中，存在 22% 的时间是没有利用的。当然，具体每个设备的时间利用情况是不同的，实际上将每个工序的加工时间与节拍时间相比，就可以计算出各个工序对应的设备利用率。在本例中，第二道工序的时间为 24 秒，节拍时间如果是 40 秒的话，此工序的设备利用率为 60%(24÷

40),此工序的设备利用率更低,浪费更严重。

关于对时间平衡的改善方法,可以从制造技术本身考虑,例如,改进加工工艺、提高设备的效率、改进工装、工具等;也可以从管理或工业工程技术方面考虑,例如,调整分工的内容、进行动作时间研究、增加或减少设备(或人员)数量、改进操作方法等。每个企业应该根据自己流程的特点,分析探索改善的方法。以下我们通过两个实例来说明具体的改善方法。

【例 6-3】 SKB 工厂的生产线时间平衡

SKB 是一家生产计算机零件的供应商,其产品涉及领域包括互联网、商务及电子消费品市场,硬盘驱动器为其主导产品。公司致力推行高水准的运作系统,并以全面客户满意为宗旨(其客户包括内部客户和外部客户),使其在行业中处于领先的地位。

公司主导产品为用于个人电脑和消费品市场的硬盘驱动器,产品的市场需求量较大,属于大量生产类型的企业。虽然公司的运营系统成本效率较好,但一直存在流水线的时间平衡不理想、系统流程整体不平衡等问题,制约着库存、成本的控制,以及资源的损失与浪费的存在。

其中,问题比较严重的是硬盘盘体(HDA)组装线,因各工作地的加工时间很短,采用流水生产线的生产方式进行组装,整条装配生产线分为 12 道工序,因为装配过程需要的设备较多,根据工艺技术确定,各工序的操作时间如表 6-1 所示。

表 6-1 组装线各工序加工时间

单位:秒

工序	1	2	3	4	5	6	7	8	9	10	11	12
加工周期	12	11	12	8	7	18	12	8	11	11	11	12

其中,工序 2,4,5 为机械手自动进行安装操作,其他工序也需要使用设备辅助装配作业,机械的作业时间较多,很难通过作业的分解来平衡时间,所以,时间平衡的结果一直不理想,从表中的数据可以看出,流水生产线的瓶颈工位是工序 6,如不做调整,此时一天装配流水线的产量为

$$产出=(工作时间\times 工时利用率)\div 瓶颈工序加工周期$$
$$=(21\times 3600\times 0.9)\div 18=3\ 780(件)$$

(注:工厂为三班制生产,每天按 21 小时计算(每小时 3 600 秒),工厂的工时利用率为 90%,瓶颈工序为最长加工时间的工位。)

但现在的问题是,由于流程内的时间严重不平衡,从而导致设备浪费比较严重,例如,在第 5 道工序,作业时间还不到节拍时间的一半,此时,流程的综合利用率仅为

$$TB=\sum t_i/r\cdot We=133\div(18\times 12)=61.57\%$$

其余时间全部是浪费的,比率为 38.43%。因此,为了使组装线一个流生产取得更好的效果,经过分析,工厂提出在工序 6 增设一个设备的改善方案。这样工序 6 在 18 秒内就可以生产两个产品,相当于其加工周期为 9 秒,调整后的瓶颈工位变为工序 1,3,7,12,作业时间均为 12 秒,所以一天装配线的产量可以提高到(21×3 600×0.9)÷12=5 670

件，产量增加了1/3。流程的综合利用率提高到133÷(12×13)＝85.25%，提高利用率20多个百分点，效果十分明显。

通过此实例的分析可知，流程时间平衡的改善，不仅可以减少资源的浪费，而且可以提高产能，是一件一举两得的事情。当然，有时需要有一定的投入，例如，在本例中需要增加一台设备，是需要考虑经济性的。另外，如果增加的产能是市场所需要的，才是有意义的，否则会形成整个流程产能的过剩，也是不合理的。

【例6-4】 电话机组装线的时间平衡

某电子产品的制造工厂，生产的一款具有影像功能的电话机，产品采用小型的U型单元线进行组装，组装线各工序的主要作业及时间如图6-13所示。

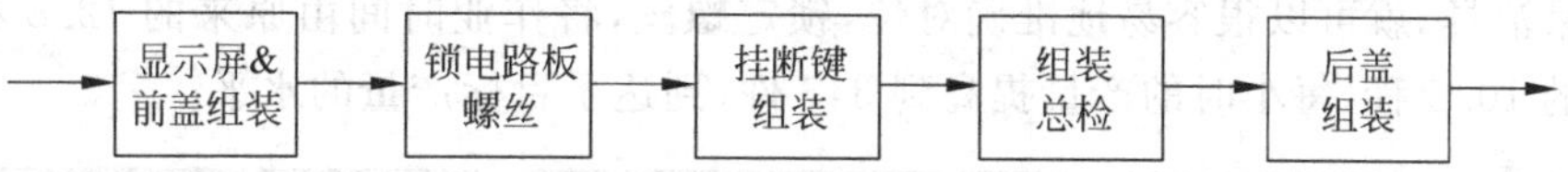

图6-13 电话机组装工艺流程

工厂目前面临的问题是，市场的需求较大，而流程的能力略有不足，根据市场部门的订货及预测分析，每天的需求量应该在2 560件，工厂是一班制生产，按8小时计算，折合每小时的目标产量应为320件。但由于流程中各个工序的时间不平衡，存在瓶颈的工位，目前每小时的最大产量仅为269件，工序各环节能力的详细状况，如图6-14所示。

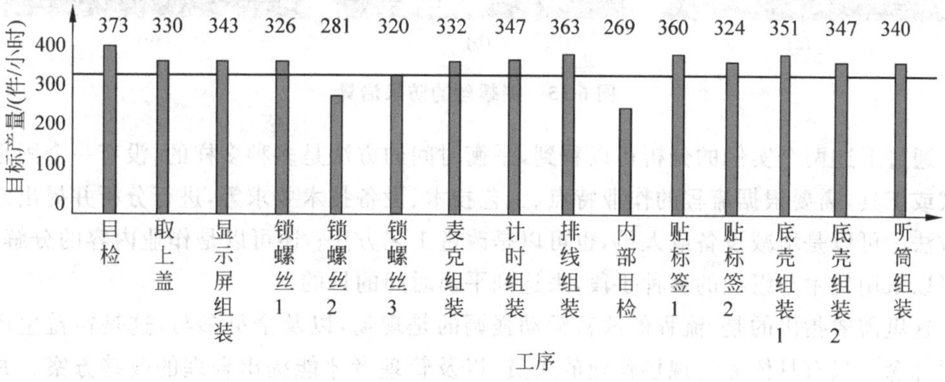

图6-14 电话机组装流程工序能力平衡分析

经过对流程工序的各个环节的详细分析，目前存在两个瓶颈工位，锁螺丝与内部目检的能力小于目标产量(见图6-14)，所以先对两个环节的时间消耗进行分析与改善，具体方法如下。

(1) 内部目测工位。其任务是在话机外壳装配前，确认内部装配的质量，确认点多达22处，目前由人工目测，时间消耗较多，目前的时间消耗为13.38秒，比目标产量要求的节拍时间11.25(3 600÷320)要长很多，人工目检速度无法达到要求。经过现场的作业人员、管理人员与技术人员的共同研究，提出采用电子信息的视觉检测系统，来代替人工的目测。经过安装实验，电子检测系统不仅能提高检测速度，而且对不良品的检测准确率可以达到100%，保证了检测效果。检测时间由13.38秒提高到了7.5秒，每小时的产量提高到了480件，达到目标产量的要求。同时，还可以节省目测工位每班一人的用工量。

(2) 锁螺丝 2 的工位。这个工位的作业任务是,锁紧电路板安装位置的螺丝,共计有 7 个螺丝,手工锁紧(见图 6-15a),目前的作业时间是 12.8 秒,也超过目标产量的节拍时间。经过对现场作业的动作分析知道,锁紧螺丝时,需花费大量时间进行对位作业,效率有些低下,影响作业时间的消耗比较大,而目前的作业治具没有辅助螺丝定位的功能,应该进行改进,虽然设计难度比较大,但有改进的空间。而其他改进路径,例如增加人员,由于时间超过节怕幅度很小,增加一个人不合理;操作动作的改进空间也不大。所以,改善小组最后决定,设计一个可以辅助定位的治具,帮助提高作业效率。

最后,经过改善小组及工艺人员的努力,设计成功一种辅助的治具,被大家称为锁螺丝的防呆治具(见图 6-15(b)和图 6-15(c)),在进行锁螺丝作业时,将电路板固定后,盖好这个防呆治具,就可以很容易地准确对位,锁定螺丝,将作业时间由原来的 12.8 秒,提高到现在的 10.5 秒,每小时的产量提高到 343 件,到达了目标产量的水平。

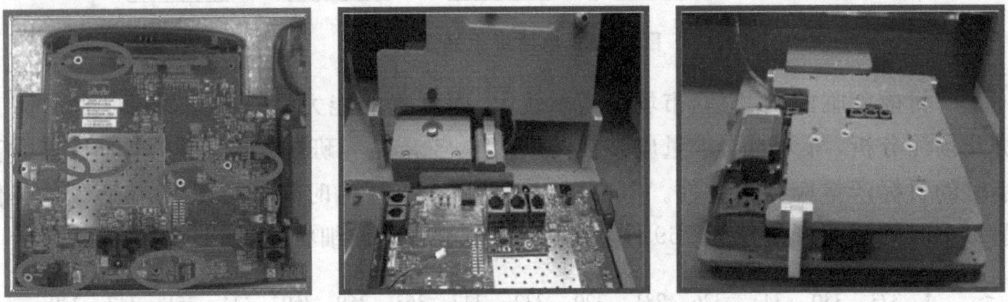

(a) (b) (c)

图 6-15 锁螺丝的防呆治具

通过上述两个实例的分析可以看到,平衡时间的方法是多种多样的,没有一个固定的模式或工具,需要根据流程的作业特点、工艺技术、设备技术要求等,进行分析并提出改善的方法。可以是增减设备或人员,也可以是改进工艺方法;还可以是作业内容的分解,总之可以采用技术与组织的多种手段,来达到平衡时间的目的。

这里需要指出的是,流程的改善活动强调的是现场,以及全员参与,这是精益生产的重要理念。只有具体参与现场作业的人员,以及管理者才能提出合理的改善方案。并不是等待管理者,或者工程技术人员设计出新的方案,然后由现场作业人员贯彻执行,那样会导致现场人员的被动参与,以及改进方案合理性差,最终难以保证得到预期的效果。这一点是精益思想特别强调的。

第五节 快速换装技术

所谓快速换装技术,是指在批量生产的条件下,一台设备或者一条生产线,在需要面临多种产品轮流生产的环境下,一般在改变加工对象的时候,设备需要进行一些转换调整性质的作业。例如:更换模具、卡具;调整设备加工参数;数控机床还会涉及调整程序;准备对应的工艺文件;测量器具及方法;等等。这些转换性质的作业,根据设备加工特点、工艺方法等的不同,有时会花很长的时间,而采取各种方法缩短这个转换过程的时间,就称为快速换装技术。

如前所述，对汽车企业而言，在产品的全部生产流程中，总会存在一部分批量生产的过程，这部分流程很难实施一个流生产，只有尽量地减小批量，以达到减少库存，缩短生产周期的目的。例如，最典型的工艺过程就是冲压，而且在汽车产品中，冲压零件所占的比重又是非常大的。冲压工艺的特点是：单件的加工时间非常短，一般是1秒钟就可以冲压1件，而汽车总装线的节拍一般是60～100秒，这样冲压过程一定是在一条生产线上，轮流生产多种零件。冲压设备的特点是：更换不同的模具就可以冲压不同形状的零件，所以在冲压线上可以加工多种零件，但是一般更换冲压模具的时间都比较长。在大多数企业，冲床的模具更换及精度调整，往往需要花费数个小时。因此，为了减少换装的损失，人们往往连续使用一套模具，尽可能多地大批量生产同一种产品，这样不仅会增加库存，还会延长生产周期。但如果不能缩短更换模具时间的话，减小生产批量，又会导致工时和设备资源的严重浪费。因此，冲压设备更换模具的时间，成为准时制生产必须解决的一道难题。

如前所述，为了实现设备的快速换模，丰田公司的生产现场人员经过长期不懈的努力，终于成功地缩短了冲压工序的模具更换时间，于1970年完成并采用了设备的快速装换方法，将800吨冲压机的调整时间压缩到了3分钟以内完成，基本上将换装时间从几个小时缩短到了10分钟以内。现在，所有大中型设备的装换调整操作均能够在10分钟之内完成，实际多数设备的换模只需3分钟就可以完成，这为准时制生产奠定了基础。

丰田公司开发的设备快速换装技术的基本原理如下。

首先，将设备换装的所有作业划分为两大部分，即“外部换装作业”和“内部换装作业”。所谓外部换装作业，是指那些能够在设备运转之中进行的作业，而内部换装作业是指那些必须或只能够在设备停止运转时才能进行的作业。为了缩短换装时间，操作人员必须在设备运行中完成所有的外部换装作业，一旦设备停下来则应集中全力于内部换装作业，这样就可以大幅度地减少设备的停机时间，解决了快速转换加工对象的问题。

其次，这种技术实际是一项工业工程技术，可以大致归纳为两个步骤：一是对作业进行分析，将转换作业划分为内部与外部作业两部分，这也是最重要的一点，要尽可能地减少内部换装作业内容；二是通过动作时间研究，尽量缩短这两种作业的时间，尤其是内部作业时间。内部作业时间是对转换时间最直接的影响。

因此，我们可以将快速换装技术归纳为如下步骤。第一，收集目前换装活动的信息。包括对所有的换装活动的作业内容、花费的时间。第二，对作业活动进行分析。根据是否要求停机作业，将活动区分为外部转换与内部转换两类作业。第三，进行作业活动的时间与动作研究。对目前的换装作业的各项活动，进行详细的时间与动作研究，分析存在的问题及改善项目。第四，制订改善措施与计划。针对改善作业活动，提出具体的改善措施，包括：设备、工具与工装等技术改进；不断地减少作业时间，尤其是对内部作业时间的减少。第五，制订新的操作标准并实施。根据改善的实验，不断总结完善，最后制订出新的换装作业流程与作业标准。

具体的实现过程，每个企业可以根据自己的生产技术环境，分析要实施快速换装改善的流程项目，并且根据设备及工艺特征，制定具体的改善方法。以下我们再通过一个实例来说明快速换模的改善过程。

【例 6-5】 FTK 公司快速换线

FTK 公司是一家生产人造装饰性板材的企业，主要产品是一种木料与塑料混合挤压成型的板材，多用于室外的装饰性工程，如园林、别墅等。产品是个性化定制的，因为板材的具体形状及规格，都是根据客户的要求确定的，所以品种比较多而且不稳定。公司有 70 多种模具，根据客户的要求，更换模具就可以生产不同形状的材料。所以几条生产线都是采取批量的生产模式。以往管理人员大都倾向于尽量大批量地生产，这样可以减少模具的更换，有时会将客户很长时间的需求一次性地加工完成，然后堆在仓库中等待销售。

这样一来不仅库存增加，而且生产周期延长，后续客户订单的加工就会出现等待，影响交货期。另外，产品属于装饰性的材料，对于表面质量要求较高，由于过量生产就会导致多余的存储、搬运，不仅浪费人工等费用，还会产生不必要的表面划损。所以公司决定借助精益生产的方法，实行快速换模、小批量地生产。

具体的步骤与方法

(1) 统计换装作业内容及时间。首先，公司针对被选为改进目标的生产线，组织改善团队，对目前的换线作业方式、机器动作、工装夹具使用方法和作业周期时间等加以仔细观察并记录，其次，改善团队经过对现场实际作业的观察记录，得到现有的转换作业的内容，并根据实际的作业时间消耗统计的结果以及现场人员的经验估计，确定各项作业所需的时间。通常是以作业标准时间为依据，来初步确定目前的转换作业时间，如表 6-2 所示。

表 6-2 换线作业内容及时间统计

作业编号	作 业 描 述	所需时间/分钟	作业分析
1	看作业指导书，了解作业内容	10	外
2	准备装卸工具	5	外
3	卸下旧模具	20	内
4	检查机器、加油	15	内
5	装上新模具	25	内
6	调整模具	10	内
7	加工试验品	5	内
8	从仓库搬出模具	7	外
9	检查模具	10	外
10	修理模具	30	外
11	材料出库	8	外
12	材料上机器	13	内

(2) 作业区分为内部与外部两类。生产线整个转换过程的作业，基本上是由某些相互独立的活动组成的，这些换线作业有的可以平行执行，有些有一定的逻辑先后顺序，但根据精益生产中快速换模的技术，改善的关键是区分内部换装与外部换装作业。改善小组根据精益的原则对目前的 12 项作业进行了详细分析，在当前的条件下，有些作业很明确可以区分确定为外部作业，如看指导书、准备模具、搬出及修理模具等；有些作业可以

明确确定为内部换装作业，如卸下模具、换上新模具。还有一些作业在目前是内部作业，不过有可以改变为外部作业的余地，如检查机器、调整模具、材料上机器等。在具体研究改善方案前，暂时将作业区分为内部与外部两类，其结果如表 6-2 所示。

(3) 内部作业的外部化。根据对作业的分析，改善小组认为，目前确定的 6 项内部作业中，调整模具、试加工、材料上机器 3 项，经过努力是应该可以外部化的，或者说经过改进可以减掉的。

(4) 缩短内部转换作业时间。目前确认保留的 3 项内部转换作业，当前统计的时间消耗是 60 分钟，时间过长，要努力改善具体的操作方法、改进使用的工具等，尽量缩短内部作业时间，争取缩短到 10 分钟以内。

(5) 改善外部作业。对于外部作业也应进行改善，减少中间不必要的作业时间消耗，以减少总的转换时间，消除浪费。

(6) 制定转换作业的标准操作规程。进行改善后，将经过实验成功的作业方法及时间标准，制定成标准文件，在工厂推行。

改善小组根据上述思路，通过不断的努力，提出并实验成功了各种方法，例如：采用自动的锁紧工具提高锁紧作业速度；尽量采用标准规格的模具，提高装卸速度；设计模具的固定装置，提高对准精度及减少对位时间；等等。经过半年多的努力改善，最终内部转换作业时间终于达到了 8 分钟，实现了初步设定的目标，比原来的 158 分钟的转换总时间，缩短了 150 分钟，节省了 95%的装换时间。这样一来，加工批量就可以控制得较小，生产周期大幅度缩短，销售部门提出的临时需求也很容易满足了。具体的快速换线的四个阶段，以及对应的停机时间改善过程如图 6-16 所示。

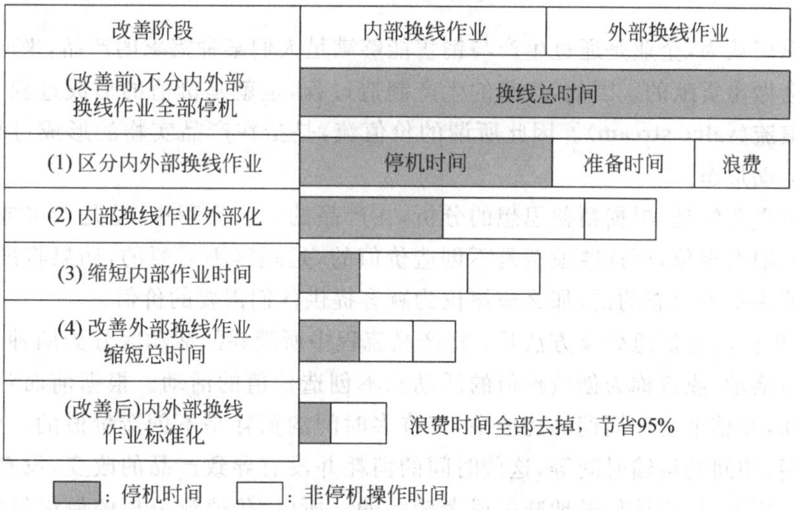

图 6-16 快速换线的步骤与时间节省

快速换装技术，作为精益生产体系中的一种方法，在精益体系中起到了很重要的作用。但实际上它更多的是一项工业工程的思想方法，或者说是一项管理技术，并没有很多的深奥技术，只是需要现场作业人员努力去分析，寻找探索改善的方法。目前已经为许多企业所熟悉，也得到比较广泛的运用，但能够实现比较好的效果仍然不是一件容易的事情。

另外，快速换装的目的是减小生产批量，降低库存，缩短生产周期。其主要技术手段是采取作业性质的区分，以及时间动作的分析，最大限度地减小停机时间，方法产生的背景，是冲压工艺的模具换装，在技术上可以做到内部作业与外部作业的分离。但在一些特殊的流程中，装换作业是无法区分成内部与外部作业的，或者说区分的影响不大，因为可能内部换装作业占主导。这时就不能勉强照搬式地应用。

例如，笔者考察过一个化妆品生产企业的流程，其中的搅拌工艺过程，设备是一个大的圆形的搅拌包，企业生产有300多个品种，但是仅有4个搅拌包，因此，必然需要轮换地生产不同的品种。但在改变生产的品种时，需要将搅拌包清洗干净，不仅需要时间，而且会产生剩余产品的浪费，转换成本很高，同时，无法区分转换作业，几乎全部作业只能在停机后进行。所以，就很难运用上述的思想与方法进行快速换装，类似的工艺在不同的流程实际还有许多，此类企业应该探索适合自己的方法，这是值得注意的。

与经济批量的思想比较，精益生产中快速换装技术，并没有特别分析换装的成本，不过根据汽车流程的特点，以及快速换装后带来的好处，也可以推理，经济是合理的。但对于其他流程是否也合理，这是需要思考的一个问题，例如，上面提到的化妆品生产流程，每次换装的损失是较大的。所以，每个企业在进行精益改善，减少批量快速转换时，需要根据自己的工艺流程及设备特性，考虑如何改善。

第六节 价值流分析

精益思想认为，企业是通过生产与销售能够满足人们某种需求的产品，来向顾客提供价值对社会做出贡献的。因此，产品的生产制造过程，也就是价值的形成过程，并将此过程称为**价值流**（value stream）。因此所谓的价值流，是指在产品实物的形成过程中，所对应的价值运动形态。

不过更重要的是，根据精益思想的分析，在产品的生产流程中，总是或多或少地存在各种各样的浪费现象，而这些浪费是不创造价值的，是顾客不需要的，如果将准时制生产的理念提炼为价值形态的话，那么应该仅为顾客提供他们需要的价值。

因此，价值流分析思想及方法是：将产品流程中所消耗的活动区分为两种，即增值活动和不增值活动，或者称为创造价值的活动和不创造价值的活动。根据前面对生产周期的分析可知，在整个生产周期的构成中，有许多时间的消耗是不创造价值的。例如，批量的等待时间、中间的运输时间等，这些时间的消耗并没有导致产品的改变，没有为顾客提供所需要的服务，是应该尽量地减少或者消除的。所以，价值流分析的最终目的，是要找出流程中存在的浪费环节，通过改善措施尽量消除或减少不增值的各项活动，提升流程的运行效率及顾客获得的价值。

价值流分析的思想所涉及的范围可以更广泛，因为产品流程会因产品的形态，有时表现为物流，有时表现为业务流；处理流程的也可以是机器、人工等不同的手段。但将其提升为价值流后，无论什么样的产品流程，它的价值形态都是共同的。无论是从原材料投入生产到顾客手中的制造过程，还是从产品的概念设计开始到产品投产的设计过程，抑或是从产品售出到售后服务的过程，都可以进行增值活动分析。而且，也可以将产生于制造业的精益思想通过价值流分析，运用到服务业以至于所有机构的业务过程中。

价值流分析的具体方法是采用价值流图①，通过对产品流程中，各项时间消耗的性质来分析、识别活动的价值。以下我们以一个服务业的小例子来说明价值流分析方法。

【例 6-6】 某机场国际航线离港业务流程的价值流分析

机场的离港业务流程，包括从顾客到达机场开始，到登机出发为止的服务活动。该机场的国际航线，离港业务流程要经过 5 个步骤的服务活动，如图 6-17 所示。

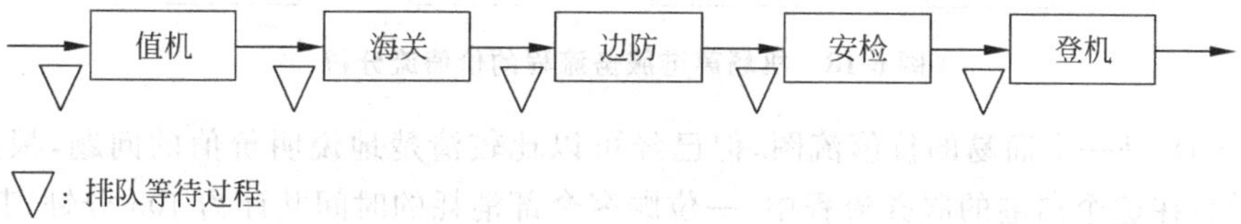

图 6-17 机场离港业务流程

在这个过程中，由于种种原因，旅客在每一个服务环节（工作站）前，会有一定的排队等待时间，有时时间还会比较长。根据精益思想从价值流的角度分析，在这个离港的服务流程中，只有每个工作站的服务活动所消耗的时间，才是为顾客创造了价值，其余时间的消耗都不创造价值，并且浪费了顾客的时间。价值流分析方法是通过时间的消耗测量，来定量地描述增值与不增值活动的多少，这样就可以通过时间来说明价值流的状态。

但是，在服务系统中有一个特殊的问题，这就是每个服务活动的时间是不确定的，这与制造业有所不同。例如，在值机柜台为顾客办理行李托运及登机牌时，所消耗的时间会因为顾客的行李、护照、个人信息等原因，每个顾客需要的时间不同。所以一般采用统计平均数来计算。另外，在每个工作站前的排队时间，以及两个工作站之间的路程时间，也都需要进行统计分析获得。在本例中，经过大量的时间消耗统计，获得了各个岗位为一位顾客服务的平均时间，以及工作站前的平均排队时间，在两个工作站之间行走的路程的平均时间，统计结果如表 6-3 所示。

表 6-3 离港服务流程的时间消耗统计

单位：分钟

工 作 站	值机	海关	边防	安检	登机	合计
服务时间（增值时间）	5	4	3	8	5	25
排队及路程时间（不增值时间）	20	15	15	30	40	120

① 价值流图是精益改善的一种工具，典型的价值流图绘制比较复杂，本书不想涉及，有兴趣的读者可以参考相关的工具类书籍。

在获得上述信息后，价值流分析的方法是，采取一种时间轴线，表示流程中增值时间和不增值时间。因为登机前的等待时间，受休息和航班状态等因素的影响，与前面几个岗位所消耗的等待时间性质有所不同，所以，在本例中我们以前面4个岗位为流程边界，绘制出包括时间轴线的价值流图，如图6-18所示。

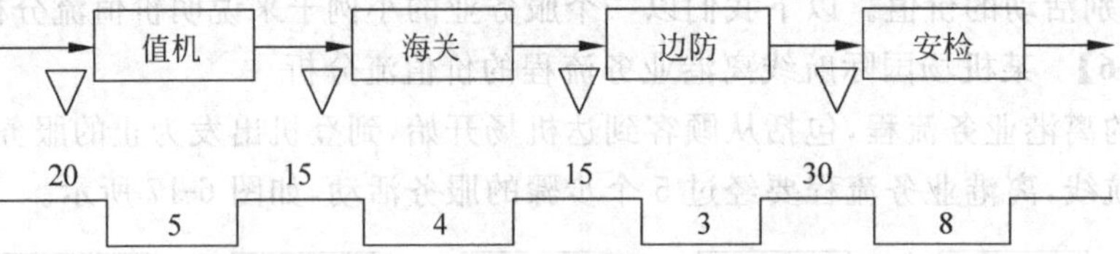

图6-18　机场离港服务流程的价值流分析

图6-18是一个简易的价值流图，但已经可以比较清楚地说明价值的问题，根据上述分析可知，在这个离港的服务流程中，一位顾客全部消耗的时间共计为105分钟，其中，为顾客创造价值的时间为25分钟，不创造价值的时间为80分钟，按时间计算的增值比率为

$$\begin{aligned}\text{增值比率} &= (\text{增值时间}/\text{总消耗时间}) \times 100\% \\ &= (25/105) \times 100\% = 23.8\%\end{aligned}$$

价值流分析的方法(或价值流图)是从价值的角度，对流程状态的一个描述，它能够指出流程存在的问题。例如，上述流程创造价值的活动比例仅为23.8%，也就是说，在这个流程中，只有23.8%的时间用在了为顾客创造价值的活动上，其余都属于不创造价值的时间，或者说是浪费的时间，都应该采取改善措施，尽量减少或者消除。这是价值流分析方法的基本功能，但它并不能指出导致浪费的原因，更不能给出改善的方案。

因此，进一步的流程改善，需要根据价值流分析的结果，针对不同的不创造价值时间的消耗，进一步分析其产生的原因，以及是否必要，是否可以采取措施加以改善。例如，在【例6-6】中，各个工作站之前的排队等待时间，可能会受飞机航班排班、顾客达到分布、办理手续的速度等因素的影响，中间的路程时间又会受两个工作站之间的距离的影响等。要经过深入分析，找出原因才能够提出合理的改善措施。

实际上，流程中的浪费时间产生的原因，也正是本章前面讨论的内容。如果一个流程能够实现一个流生产，排队等待时间就会减少；流程的设施布局尽量合理，中间的路程时间也会减少。所以，如果你用价值流分析的方法去分析本章的【例6-1】，就会进一步体会到批量生产与一个流生产，在增值活动比例上的差别。从价值流分析的角度，可以得到流程活动的时间构成，如图6-19所示。

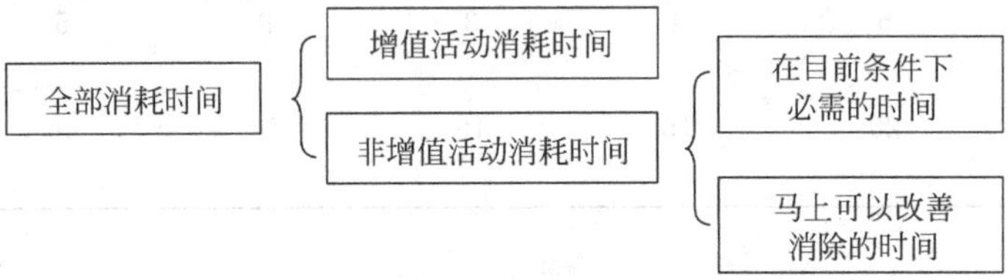

图6-19　流程中不同性质的时间构成

价值流分析与改善的逻辑

通过上面的实例，以及运用价值概念的分析，我们可以运用价值流分析的方法，对制造或服务流程进行分析，对存在的浪费或提出改善方案的过程，总结归纳如下。

(1) 选择、界定流程。选择一个要进行分析的对象流程，并且要比较明确地界定该流程的范围及流动对象。例如，在【例 6-6】中选择的是离港服务流程，流程范围是从旅客到达机场开始，直至安检后等待登机为止。流程中流动的对象是旅客(人)。选择流程的范围不要过大，一般在服务业以单项业务为好；在制造业以一条生产线或一个零件的加工过程为主。对于较大、较复杂的流程可以分解成几个小的流程，分别分析。

(2) 对选定流程进行描述。这一步主要是绘制选定流程的流程图，是价值流分析的关键一步，此时，应根据现场的观察与分析绘制，要标出有库存(排队等待)的地方，以及每个环节之间的逻辑关系。

(3) 收集数据。这是工作量大，并且需要详细深入的一步。因为价值流分析方法最后是用时间来测量的，所以首先要测量取得流程中各种分析所需要的相关数据，如工序作业时间、等待时间、运输时间等。有时这些时间比较难获取。例如，在服务系统中各个工作站的服务时间、排队时间，需要进行大量的统计分析来确定；在制造流程中，由于在制品占用的数量导致的存储时间，也需要做现场的实际调查、分析来确定。

(4) 绘制价值流图、计算流程的增值比率。在收集到详细的数据后，可以在产品流程图的基础上，绘制出价值流图(见图 6-18)，并且计算评价流程效率、增值比率。

(5) 分析原因、选择改善点。价值流分析指出了存在的问题，例如，哪里存在的不增值时间比较多，但并不能指出产生问题的原因。这时需要进一步分析，找出产生这些不增值时间的原因。例如，是流程布局不合理，还是批量过大，还是时间不平衡等？需要详细地逐个地分析，找到原因。这时可能会有一些不增值时间虽然原因明确，但在一定的条件下暂时无法消除；有一些是可以马上采取措施改进的(见图 6-19)。

(6) 制定改善方法。针对不同性质的浪费时间提出改善措施，此时非常重要的是，要动员实际作业现场的员工参与，共同研究提出改进方案。这样不仅改进方案可行性好，而且可以保持下去，不容易反弹。最后，可以对改善后的流程状态，再绘制价值流图(绘制未来价值流程图)，来说明改善的效果。

本 章 小 结

流程的分析与改善，是精益生产体系的重要部分，也是企业学习与应用精益生产技术最多的地方。但这种改善活动不能孤立地按问题立项的方式进行，而是面向拉动式的准时制生产体系对流程的要求进行的，要根据精益生产的规律进行。例如，可能在流程分析与改善时，会发现流程中存在的各种浪费现象，恰恰是由于大批量的生产、集中式的设备布局、作业时间的不平衡、保险库存过多等原因形成的。本章以改善与一个流生产为主题，也正是基于这样的原因。

最理想的拉动式生产，是整个企业实现一个流的生产状态，这对任何一个企业而言几乎是不可能的，但这并不影响将其作为实现精益追求的目标，在此目标下，不断地对流程进行分析与改善，不断地接近目标，这实际也是精益思想的主张。也就是说，改善是无止境的，是一个不断循环、不断提升的过程（PDCA 循环）。因此，绝不能将推进精益生产作为一个独立的项目来对待，因为项目一定会结束的。

从生产运营管理理论的角度来看，本章是基于流程的空间及时间组织的基本原理，对面向拉动生产的流程改善活动进行了分析与解释，流程改善的具体方法是多种多样的，但最终都可以归纳到这两个方面。所以，本章的意图在于说明这些改善活动的道理，比起罗列更多的方法而言更具有意义。

本章最后讨论了如何运用价值流及价值流图的方法，进行流程改善活动。不仅从理论上对改善活动进行了提升，而且，可以将精益思想的应用领域拓展。例如，读者如果稍做一些观察、分析，就完全可以运用价值流分析的方法，对你身边的各种流程，尤其是服务性质的流程，从价值的角度，看看为顾客创造价值的比例有多高。例如，一个医疗机构的服务流程（参见本章后面的案例），一个商业机构的服务流程等。这一点也是希望读者或具体进行改善活动的企业关注的。

案例分析1

某医院门诊点滴注射流程的改善

上海市某大型医院，是一个三级甲等医疗机构，医院的规模较大，地理位置在市区，交通也比较方便，医疗的水平也得到大众的好评。因此，每天门诊就医的患者数量较多，一般不需要住院治疗的患者中，有部分病例在医生诊疗后，需要进行一定量的注射用药。目前较多地是采取静脉点滴的形式用药。所以，在点滴注射的处置室，往往总是有许多患者，而且由于处置的护士需要做配药等准备工作，经常会出现大量患者排队等待现象。不仅就医环境变差，而且造成患者长时间的等待，浪费病人的时间，以及不能及时医疗的痛苦。

目前，该医院的门诊治疗过程是，在医生诊疗后如果需要注射用药，患者会自己去药房按处方取来药品，然后来到注射处置室，有专门的护士完成点滴注射过程，处置室的流程如图 6-20 所示。

图 6-20　处置室的注射用药服务流程

实际上这个流程很简单，但是以往由于流程的布局结构、作业分工等原因，再加之患者较多，经常会造成拥挤、排队现象，服务水平不如意，患者也有抱怨。

医院经过对流程，以及现场情况进行了分析，发现造成拥挤、排队的主要原因，并不是患者过多，而是流程的布局及分工存在不合理。其中，主要发生在配药准备及注射处理的过程。以往，一般是患者带着药品到达处置室，护士做配药准备，患者等待，注射完成后患者自己到点滴室找座位坐下来，休息等待用药的过程，直到结束。所以，人多时护士忙不过来，就形成了拥挤、等待，比较混乱。

经过分析认为，对这个服务流程可以有改善的空间，而且并不需要增加很多投入。最后提出的改善方案主要是对流程设施的布局，以及护士的分工作业进行了调整，具体方案如图 6-21 所示。

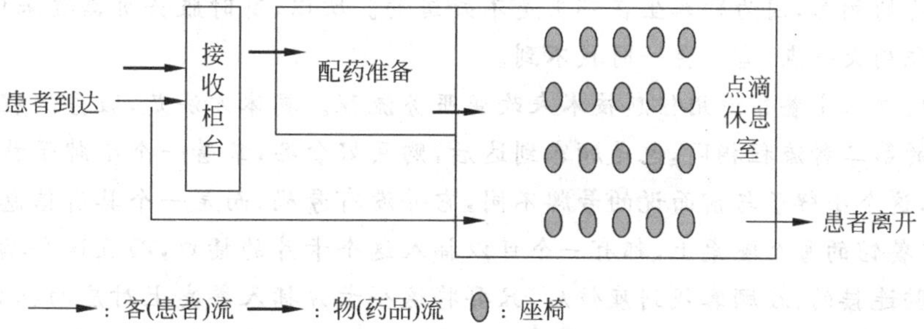

图 6-21　处置室的平面布局及用药的服务流程

改善后的服务流程是这样的：患者取好药品后来到处置室，在服务柜台前有专门的护士接收患者的药品及处方；然后将药品及处方通过与配药室连接的窗口送入；配药室内有专门的几名护士负责配药，药物配好后，通过与休息室连接的窗口送入点滴处；在点滴处有几位专门的护士负责注射，根据配好的药物及处方进行注射操作；之后患者在休息室等待药物点滴结束，护士进行结束处理后离开。

另外，患者在接收柜台将药物交给护士后，会得到一个座位的编号，可以直接进入休息室找到对应的座位等待注射，不必在走廊等待，点滴结束时可以按钮呼叫护士，很方便地接受点滴的服务过程。

改善后的服务流程不仅布局合理，而且，对流程的操作经过统计分析，可以根据病例的多少，各个环节的时间消耗来合理地配置人员和设施。例如，配药、注射环节各需要几名护士；休息室的座椅需要多少等。改善收到良好的效果，不仅为病人节省了时间，而且更体现了服务的人性化，得到了患者的好评。

资料来源：作者根据网络资源整理。

讨论

(1) 这个服务流程的改善，关键点是什么？都改变了什么要素？为什么可以提高服务水平？

(2) 如果用价值流的思想对这个流程进行分析，改善前后的情况如何？

案例分析2

用信息技术改善餐馆的前台服务流程

深圳市的某餐馆，是一个提供中餐的便利快餐店，主要提供各种面点、方便小菜、多种粥类、豆浆等食品。店铺面积较宽敞，也比较干净、明亮，加之食品比较大众化，价格也实惠，所以很受欢迎。

但它更有特色的是前台的服务流程。一般普通的便利快餐性的餐馆，前台的服务流程有几种。一种是如麦当劳、肯德基等餐馆，顾客到来后，在柜台前排队购买食品，之后稍等待就可以拿到食品，自己端着食品托盘寻找座位就餐；另外一种较多的是，顾客到达后，在柜台买好食品付款后，服务台会给顾客一个有号码的牌子，顾客自己找到座位等待，后厨准备好食品后由服务员送来。但是，这时送餐的服务员要端着食品托盘，在店堂中寻找对应号牌的顾客，因为顾客坐在哪里是不知道的。所以，有时服务员需要来回寻找，如果店堂面积稍大一点，有时会一时找不到。

深圳的这家中餐馆运用信息技术来改变服务流程。具体方法是，服务流程的其他环节与前面的第二种流程相同，也是顾客到达后，购买好食品，拿着一个小牌子找到座位等待。但是，这个小牌子与前面说的号牌不同，它并没有号码，而是一个具有信息传递功能的卡片，在餐馆的每个餐桌上，都有一个可以插入这个卡片的插口，而且这个插口是与服务台的电脑连接的，在顾客找到座位后，只要将这个卡片插入餐桌上对应的插口，服务台处的电脑屏幕上就可以看见这位顾客坐在几号位置了。这样一来，在后厨准备好食品，服务员就可以很方便地知道顾客在哪里，不必到处寻找了。

资料来源：作者根据网络资源整理。

讨论

(1) 在这个服务流程中，信息技术改变了什么？对服务流程有什么改善？

(2) 你觉得这样的信息技术在服务流程的运用，是否也属于应用精益思想对服务流程进行改善？

(3) 你能找到同样的，运用信息技术改变服务流程的实例吗？

案例分析3

上海浦南医院推出服务岛就诊模式，排队时间人均缩短1小时[①]

家住临沂新村的吴老伯是浦南医院的老病人了，不论是他还是他的家属，几十年都在该院就诊。可最近他到门诊办公室反映，说到新楼的门诊部“不会”看病了。

原来看病预检、挂号、看病、付费、检查、付费、取药，几十年都是这样的，尽管要反复排队，上下楼梯奔波，但是已经习惯了，而如今怎么啦？吴老伯很疑惑，进门找不到挂号处，看完病又找不到收费处，但经与门诊部工作人员沟通，他对新的流程认可了。

原来，只要找到他看病的诊区，在诊区“病员服务岛”就地挂号，在同区域就地诊疗，看完病又在“服务岛”就地付费，就地抽血检查。排队时间短了，付费也不用上下奔波了，整个看病花的时间比原来大大缩短了，真的方便了很多！

近日，浦南医院新综合大楼启用，诊疗的新模式和人性化的服务细节受到了“老病友”们的交口称赞。事实上，为了实现建设成上海服务最好医院之一的奋斗目标，浦南医院已经为之奋斗了十年。

排队时间人均缩短1小时

浦南医院在新综合大楼建设中，从硬件到就医流程上都狠花工夫，甚至通过颠覆传统就诊模式，以期待新大楼建成使用后能让广大病员能在舒适、明亮、宽敞、温馨的环境中就诊，以感受到不一样的看病经历，一改病患“看病难”的窘境，从根本上解决就医“三长一短”的现象。

---

① 资料来源：东方网记者刘铁琳，2015年11月16日报道。

浦南医院新综合大楼启用后，医院注重就诊流程的再造。在上海首推实施门急诊诊疗“一站式服务”。将内、外、妇、儿、眼、口腔、耳鼻喉及有关医技科室等，各科分为一个诊区单位，在一楼大厅取消挂号、收费处的基础上，成立15个诊区单位的病员“服务岛”。

各诊区病员“服务岛”由护士、收费员及客户服务部人员组成，该岛同时兼挂号、收费、抽血、咨询、预约、发放检查报告等。与过去挂号后就诊再排队付费，再做相关检查后再诊疗和取药的传统模式相比，就医流程大大缩短，真正减少了病患就诊时在各楼层间反复排队、上上下下往返奔波的苦衷。以传统模式每位患者就诊时在各楼层反复排队对比，可人均减少1～1.5小时，真正做到以患者为中心，处处为病患考虑，目前此举得到众多门急诊病患连连称赞。

在医院住院也是一件难事：入院难，出院也难。住院部排队最长的地方就是“出院结账”窗口，有统计显示，大部分的院内纠纷都发生在这里。为解决“出院结账”窗口不再排长队。该院从2010年3月开始试行“床边结账”，为每个病区配备了“经济秘书”。

以往的出院结账的程序一般如下：出院前一天，病人接到“出院通知”；第二天下午4:30前，病方才能在“出院结账”窗口拿到账单明细，若有疑问，必须一趟趟跑回病房与医生沟通……医院财务部门表示：“一个病人出院最少要跑三次，一次问总金额，二次找医生，第三次才是结账。”

浦南医院“床边结账”有一个重大改变：出院前一天，病人接到“出院通知”的同时，“经济秘书”已经把账单明细送到其手中。此时，医嘱还没有入病室，病人及家属若对账目有疑问，可以立即与医生沟通，查对医嘱。这就意味着，病人一不需要到出院结账窗口问金额，二不需要“两头跑”与医生沟通，只需要拿着清清爽爽的账单去一趟“出院结账”窗口缴费或退费就行了。

既然“床边结账”好处多，为什么别的医院不如此做呢？据浦南医院出入院科科长詹桃介绍，“床边结账”虽然方便了病人，却增加了院方的工作量——每个病区都必须增加一个“经济秘书”，即持有会计上岗证的记账员。詹桃透露，平均每个病区每天都有7人出院，最多的如妇产科一天有20多个病人出院，“仅靠护士完全应付不了‘床边结账’”。此举最重要的是“经济秘书”把每位患者的费用每日都已结算清楚，出院时结算也简单了。

据了解，浦南医院现有19名“经济秘书”，日常的职责有三项：一是电脑录入每位病人当日的用药、治疗费用；二是规范收费，做医生与财务部门的桥梁，发现不合理收费立即沟通；三是做病人的代理人，就治疗费用问题与院方沟通。

注重服务细节

此外，这些年来，医院在重视硬件建设的同时更注重人文细节关怀与便民服务措施的建立与实施，在医院这也被称之为关注诊疗过程中的“小问题”，做好服务病员的“大文章”。

在新综合大楼启用后，医院专门成立“客户服务部”，不但在门诊大厅设有专门的客户服务台，为更好地方便病人还将客服人员派到病人较多的内、外科诊区服务岛，这样就能做到随时为老、弱、残疾病人服务，今年以来已累计服务了数万人次。

医院儿科目前是上海儿童医学中心的分部，根据儿科的特点还推出更加周到细致的各种服务措施。儿科区域设有儿童乐园与妈妈哺乳小屋，儿童换尿垫小屋，鉴于带宝宝来医院诊治的爸爸或妈妈需要如厕时不放心让孩子离开视线,医院还在如厕便器对面墙上合适的位置安装了宝宝安全座椅。

为方便来院诊治病人不同饮水习惯,医院除供应冷、热饮用水外,还在小儿科、急诊等部位安装了自助饮料柜,甚至还装有儿童玩具自动售卖柜等。

都说伙食众口难调,这在病员营养餐上更是如此。但是近些年来,浦南医院住院病员对营养餐的满意率都在98%以上,怎么做到的?医院首先在2003年就用每辆2万元的价格买回原来只在五星级宾馆才用的保温餐车,用了12年性能良好,这种餐车与传统的蒸汽餐车比,既保温又能不使绿叶菜变黄。在解决了硬件的同时,营养室与食堂的同志又在软件上下功夫:在广泛听取病人意见的前提下,每周在病区走廊上公布菜谱;按不同疾病使用不同颜色餐盒,以免搞错治疗饮食的分类。每年春节、元宵、端午、中秋等传统节日都给所有病员免费提供年夜饭与特色食品;只要病员需要,营养食堂都接受要求加工的"小锅菜"与营养汤并只收低廉的成本及加工费,还把饭菜送到床边;每月都听取第三方社会监督员对病员伙食的反馈意见,只要是正确即听即改不过夜。为此不少的病人感慨地说,如今的物价这么高,每日仅花15元还要吃三四餐,就是在家里也做不到啊!

在医院住院补液的病人,陪伴病人的家属,尤其是血透病人,在治疗中,都觉得耗时较长,难以打发枯燥的时间,为解决这一问题,医院专门请有关方面设计开发了床边平板电脑。目前已具备:医院介绍、健康宣教、上网冲浪、收看电视与影视点播、自助点餐、病员账户一日清查询等六大功能,并已逐步提供或以每天10元的价格租给了有需求的病员进行使用。

最近,医院又给在诊疗中的门急诊病人准备了一个可摆放衣服、随身物品的储物筐,给陪同病人诊疗的亲属再摆放一张座椅,在病区设置"助浴室",医护人员为长期卧床及瘫痪病人洗浴……总之,就像刘卫东院长所指出的那样:给病人提供人性化服务举措是无止境的,浦南医院不但要抓好医疗质量与诊治水平,还要关注病员诊疗过程中的"小问题",更要注重做好服务病员这篇"大文章"。

讨论

(1) 该医院的门急诊服务流程改善的关键点是什么?你可以做一个改善前后的对比,或者价值流分析吗?

(2) 出院流程的改善在哪里?你认为床边结账的做法如何?增加一个经济秘书是否会增加运营成本,是否合理?

(3) 该医院注重服务细节的思想,以及具体的服务改善措施,对服务流程及服务水平的提高有怎样的影响?

(4) 该医院一站式的服务流程都包括什么内容?是否还有没包括进来的环节?你认为是否可以将药房、物理检验设备(如X光机、CT机等设备)也包括进来?

第七章 少人化与单元线生产

一个生产流程（无论是制造业还是服务业），如果要想实现准时制生产，流程的产出（产量或业务量）就一定要具有随着市场需求数量的变化，可以增加或减少的能力，这一点是毫无异议的。虽然准时制生产体系一再强调均衡生产，但实际的市场需求数量终究会有波动，如果生产系统的产量不具有变化的能力，或者说变动产量给流程运行带来的成本损失巨大的话，也就不可能实现准时制生产了。

大多数企业的生产流程都比较刚性，尤其是传统的大量生产体系，对应市场需求的变化，多半是采取增减运行时间的方法应对。例如：在需要增加产量时，采取加班加点的方法；需要减少产量时，通过减少开动时间来实现。这种方式虽然可以避免过多地生产产品，减少库存，但流程的运行成本会很高，最终会引起产品成本上升，也就失去准时制生产的意义了。

因此，精益生产的思路是：如果能控制系统资源的投入，按系统产量的变化来控制资源投入的数量，则可以降低流程的运行成本，这样既能实现准时制生产又不会增加成本。所以在精益体系中所说的少人化，并不是单纯地、静态地尽量节省人员，而是在合理确定用工数量的基础上，根据生产系统的产量来变动用工的数量。也就是说，在系统产量增加时可以增加用工量，在系统产量减少时可以减少用工量。这样一来，系统总的用工量可以减少。也就是要建立一种弹性的用工体系，将生产系统的用工数量与产量联系起来，实现系统产量与用工量的动态平衡，达到控制成本的目的，这是少人化的意义所在。

但实现这个思路，需要改变传统的分工效率理念，也就是分工越细致作业效率越高的管理思路。因为实现弹性用工的基本途径，是通过多岗位作业来调整用工数量的，也就是通过岗位操作内容的调整，来增减用工数量，而不是简单地通过解聘与招聘来实现用工数量的变化，这样一来，就会要求作业人员的技术范围更广，而不是更窄更专，对人力资源的培养模式也会有不同的要求。另外，采取单元（“U”字形）线的设备布局形式，从生产系统硬件的角度，可以更好地支持弹性用工，因为这样的设施布置更有利于人员的多岗位操作。

所以，本章将标准化作业、员工多技能培养、单元线生产等几个内容结合起来，讨论少人化是如何实现的，以及怎样解决相关问题，也是基于上述原因。

第一节 弹性用工体系的原理

大家之所以将丰田生产体系称为精益生产，一个主要的原因是：相对于传统的大量生产体系，在产量相同的条件下，精益生产体系投入的资源更精练，更节省，因此运行成本会更低。从生产要素的角度讲，生产系统投入的资源包括人员、设备与物料（加工对象）。

通过看板系统的讨论可以知道，精益生产体系对于物料的投入是精益求精的，根据市场需求，严格控制流程各个环节的物料投入数量，目标是追求整个流程的无库存。

人力资源的投入控制，是通过建立一个基于弹性用工的少人化的体系来实现的。这种弹性用工体系的基本思路是，基于人力资源投入及运行特点，即数量的变化相对于设备资源来说比较灵活，在一定的条件下，可以根据作业任务内容的变化，调整流程作业人员的投入数量，这样就可以在生产系统产量变化时，改变人员投入的数量，从而将用工的数量控制在一个较少的水平，进而节省人力资源的成本。即追求一种能够根据生产系统产量变化，改变投入数量的人力资源体系①。

因此，弹性用工的实现，其主要途径是通过伸缩员工的作业范围，来实现流程用工数量的变化。也就是说，在生产系统产量多时，每个员工的作业范围可以少一些，流程的用工数量就会多一些；而在系统产量减少时，每个员工的作业范围会增多一些，流程总的用工数量就会少一些。在每个工序的作业时间一定的条件下，流程中的作业人数越多，每个人分工的作业内容越少，流程的生产速度就会越快，在一定时间内产量就越多；反之，亦然。这其实就是弹性用工的基本原理，如图 7-1 所示。

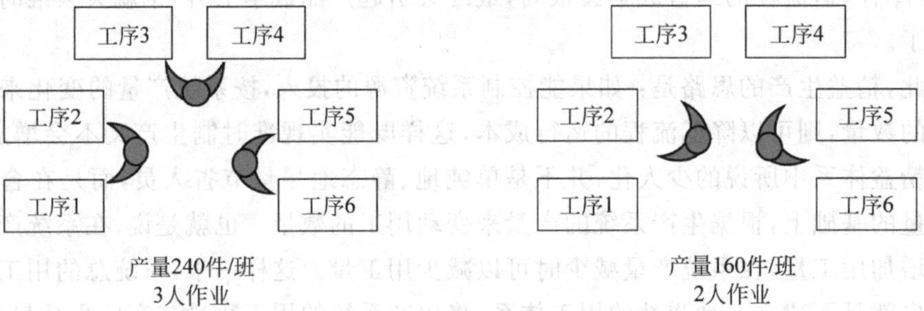

图 7-1 弹性用工的基本原理

在图 7-1 所示的流程中，产品是经过 6 道工序加工完成的，我们假定每个工序的操作时间都是 1 分钟的话(简单起见，这里假定都是手工作业)，那么，如果流程由 3 人操作，每个人负责 2 个岗位时，流程的运行速度就是 2 分钟 1 件产品，一个班次 480(8 小时)分钟，可以生产 240 件产品；如果由 2 人操作，每人负责 3 个岗位，则流程的速度就是 3 分钟 1 件产品，每班可以生产 160 件产品。

但需要说明的是，人是有思想、有意识的，是主动的参与者，不是被动的投入。而且人力资源是在参与过程中，不断地得到提升，不断地成长的。所以，精益生产的弹性用工，不仅要追求减少用工数量，还要实现尊重人性。因此，用工的弹性，并不是主张员工的就职非常不稳定，频繁地招聘解聘人员，而是根据流程的产量变化调整人员。也就是说，某个流程可能由于产量减少需要减少人员，而其他流程可能会由于产量增加需要增加人员，这样就可以将减少产量流程的多余人员调出，用来补充给增加产量的流程；或者，将某个流程暂时剩余出来的人员，用来做一些辅助性、临时性的作业任务；或者从事改善性的工作

① 注：关于设备资源的问题，由于设备是一种固定资产，很难实现弹性的数量变化，因此，对设备的管理需要不同的方式，读者可参阅有关 TPM 的书籍。

等。这样企业中的用工总量就会减少，但是用工的数量又是稳定的，而精益生产体系恰恰是需要员工有稳定、长期的就业，这样员工才能有意愿积极地参与改善活动。

另外，通过上述弹性用工原理，很容易知道，要实现这样的弹性用工体系，一个很重要的条件是，员工要具有多岗位操作的技能，否则，是无法实现人员的调整的。这就又引出如何培养多技能的员工，以及相关的影响因素的问题。图 7-2 是对少人化与弹性用工体系的归纳。

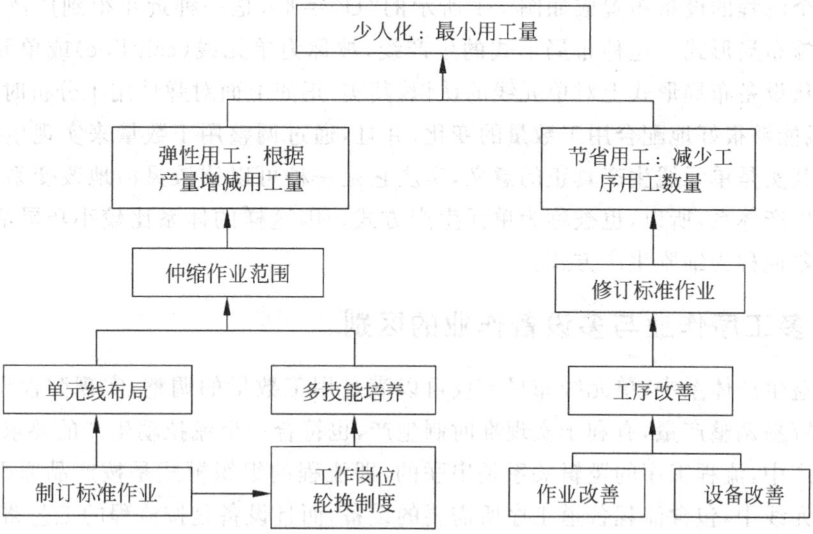

图 7-2　少人化与弹性用工体系

首先，实现少人化的目的可以有两条技术途径，即节省用工与弹性用工。其中，节省用工是指根据对流程的作业研究，确定合理的岗位及用工数量。这是每个企业都会做的，是一般的管理方法，不过精益生产体系强调的是，对流程作业标准的不断地改善，不断地修正作业标准，来减少用工数量。弹性用工是指根据流程产量(业务量)的变化，不断地调整流程的用工数量，来减少企业总的用工数量。两者都可以对少人化起作用，但是途径与方法有所不同。

其次，实现弹性用工的一个重要前提是，存在具备多岗位操作技能的员工，即员工具有能够操作不同工种岗位的技能。这需要对员工进行多技能的培养，不仅是一项比较长期的员工培训工作，而且需要理念、制度方面的配合。因为，这样的多技能基本是多工种的，这对传统的人力资源管理模式是一个冲击，需要从培养体系、用工制度、工资体系等方面进行适应的变革。

再次，标准作业的制订及修订。因为在上述的弹性用工体系中，每个员工的作业范围和内容是不断变化的，这样就不利于作业的熟练，以及学习效应。因此，针对每个岗位的作业制订详细的标准，无论是对员工的具体操作，还是对多技能的培训，都是非常重要的。并且对流程运行状态的控制，以及现场管理都有很重要的作用。

最后，设备的布局形式。在精益生产体系中，设备的"U"字形布局形式得到比较多的应用，这主要是由于这种布局的形式，更有利于产量与用工量的调整，以及员工作业内容的伸缩，如在图 7-1 所示的布局形式下，无论流程用工数量是几个人，员工的行走路线都可以是非常合理的。例如，极端的情况流程由一名员工作业的话，作业者也可以在各个设备间以最小的行走路线完成作业。

第二节　单元线生产的组织

将一个流程的设备布置成如图 7-1 所示的"U"字形，是一种近年得到广泛应用的线性流程设施布局形式。这种布局形式的生产线，被称为单元线(cell line)或单元生产线。但这只是从设备布局形式上对单元线的认识，其实，正如上面对弹性用工分析时说明的那样，单元线能够很好地配合用工数量的变化，并且，通过调整用工数量来实现生产数量的弹性。这其实是单元线生产真正的意义，实质它是一种可以比较灵活地改变系统产出数量的弹性生产体系，所以，也被称为单元生产方式。因这样的体系比较小巧灵活的特点，故又被形象地称为细胞生产方式。

一、多工序作业与多设备作业的区别

在精益生产体系中，单元线布局不仅可以满足用工数量的调整，实现弹性用工，而且还能比较容易调整产量，有利于实现准时制生产，也符合一个流拉动生产的要求。所以在单元线生产中，流程工序的逻辑关系是串联的，即流程的组织模式是按产品原则组织的，也就是单元线中，包含流程各道工序所需要的设备，而且设备是按流程的工艺路线串联起来的，并不是将相同的设备布置成"U"字形的，其实质是一条小型的流水线，只不过流水线的布局形式一定是"U"字形的。

因此，在弹性用工体系中所说的多岗位操作，是一种多工序(工种)的作业，不同于以往的多机台操作。多机台操作是指根据机器的自动运行时间，以及手工作业时间的关系，来计算确定每个员工可以操作几台设备，一般是同一种设备，所以工种、操作技能是相同的。例如，在如图 7-3 所示的流程布局中，在设备小组中，设备的种类是相同的，只是每个设备组的数量会不同。现以设备 A 小组为例，假设工序在每台设备上的加工时间为 4 分钟，其中，自动运转时间是 3 分钟，手工操作时间是 1 分钟的话，那么计算可知，每个员工可以看管 4 台设备。此时，设备虽然也可以布置成"U"字形，或其他便于操作人员巡回的形式，但这种体系流程是按工艺原则分工的，设备是并联的机群式的布局，一个设备组只能完成一道工序，流程需要在不同的设备组之间运行才能完成(如图 7-3 所示)，设备的布置基本上属于孤岛型，不具备弹性用工的条件，而且也不能满足一个流生产的要求。

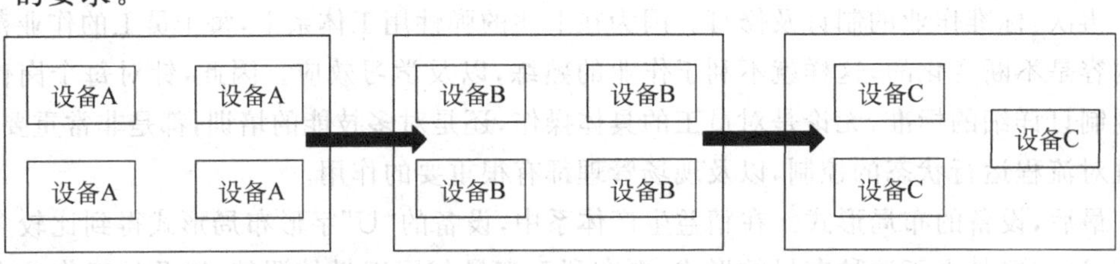

图 7-3　多机台操作

所以，单元线的设计，其流程是按产品原则分工的，是将一个产品的全部流程(或者一个工艺阶段)组成一个生产单元；设备是按工艺顺序布置的，之间的逻辑关系是串联的，空间布局形式是“U”字形的，如图 7-4 所示。这样设计有以下优点。

(1) 作业人员的行走路线最合理，便于用工量的调整。在“U”字形单元线中，不论用工数量是多少人，每个作业人员都可以根据最佳路线分工。例如，在图 7-4 的流程中，有 10 道工序，在确定有 3 个人操作时，可以如图中所示的路线分工，这样每一名员工的行走路线都是最佳的，空行的路线最短。如果生产数量减低，即便由一名员工作业，其行走路线也是最佳的，所以可以很好地支持用工数量的调整。

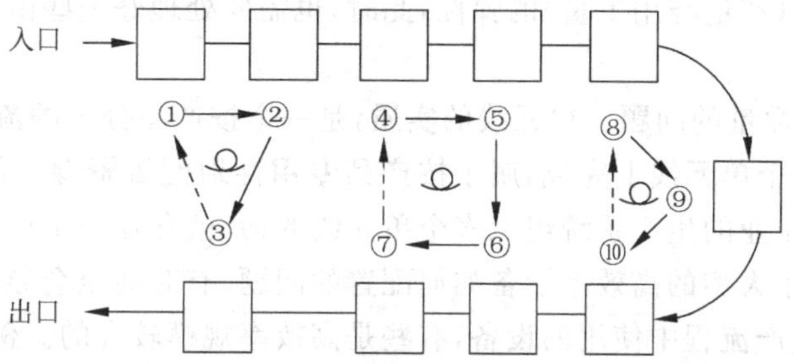

图 7-4 “U”字形单元线的布局

(2) 流程的入口与出口在一起，便于拉动式生产的控制。在一个流的生产中，流程中各个工序是平行作业的，只有完成一个产品的生产，下一个产品才被投入。由于“U”字形线流程的入口与出口在一起，并且往往由一名员工作业，因而更有利于实现一个流的拉动生产，从而很好地控制流程中的在制品。

(3) 便于单元线作业团队成员间沟通，技术交流与协作。与图 7-3 所示的布局比较就可以知道：如果团队成员间距离更近，没有空间的距离以及阻隔物品，那么成员间的沟通、技术及操作方法的交流就更方便，更有利于小组成员的多技能培养，以及当发现问题时，更有利于团队共同分析查找原因，制订改善方案等①。

(4) 有利于多品种生产的组织。因为精益生产本身就是一个多品种的体系，在丰田体系中，汽车的总装线是采取混流的方式实现多品种生产的。但是在加工线上，由于多数设备在改变加工对象时总是需要一定的转换时间，所以采取混流的方式会少。因为单元线一般是比较小型，这样采取单元线生产一般可以将产品按品种，或者将零部件按种类划分，例如可以结合成组技术，在一个单元线上生产一个品种系列，或者一个类别组的零部件，可以减少一条生产线的品种数量，相对于在一条大型的流水线上，生产较多品种的产品，对于物料的供应、设备的转换，以及工具工装的准备等都会好组织。员工的操作也可以有一定的品种范围，比较容易熟练。

(5) 投资较少，系统运行灵活性好。一般来讲，相对于大型的流水生产线，单元线的投资会较少，规模也比较小，灵活性会更好。因为每个单元线的产量有较大的调整幅度，

① 注：关于员工多技能的培养，以及发现问题、查找原因、制订改善方案等内容，在后续章节中我们会陆续讨论，在精益生产体系中，这些因素更加重要。

可以灵活对应市场需求数量的变化及极端的情况，即便停止个别单元线的生产，成本损失也比一个大型流水线停止运行，或者是根据需求量减少运行时间的损失要小得多。

二、单元线设计的影响因素

单元生产方式近年来得到了非常广泛的应用，尤其是在电子产业，这主要是因为电子产业的产品多数体积比较小，品种又比较多，所以采用单元生产方式比较适合。这些实践的背景，或许也说明了单元线的应用条件，一般会认为产品体积比较小的情况更好一些。当然，在机械类的企业中，产品体积较大的情况也有。但在精益生产中单元线的组织，更重要的是实现系统(产量与用工量)的弹性，此时，也需要处理好一些由于模式不同带来的新问题。

(1) 设备配置数量的问题。单元线的实质，是一个按产品分工的流程，是将产品的全部或部分流程在一个单元线上完成，属于按产品专用性地配置资源。但单元线一般规模比较小，如果一个企业的生产系统组织多个单元线的话，就存在一个设备配置的数量是否会增加，或者说对于大型的高效率设备如何配置的问题，有时甚至会导致设备的负荷不饱满的问题。因为生产流程中使用的设备，有些是高效率规模较大的。例如，有些企业配有数控的加工中心，甚至整个流程中只有一台这样的设备，所有需要经过此设备处理的工序，都需要将产品运到设备前等待加工。这有些类似医院的CT扫描等高精的检查设备，所有病例只要需要，都要到CT设备那里排队。大型设备虽然比较适合处理大量工作，但容易积压在制品，使生产流动不畅。多品种小批量的市场需求要求生产流程细流快速，以提高弹性应对变化。所以，设备小型化是必然趋势，只要质量稳定、故障率低、维护容易，不必单纯追求高速度。

这种设备的配置，在单元线设计时是一个难点，解决思路有两个：一是设备的小型化，这是一个工艺技术选择的问题，如果能够选择两个或多个小型的设备，比选择一个大型的高效设备更有利于单元线的组织；二是两条线或多条线共用一个设备，也就是在平面布局时，在大型设备的环节，尽量能够让两条或多条线共同使用。下面我们举两个例子来说明。

【例 7-1】 设备小型化的单元线设计①

某一生产核燃料棒的公司，在制造过程中采用一种金属网来固定燃料棒，在一段作业后必须清洗金属网。于是，公司购置了一部有压力和热度仪表的巨大的清洗机，结果，当不同的流程完成作业后的金属网争相要清洗时，这部大型清洗机反而使作业停滞不前。

公司进行精益流程改善时，对清洗机成为流程的一个主要障碍进行分析，因为巨大的清洗机需要作业流程实行大批量模式，精益团队询问是否可以改用小型的。开始工程师说绝对不可能。但精益团队坚持他们的想法，经过研究最后结论是，采用工业用的强力洗碗机可以行得通。于是，他们购买了数台强力洗碗机，将它们分别配置到各流程中，从而大大缩减了每批的数量，也解除了原来的清洗作业的瓶颈问题。

---

① [美]杰弗瑞·莱克. 丰田汽车：精益模式的实践[M]. 北京：中国财政经济出版社，2006：201.

【例 7-2】 DB公司双“U”字形单元线布局

DB公司生产的两种供应风电机用的轴承，由于技术要求较高，两种产品都需要经过高频淬火及回火才能达到硬度，但高频淬火设备是一种高效的大型设备，投资较大，公司不可能投入多台，而且设备是替代传统的处理工艺，技术要求也较高，因此只能采取多个流程共用的方法。

经过分析，两种产品的工艺路线、使用设备、加工要求虽然各有不同，但是最后一道工序都是淬火与回火，所以可以分别组织单元线生产，但是可以将平面布局成双“U”字形，这样最后一道工序可以共同使用高频设备，布局形式如图 7-5 所示。

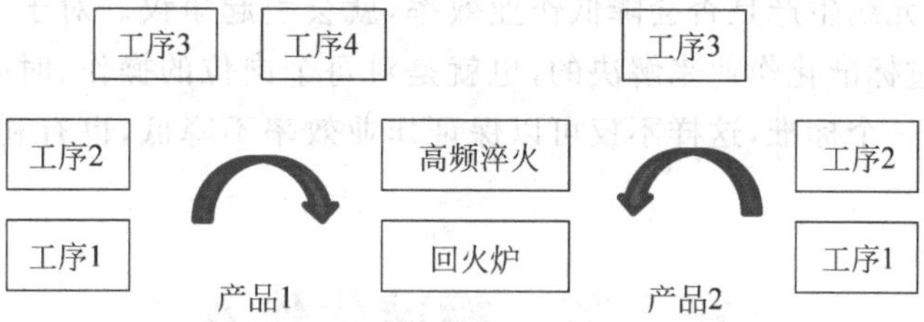

图 7-5 设备共用的双“U”字形单元线设计

当然，在上述两个例子中，设备的选用都受工艺要求，以及技术的限制，不是所有的流程都可以采用，但是根据每个流程的特点，采取巧妙的方法还是有空间的。对手工操作比较大的组装线而言，单元线的布局设计更好解决一些，此时多数主要考虑的是时间的平衡问题。不过无论怎样的布局设计，还是应该以能够实现产量及用工弹性为核心。

(2) 与成组技术的结合。精益生产系统中的单元线生产，目前基本已经演变为一种单元生产方式，其实两者并没有什么本质的不同，流程的分工模式、设备的布局形式都是一样的。但在精益系统中的单元线生产，主要目标是实现系统的弹性，尤其是实现用工数量的弹性，这是降低成本的重要因素。目前许多企业实施的单元生产，尤其是电子产业组织的单元生产，更多地解决了多品种生产的问题，或者说提高了系统的灵活性。在设计单元线时一般是一个单元线对应一个品种系列，这样企业可以根据品种来划分单元线，可以更灵活地应对多品种生产，相对于在一个大型流水线上生产众多品种而言，单元生产方式具有更多的优越性。

电子产业的单元线多用在组装线上，因为电子产品的零部件标准化比较高，一般会有专业企业大量生产；而在机械行业，如汽车的单元线，多用在加工过程，因为产品的组装线一般都比较长，产品体积也比较大，不易组织单元线。所以单元线的加工对象应该是产品结构及工艺类似的零件，这样工序作业，计划与控制等才会更好。因此，将单元线的组织形式与成组技术结合应用，会得到更好的效果。

成组技术是产生于 20 世纪 50 年代的一项综合技术[①]，将产品的设计、工艺与生产管理结合，将产品按形状、工艺近似程度分组，这样可以扩大加工批量，提高生产系统的效率，也可以减少零件的规格，最终可以节约运行成本。但这种思想在实践的应用中并没有

① 注：成组技术是一项技术、工艺与生产相结合的综合技术，起源于 20 世纪 50 年代，关于其具体的理论与方法请参阅相关书籍。

得到很好的推广，在单元线的形式出现以后，尤其是20世纪90年代后，单元线才得到广泛的应用，成组技术与单元线的结合，才再次得到重视。甚至也有人认为，单元线的起源是成组技术。不过将单元线与成组技术结合，确实是非常重要的。

(3) 时间平衡及生产效率问题。单元线生产实质也是流水线生产，所以同样会存在时间的平衡问题，但由于单元线可以是多工序作业，并且不是按顺序的多工序作业（见图7-4)，所以时间的平衡不同于传统的流水线，不是每个工序的时间都要与流水线的节拍成比例关系，而是每个操作者的分工时间与单元线的节拍（循环）时间成比例关系。这样就会出现一个新的问题，按照经济学分工效率性的原理，分工越细致，作业内容越少，效率会越高，所以单元线生产是否会降低作业效率，就会引起争议。对于这个问题，在精益生产体系中是通过标准化作业来解决的，也就是对每个岗位的操作、时间消耗，都会根据合理的分析，制订一个标准，这样不仅可以保证作业效率不降低，也有利于对员工进行多技能的培养。

第三节 标准化作业

精益生产体系中所说的标准化作业(standardization operation)，是指对制造现场的作业活动，以及所涉及的数量与时间制定的标准。它是以人员作业活动为核心，对流程运行的标准状态的描述。根据上述对弹性用工体系，以及单元线生产方式的讨论也可以知道，标准化作业在精益生产体系中，是实现弹性用工、员工多技能培养、少人化目标的基础。

一、标准化作业的内容与作用

在产品的制造过程中，产品需要经过怎样的工艺、设备进行加工，一般是由工艺技术文件规定的，这些工艺文件的制定是技术部门的任务。但在执行工艺文件进行具体的作业活动过程中，每一个岗位应该如何进行操作，怎样分配岗位的作业任务，还需要进行研究并确定一个合理的规程，这样才能在保证完成生产任务的基础上，使人员的作业效率更高。泰勒的时间与动作研究就是起源于此，当然，直到今天，这样的活动也仍然有企业是由操作者自己根据经验与体会进行的。

在弹性用工体系中，由于员工的作业内容是经常变动的，所以制订一个科学合理的操作标准就显得更加重要了。根据弹性用工的要求，精益生产体系的标准化作业，包括如图7-6所示的三项基本内容。

(1) 循环时间。循环时间是指根据市场（或者后流程环节）的需求数量，出产一个产品的时间间隔，也就是一名作业员完成分配给他的作业任务的时间。从流程运行速度及时间的计算方法看，循环时间实际上与流水生产线的节拍是一样的，但在这里更强调的是，在这个时间之内，每一名操作者都要完成分配给自己的所有岗位的作业活动。因为，弹性用工体系每一名员工有可能会负责多岗位作业，所以操作者是根据规定的作业程序，逐步完成若干岗位的作业活动，完成所有活动，正好走完一个循环（见图7-4)，所以这个时间被称为循环时间。这不是从流水线运行速度的角度，而是从人的作业活动的角度规

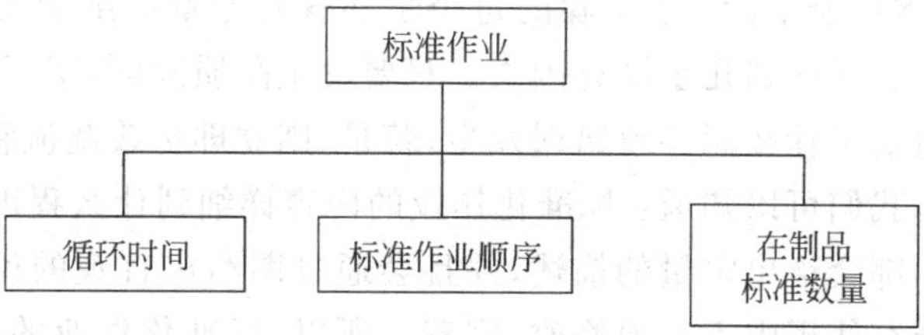

图 7-6 标准化作业的内容

定的时间标准。

(2) 标准作业顺序。标准作业顺序是指每个操作者完成分配给自己所有岗位作业活动的顺序，是人机配合关系的操作程序标准。因为一般在机器加工过程，每个岗位的作业时间，是可以分为手工操作时间，及机器自动作业时间两部分的。所以，每个员工可以操作几个岗位，要根据循环时间，以及各个岗位的手工作业时间计算得到，这样作业顺序的制定，实际上是以这些最基本的时间为基础的，没有这些基础的时间，将无法确定。或者说，标准的作业顺序内容包含了各种时间的标准。当然，有些流程可能完全是手工作业，这时每个作业员可以负责的岗位数就完全取决于手工的作业时间了。

(3) 在制品标准数量。在制品标准数量是指在产品流程的加工过程中，根据上述时间标准，以及工艺和运输等条件的要求，需要占用的在制品数量标准。因为每个流程由于设备、工艺、运输条件等因素的不同，标准的在制品占用数量也就不同，这需要根据流程状况具体确定。一般包括工艺占用、运输占用，以及保险占用几种。但在精益生产体系中，强调尽量减少在制品占用数量，尤其是实施一个流的生产与运输，中间的在制品数量应该较少，而且，在单元生产线中，设备的距离也比较近，中间的运输占用会更少。有些电子产品的组装线，由于产品本身体积也很小，工位之间距离非常近，有许多情况下，两个工位之间直接手工传递，中间没有运输占用的在制品。

需要说明的是，在标准化作业中，制定的循环时间与每一名员工的作业时间，是不一定完全相等的。一般员工的作业时间会小于等于循环时间，如果两者完全相等，就不存在工时的浪费，这是一个理想状态，这一点与流水生产线时间平衡的道理是一样的。

另外，在精益生产体系中，标准化作业是一项非常详细的作业文件，内容远比上述对三项内容简单地叙述丰富得多。且内容十分具体，形式可以是说明书或各种图表(后面会详细说明)，为每一名操作人员具体地标出每一个活动的标准程序。下面通过丰田体系标准化作业的一个例子来说明标准化作业的内容。

【例 7-3】 标准化作业的内容非常详细

我被指派去完成能在 44.7 秒内完成(包括工作与走动时间)的特定工作。这条组装线每个工作的生产间隔时间(在此例中指的是组装线速度)是 57 秒[①]，因此，我这份工作有充分多余的时间，算是指派给新人的工作。但是，就连这份简单的工作，在标准工作流程图上也有 28 个标准步骤，巨细靡遗到包括走几步路到传动带取东西，从传送带走几步路回来等。这份标准工作流程图张贴在我的工作站，上头还解释可能发生的质量问题。

---

① 注：实际上就是循环时间。

更详细地说明是一本小册子,28 个步骤的每个步骤各有专章详细说明,佐以正确执行该步骤的数字图片解说,详尽到几乎没有闪失。只要发生品质问题,工厂便会检讨标准工作流程图,看看是否遗漏了什么而导致错误发生,若是,则立即更改此流程图[①]。

通过以上实例,我们可以知道:标准化作业的内容详细到什么程度,甚至对操作的每一个最小活动要素,都会给出定量的描述,并且会通过图给出直观的说明,以及对活动的详细解释。同时,会在使用中不断地修改、完善。所以,标准化作业的作用远不是规定时间和数量标准那么简单,主要作用可以归纳如下。

(1) 减少浪费、提高生产效率。通过规范、优化作业活动与时间,以最合理经济的动作与时间消耗,完成规定的作业任务,这是标准化作业最基本的功能。这样不仅可以保证生产效率,解决多技能作业时,不断更换作业内容带来的熟练程度较慢,影响作业效率提升的问题,还可以通过对动作、时间的分析,规定合理的作业程序等,减少作业过程中废动作带来的时间浪费。

(2) 保障质量及安全生产,为持续改善提供基础。标准化的作业本身就是保障质量的一个最好方法,因为标准化的操作流程,在制定过程中不仅会考虑时间因素,同时也会考虑质量因素,只要按标准规程操作,就不会发生质量问题。而且,在精益体系中是提倡持续改善的(参看第八章的内容),只要发现问题,就会分析原因,改善并修改原来的标准操作流程,不断地提升流程的工作质量。在【例 7-3】中也说明了这一点。所以,标准化作业也是质量控制的一个有效手段,这一点对于提供无形产品的服务业更加重要。

(3) 是一个流程运行的状态标准,为可视化管理提供基础[②]。在标准化作业中,对流程运行速度(循环时间)、在制品占用的标准数量、人员操作的程序,都做出了比较详细、明确的规定,并且有比较直观的图表等描述,实际上这是流程运行的标准状态。这样一来,现场作业与管理人员就比较容易发现与标准状态不同的异常,也就是对现场的流程运行及作业活动,有一个判断标准。这是精益体系特别强调的,不断发现问题、不断改善的一个基础。

(4) 便于操作员工的多岗位培训。实现弹性配置作业人数,达到用工量的最小化,一个关键的前提是,有多技能员工的存在。而在丰田公司,多技能员工的培训,是采取轮岗制的现场培训实现的。这样,每个岗位的操作标准就是培训的标准,也就是培训的一个标准教程。所以,标准制订得越详细、越科学合理,对于培训员工的多技能就越有利,员工就越容易掌握更多的岗位技能。

综上所述,标准化作业在精益体系中是很重要的,是一个具有多项用途的标准化的管理文件。但这里需要强调的是,在精益体系中,标准化作业文件并不是仅由现场的主管或工程师创造出来的,而是现场操作员工主动参与制定的。并且,它不是静态不变的,而是不断地修正、不断地完善的,是一个持续改善的过程。这是精益思想的特点,因为,精益思想一个重要的主张就是全体员工参与、持续改善。所以,无论是标准的制订,还是不断地修改与完善,都是由实际从事现场作业和管理人员,共同研究完成的。当然,会有专业人

① [美]杰弗瑞·莱克.丰田汽车案例:精益制造的14项管理原则[M].北京:中国财政经济出版社,2004:177.

② 注:关于可视化管理将在第八章讲解。

员进行技术方面的支持，这一点与其他管理思想（如六西格玛管理）明显不同。

这种模式，不仅有利于标准的合理、可行，因为它来源于现场，而且可以让员工感到责任与信任，可以通过员工的主动参与，使员工感到个人的作用，在工作过程中有自己的价值，从而实现尊重人性的目的。

二、标准化作业的制定步骤与方法

标准化作业的规则和程序，是由一系列的作业指导性文件构成的，其中有详细的作业参数，以及操作程序的图表等。制定步骤如下。

(1) 确定循环时间(tact time)。循环时间是一个流程运行的核心参数，也是所有其他数据计算的基础。确定方法是：根据流程的有效作业时间，以及计划需求量，计算流程的循环时间。如前所述，它是一个操作者完成分工范围内全部作业的最大时间标准，因为与节拍时间是一致的，所以有时也叫节拍时间(cycle time)。此时，主要需要的数据是工作制度内的有效作业时间，以及流程产品的需求量。

(2) 确定产品的工序完成时间及构成。这一步主要是收集详细的时间要素，测定产品在每一道工序的时间消耗情况，包括各种不同的时间消耗，如，每个工序的手工操作时间、机器自动时间、转换时间、工作制度时间、工时利用率等。在各种时间要素具备的条件下，计算每个工序、每班的产量等数据，并绘制成表。

(3) 确定用工数量及标准作业顺序。这一步是计算流程的合理用工数量，方法是：按规定的循环时间及工序的时间构成确定用工数量，并确定操作人员的作业操作顺序，以及对应的操作规程、操作指导、注意事项等说明性的文件。

(4) 确定在制品的标准占用量。无论单元线生产也好，一个流生产也好，都是一种连续运行的流程，为保证流程的连续性，流程内必须要有充分的在制品，否则流程会中断，但是精益生产又主张尽量少的库存占用，所以要根据流程的工艺及运输状况、循环时间，以及设备状况等因素，规定各工序及工序间的在制品的标准占用数量。并且，这个标准的占用数量应该是尽量少的占用数量。

(5) 编制标准作业指示图表。将上述确定的参数，以及操作规程等，按流程及每个岗位采取图表的形式汇总描述，作为流程运行及作业的指示标准。

以下按每个步骤的具体内容，分别对作业标准中的数据收集，以及参数的计算进行说明。

步骤一：确定循环时间。计算方法是：根据客户的需求以及作业时间，计算确定生产一件产品（或零部件）所应花的时间。计算公式为

$$R = Fe/D \tag{7-1}$$

式中：R——循环时间；

Fe——每班或每天的有效工作时间；

D——根据需求确定的每班或每天的必要生产量。

无论是这里计算出来的循环时间，还是流程运行的速度参数，都与流水生产线的节拍是一致的。只不过此时更强调两点：一是多岗位作业的时间，即每个操作者完成多个岗位的循环时间；二是根据需求确定的节拍时间，这里的需求可以是外部市场的需求，也可

以是内部流程下一个环节的需求，这样确定的流程循环时间，实际上是准时制生产思想的体现，不会生产出过多的产品或半成品。

另外，需要说明的另一个相关概念是，实际操作时间(observed cycle time)。它是指每个操作者在循环时间内的实际操作时间，是操作者在节拍时间内，完成承担工作内容所花的全部时间之和。由于种种原因，实际操作时间与循环时间不一定相等。下面我们来看一个实际的例子，以进一步说明两种时间的关系。

【例 7-4】 某健身器材企业的一个加工单元，有 4 道工序，即切管、弯管、压型和管口成型，分别由 4 台机器：切管机、弯管机、压型机、成型机组成，各工序的加工时间可以分为手动时间与自动时间。设备布局及时间构成如图 7-7 所示。

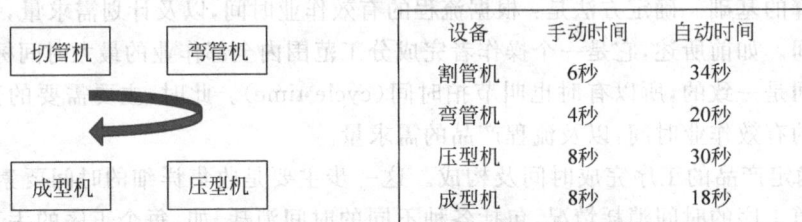

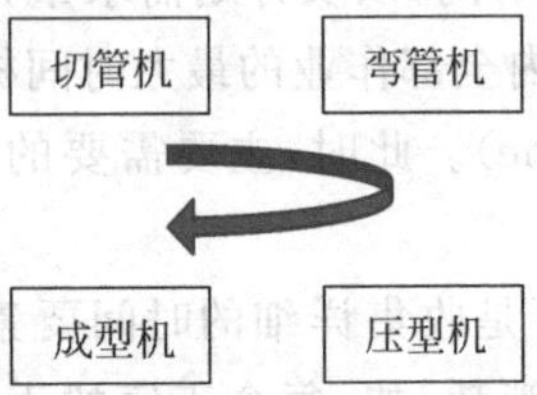

设备	手动时间	自动时间
割管机	6秒	34秒
弯管机	4秒	20秒
压型机	8秒	30秒
成型机	8秒	18秒

图 7-7 某健身器材加工单元的设备布局及时间构成

企业实行单班制生产，每天实际的有效工作时间是 7 小时 10 分钟，装配线对流程产品一天的需求量是 600 件，所以计算循环时间为：$R=430\times60/600=43$(秒/件)，但根据工序时间构成(见图 7-7)计算，各个岗位的手工操作时间合计是 26 秒，因为此单元线只有 4 台设备，所以至少需要一名员工操作。此时，实际操作时间会小于循环时间，操作者在循环时间内有空闲时间，就会产生一些工时的损失。

通过以上例子可以看到，在单元线生产，或者是多岗位操作设计时，也会遇到时间平衡的问题，与流水生产线的情况相同，但是此时更受到用工数量、多岗位操作的限制，尤其在加工单元线上，时间的平衡更困难一些，设计时要求时间的损失越少越好，但是，实际操作时间不应该大于循环时间，否则操作者会在规定的时间内无法完成工作任务。在装配生产的单元线上，以手工作业为主时，可以通过调整每个岗位的作业内容，来平衡实际操作时间与循环时间，这样可以较容易减少工时的损失。因此，在电子产业的装配流程，单元线的生产方式得到了比较广泛的应用。

步骤二：确定产品的工序完成时间及构成。针对流程中的每道工序，确定单位产品的完成时间，以及时间中手工时间、机器时间、转换时间等要素，将这些时间要素按流程工序汇总成时间构成表，是这一步的主要工作。因为一旦这些时间确定，每个工序在一个班次的有效时间内，可以完成的任务量就确定了，所以，在丰田公司也将此表称为能力表。

实际上图 7-7 中的时间部分，就是一个简单的能力表，但其没有包括转换时间、工具更换时间等详细信息，如果单元负责多个品种生产的话，每个设备在改变品种时，都会发生转换时间等因素。

另外，在能力表中，还会给出具体的流程名称、产品名称及编号等信息。表 7-1 是一个丰田公司能力表的实例。

表 7-1　丰田公司产品时间构成(能力)表①

按零部件分类的能力表	产品编号	品名	每天的需要量	作业人员名

工作顺序	工序名称	机号	基本时间						更换工具			加工能力/个数	备考 手工作业 ——— 自动运送 - - - -
			手工作业时间		自动运送时间		完成时间		更换个数	更换时间			
			分	秒	分	秒	分	秒		分	秒		
1	中心钻床	CD-300		07	1	20	1	27	80	1	00	655	
2		KA-350		09	1	35	1	44	20		30	549	
									50		30		
3	绞孔	KB-400		09	1	25	1	34	20		30	606	
									40		30		
4	绞孔	KC-450		10	1	18	1	28	20		30	643	
2—1	压延	MS-100		(20)	(2	10)	(2	20)	1000	7	00	820	(时间/分) 10 10 2 10
2—2	压延	MS-101		(15)	(2	10)	(2	15)	1000	7	00		(时间/分) 5 10 2 10
	(设备2台)			18									〔每一个的手工作业时间/分〕= $\frac{20+5}{2}$ =17.5–15
3	打孔	BA-235		(08)		(50)		(58)	500	5	00	1'94?	
	(同时加工两个)			04				29					〔每一个的手工作业时间/分〕= $\frac{8}{2}$ =4
4	测定(1/5)			(18)									
	(5个检查一个)			09									〔每一个的手工作业时间/分〕= $\frac{18}{2}$ =9
			合计										

表中数据计算说明:

基本作业时间分为手工作业时间和自动加工时间。手工作业时间是指作业人员在各工位上进行作业的时间。自动加工时间是指机床自动加工工件的时间。

完成时间是指在某一工序上完成一个工件所需的时间,计算公式为

$$\text{完成时间} = \text{手工作业时间} + \text{自动进给时间}$$

更换刀具时间是指每一个工件应该分摊的刀具更换时间。其中,道具更换个数是指更换一次工具应该加工的零件个数;更换时间是指一次换刀的时间。所以:

$$\text{分摊到每件产品的换刀时间} = \text{更换时间} / \text{更换个数}$$

$$\text{平均一个零件的总计时间} = \text{完成时间} + \text{更换刀具时间}$$

加工能力是指工序在一天规定的工作时间内,能够加工的零件个数。计算方法为

$$\text{加工能力} = \text{日总开机时间} / \text{平均每个零件总计时间}$$

步骤三:确定用工数量及标准作业程序。根据上面两个步骤确定的循环时间,以及各工序的时间要素,计算确定流程的用工数量,并将信息汇总到标准作业图表中。丰田公司将此称为标准作业组合表。

首先,确定用工数量,给每个作业员分配工作内容,作业人员在规定的时间内按程序执行能完成所有操作。此时,一个流程单元总的用工数量计算方法为

$$H = \sum t_i / R \tag{7-2}$$

式中:H——流程的用工数量(人);

t_i——流程内 i 工序的手工作业时间。

① 资料来源:[日]门田安弘.新丰田生产方式[M].第 4 版.王瑞珠,等,译.保定:河北大学出版社,2012:163.

例如,在【例 7-4】中,流程的循环时间是 43 秒,所有工序手工作业时间的合计是 26(6+4+8+8)秒,所以,H=26/43=0.6(人),但是用工量只能取整数,所以流程的用工数量为 1 人。

关于人员工时空闲的问题,分析【例 7-4】可以看到,此流程运行的最快速度是 40 秒,因为第 1 道工序的时间(手工时间与自动时间)总和是 40 秒,所以流程不能再快了。现在的节拍是 43 秒,是根据流程每天需求 600 件计算确定的,如果按节拍 40 秒计算,每天可以生产 645(430×60÷40)件产品,还有一定的能力提升空间。但是,现在的用工数量已经是最低了,即便按 40 秒一件产品计算,也是需要 0.65(26/40)个人,也仍然需要配备一个人,人员仍然有空闲时间,这是组织单元生产,或者说弹性用工的一个常见的问题。丰田公司对此类问题的解决思路是:多个单元之间可以相互共用人员,但这需要流程设备的布局,以及员工的技能范围更大来支持,实现起来不太容易。

其次,分配每个员工的作业内容,以及确定操作程序。下面我们通过一个产品装配生产单元线的例子,来说明分工及操作程序的确定方法。

【例 7-5】 某电子制造企业,新开发了一种小型手持打印机,市场销售很好,产量相对较大,也比较稳定。因此,企业想逐步地将其生产流程标准化,建立一条单元生产线。经过对产品结构、现场工艺及操作的分析,生产线被分为 12 道工序,每道工序的组装作业虽然都需要一些简单的辅助设备,但基本由手工操作完成,经过对动作时间研究,以及时间平衡规划,各工序的单件作业时间如表 7-2 所示。

表 7-2 各工序的单件作业时间

单位:秒

工序	1	2	3	4	5	6	7	8	9	10	11	12
时间	12	10	12	16	10	8	12	12	8	8	10	12

目前根据企业对市场的预测,每天需求量为 600 件,因此决定每天生产 600 件,工厂实现单班制,每天有效工作时间为 450 分钟。所以,根据公式(7-1)计算,此时流程的循环时间为 45 秒。再根据公式(7-2)计算,流程的用工量为 $H=\sum t_i/R=130/45=2.89$,所以需要配置 3 名员工。

因为流程是按"U"字形单元布置的,所以考虑流程的循环时间,以及每道工序的具体操作时间,分工的原则是:每一名员工的作业时间不应该超过循环时间;同时各个员工之间的作业时间也应该尽量均衡,避免忙闲不均衡;另外,需要考虑多岗位作业时,员工行走的路线是最佳,或者是合理的。所以,最后对上述流程中 3 名员工的分工,以及员工的操作程序如图 7-8 所示。

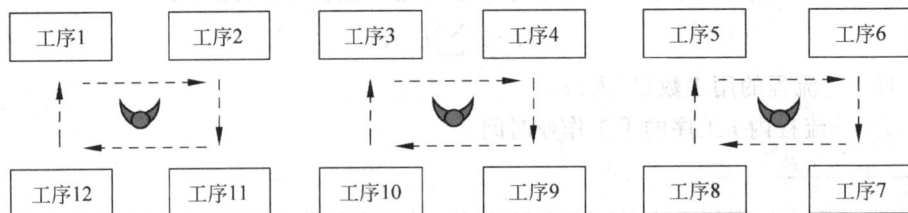

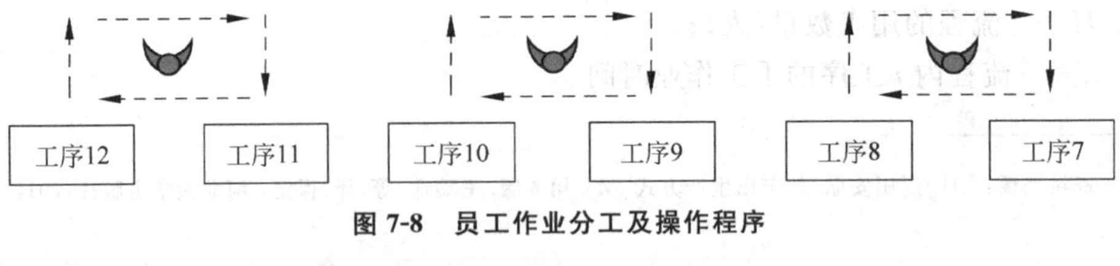

图 7-8 员工作业分工及操作程序

此时，三名员工的作业时间为：第一名员工 44 秒，第二名员工为 44 秒，第三名员工为 42 秒。每个作业员工负责的作业时间都小于循环时间 45 秒，都可以左循环时间之内完成分担的作业任务，并且行走的路线也是最佳的。

在这个例子中，因为产品是新上市不久，根据目前的市场需求数量，计算得到的循环时间是 45 秒，所以可以由 3 名员工来完成作业，如果需求增加，可以通过用工量的增加，来实现循环时间的缩短，所以，也是组件单元线生产，产量具有弹性的优势。

最后，将上述结果用图表的形式汇总出来。此时按每一名员工制定一张图表，实际上是一张指示员工操作的标准，也就是被丰田称为标准作业组合表的形式。例如，【例 7-5】中的第一名员工，负责第 1、2、11、12 四道工序，其作业顺序及时间制成作业组合表的形式，如图 7-9 所示。

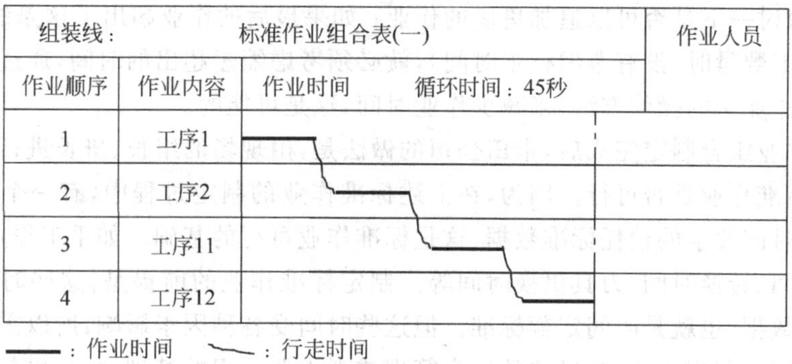

图 7-9　作业组合表的形式

以同样的方法，可以绘制出流程中其他两名员工的作业组合表，形成流程的作业指示标准文件。在本例中，由于全部是手工作业，时间构成比较简单，如果在加工单元，有机器自动运转的时间，需要将机器自动运转的时间也标识出来，这样可以清楚地看到人机的配合，以及流程的运行状态。例如，在【例 7-4】中，零件加工单元线有 4 个岗位，根据上面的分析，流程配备 1 名员工作业。此时根据流程各工序的时间要素(见图 7-7)，绘制标准作业组合表如图 7-10 所示。

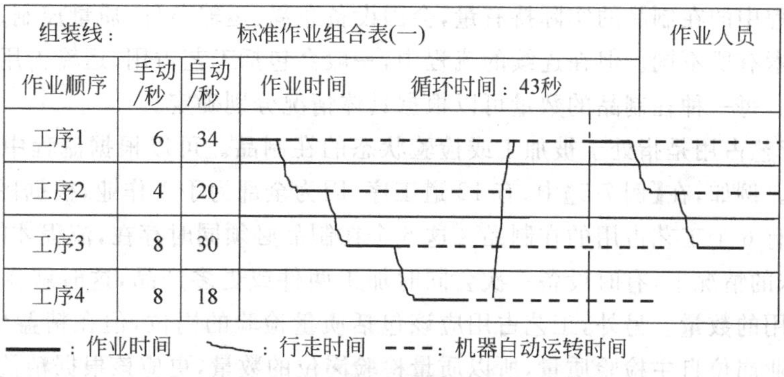

图 7-10　加工线的标准作业组合表

标准作业组合表的形式其实并不一定是唯一的，企业可以根据自己的需要制定，具体记录的信息也可以根据流程及作业特点确定。具体方法可以归纳如下。

(1) 在一个有时间坐标的图上，绘制作业的各种时间。在坐标轴上确定循环时间的位置，用线画上循环时间(一个循环周期)。

(2) 必须事先确定一名作业人员能够操作的工序范围，即一名作业员分工负责的岗位是哪些。这时需要考虑作业时间、行走路线合理等因素(见图 7-8)。

(3) 确定作业员的作业顺序，把手工作业时间和设备自动运行时间记录过来，数据从能力表中获取，记录到组合表中。

(4) 根据时间要素，以及作业顺序绘制时间坐标图，其中用不同的线段表示出手工作业及自动运转的时间，如果有步行时间的话，需要用波浪线加以表示。

(5) 如果最后的返回点同循环时间的线吻合的话，可以说这个作业顺序是合适的组合作业。如果最后的作业在循环时间线的前面结束的话(见图 7-10)，说明作业员有空闲的时间，就探讨一下是否可以追加更多的作业；如果最后的作业超出了这条线的范围(因为在计算用工数量时，没有考虑行走时间)，就必须考虑缩短超出的时间，通过改善该作业人员在各种作业中的操作方法，来减少作业时间，这是可能的。

最后，作业组合制定完成后，丰田公司的做法是，由现场的组长、班长进行一次试验性操作，检验标准作业是否可行。因为，在上述标准作业的制定过程中，有一个很重要的因素——各种时间要素的消耗标准数据，这是标准作业可行的基础。如手工作业时间、机器自动运行时间、转换时间、刀具更换时间等。制定标准作业的前提是，这些时间要素要有标准的消耗数据，也就是时间定额标准。但这些时间受各种因素影响，所以需要有一个验证。标准时间的制定方法，是经典的生产管理或者工业工程的基础内容，也是从泰勒开始就进行研究的一项内容，已经有很多的理论与方法。我们假定企业有这些时间的标准数据，来讨论标准作业的制定过程，具体的各项时间要素的标准消耗数据的制定，可参阅相关的书籍。

步骤四：确定在制品的标准占用量。在制品是指投入流程中，尚未完成加工出产的加工对象。流程中在制品的标准占用数量，应该是作业标准的工作程序在正常状态下，在制品的合理占用数量，或者说最小的占用数量。因为只有将在制品数量控制在最小的状态下，才能充分体系精益的原则。

一个流程中的在制品的实际持有量，会因设备布局、运输条件、质量控制、设备运转的可靠性等因素有所不同。但在连续的流程中，一般会包括工艺占用、运输占用和保险占用三种在制品。每一种在制品的数量可以根据具体情况分别确定。

首先，工艺占用是指处于被加工或检验状态的在制品。可以根据流程中的工艺岗位数量来确定。例如，在【例 7-5】中，有 12 道工序，因为全部为手工作业，根据图 7-8 可知在流程中就会有 6 个工艺占用的在制品。这 6 个在制品必须同时存在，流程才能连续运行。另外，在特殊的情况下，有时设备一次会同时加工两件或更多产品，这时就要根据实际来确定工艺占用的数量。另外，工艺占用应该包括质量检验的岗位，但在精益生产体系中，主张每个作业岗位自主检验质量，所以质量检验岗位的数量，更应该根据精益思想进行分析，确实需要单独设立的，才确定在制品的占用。

其次，运输占用是指在流程中各工序(设备)之间，处于正在被运输状态的在制品。这种在制品的合理占用数量，受设备的物理距离、运输条件、工件本身体积的大小等影响，差别比较大，有些流程几乎没有，可是有些流程，例如设备之间的距离较远，中间是滑道、传送带等，就会有较多的运输占用。但在单元线的条件下，设备之间的距离不应该很远，传送装置也会很方便，实施一个流生产，所以运输占用不会很多。

再次，保险占用是指为防止意外发生，确保流程不中断运行的在制品。例如，设备发生意外故障，需要停机抢修，或者出现质量问题等。此类在制品的占用，需要根据设备故障的发生概率、质量控制的水平、解决问题的时间等，来确定其数量。但需要注意的是，根据精益思想的原则，此类在制品应该是尽量少，甚至是没有。因为，在精益体系中，主张流程发现问题时，必须停止运行来分析、解决问题后，再运行。保险占用的最终目标是零，但是多数企业，尤其在开展精益生产初期的企业，还是有保险占用的。

最后，可以将确定的标准在制品占用数量，用比较直观的图表形式汇总，以便于操作者和现场管理者作为依据。例如，在【例 7-5】中，流程的 12 道工序，根据分工每两个工序确定占用一个工艺在制品，运输占用发生在两个操作者衔接处，以及流程的弯曲处(因为空间距离稍远一些)，共计 6 个运输占用，不考虑保险占用的话，在制品的标准数量如图 7-11 所示。

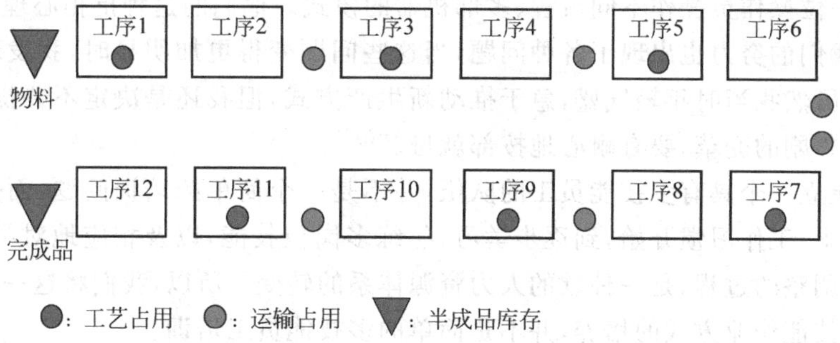

图 7-11　流程在制品标准占用

在图 7-11 中，在制品占用的数量及位置都比较直观地标识出来了，加上流程的布局及半成品的存放位置，实际上就是一个流程的物流描述，直观地给出了一个流程的运行状态，不仅可以作为现场操作与管理的依据，而且也是后面我们要讨论的一个重要项目——可视化管理的基础。

步骤五：编制标准作业指示图表。这一步是将所有的标准化作业的要素进行汇总，并且整理成标准文件，包含的要素为循环时间、作业顺序及操作指导、在制品标准持有量、纯作业时间、进行质量检验的位置、让作业人员注意安全的位置等。形成的文件，有些可以采取图表的形式，在作业现场张贴，这些也是可视化管理的基础信息；有些可以编制成作业指导说明书，供现场作业人员使用。

第四节　多技能员工的培养

如前所述，实现弹性用工一个重要的前提是，存在具有多岗位操作技能的员工。这一点也是由传统的大量生产体系，向精益生产体系转变的一个关键因素。大量生产体系是依赖于高度的专业化分工，来提高作业效率的。因为一般讲，分工越细致，每个岗位的作业内容越少，效率就会越高。而且，大量生产体系是追求规模经济性的，品种单一的大量生产，每个操作者负责的作业内容很少，且长期不变，这样有利于操作的熟练，提高学习效应，也就是经济学中的分工效率性原理。但在市场环境发生变化，需要多品种生产时，这些因素的优势就不存在了，尤其是需要根据市场需求调整产量，进而调整用工数量时，这些优势可能会成为阻力。例如，假设每个员工的作业内容很少，而且长期稳定不变，员工都只能掌握一个工种的技能，就无法通过对每个员工作业内容的伸缩，来增加或减少流程的用工数量，也就很难实现用工数量的弹性。

不仅如此，在长期的大量生产环境下，会使人的思维模式也逐步固化，所以，建立一个流生产、多岗位作业时，会有很多困难，员工的抵触是其中之一，对此丰田公司开始建立弹性用工体系时，也同样遇到思想上的阻力。大野耐一说："1947 年，我们把机器设备排成并行线或'L'形，试图让一位员工沿着流程路径操作三四部机器。可是，就算这样并未增加员工的工作量或时间，我们还是遭遇到生产线员工的强烈抗拒，因为我们的技工并不喜欢这种要求他们具备多种作业技能的安排，他们不喜欢从一位操作员操作一种机器的模式，改变为一位操作员操作不同流程、多部机器的模式。他们的这种抗拒心理是可以理解的。此外，我们的努力也出现了各种问题，当这些问题变得更加明显时，我发现了持续改进的方向。虽然我当时年轻气盛，急于推动新生产方式，但我还是决定不要操之过急，不要诉诸快速急剧的变革，要有耐心地按部就班。"①

因此，建立一个具有多技能员工的队伍，并不是一个简单的培训问题，而是从改变传统的思想理念、工作习惯开始，到逐步学习、熟练多岗位技能，以及相应地对员工的评价、激励体系的调整的过程，是一种软的人力资源体系的转变。所以，我们将这一节讨论的主题定义为多技能作业方式的培养，并不是简单的多技能员工培训。

一、培养方式：轮岗制

丰田公司对员工多技能的培养，具有两个特征。一是现场学习、培养，即通过在实际的作业现场，来学习掌握多个岗位的技能，并不是通过专门的培训机构来学习。因此，承担对员工进行作业指导与训练的人是现场的班组长，并不是专门机构的培训师或教师。二是岗位轮换制度学习方式，员工是通过不断地轮换操作流程中不同的岗位，逐步学习、掌握多种技能的。并且这种轮换作业是一直不断地进行的，并不是员工掌握了一定范围的技能后就固定了。因此，这种体系被称为现场培养体系(on the job training，OJT)。

首先，这种现场轮岗作业的培养体系，实际上是一个与现场作业同时进行的人力资源培养模式。因此，它完全不同于在专门的培训机构培养，它的组织体系是与现场的作业组织完全结合的。例如，图 7-12 是丰田工厂中的一个作业课的构成，这个作业的组织体系也就是现场轮岗培养方式的组织结构，每个作业员要在一定时期，完成班内多种技能的学习，然后再扩展到小组，以至于更大范围的技能学习。

在这个体系中，一个重要的基础是：现场培养的具体指导与实施，是由班组长(作业现场最基层的管理人者)来完成的，也就是员工多技能的学习，是由班组长来承担指导与

① [美]杰弗里·莱克. 丰田汽车案例——精益制造的 14 项管理原则[M]. 北京：中国财政经济出版社，2004：130.

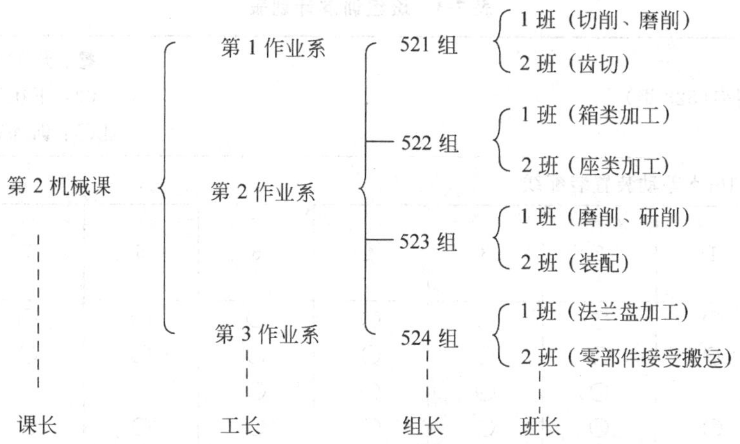

图 7-12　第二机械课的组织结构

资料来源：[日]门田安弘.新丰田生产方式[M].第4版.王瑞珠，译.保定：河北大学出版社，2012：141.

训练的。因此，就要求班组长只有具有比较全面、熟练的技能，才能够对员工进行掌握多工种作业技能的指导。所以，班组长是这个体系中的核心，只有具有一大批这样能力的班组长，这种现场的轮岗培养体系才能实现。

这种培养方式有些类似传统的师傅带徒弟，但又有区别，因为除班组长承担主要传授技能的责任外，班组内的新老员工之间也可以相互学习，技术比较熟练的老员工，也可以帮助新员工学习技能，这是一种团队式的师傅带徒弟的机制。实际上，以前在我国的一些企业，新员工进入作业现场时，一般也是指定一个技术熟练的老员工为师傅的，只不过只是固定某一个岗位，并没有多技能的培养。

另外，与专门的培训机构或者学校的学习不同的是，这种技能的学习，没有学历或技能证明的问题，只是在企业内部会有记载，在人事考评体系会有体现，当然，对员工的使用与发展都会有帮助。

其次，这样的培养过程，需要制订一个长期的培养计划。从上述的组织体系可以看到，通过现场轮岗学习多个岗位的技能，是一个漫长过程，需要一个较长的时间，班组内的每个员工参与工作的时间长短会不同，技能掌握的情况、学习进度等都会不同，所以需要制订一个培养计划，按计划逐步地实施。这个培养计划也是由现场班组长制订，并且根据计划逐步实施的。

在丰田或日本其他一些公司，招收员工的主要方式是：从每年的应届毕业生中，选择招收新员工进入公司，通过上述培养体系，将新员工逐步地培养成技术熟练的员工，一般需要经过3～5年的时间。而且，每年都有新员工入职，每个班组又会根据产量有人员的增减，所以班组长要根据组内员工的具体情况，制订一个详细的培养计划，这样才能保证每个员工能够得到有计划的学习机会。

例如，表7-3是丰田公司一个作业班的培养计划。班内有8名作业员，作业岗位数也是8个，这样班长可以根据每个作业员已经掌握的技能状况，以及正在学习、熟练的岗位技能等因素，来安排每天的作业任务，并逐步培养每个作业员完成组内全部岗位的技能学习。

表 7-3 班组训练计划表

作业训练计划表(523 组)

●：预定训练
◎：正在训练
⦶○：训练完毕

生产线名称：160ϕ 差动装置装配线

工序 / 作业员	1	2	3	4	5	6	7	8
A	○	○	○	○	○	○	○	○
B	◎	○	○	○	○	○	○	○
C		○	○	○	○			
D	○	○	○	○	○	○	○	○
E	○	○	○	○	○	○	○	○
F	●	●	◎	○	○	○	○	○
G	○	○	○	○	○	○	○	○
H	○	○	○	○	○	○	○	○
班长	○	○	○	○	○	○	○	○

资料来源：[日]门田安弘.新丰田生产方式[M].第 4 版.王瑞珠，译.保定：河北大学出版社，2012：142.

在考虑培养计划的基础上，班组长每天可以根据作业人员的技术程度、身体状况等，进行轮岗作业的具体安排。例如，根据表 7-3 的生产线，各个工序的作业内容、特点、时间及疲劳强度如表 7-4 所示。

表 7-4 各工序的作业内容、特征、时间及疲劳强度

工序	作业内容	作业特征	作业时间/秒	疲劳强度
1	组装差速器壳	手工作业要熟练	26	4
2	组装差速器壳盖	质量检验点多	26	5
3	压入轴承	步行距离长	26	3
4	组装内啮齿轮	手指和右上腕作业	26	1
5	预加载调整	负重、步行长	26	2
6	组装齿轮	需要手感	26	6
7	间隙调整	腰、两腕作业	26	7
8	销紧螺栓	手和臂力	24	8

资料来源：[日]门田安弘.新丰田生产方式[M].第 4 版.王瑞珠，译.保定：河北大学出版社，2012：143.

具体在每个工作班次，班组长会制订一个详细的轮岗制的操作计划，如表 7-5 所示。让每个作业员可以按培养计划得到学习尚未熟练的岗位。同时，通过轮岗操作，也可以不断地巩固提高应完成学习计划员工的熟练程度。

另外需要特别说明的一点是，在流程产量减少，需要减少组内作业人员时，首先考虑将技能最熟练，已经完成全部学习的员工调出，派往其他流程。这样不仅可以保证尚未完成全部岗位学习的作业员可以按计划学习，而且可以让已经完成全部岗位学习的员工，得到更多流程岗位学习的机会，同时也是对员工掌握技能的一种鼓励。

表 7-5　组内作业轮岗计划

轮换次数	轮换时间	1	2	3	4	5	6	7	8
1	8～10	A	B	C	D	E	F	G	H
2	10～12	G	A	B	C	D	H	E	F
3	13～15	E	G	C	A	B	F	D	H
4	15～17	D	C	G	B	A	H	F	E

资料来源：[日]门田安弘.新丰田生产方式[M].第4版.王瑞珠,译.保定：河北大学出版社,2012：144.

最后,根据上面的讨论,我们可以将这种轮岗的培养体系,具体的培养过程,整理为如下三个阶段。

阶段一：现场管理人员(班组长)的培养。因为现场的班组长就是培训师,所以要求班组长要熟练掌握所属流程的所有职位的技能。因此,首先需要培养所有的班组长,方法也是通过各个岗位进行轮换,掌握并熟练各种技能(实际也就是在丰田的体系中,成为班组长前是要经过长期的技能培养的,或者说这是选择班组长的前提条件),一般需要3年时间,甚至更长的时间。

阶段二：作业员在班组内的岗位轮换培养。每名作业人员进入企业作业体系后,都会接受逐步的多岗位技能的培养,由班组长制订出培训计划,按计划训练所有员工,使其达到掌握所有岗位的技能,这个过程会逐步地扩大岗位的范围。

阶段三：每天实施轮岗作业。员工在掌握了多岗位技能后,也并不是固定地操作某一个岗位,而是在每天工作时间内,由组长制订作业计划,仍然是进行轮岗作业的。可以根据作业的特点,间隔一段时间轮岗一次,例如,2小时、4小时轮岗一次,不仅可以达到完成培养计划的目的,还可以更好地不断熟练、提高多岗位的技能。

在这个培养过程中,作业的标准操作规程是一项非常重要的基础,因为每个岗位的作业活动越简单,操作活动越规范,学习与熟练的过程就会越容易,时间也会越短。这里也可以进一步地理解标准化作业的作用。

二、轮岗培养方式的效果及制度性因素

弹性用工,实现系统用工数量与产量的联动,达到少人化的目的,是精益生产体系的一个必然、合理的选择,因此,多技能员工的存在,就是弹性用工体系的一个基本前提。但是多技能员工的培养如何实现,应该说,可以有不同的选择,丰田公司实施的是现场的轮岗培养制度,并不一定是唯一的选择。目前国内许多企业也在实施员工多技能的培养,但多数企业是通过培训机构来实施的。并且一些大型的企业都有自己的培训中心,或者员工培训的学校等机构,也能够很好地完成多技能的培训。

因此,现场轮岗的培养体系,不一定是唯一的选择,也很难能够充分地证明,这种模式一定会比其他方式优越,这需要与企业的实际情况结合。因为丰田体系对员工采取的是长期(甚至是终身)的雇用制度,并且将对员工的投入作为企业的战略定位,认为它是形成企业核心优势的一个重要要素。所以,采取这种培养体系,不仅仅得到技能上的需求,还会有许多其他方面的收获,根据丰田的总结,会有以下效果。

(1) 可以调节作业人员的情绪,恢复身体的疲劳。因为,经过一段时间的单一作业活

动后，人体的某个部位会有特别的负担，人的情绪也会有烦躁感，因此改变作业内容，也可以改变作业的单调性给作业员带来的烦躁情绪，以及固定的作业姿势，对身体某个部位的负荷。结果是注意力提高了，减少了事故的发生。

(2) 消除负担容易落到熟练工的不公平感，促进团队的沟通。因为流程中每个岗位的作业，由于设备、工艺、操作方法等原因，承担作业的精神及体系压力会有不同(见表 7-4)，时间的宽裕程度也会不同，通过不断地轮换，可以改变工作负荷集中(往往集中到熟练工身上)，负荷分担不均衡的现象，从而改善团队成员的关系，有利于相互帮助，促进员工的相互沟通。

(3) 有利于隐性知识的传播。每个员工在实际操作中，通过逐步摸索、体会，都会有一定的独特的技巧，这种技巧实际上是一种隐性的知识，是很难传播的。通过岗位的轮换与相互学习，员工的技能与技巧可以直接传授给其他人，这样非常有利于知识、技能的传播，并可以通过标准作业文件记录下来。

(4) 有利于发现问题、改善作业。如果一个岗位长期是一个人操作的话，就会产生习惯成自然的现象，很难发现存在的问题。在不断变换的新的作业中，无论是现场管理者，还是作业人员，都会有新的发现，或者发现作业中的问题时，会产生新的想法和见解，这有利于工序的改善及合理化建议的产生。

其实这种轮岗制度是一种柔性地配置人力资源的方法，在许多地方都可以用到，尤其在服务流程中应用会有更好的效果。目前有许多公司，包括欧美的企业也在有意开展，但是实施轮岗的学习培训，或者轮岗的工作方法，会受一些企业原有的人力资源模式、管理理念、评价方法等制度性因素的影响，轮岗方法本身没有难点，但是这些制度因素的改变却有困难。

例如，其中一个最直观的问题是薪酬体系的设计。在美国多数企业没有实施多技能员工的制度，一般是采取比较明确的岗位及等级体系，表 7-6 及表 7-7 是某公司机械加工生产线上的工种实际分类，以及企业的小时工资基本等级。

表 7-6 某公司岗位等级及工作内容

岗位等级	岗位	作业人数/个
A	清扫工	1
B	洗净工	1
C	切削工	2
D	研磨工	5
E	复式钻工	1
F	复式钻工	1
G	摇臂钻工	10
H	钻孔工	5
I	补焊工	5

表 7-7 某公司岗位等级及小时工资体系

岗位等级	1	2	3	4
A	4.66			
B	4.69	4.77		
C	4.77	4.86		
D	4.86	4.96		
E	4.86	4.96	5.07	
F	4.96	5.07	5.35	
G	5.07	5.19	5.35	
H	5.07	5.19	5.35	5.57
I	5.19	5.35	5.57	5.83

因此，如果实施轮岗的培养及工作制度的话，就存在一个工资如何确定的问题，因为员工如果从一个岗位换到另一个岗位，工资水平是不同的，这会严重地制约轮岗工作方式的实施，无论是学习还是正常的工作，都会有这个问题。所以丰田公司采取的是一种叫作

属人的工资制度，也就是工资水平是依据某个人来确定的，无论这个人从事哪个岗位，工资水平不变。工资水平的提升是根据个人的工作年限、技术水平、贡献大小等来确定的，并不是根据从事的岗位确定的。这样就为轮岗制度奠定了薪酬的制度基础。

另外，对人力资源的考评方法也有不同，对员工掌握技能的范围、熟练程度、技能与技巧的传授、相互沟通与帮助、改善与合理化建议的贡献等，都是考评的重要因素。这些都是不同于单纯的重视结果、重视数量的考评模式的。

同时，对员工的培养与投入，需要经过比较长的时期才能收到效果，因此，员工的工作年限是一个重要因素，这就涉及员工的就职时间，需要长期稳定的就职。如果比较频繁地离职，也就很难实现上述培养体系的目的。

本章小结

少人化是精益生产体系中一个重要构成要素。直观地理解，少人化可能就是减少用工的数量，进而可以减少用工成本，降低生产系统的运行成本，增加收益。但在精益生产体系中，强调的不仅仅是员工的数量，更重要的是用工数量的弹性，同时，强调对员工多技能的培养，以及员工素质的提升。因为，精益思想认为，员工是企业的核心优势。所以，通过实现少人化的一些方法，绝不仅仅是限于成本的降低，还会带来一些隐性的，但是对企业的优势影响更大的要素。例如，通过用工的弹性，员工多技能的掌握，更能充分地体现人的作用，更能激发员工的主动参与，不断发现解决问题的精神，体现人力资源的重要性，也体现培养人、尊重人性的重要性。

因此，本章将单元生产的设计、多岗位作业、标准化作业、多技能的培养等，几个看起来是独立的方法，统一在少人化的主题下来讨论，实际是想揭示精益生产体系中人力资源的作用，是想通过这些方法、制度讨论，来说明精益生产体系如何培养员工，如何建立激励员工参与改善的机制的。

所以，通过以上内容的讨论，可以更清楚地理解，少人化实际上是建立一个具有精益理念的人力资源体系，是一种培养少而精的员工队伍的理念与方法，这对一个企业不断地改善流程，提升能力是十分重要的。

案例分析1

一个特殊运营方式的中华料理店

松林中华料理是一家位于日本名古屋市中心商业区的餐饮店，它的总部在台湾，是一个连锁经营的餐饮店，已经有20多年的经营历史，主要在中国台湾、日本等地经营适合大众口味的、中档的中华料理为主，可以提供各种特色的多种料理，如糖醋排骨、青菜炒粉丝、鸡蛋炒黄瓜、皮蛋豆腐等几十种菜品。而且以口味纯正地道而闻名，非常受顾客的好评，经营得十分红火。

但更有特色的是该餐馆的料理制作方式，大多数餐饮店在制作各种菜肴时，主要是由具有一定技能的厨师，根据自己的经验来烹制菜肴的。而该餐馆之所以能够制作出如此纯正口味的中华料理,主要是因为采用了一种标准的制作工艺。饭店虽然也提供很多种类的菜品,但是制作每一种菜品所需要的配料,例如,酱油、食盐,以及制作不同的菜品所需的特殊的调味料等,都是事先在总部配置好的,调制成一种混合的液体,装在一个类似大瓶可乐的大瓶子里,然后分发到各个连锁店。

因此,厨师在制作某一种菜肴时,只要将配好的调料,按照要求的数量加入,然后根据需要的时间及火候,在炉灶上烹制就可以了。而且饭店对每一种菜品,都制定了标准的原料用量,对于每一种菜品的制作过程也有标准的操作流程,并且制作成图表的形式,挂在炉台的前面。这样,在食材准备岗位,操作员工按事先规定的各种食材的用量,准备好各种菜品的用料,一旦顾客点好菜品,厨师就可以根据操作规程制作出菜品了。

各种菜品的调料的研究与配置,以及新产品的开发,都是在公司的总部由专门的研发部门进行的。因此,采用这种方法制作菜肴时,就不需要有专门技能的厨师了,只要有一定熟练的操作技巧的人基本都会炒菜了。而且,厨房内的岗位分工也就简单了很多,不必要分上灶厨师、配料准备等岗位了,因为每个岗位的作业都简单标准化了,每个员工经过简单的熟悉培训,都可以操作不同岗位,所以厨房内只有一个工种就可以了,哪里较忙就可以及时调动员工过去。

不仅是制作过程简单了,而且这样制作出来的菜品,还可以保证质量的一致性,也就是每天不管制作多少数量的菜品,保证口味是一致的,不会因厨师的技能,或者一时的疏忽等出现差异。所以消费者会享受到一直不变的可口菜肴,深受欢迎。

资料来源:作者根据网络资源整理。

讨论

(1) 这家餐饮店的特色在哪里,它是靠什么优势来吸引顾客的?

(2) 这种菜肴的制作工艺有什么好处,对作业分工、员工的培训、产品质量、运营成本有怎样的影响?

案例分析2

佳能细胞生产方式的改革[①]

1. 改革的起因

1997 年 7 月 12 日,一批日本电子零件厂商的代表,参观佳能在长滨的激光打印机自动化工厂。在当时,长滨工厂是世界上最大的激光打印机工厂。令佳能没有想到的是,代表团对于佳能的自动化设备,不是啧啧赞许,反而是大为讽刺了一番。

"佳能是有钱的大公司呀,这些长长的传送带根本就没必要。""把无人搬运这种无聊的东西都合理化了,像这样愚蠢的事再也找不到第二件了。"佳能本来是抱着"请多多指教"的心情迎接电子制造商的考察,谁知却大受打击!

就在电子零件制造厂商代表离开长滨佳能之后两个月,即 1997 年 9 月,佳能社长御手洗富士夫率队考察了大型电机制造工厂的子公司,随行的有长滨佳能的社长及其他董

① 资料来源:[日]酒卷久.佳能细胞式生产方式[M].杨洁,译.东方出版社,2006:179-189.略有修改。

事。御手洗富士夫看到曾经讽刺过自己的电子零件制造工厂，早已经停止了传送带流水作业方式，取而代之的是一种新的被称作“细胞式生产”(cell production)方式，由几个人组成的生产小组从事全部的复杂工程，生产出完整产品。

“我完全明白了，我们也必须尽快进行生产改革，就从长滨佳能开始吧！”御手洗富士夫对长滨佳能的社长及其他董事说。同年10月，佳能计算机接口设备事业总部成立了生产革新委员会，而长滨佳能被指定为示范性工厂。次年年初，改革正式开始。

2. 两种生产方式的起源及特点

传送带生产方式以及流水线生产方式，起源于1910年的美国汽车厂商福特(Ford)。当时正值第二次工业革命时期，电力机械装置刚刚兴起，社会上商品还很匮乏。所以福特流水线的目标就是大量生产以降低成本和满足社会需求。

基于这个目的，传送带生产方式强调机械化、无人化。它使用自动传送带、无人搬运车等设备。而在工序方面，传送带生产方式将工序尽量细分，使每个工人专注于一道工序以提高效率。大家也许依稀记得，查理·卓别林(Charles Chaplin)在他的《摩登时代》(*Modern Times*)里对传送带生产方式的诙谐讽刺。

当时光飞转到20世纪下半叶的时候，全球经济只能以翻天覆地来形容。此时由于技术创新日益加速，商品和生产工艺的革新都以前所未有的速度展开。社会上的商品已经极其丰富，人们转而追求个性化、多样化的享受。即使以汽车为例，就连福特自己也不会相信有丝毫的机会可以重演原来只靠一款车(像当年的T型车)打天下的辉煌。对生产商而言，产品的生命周期日益缩短，以及伴随而来的激烈价格战，使得那些规模大、投资高、回收期长的大型生产设备愈加显得不合时宜，细胞式生产方式于是应运而生，其品种多、更新快的特点成为厂商生存的要素之一。

细胞式生产方式起源于20世纪60年代经济腾飞的日本，日本厂商将其起源归于日本头号汽车厂商丰田(Toyota)。后来此法被日本电子厂商广泛采用和发展，20世纪90年代盛行于日本。

针对大型生产设备这些“死”物不能适应品种多、变化快的灵活要求，细胞式生产方式采用人力化的策略，即大量使用人力而避免使用大型机械以提高反应能力，日本专家称其为“依存于人的生产方式”。而其中平台就是一张工作台，一个到四个左右的工人，以人力车取代长长的传送带和无人搬运车，每个工人熟练掌握尽可能多的工序，从而减少交接时间以提高工作效率。

3. 两种生产方式的介绍(见表7-8)

表7-8 两种生产方式起源及特点的比较

	传送带生产方式	细胞式生产方式
起源	20世纪10年代福特	20世纪60年代丰田
背景	工业伊始，商品匮乏	市场需求多样化
目标	大批量、低成本	小批量、多品种
特点	机械化、无人化	人力化、少机械
设备	传送带、无人搬运车	工作台、人力推车
工序	尽量细分、没有合作	尽量整合、合作完成

(1) 传送带生产方式

传送带生产方式顾名思义是以传送带为主(见图7-13)。产品最初毛坯(或最初始部件)从传送带起始端开始,随传送带的移动,依次到达每个工人,此时工人将自己该组装上去的零部件安装到产品毛坯上,然后再随传送带移动到下一个工人处,直到最后一个零件安装完成产品。传送带生产方式的优点是一旦设备落成,便可以大批量生产。缺点是设备庞大,固定成本高,必须大批生产才能获利。比如,佳能1998年所有工厂的传送带加起来超过了16公里,足足长过七条青马大桥。

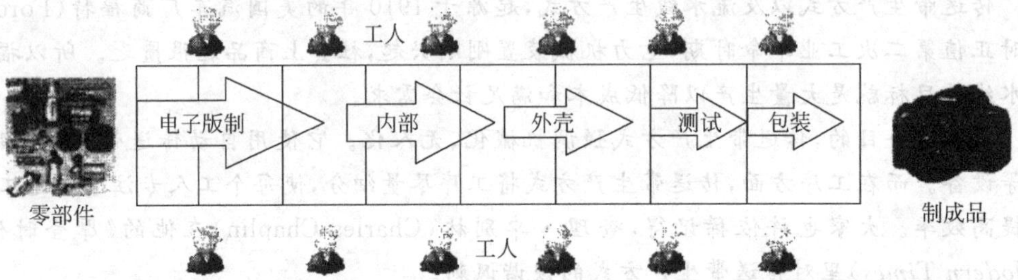

图7-13 传送带生产方式

(2) 细胞式生产方式

细胞式生产方式建基于工作台(见图7-14)。工作台形状不甚统一,一般简单的是方形或圆形,复杂一些的有"U"形等。工人围坐在工作台四周(或是环形工作台内部),约1～10个。每个人独自完成所有组装工序,或者几个工人合作完成组装。细胞式生产力方式的优点是:省去大型设备,占地少,成本低,可以进行少批量生产且易于调整产品线。

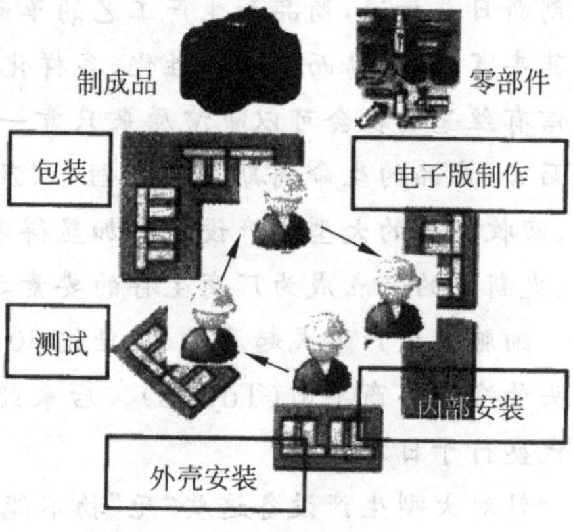

图7-14 细胞式生产方式

4. 两种生产方式的比较

(1) 等待时间。原有传送带生产方式中的工人经常有等待的时候。等待就是闲着没事,等着下一个动作的来临,这种浪费是毋庸置疑的。造成等待的原因通常有作业不平衡、安排作业不当、停工待料、质量不良等。以外壳安装区等待镜头安装区为例,由于安排在镜头安装区的工人数量不足,不能按要求及时输出指定的半制成品到外壳安装区,而外壳安装区中的工人又太专门化,并不懂镜头安装区中的工作,导致外壳安装区中的工人经常等待。最后有可能无法按期交货,而当半成品送到其他安装区后,又需要抢进度,可能会出现加班、质量问题等。整条生产线的速度差不多等于最慢工人的速度。另外一种就是"监视机器"的浪费,有些工厂买了一些速度快、价格高的自动化机器,为了使其能正常运转或其他原因,如排除小故障、补充材料等,通常还会另外安排人员站在旁边监视。所以,虽然是自动设备,但仍需人员在旁照顾,称之为"闲视"的浪费。例如,在产品检测过程中,调试人员站在产品旁边等待,这种情况全部都出现在原有传送带生产方式的生产过程中。

除了在直接生产过程中有等待外，其他管理工作中也有“等待”这种浪费时间的事情发生。当制造部在生产新产品过程中发生问题时，技术部和质量保证部经常花费长时间解决问题并且需要现场人员长时间等待，这也是一种浪费。

在新的细胞式生产方式中，这种浪费得到大大的改善。每位工人不是固定在一个位置上简单地重复安装或插装某些零部件，而是在同一位置上组装一件完整的产品。在这样的生产方式中，工人可以根据组装需要，以及自己在组装中得到的体会和经验，选择、调整和改进组装操作过程，代替了在一个移动传送带上只是机械被动地安装不同的零部件的方法。一件完成的产品不是通过所有工人的配合来完成，而是由几个工人（小团队或小单元）工作甚至可以从一个工人手中产生，专门化或专业化被综合化或整体化代替。即使当一个小单元中的工人因身体不适，状态欠佳，工作做得很慢，整体生产速度也不会被大大拖累。由于身体不适的工人懂的工序，单元中其他的工人也懂得去做，减少了因作业不平衡、安排作业不当、停工待料引致的等待，整体生产效率从而得到保证。

(2) 搬运。原有传送带生产方式中的另一种浪费就是搬运。大部分人都会认为搬运是一种无效的动作，也有人会认为搬运是必需的工作，因为没有搬运，如何做下一个工作？很多人都有这种想法。正因为如此，大多数人默认它的存在，而不设法消除它。有些人想到用传送带的方式来克服，这种方式仅能称之为花大钱减少体力的消耗，但搬运本身的浪费并没有消除，反而被隐藏了起来。

由于传送带体积大，占用的空间十分多，加上传送带生产方式着重大批量生产。因此各个工厂，货仓所需要的地方很多，不能集中于一个地点。原材料和零部件需要由原材料和零部件货仓经运输车送到传送带生产线安装工厂，完成的产品又需要运输车送到包装工厂，包装后再要经运输车送到货仓，之后才送到消费者的手里。在这个过程中，运输占了很多的时间和成本。

有研究人员指出在传送带生产方式中，工人在实际作业时间减少的同时，总工时却在增加，经仔细分析后发现，是两个工厂间的运输工时居高不下，特别是由原材料和零部件货仓向传送带生产线安装工厂搬运原材料的工时占大多数。

新的细胞式生产方式中怎样改善这个问题？在新的细胞式生产方式中，由于着重小批量生产，原材料和零部件货仓以及完成品货仓需要储存的物品大幅减少。而且淘汰了大型的传送带，腾出大量的空间。这样，原来的四个货仓，工厂便可以合并成一个，原材料和零部件货仓由原来在别处变成在生产线旁，从而减少搬运。在不可能完全消除搬运的情况下，重新调整生产布局，尽量减少搬运的距离。

(3) 应变能力。传送带生产方式另外一个大问题就是应变能力差。一条生产线由生产一个型号转到另一个新的型号时，往往需要很多时间去重新分配工作及将只懂专门工序的工人训练做另外一个工序。纵然市场部的员工有着敏锐的市场触觉，预先了解消费者的需求，但因生产方式不能配合快速的切换，而减少了市场领先的优势。

细胞式生产方式正是为了配合市场不断的变化。由于每位工人都懂得组装一件完整产品的5～10道工序，一个单元在从生产一个型号转到另一个新型号时，无须涉及大量训练，使生产线能快速切换生产新的产品。

除此之外，应变能力弱和大批量生产会导致大量原材料、零部件及完成品的库存。

“库存是万恶之源。”细胞式生产方式中几乎所有的改善行动都会直接或间接地和消除库存有关。当库存增加时,用于生产经营活动的资金会大量牵制于库存上,不仅造成资金总额增大,还会增加利息和库房的管理费用。而这些常常是隐含在公司的管理费用中,只有专门列出,才能发现存在问题的严重性。另外,当库存增加时,库存量会大于使用量,甚至会造成长期的积压,特别是当产品换型时,这种问题可能会更加严重。在产品换型过程中,就因为原来库存过多而造成大量物资积压,而且为盘活这些积压物资,又需要进行额外的投入。

此外,由于放置的时间较长,原来贪图便宜批量买进的物资,现在六折也许就可能买到一个新型号,从而造成实际价值降低,成本升高,利润减少。当想想库存中的积压物资,当初是以什么价格购入,而目前的价格是多少,就会明白了。

(4) 不良品。产品制造过程中,任何的不良品产生,皆造成材料、机器、人工等的浪费。任何修补都是额外的成本支出。原有传送带生产方式由于工作分工太细,大批量生产,往往需要大量时间发现不良品。细胞式生产方式,由于以单元生产,很容易生产一个试版,另外每个人都对完成品有整体的理解,能及早发掘不良品,容易确定不良的来源,从而减少不良品的产生。而当发现有不良品时,能及早提醒其他单元,快速切换生产其他产品。

细胞式生产方式的思想之一就是要用一切办法来消除、减少一切非增值活动。例如,检验、搬运和等待等造成的浪费,具体方法就是推行“零返修率”,必须做一个零件,在生产的源头就杜绝不合格零部件、原材料流入生产后道工序,追求零废品率。

5. 细胞式生产方式的效果

自从佳能 1998 年引入细胞式生产方式以后,生产效率大大提高。劳动生产率提高了约 50%。佳能在中国大连的工厂在引入细胞式生产方式以后,一年内生产效率提升 3.7 倍。为了配合细胞式生产方式,佳能开始自行生产设备和工具。而其自行生产的设备成本大大低于原来购进的设备。例如,检查产品印字精度的检测设备原来需要花费 600 万日元,但佳能自己开发的一种小型设备只需 50 万日元。

在零件运送方面,放弃了那些装有发动机的大型设备,而采用那些手推车。大型自动仓库也废除了,现在只在细胞式生产线旁边放置少量零部件。拆除了超过 16 千米的传送带,同时每年节省的空间约 10 000 平方米以及由此连带少排放二氧化碳 41 650 吨。

原来安排在生产线上的工作人员,由于改革,所需作业者不断减少。佳能长滨工厂每年都有大批人员被调到别的部门。这个数目 1998 年为 212 人,1999 年为 280 人,到 2000 年上升到 720 人。

这些变化对长滨的影响是,虽然长滨佳能的销售额从 1998 年的 1 300 亿日元减少到 1999 年的 1 020 亿日元(因为第一年改革遇到来自工人的阻力),但是税后利润却上升了两倍。引入细胞式生产方式之后,佳能为组装零件存货也大幅下降。1999 年库存比 1998 年下降约 20%。我们以引入前(1983 年)和引入后(1999 年)的数据比较,一年可生产单位由 32. 8 万上升到 200 万,而产品完成时间由 30 天降为 8 天,产品流通由 24 天降为 9 天。

引入细胞式生产方式后,公司的边际利润率由 1999 年的约 2%提高至 2004 年的约

10%，升幅5倍多。同时，公司每位员工贡献利润(税后利润)由1999—2000年的单年升幅约80%，2004年的百分比更是1999年的4倍多。

讨论

(1) 佳能引入的所谓“细胞式生产方式”具有怎样的特征？与传送带为核心的流水线生产系统比较，具有什么优势？

(2) 细胞生产方式适用于怎样的产品？如果实施细胞生产方式，对生产线上的操作员工有怎样的要求？

第八章 自働化与持续改善

任何一个生产系统，包括精益生产体系，无论怎样完善，在不断的运行过程中，总会有异常现象发生，或者说，总会发现一些缺陷或不足之处。例如，设备运转的精度、物料供应的及时准确、工具工装的适合、员工操作的正确性等方面，都会出现一些问题。这些缺陷或异常现象的发生，如果不能及时被发现，或者说不能得到及时的制止与纠正，就会导致产品的质量，或者生产安全等方面的问题发生。

在基于统计方法的质量控制中，是通过对产品、半成品、物料的检验，对加工过程参数（如工序能力指数、过程数据分布等）的检测来控制质量，防止质量问题发生的。但这些方法都是在异常发生后，或者在发生过程中去发现，然后采取措施，而且是基于一定的统计概率检验的，允许有一定的质量缺陷的存在。并且，都不是在发现问题时将流程停下来，找出原因解决后再运行。尤其是质量检查，更是事后的控制。而精益体系的理念是以防止错误的发生为主导，更强调的是，面对流程中这些可能发生的异常或失误，设计一系列的防错技术与方法，去及时地发现并制止错误的发生。同时，更重要的是，在发现流程存在异常或缺陷时，防错技术会使流程“自动地”停下来，找出引起异常发生的原因，予以彻底解决，力求相同的问题不再发生，之后再继续运行流程。因此，这一系列能够发现问题，并且能够自动地停止流程运行的体系被称为“自働化”。

之所以用“自働化”而不是“自动化”，主要是强调，这种能够发现异常现象自动停机的防错体系，不同于一般意义理解的，单纯的机械、电子等技术体系的自动化手段，它更强调的是有人的智慧的自动化，即依靠技术手段不能完全发现异常，而要依靠人来发现，人为地停止流程的运行。所以，将自动化的“动”字，加入一个人字部首变为“働”字，以区别单纯技术性的自动化。其含义为，将自动化系统融入人的智慧，形成一个具有人的智慧的自働化体系，能够及时发现流程中的异常，实现自动停机。这是自働化的第一个要点。

但比自动停机更重要的是，停机之后怎么办。精益思想的主张和做法是，发现异常现象停止流程的运行后，要找出引发异常现象的根本原因，加以彻底解决，使同样的问题不再发生，再重新运行流程。这是自働化的第二个要点。否则的话，就没有意义了，因为如果不能找到问题的根本原因，加以彻底解决，就有可能再次发生同样的问题，就会不断地停机。所以，对自働化的理解，绝不应该是仅限于通过各种技术的、人为的手段，发现异常自动停机那么简单，而是对目前的流程存在的缺陷、不足，及时发现、修正，使流程不断地得到完善的一种持续改善体系。这也是本章将自働化与持续改善一起讨论的目的所在。

第一节 自働化的理念及功能

一、自働化是一种自律地发现及解决问题的体系

应该说自働化的思想与技术起源于对产品质量的控制，但不同的是，如前所述，自働化的做法与以往的质量控制不同。首先，如果发现异常或问题，一定立刻停机，绝不将问

题向下游传递；其次，停机后一定要找到引起问题的原因，并且提出改善方法，并且这个过程并不是依靠专门的质量控制人员，而是由现场的全体作业人员共同参与进行的，是持续不断地进行的。因此，自働化体系在功能及实现主体上具有如下特点。

(1) 它不是依靠专设的质量检测机构，或者专门的质量管理人员(当然必要的专门质量检测还是有的)来控制质量，而是要求所有操作人员来控制、保障自己负责岗位的工作质量。也就是操作者在作业的同时要保障质量，不要将质量问题留给后面处理，是一种在流程的运行过程中，不断发现解决问题的、自律性的质量保障体系。

(2) 它不是事后的质量检测，或者采用统计方法的过程控制，而是采取各种方法与手段，不让引起质量问题的操作发生，不让错误向下传递，一旦发现异常及时停止作业和流程运行。也就是宁可承受停止作业的损失，也不让问题被隐藏、传递下去，使产品质量出现问题，是一种通过防错技术，实现对工作质量进行前馈控制的质量保障体系。

(3) 最后也是最重要的一点，在发现异常情况停止作业后，一定要找出引起问题发生的根本原因，针对性地设计出改进措施，这种措施有时就是一种新的防错方法，使相同的问题不再发生，因此，它实质是一种对流程持续改善的体系。

所以，自働化体系实际是一个自动发现、制止问题发生的质量保障体系；同时，它也是一个员工自主参与的，不断发现问题、解决问题，对流程不断地进行改善，不断提升流程的质量与效率的现场改善体系①。其工作原理如图 8-1 所示②。

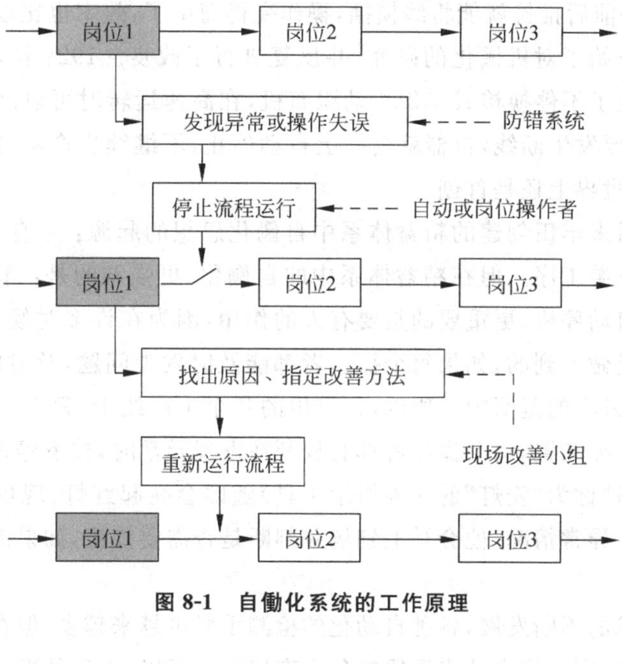

图 8-1　自働化系统的工作原理

① 注：实际这种思想与方法，不仅限于对于质量的保障，对于企业安全生产，也具有同样的作用。尤其对于服务流程的改善，也是完全可以借鉴的。

② 注：本图是以岗位 1 发现异常现象为例绘制的，在其他任何岗位发生异常时，其工作原理相同。

二、自働化是一种防错体系

如果简单地从技术的角度理解自働化，它基本是一种防错体系，也就是采用各种方法与手段不让错误的操作发生。具体的技术思路是：在发现流程运行、人员操作有异常时可以自动停机，防止质量或安全等问题的发生。例如：在产品装配时，如果错装或漏装了某个零部件时，通过光电探测会自动发现，并且马上停止装配线的运行；在作业员开动设备时，如果没有按标准操作规程进行，设备会不启动；在产品工艺对加工温度有要求时，如果超过规定温度，生产线会自动停止；等等。这些都是生产流程中采用自动化技术进行防错的例子。

其实，这种采取技术手段辅助操作，对操作失误的控制思路在我们日常生活中也经常会遇到。例如：家里的冰箱，在使用时如果门没有关好，冰箱会自动地发出响声，提示你冰箱门没有关严；煤气炉灶的火被吹灭后，炉灶会自动地关闭煤气管道的开关，避免煤气的意外泄露；汽车的倒车雷达，在倒车时根据距离物体的远近，会发出声音提示，避免驾驶失误引起的碰撞损失；等等。这些都属于自动防错技术的范畴。

这种通过防错技术来控制产品质量的思想，可以追溯到丰田汽车的前身，丰田织机的创立者丰田佐吉。百余年前，布都是用手工纺织出来的，佐吉决心要找到一种更轻松、省力的织布方法。1890 年，佐吉首次发明了丰田式木制人力织布机。这种织布机的原理是：只要用一只手前后推拉就能将纱横插，操作变得简单了，效率也比以前提高了四至五成。以后佐吉又开始了对机械化的研究，并反复进行了改良。1924 年，佐吉和长子喜一郎一起成功地开发了不停换梭式丰田自动织布机，在高速运转时可以准确无误地交换纬纱梭子。同时，只要发生断线，机器就会马上自动停止，不继续生产不良品。这在还没有感应器的时代，在世界上还是首创。

其实这就是后来丰田创建的精益体系中自働化思想的起源：一有异常马上停机，绝对不让次品流向下游工序。但在精益体系中的自働化，更强调的是：不仅仅依靠技术手段实现发现异常自动停机，更重要的是要有人的作用，因为在许多时候，完全依靠技术手段发现所有问题是做不到的，如果每个操作者都能及时发现问题，及时停机，那么就会将缺陷、错误控制在最小的范围内。所以，在丰田的各个生产线上，每个工位都设置了可随时停线的按钮或拉绳装置，每个操作者都有权利在发现异常时，按下停止按钮，此时，现场的指示灯（也就是被称为“安灯”的一种指示工具）随即会亮起红灯，现场的管理者就会知道哪个位置发现了异常情况，他会马上到场并判断是否需要停机，如果需要会停止生产线的运行。

随着现代技术的不断发展，各种自动化的检测手段也越来越多，但在一个生产流程中具体事件比较复杂，完全依靠技术手段难免会有遗漏。所以，丰田的准时制生产体系仍然强调人的因素，将人的因素加入自动检测体系，形成一个由作业人员、机器设备、检测技术相互结合，共同作用的体系，在流程运行发生异常时，可以及时发现并发出提示信号和停机，保证不出现质量缺陷、防止操作失误、提示正确的操作程序等。这种防错体系的构成，以及支持自働化理念的实现过程如图 8-2 所示。

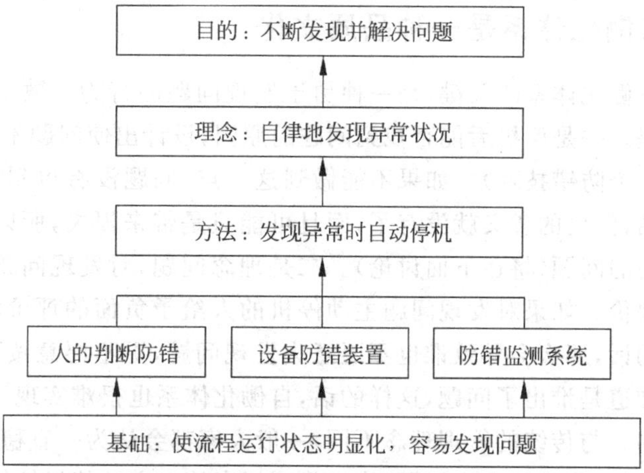

图 8-2　防错体系的构成及工作原理

初步接触学习及应用精益生产的企业或读者，可能都会关注丰田公司采用怎样的技术来自动地识别错误的发生。例如，是采用光电技术探测漏装的零件，还是传感器检测加工零件的精度等。其实，随着技术的发展，这种自动检测手段会越来越多。例如，物联网技术的发展，甚至可以对物品的数量及空间位置，采取电子标签技术跟踪，对物流的运动异常及时发现，反馈提示信息。不过自働化体系的关键不在于此，因为每个企业生产的产品、工艺流程都不相同，同样的技术并不一定适用于你的企业。

自働化体系的两个关键点：一是能够发现问题；二是敢于停机(有能力解决问题)。发现问题只是第一步，更关键的是敢于停机，能够解决问题。也就是敢于让大家知道我这里发生问题了，或者说敢于曝光问题。另外，第一个关键点重要的前提是，让问题能够充分地暴露，容易被发现，也就是所谓的可视化管理(见图 8-2)。

这两个关键点都不是技术问题，而是管理的理念问题。因为，在许多情况下，现场作业人员更容易发现问题，也更清楚发生问题的原因。但是在多数的管理体系中，都是想办法不让问题暴露，或者说不让问题发生。例如：多设置一些保险库存，在发生质量或是设备故障时，不至于中断供货；尽量加长一点交货提前期，以免不能按时出产产品；制定的标准作业时间保守一些，以免不能完成作业任务；等等。实际上采取这些措施的管理思想恰恰都是与自働化的理念相悖的。

自働化的理念是：让问题充分暴露，然后加以改正。如果将问题隐藏起来，问题将永远得不到解决，流程总是得不到改善，而问题总会发生，导致的损失浪费远比一次停机的损失要大得多。所以，自働化体系更强调人的主动作用，在问题没有被技术手段发现的情况下，实际的操作人员要主动地发现问题，并且勇于主动停机，积极地参与解决问题。

因此，从自働化的思想再回过头去理解前面讨论过的看板系统、混流计划、标准化作业等，就更能理解准时化思想的深刻含义了。也就是不生产过多的产品，尽量减少中间半成品的库存，让流程存在的问题能够充分暴露，给大家一个判断标准，以便容易发现与标准不同的异常状态，从而采取措施。

三、建立自働化体系是一种品质文化

主动停机是自働化体系的关键，是一种勇于发现问题的行为。敢于主动停机涉及以下两个方面的前提。一是停机后能否找到问题的原因，设计出使问题不再发生的方法（这种方法也可能是一个防错技术）。如果不能做到这一点，问题没有得到彻底地解决，相同问题还会发生的话，停机的意义就没有了，而且可能只是带来损失，所以敢于停机的第一个条件是改善能力的问题（将在下面讨论）。二是理念问题，对发现问题及时停机的某个岗位的操作者的评价。如果对发现问题主动停机的人给予负面的评价，也就是认为这是一种不好的现象的话，那么会导致谁也不愿意去发现问题，更不愿意按下报警按钮，指示灯亮起大家都会知道是谁出了问题，这样的话，自働化体系也很难实现。这一点涉及企业管理者的价值取向。与传统的管理理念不同，一般大家都会认为一直稳定地、不出问题地操作运行流程是好的，而总是发生问题，终究是不好事情。主动停机恰恰需要改变这个理念。但这个改变可能会更困难，因为涉及管理层对发现问题、停止运行的态度，而且可能会影响部门的短期绩效问题。下面我们通过丰田公司在美国的一个企业关于对停止生产线运行理解的例子，来看看自働化对管理理念转变的具体表现。

【例 8-1】 罗斯·史克菲德(Russ Scaffede)是丰田汽车公司在美国肯塔基州乔治敦设立的第一座美国动力传输系统工厂时的副总裁，他在通用汽车公司服务了几十年，在制造业界以能够顺利完成工作，并和员工相处融洽闻名。当时担任肯塔基丰田汽车公司总裁的是张富士夫。

史克菲德过去学到的汽车引擎制造业的黄金原则是，不能让组装线停转。在通用汽车公司，经理人的绩效评估标准是看他们实现的数字。无论如何，就是要完成工作，实现数字，亦即把引擎送往组装线，维持组装线的持续作业。制造出太多引擎，没有关系，若制造出太少引擎，你可能就得卷铺盖走路。

因此，当张富士夫向史克菲德表示，他注意到组装线整整1个月没有停转过时，史克菲德非常骄傲地回答："是的，我们这1个月的表现极佳，我想你应该会很高兴地再看到好几个月这种佳绩。"可是，张富士夫接下来的这番话却令史克菲德震惊不已：

"罗斯先生，你不了解我的意思。若组装厂不停转，就表示没有任何问题。但是，所有制造工厂一定都有问题，因此，生产线不停转，表示问题被隐藏起来了。请减少存货，让问题浮现出来吧。尽管这会造成组装厂停转，但能继续解决问题，并以更高效率制造更佳品质的引擎①。"

实际上，在丰田体系转移到其他地区时，遇到的最困难的事情，不是技术与方法，而是观念。张富士夫指出：他遇到的第一个问题，就是要督促小组领导者和组员设法使组装线停下来。因为他们认为，若让组装线停转，就会遭到责备。所以，他要花几个月的时间进行"重新教育"，若想持续改进流程，就必须使生产线停下来②。

上述这个实例，很好地说明了，自働化不仅仅是一项技术问题，还是一个管理问题，更

---

① [美]杰弗里·莱克. 丰田汽车案例[M]. 北京：中国财政经济出版社，2004：170.

② 同上。

是一个管理理念问题。需要从对管理原则的理解，在行为的评价准则等方面，有一个根本性的转变，否则无论怎样好的技术体系也难以保证实现自働化的思想。

自働化的管理思想与技术，虽然产生于实物生产的制造业，但在服务业的流程改善与管理领域也是可以借鉴的。下面再通过发生在医院的一个实例来说明自働化思想在服务流程改善中的应用。

【例 8-2】 据报道，上海市某医院，因医生不慎写错病人姓名，两名医生遭病人家属暴力殴打，致一人外伤性血尿，另一人头部外伤并伴有神经症状。日前，浦东新区检察院以涉嫌寻衅滋事罪对暴力殴打医生的张某依法批准逮捕。

6 月 22 日 10 时许，在外与朋友一起喝酒的张某突然接到其妻子电话称，其母亲因病正在浦东新区人民医院看急诊，让张某赶快过去。10 时 15 分许，张某赶到医院，在急诊室大厅与在收费处等待付费的妻子会面。收费处工作人员告诉他们因为社保卡上的名字与病历卡上的名字不相符，所以无法付款。

张某和妻子一起到急诊室寻找给母亲看病的医生，喝多了酒的张某情绪异常激动，跑上去大声质问医生，“你连病历卡上的名字都会写错，看病是不是也会弄错！这么不负责任！”随即挥手一巴掌打到医生的脸颊上。当被打医生弯腰去捡掉在地上的眼镜时，张某又冲过去朝医生腰部踢了一脚，又向其腿上踢了好几脚，该医生只得跑到石膏室躲起来。

随后，张某和妻子找到另一位急诊医生寻求帮助改姓名。该医生听明缘由后，准备去护士台询问情况时，得知帮其母亲看病的医生被张某打了后，就劝张某好好说话不要动手。张某一下又发火了，伸手打了该医生一个耳光，并追打到护士台处又打了该医生两个耳光，最后在民警处置此事时，张某还朝该医生胸口猛打一拳，嘴里还说着威胁话语。

经法医学鉴定，被打两位医生中，一人遭外力作用致头皮挫伤、外伤性血尿；另一人头部外伤后伴有神经症状、左面部软组织挫伤。两人均构成轻微伤[①]。

在以上案例中，毫无疑问打人是不对的，但我们并不想讨论医患纠纷及法律问题，更无须指责医生的失误，因为在大量的反复作业中，出现一个失误是在所难免的。而实际上，用自働化的思想来分析这个案例，如果在医疗的服务流程中，设计了防错技术体系来发现问题（当然需要研究是否可能）的话，那么在医生出现写错病人名字时，能够及时发现，并阻止流程继续进行，就不至于发生后面的纠纷事件。

另外，在发现了问题后需要找出原因，并提出改善流程的方案。例如，在发现问题后，需要分析医生为什么会写错病人名字，如果答案是由于医生工作时间过长，精神压力过大，难免会一时疏忽，那么再继续分析下去，如医生为什么会工作强度这么大，直到找到问题的根本原因，提出解决措施为止。

这就是运用自働化的思想，防止问题发生，并且不断地改善流程的管理思想。在这个过程中，防错体系仅是一种技术手段，持续的不断改善流程才是真正的目的，两者的关系如图 8-3 所示[②]。

---

① 资料来源：黄慧青. 微博，新闻晨报，2015-07-12.

② 注：其中的 5S 以及可视化管理，在这里的主要作用是充分地暴露问题，详细内容将在下节讨论。

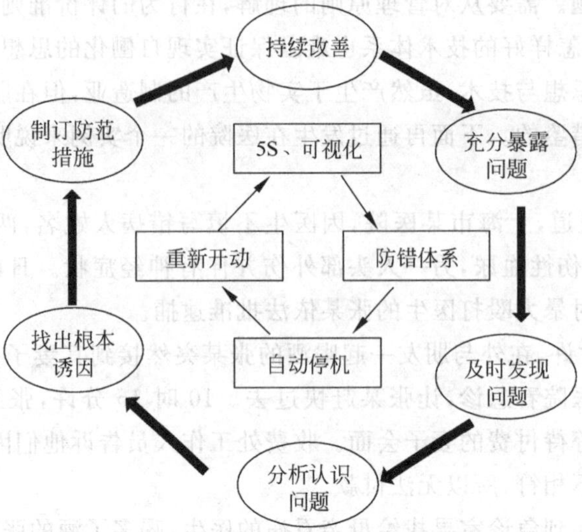

图 8-3 自働化体系的持续改善过程

第二节 可视化：发现问题的机制

在上述自働化体系中，一个核心的理念就是及时发现问题，并且通过各种手段防止问题的传播与扩大。但在一个工厂或服务机构的现场，能够及时发现流程中出现的异常或问题不是很容易的。所以，精益思想的一个重要主张就是：让问题显现化，使其充分暴露出来，以便能够及时地被发现，这就是所谓的可视化。在一个生产或服务现场，根据可视化的思想，实施的一系列具体方法，也被称为可视化管理。

一、可视化管理的要点与功能

可视化管理的根本目的是发现问题，使工作现场存在的缺陷、隐患等，能够很容易地被作业或管理人员发现。这样问题或隐患就可以及时地得到纠正，避免发生质量或安全等不良的后果。因此，可视化管理的基本要点有以下两个。

(1) 让现场的作业状态容易被观察到。一个企业的生产现场，由于产品、工艺等的不同，生产流程中的各种操作，流程运行的各种状态，有时会十分复杂，不一定都能够容易地观察到，这样就会影响到问题的发现。这一点需要在流程的组织，以及设施的布局设计时充分考虑，应有利于对流程运行的观察。

另外，如果流程中的半成品、材料等各种物品过多，存放混乱的话，就更不利于问题的发现。所以，利用看板技术严格控制中间物品的数量，以及本章后面要讨论的5S管理，可以说都是可视化的重要基础。

(2) 有一个判断是否异常或存在隐患的标准。可视化的第一个要点是，能够比较容易地观察到工作现场的各种要素，如人员的作业活动、机器的运转状态、物品的数量以及存放位置、使用的工具等。但判断这些要素是否处于正常的状态，是否会发生异常或者存在引发问题的隐患，需要有一个判断标准，也就是要知道现在看到的状态是否正常，这是可视化系统发现问题的关键。

并且这个标准是一种活动状态的标准，它不同于产品质量合格与否的标准。例如，一个产品加工完成后，可以检测它的尺寸、光洁度、硬度等指标，这是对产品或半成品进行的质量合格与否的检验，是有一系列标准的。而为了保证产品质量的合格，对于机器、人员的操作、材料的质量都是有要求的，尤其是人员的作业活动，以及机器的运转，是一种作业状态，是动态的事物，实际可视化中所说的标准，基本上属于这种动态的活动的标准。例如，图 8-4 所示的就是一个可视化标准的小例子。

图 8-4　螺栓紧固作业的可视化标准

在这个小例子中，对于紧固螺栓的作业活动，给出了一个比较容易观察、判断正常与否的标准。这样无论是现场的作业人员，还是管理者，都很容易发现异常现象，可以及时地纠正，不至于引起后续的不良现象。

这样一来，可视化作为自働化体系的基础，或者说是重要的组成，与自働化的防错技术体系结合，形成对流程进行持续改善的机制。图 8-5 是可视化体系的工作原理。

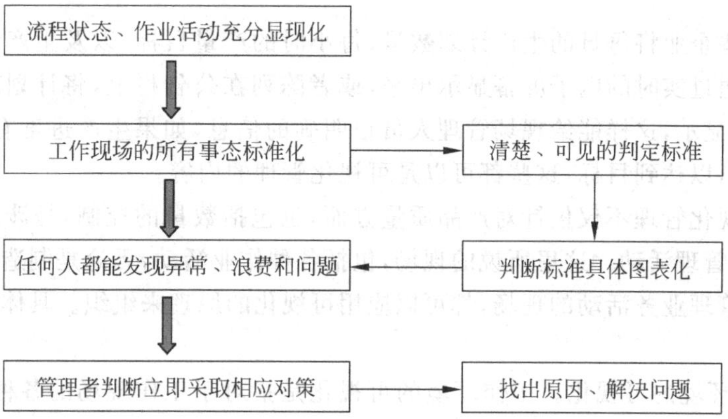

图 8-5　可视化体系的工作原理

二、可视化的内容与方法

可视化是一种现场管理，因此，技术与方法根据每个企业现场的不同，会有很大的差别。例如，丰田公司是一个汽车制造企业，现场作业多属于机械产品的加工与装配，所使用的可视化技术也是适应其现场特点的。对于像钢铁、化工类的流程工业企业，作业现场的特点显然不同，所以可视化的技术也不同。对于服务类的现场，如商场、物流等，现场作业多是手工的操作，作业标准可能更难制订。但是，只要理解可视化的基本思想，以及实现自働化的目的，是可以找到适合自己企业现场特点的各种可视化方法的。

实际上，第七章讨论的作业标准就是可视化的一种判断标准，企业根据流程及岗位操作的作业要求，制订出对应的作业标准，并将作业标准张贴在工作站的正前方，就是可视管理的一种方法。这些作业标准，不仅是用来提醒作业员可以按标准正确操作，而且更重要的是，使管理人员得以判定工作是否依据标准在进行。因为，挂在工作站正前方的标准作业表，明确规定了每个岗位作业员的操作程序与方法、在制品的占用数量、流程的循环时间等信息，如果再配合有比较明显的图表标志，就很容易判断作业是否处于正常状态。

同时，可视化不仅仅是用来发现质量方面的异常，还用于现场的物品管理。例如，图 8-6 是某工厂内部的半成品及产成品的存放地（物料超市），通过物料箱的颜色、标签、数量界限标志，以及地面不同颜色的区间标注等可视信息，就可以很容易观察到，物品摆放的位置是否正确，以及数量是否过多或缺少等现象。

图 8-6 工厂内物料超市的可视化管理

另外，有些企业将每日的生产计划数量、每小时的产量目标，以及生产线实际的完成数量等信息，通过实时的电子屏幕显示出来，或者陈列在公告栏上，将计划产量与实际产量的数值同时显示，这样能给现场管理人员很明确的信息，如果生产进度有异常，可以采取必要的对策，以达到目标，这些都可以是可视化管理的内容。

所以，可视化管理不仅仅针对产品质量方面，也包括数量的控制，是涉及作业现场方方面面的一项管理活动。这里所说的现场，包括各种作业活动，无论是制造现场还是服务现场，抑或是管理业务活动的现场，都可以应用可视化的原理来组织。具体可以归纳为以下几个领域。

（1）工作环境的可视化。工作环境的可视化是指对于工作现场的各种设备设施、物品，以及区域等环境要素，根据可视化管理的原则进行组织。图 8-6 就是一种环境的可视化。

（2）工作状态的可视化。工作状态的可视化是指对作业或流程的运行状态，通过一定的方法可以容易观察与判断。例如，标准化的作业规程，最典型的例子就是所谓的安灯（ANDON，一种指示灯），实际是一种生产过程运行状态的指示灯。比如，流程运行正常时绿灯会亮，发生异常时黄灯亮，停止运行时红灯亮。

（3）工作质量的可视化。工作质量的可视化是指人员的作业、设备的运行、物料的供应等流程要素是否正常的可视，发生异常状态时有提示，亦即可以醒目地公告或展示异常状态，如员工操作错误、发生不良品等，以提高人员警觉并督促有关者采取解决对策。

（4）工作成效的可视化。工作成效的可视化是指对流程及作业岗位等，按计划规定的任务，以及完成情况的可视，或者是对流程及现场改善活动的实绩的可视等。

上述可视化管理的领域，几乎包括作业现场的各个方面。可视化的方法实际上没有固定的形式，每个企业都可以根据自己的作业现场特点，开发出各种方法，并且这些具体的方法不一定由专业人员，或者咨询人员开发，最好由现场操作者自己开发，并且应用。但总的可视化方法的思路如图 8-7 所示。

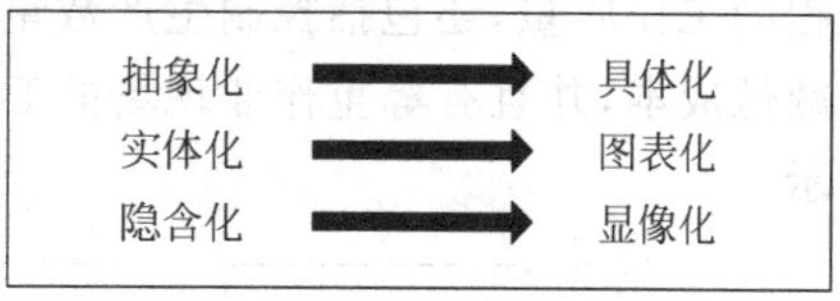

图 8-7　可视化方法的思路

可视化设计方法对事件的描述方式，是一种从抽象到具体、从实体到图表、从隐含到显像的过程。可以通过照片、对比、模型、示范、实物等方式加以标准，尤其是那些靠主观感官判定，见仁见智而不易客观判定的事态，更需要实体化的表达方式。尽量通过定量化或图表化，利用数字加以解说，借此可看出变化、水准、趋势，这是一种最具体、最有力的解说方式。例如，在日常生活中，描述天气的冷热感受。如果说，今天天气很热，就是比较抽象化的说法；如果说，今天天气比昨天热，就是比较具体化；进一步地如果说，今天的气温是摄氏 35 度，则是更定量化的描述。同时将这个数量的变化用图表显示出来，让人一目了然地知道事物的状态，就是可视化方法设计的思路。

三、对自働化的进一步理解

至此，我们再回过头来看自働化体系的作用，会有更深入的理解。自働化体系的起源虽然是对质量的控制，但是发展到精益生产的构成时，已经不仅仅是质量，而是体现精益思想的各个方面，例如，还可以包括生产数量控制、人工与机械作业的分离等作用。以至于还会体现对改善活动的支持，对员工作业活动给予帮助，减轻员工作业中的精神压力，尊重人性等作用。

例如，通过可视化方法及防错体系的设计，可以使现场作业人员容易发现异常，防止操作失误的发生，这样就可以帮助员工实现正确的作业，减轻集中精力的压力，体现尊重人性的思想。这一点如果结合【例 8-2】中医院的实例就更好理解了，如果该医院有一个很好的可视化发现问题的系统，不仅可以减少失误，以及由此引起的医患矛盾，还会对医生的工作及精神压力有很好的缓解，使医生受到尊重，从而体现人性化的思想。

又如，某一化工企业的涂料生产工艺流程，经过长期的分析，在流程温度上升到 32 度以上时，很容易引起产品质量问题。而在夏季生产时，环境的温度有时很高，以至于达到 35 度以上，因此，企业在流程中设置温度传感器，通过显示屏可以随时观测到流程内部的温度，这样现场的作业及管理人员，就很容易发现温度的变化，可以及时地调整环境温度，将流程温度控制在 32 度以下。这样不仅解决了质量保障措施，还减轻了现场对环境温度检测的压力。

另外，自働化对于生产数量的控制，以及作业活动的支持也同样重要。例如，在实施弹性用工，多岗位作业时，如果作业人员看管多台设备，有可能在操作者没有返回开始操作的设备时，设备的机械作业已经完成(参见“单元生产的组织”一节)，如果此时设备不能自动停下来，那将会出现事故。因此，此时设备一定要具有机械自动加工结束后可以自动停机的功能装置。此外，对于数量的控制，可以在加工设备上装置计数器等设施，在达到准时化生产的数量要求时，设备自动地停止运行。

所以,可以进一步地理解可视化以及自働化体系的功能,它实现的目的不仅包括控制流程的工作质量,还包括控制生产数量,以及设备的运行,保证准时制生产的要求,发现浪费减低成本,并且有尊重作业现场员工的人性化的作用。自働化体系的整体作用如图 8-8 所示。

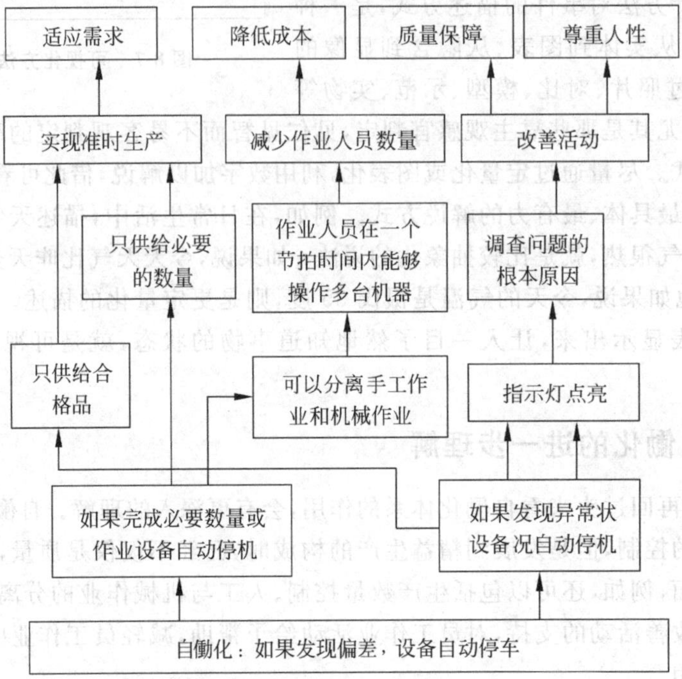

图 8-8　自働化体系的整体作用

资料来源：[日]门田安弘.新丰田生产方式[M].第 4 版.保定：河北大学出版社,2012：212.略有修改。

第三节　5S：改善的基础

所谓 5S,是指整理(seiri)、整顿(seiton)、清扫(seisou)、清洁(seiketsu)、素养(shitsuke)5 个单词,因日语发音的罗马拼写都是以"S"开头,所以简称"5S"。这 5 个词的含义都是对生产现场的一种管理方法,共同形成精益生产体系中现场管理,或者说是一种理念。简单地理解,5S 管理就是使工作现场清爽、整洁,有些类似一个家庭的环境整理与清洁,或者一个城市的市容管理。但在精益生产体系中,除了这些作用外,它还有更加重要的作用,就是有利于可视化管理,有利于发现流程中隐藏的问题。关于这一点,如果将前面讨论的准时制生产体系,利用看板减少库存,以及可视化管理的技术结合起来想,就更加容易理解了。因为如果作业现场的物品越少,物品整理得越是有条不紊,就越容易观察到现场的隐患、缺陷,越能知道哪里需要改进。所以,5S 管理是持续改善的基础。

目前,许多企业实施 5S 管理的直接原因是空间紧张,例如：仓库的面积不够,物品没有空间保存了；现场生产面积拥挤,物料、半成品、工具等无处放置,而且会造成现场混乱等。所以,实施 5S 管理的初衷就是解决空间紧张的问题。但是,这只是 5S 管理的直观作用,实际上,5S 管理的实施不仅可以节省空间,更重要的是,它对前面讨论的准时化体系中各种方法的实施,都起到支持、保障作用,而且还对员工的工作状态、工作情绪有促进,激励作用。

一、整理

所谓整理,是指将需要与不需要的物品区分开,现场只保留必需的物品,将不需要的物品处理掉。这是 5S 管理的首要任务,因为无论是一个工厂的生产现场,还是一个服务机构的作业现场,甚至是管理行政机构的工作现场,由于种种原因,都会存在各种各样的物品,其中有许多物品是不需要的,如果不进行整理,这些不需要的物品就会越来越多。因此,整理的任务就是区分出哪些物品是不需要的,并且将其处理,使作业现场的物品尽量少。精益思想认为,现场的物品越多,找到需要物品的可能性就越小。而且,现场的物品越多,需要占用的空间就越大,保管物品的工作量也会越大。尤其是如果存在大量不需要的物品,那么这些物品占用的空间,以及保管这些物品作业所引起的费用等都是一种浪费,这与精益思想是相悖的。

所以通过整理可以得到诸多好处:①减少物品数量,改善和增加作业面积;②现场无杂物,可以迅速拿到需要的物品,提高作业效率;③减少成品、半成品磕碰的机会,保障安全,减少质量损失;④有利于消除物料的错投、混料等差错事故;⑤改变工作环境,有利于员工工作情绪的改善。

进行整理作业的要点有两个:一是如何区分需要与不需要的物品,判断的标准是什么;二是如何处理不需要的东西。

对于一个工厂的作业现场,如何区分什么物品是需要的,什么是不需要的,是实施 5S 管理的关键,也是一个难点。不可能有一个统一的方法或者标准,每个企业应该根据自己的情况确定。但是标准一旦制订应该是统一的,在一个现场,即一个工厂,以至于整个企业是一致的,而且对于不需要的物品要规定统一的标注,统一存放地点,以免再被放回到需要的物品中去。因为一个作业现场的人员是很多的,而且有些企业是多班制的,如果没有统一的标识,其他人员不知道物品是已经被确定为不需要的,可能会被拿回去。例如,丰田公司采取统一的红色卡片标准的方法,一旦确定为不需要的物品,就会贴上红色卡片,统一存放和处理,以免造成混乱。

如果一个企业是初次进行 5S 管理工作,可能现场的物品会很多,并且物品的种类也很多,如各种材料、半成品、工具、模具等。整理工作可以从对物品的分类开始,将物品按种类分类、归类,然后根据企业的实际情况,对各类物品分别制订判定标准。标准的制订既要考虑保证生产活动的需要,又要考虑前面所说的浪费因素,一般多数情况是按物品的闲置时间来判断。例如,可以对某类物品做出规定,如果半年时间没有用过,则可以认为是不需要的物品。或者根据产品的生产状况制定,例如某个产品已经下线不再生产,那么此产品相关的专用材料、半成品、工具等就应该是不需要的物品了。

最后,要制定不需要物品的标识、存放地点、处理方案等,并且组织实施,才能最后完成整理工作。整理的作业流程如图 8-9 所示。

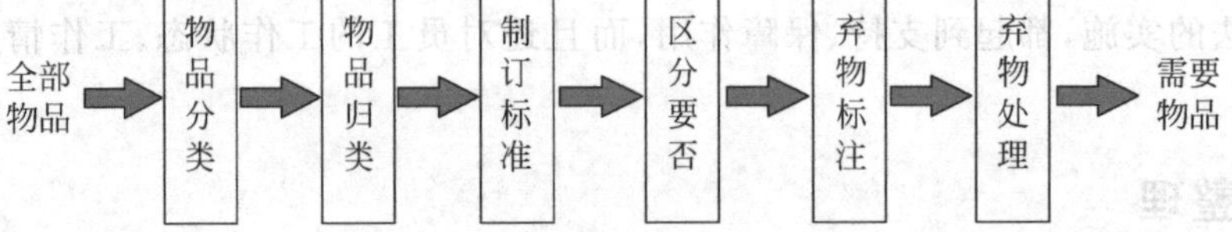

图 8-9 整理的作业流程

二、整顿

所谓整顿，是指将整理作业后确定的需要物品，规定其存放地点和数量，并且依规定定位、定量地摆放整齐有序，明确标示。简单地说，就是要规定每一件需要的物品存放在什么地方。这样不仅仅使现场整洁、清爽，更重要的是，不浪费时间寻找物品，操作者可以快速地拿到需要的物品，提高工作效率，这对于一个参与作业人员多、多班制的作业现场而言尤其重要。因此，整顿作业可以归纳为以下“三定”原则。

(1) 定位(where)。也就是对于确定需要的所有物品，规定存放的地点。即要让现场作业人员知道需要的东西在何处。但定位的作用不只是规定位置，重要的是要便于作业人员对物品的使用，便于拿取，几乎不用考虑和寻找，避免了因物品混乱而造成的寻找，甚至由于疏忽造成的拿错、用错现象。因此，定位是整顿工作的关键点，物品摆放地点不仅要固定，还要合理。例如，根据物品使用的频率，经常使用的东西应放得近些(如放在作业区内)，偶尔使用或不常使用的东西则应放得远些(如集中放在车间某处)。

(2) 定物(what)。是指对存放物品的空间，包括货架、地面、台面等，规定应该存放的物品是什么。保证每一个空间必须按规定存放物品，实际上是与定位相对应的，但是因为作业现场的人员很多，存放物品的空间也很多，虽然每一种物品都有规定存放点，但有时会被取走使用，或者是正在周转补充等，所以会有存放空间空闲的状态，如果随意存放其他物品的话，也会破坏规则，因此，每个空间要有存放什么的规定。而且，若与可视化管理的方法结合起来，就会有更好的效果。例如，利用图形、颜色、标识等方法，让所有人一看就知道这里应该放什么，不仅是整顿的方法，还是可视化管理的方法。实际上，包括看板及电子条码技术等方法，都可以是整顿的工具。但整顿的对象范围可能更广泛，甚至可以是办公室里的物品。

(3) 定量(how many)。是规定每个存放空间应该存放物品的数量，即与定物是结合的，不仅规定存放什么而且规定存放多少。这点是准时化思想的一个体现，即生产流程的产品不能过多，如前面讨论的看板原理，就是控制产品数量的，而整顿的对象是所有物品，也就是说所有物品都不能过多，要规定每一种物品存放的数量。这一点其实是与整理相结合的，过多的物品实际上也属于不需要的物品。

整顿对于一个作业现场工作效率的提升是非常重要的，一个企业如果初次开展整顿作业，就需要根据各种物品的使用来分析确定存放位置，这是一项比较细致的工作。同时，为了可以让所有人员能够容易知道，采用各种标志方法也是必要的，整顿的作业流程如图 8-10 所示。

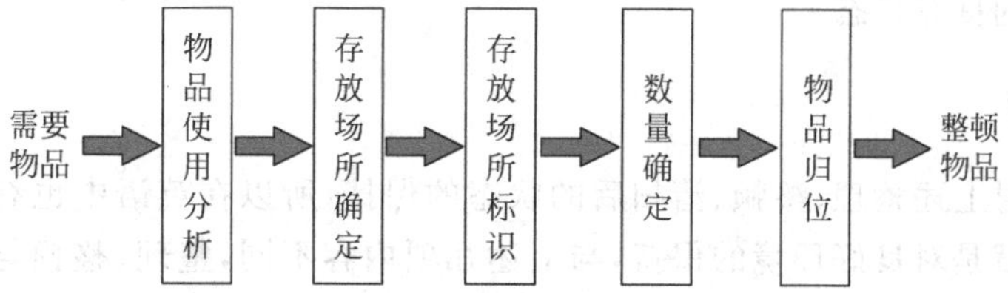

图 8-10　整顿的作业流程

三、清扫

清扫的含义与我们日常生活中，打扫房间的环境卫生基本是一样的，只不过这里是指对企业作业现场的环境进行清扫。其中，包括对使用设备日常清理、维护，以及对作业现场环境的保洁，对现场内的脏污、作业区域的垃圾进行清除等活动。其目的是保持设备及作业现场的整洁、干净，保证设备及作业员有一个好的工作环境。

如果将清扫与整理、整顿作业结合起来考虑，实际上就是对工作现场环境的全面管理。不仅物品摆放整齐，而且现场环境卫生、干净。这样既对产品的质量有好处，使异常发生的根源很容易被发现，同时，也是设备实施检查与保养的第一步，并且可以改善设备的使用状态。因为在生产作业现场的每个岗位，随着设备的运转，都会不断地产生各种杂物、灰尘等，所以需要经常清扫，才能保持设备的正常运转，以及工作环境的整洁、卫生，这如同家庭生活中，每天要打扫房间卫生一样。如果是对生产环境有特殊要求的工艺，如要求清洁度较高的设备，清扫就更重要了。

在精益体系中，清扫的要点如下。①清扫是自主进行的。清扫是由每个岗位的作业者自己进行的，自己使用的物品，如设备、工具等，要自己清扫，而不依赖他人，不增加专门的清扫工。②清扫与设备维护结合。对设备的清扫，着眼于对设备的维护保养。清扫设备要同设备的点检结合起来，清扫即点检；清扫设备要同时做设备的润滑工作，清扫也是对设备的保养。③清扫也是为了改善。当清扫设备、设施等，发现有异常或者隐患时，可以及时地采取措施。例如，在清扫地面发现有飞屑和油水泄漏时，要查明原因，并采取措施加以改进。

所以，对一个企业来讲，尤其是使用各种设备进行作业的流程，清扫工作不只是保持环境卫生的作用，更重要的是保持设备的正常运行状态，可以起到对设备进行日常的保养及检查的作用，也是消除安全隐患，保养设备维修的基础。

另外，需要说明的是，清扫的时间安排不同于整理和整顿。清扫工作是由每个岗位自主进行的，并且是经常性的作业活动，根据作业环境的不同，有时是每一个轮班清扫一次，有些作业环境产生杂物多的岗位可能会更频繁，每个轮班两次或多次等，这样就存在清扫的作业时间安排问题。例如，每一个轮班清扫一次，那么就是每个轮班需要一次清扫时间，这个时间是需要在计划工时中给定的，实际在定额时间的管理中，也是对此类时间有体现的。一般在制定工时定额时间时，除考虑作业时间的消耗外，还会根据作业环境给出一定的宽放时间，这其中就包括清扫的时间，它属于维护作业环境需要的工时。因此，清扫应该是包含在每个岗位的作业活动中的一种时间消耗，其目的是保持设备的运行状态，以及工作环境的良好状态。

四、清洁

清洁是指对上述整理、整顿、清扫后的状态的保持，所以在英语中也有时被称为保持(sustain)。也就是对良好环境的保持，与上述几项内容不同，整理、整顿与清扫可以说是一项具体的作业活动，而清洁是一种行为的准则，是要求员工主动地保持已经改善的良好环境，类似每个人都要保持公共环境一样，是一种行为的规则。

实际上，很多企业在实施5S管理时，发生的问题并不是整理、整顿与清扫，而是很难保持持久，也就是一时的改善比较容易，但是持久的保持是困难的，所以清洁虽然没有什么具体的作业要求，但是一个难点。当然可以将整理、整顿、清扫的实施，以及如何保持等活动制度化、规范化，使大家遵守以维持其成果。

但是，清洁既是一种行为的规范，同时也是一种精神状态的表现，不仅需要有制度化的规范，更需要有观念与认识上的改变，能够主动地做到。同时，清洁可以创造一个良好的工作环境，使员工能愉快、精力充沛地工作。所以清洁的要点是：①车间环境不仅要整齐，而且要做到清洁卫生，保证工人身体健康，提高工人劳动热情；②不仅物品要保持清洁，而且工人本身也要做到清洁，如工作服要清洁，仪表要整洁，及时理发、洗澡等；③工人不仅要做到形体上的清洁，而且要做到精神上的“清洁”，待人要讲礼貌、要尊重别人；④要使环境不受污染，应进一步消除浑浊的空气、粉尘、噪音和污染源，消灭职业病。

所以，清洁的含义更加广泛，是对生产过程及环境全面的要求，对质量、安全、环保、健康等全要素的要求。

五、素养

简单地讲，素养是一种习惯，是一种具有良好习惯与修养的状态。在精益体系中所说的素养，是指企业员工可以自觉、自律地遵守现场作业规则与行为准则，能够自觉地按章操作、依规行事。例如，上述所讨论的整理、整顿、清扫、清洁的各项规则，并且养成良好的习惯，具有教养，制度与规范已经不是强制的约束，而是一种自觉行为。所以素养也被称为自律(self-discipline)。

素养与清洁都是一种行为的、主动的表现，但在内涵上有很大的不同。清洁可以说是对规章、准则的遵守，或者说是被动地遵从要求的行为，而素养是主动自觉，甚至是习惯性的行为。也就是对于现场的各种制度、规则及要求等，不存在不愿意遵守的问题，而是已经成为自己的行为习惯，没有强制的约束也会遵守。实际上，每一个企业都有许多的制度及规范，这些制度及规范都是经过长期的总结，对作业活动、产品质量、成本降低有益的规则。但是许多员工不愿意遵守，更不会主动遵守，这就需要有强制的措施，甚至还需要严格的监督。因此常见的现象是，企业需要设计对应的奖惩制度，来配合各种制度，员工才能够遵守，然这并不是素养的体现。

简单地理解，素养有些类似个人的修养。但修养是一种个人的行为表现，在精益生产体系中，将素养作为5S中的一项要素，则成为一种组织的行为体现，必然体现一个企业的价值取向、行为规范，是一个企业整体经营理念、战略定位、做事原则等要素的最具体的表现。所以，在5S中的素养不同于一般意义上个人的修养，它更多的是体现企业的主张与行为准则，是员工在企业工作中的行为表现。

所以，素养的形成需要长期的培养，企业需要进行相应的教育培训，使员工能够理解企业的经营理念、价值取向，养成良好的工作、生活习惯和作风，让员工能通过5S活动实践，获得自身素养的提升。同时，企业在这个过程中也可以获得现场管理的规范，发现与改善问题，不断地提升流程的效益，使员工与企业共同进步。素养的形成过程如图8-11所示。

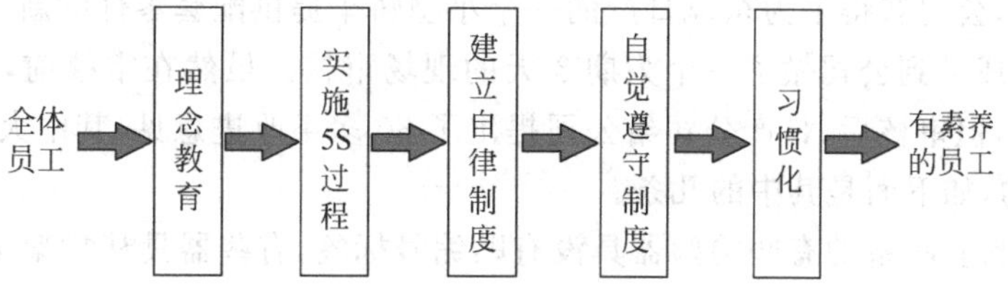

图8-11　素养的形成过程

素养是5S活动的核心，只有员工素养得到不断提升，5S活动才能够顺利地实施，取得的成果才能够保持，并且能够不断地进一步改善。5S各种要素之间的关系如图8-12所示。

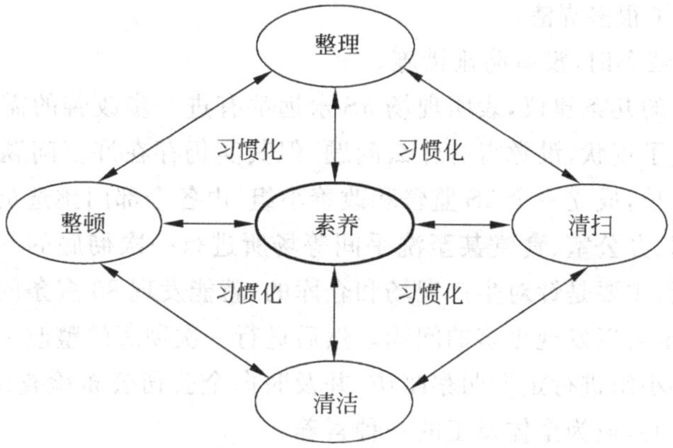

图8-12　5S各种要素之间的关系

5S是一种现场管理体系，可以说，它是精益生产体系中是各项活动的基础。例如，前面讨论到的，运用看板技术实施准时化，运用防错技术实施自働化，以及开展TPM(全员参与的生产保全)、TQM(全面品质管理)等项目，5S都是必不可少的。同时，5S现场管理还能够营造一种人人积极参与、事事遵守标准的良好氛围，这样一来，开展精益生产活动更容易获得员工的支持和配合，有利于调动员工的积极性，增强企业员工的信心，形成推进精益生产的重要因素。

5S管理的推行是一项非常细致、长期的活动。5S水平的高低，代表着管理者对现场管理认识的高低，这就决定了现场管理水平的高低，而现场管理水平的高低，制约着精益生产各项活动能否顺利、有效地推行。通过5S活动，从现场管理入手，提升企业的素质，则能起到事半功倍的效果。同时,5S管理做的如何,也是代表企业的形象,是企业对外合作关系的一个基础条件。以下是一个作为供应商的企业,在开展5S活动中,与客户建立业务关系的例子。

【例8-3】 某汽车零部件企业,自从实施了精益生产后,也开始加强5S管理,仓库有明确的货位划分,通过标签来标识货位,标识存放的物料。车间有明确的物料超市定位,包括在制品超市、成品超市、原材料超市的定位。员工们都认为自己的企业虽然不能媲美丰田、日产和通用等整车厂,但和其他制造型企业相比,还是做得不错的。

但是最近,公司获得了为东风日产的一个小型轿车提供配套零件的新项目,日本日产和东风日产的成员到公司做了一个为期3天的现场审核。虽然在审核前,公司已经做了很多准备工作,但审核后,日产公司给公司提出了80多条改进意见,其中大部分建议是和5S改善有关的,如下面是其中的几条。

(1) 原材料验收室的有些检验器具没有贴编号标签,有些器具从货架上凸出,容易掉落损坏。限度标样上积了很多灰尘,必须确定限度标样的保存方法。

(2) 车间没有张贴出现停电、断气、断水等情况时的紧急联系电话。

(3) 验收室的照明太暗,必须对检查场所和工作场所设立照明标准并定期检查。

(4) 仓库有些物料箱变形、歪斜。

(5) 在原材料库存中,发现两根发生凹陷的管子和其他管子放在一起。

(6) 焊枪上积了很多焊渣。

(7) 成品出货装车时,没有防雨措施。

以上仅是其中的几条建议,表明现场5S永远都有进一步改善的需要,而天天在现场的人可能已经习惯了现状,没觉得有什么问题,但其实仍存在许多问题。因此,公司决定由总经理亲自任组长,成立一个5S监督和改善小组,由各个部门挑选员工参加,对全公司上上下下包括车间、办公室、食堂甚至洗手间等场所进行一次彻底的5S"挑刺"活动。日常的审查只是3天,主要是针对生产现场和仓库的,就能发现80多条问题,相信自己公司认真自查的话,一定可以发现更多的问题。然后进行一次彻底的整改活动。整改结束后,仍然由监督和改善小组进行定期明察暗访,并及时向全公司公布检查结果,使5S改善活动能真正地深入人心,成为全体员工的一种素养。

同时,公司相信通过5S的改善活动,不仅能为企业缓解场地使用面积紧张的压力,提高产品质量和工作效率,减少浪费,消灭安全隐患,同时还能对外提升公司形象,对内为员工创造一个良好的工作环境,增加员工的归属感。

5S活动虽然不是一项专业技术性很强的管理职能,看起来都是日常事务性的,有时不一定会引起企业管理(决策)层的重视,但通过上面这个小例子可以看到:5S改善的活动是无止境的,而且涉及企业的各个领域,需要企业的全体员工参与;有一定组织和程序地开展,需要有高层管理者的参与,当然每个企业如何开展是有所不同的,但总的来讲,全体员工的积极参与是非常重要的。而且,这个例子也说明,一个企业要想改善和不断地提高企业形象,就必须推行5S活动。推行5S管理可以达到以下几个目的。

(1) 改善和提高企业形象。整齐、整洁的工作环境,容易吸引顾客,使顾客对企业的产品有信心;同时,由于口碑的相传,企业会成为其他公司的学习榜样,从而大大提高企业的威望。

(2) 促进工作效率的提高。良好的工作环境和工作氛围，再加上详细的作业标准，使得员工可以集中精力，认认真真地做好岗位的作业，这样必然能大大地提高效率。试想，如果员工们始终处于一个杂乱无序的工作环境中，就会由于寻找物品、工具等影响作业，并且情绪也会受到影响，从而导致效率下降。所以说，推动5S是促进效率提高的有效途径。

(3) 改善物料的库存周转率。通过整理，现场只保留需要的物品，这样当需要时能立即获取有用的物品，供需间物流通畅，就可以极大地减少物品所滞留的时间。因此，能有效地改善物料在库房中的周转率。

(4) 减少直至消除故障，保障产品质量。优良的产品品质，不仅取决于工艺过程的设备等硬件，也来自优良的工作环境。只有通过经常性的清扫、点检和检查，不断地净化工作环境，才能有效地避免污损东西或损坏机械。维持设备的运行总是处于良好的状态，可以保障产品的品质。

(5) 保障企业的安全生产。整理、整顿、清扫，必须做到储存明确。东西摆在固定的位置上，工作场所内都应保持宽敞、明亮，通道随时都是畅通的，地上不能摆设不该放置的东西。工厂有条不紊，意外事件的发生自然就会相应地大为减少，安全就会有保障。

(6) 降低生产成本。一个企业通过实行或推行5S活动，可以减少对不需要物品的保管，能相应地减少人员的操作、设备及场所的数量、运输作业等多方面存在的浪费现象，从而降低生产运行成本。

(7) 缩短作业周期，确保交货准时。推动5S，通过实施整理、整顿、清扫、清洁来实现标准的管理，企业的现场管理就会一目了然，使异常的现象明显化，人员、设备、时间就不会造成浪费，相应地企业生产能保持顺畅，作业效率就会提高，作业周期必然相应地可以缩短，确保交货日期准时达到。

(8) 改善员工的精神面貌，使组织活力化。推行5S活动，可以明显地改善员工的精神面貌，使组织具有一种强大的活力。员工都有尊严和成就感，对自己的工作尽心尽力，并带动持续改善的意识形态。

第四节　QC小组与合理化建议

从持续改善的角度看，自働化体系实际上是一种发现问题、解决问题，以及防止错误发生的方法，其中无论是防错技术、可视化，以及5S管理活动，都可以认为是在持续改善活动中的一种技术或方法，但这些技术与方法的不同之处在于，都涉及人的认识及理念因素。而且，这些技术与方法的来源，也都是经过对生产过程的理解与总结得到的，是来源于现场的实践，并没有什么深奥的理论及高难度的技术，都是比较简单实用的具体操作。因此，开展改善活动，实施自働化、可视化、5S管理等活动，难点不在于技术与方法的掌握(有些技术与方法是可以自己创立的)，而是在于如何组织实施可视化、5S管理等活动，并且，如何能够持久地实施这些活动，以及保持开展活动取得的成果。更进一步说，怎样能够保持取得的成果，并且持续不断地改善活动，不断取得更好的成果。

更值得关注的是，企业是一个组织体系，是由众多员工组成的，因此上述改善等活动并不是个人行为，而是一种组织行为，是在组织中开展的，需要全体员工共同去实现，这就更加需要解决这种持续改善活动如何组织和实现的问题了。

精益思想的主张是，无论是推行看板系统，还是可视化、5S等活动，都需要企业全体员工参与，自下而上地开展，并不是依靠高层管理人员、专业技术人员设计好，由其他员工来执行。而且，其中许多方法的发明、问题的发现及改善方法的提出，都来自现场实际作业的员工，而不是依靠外部力量，如咨询公司或者专业的精英设计出一定的方法与程序后，由现场员工来执行，即不是自上而下地开展。这一点是自働化与持续改善活动在管理理念上具有的明显特征。以下我们先通过两个企业改善活动的实例，来进一步体会推进改善活动的特点。

【例8-4】 S公司是一个工程机械零部件的生产供应商，公司意识到最佳避免在制造过程中产生质量问题，杜绝废品发生的方法就是防止错误的发生，而这绝不仅仅是公司管理层或者少数几个人就能做到的事情，而是需要公司员工，包括现场的操作工人全员参与才能取得实效的。

目前，在公司中有些产品做得比较好。例如，一个部件总成生产单元，会偶尔出现漏装吊钩(一个构件)的问题，以往出现问题时，现场管理者把当班工人叫过来训话一番，或者扣点奖金以示惩罚。但实际上这样的处理方法并不解决实际问题(因为没有追查原因)，相同的问题有时还会发生。这不仅给企业带来了很大的经济损失，浪费了原材料，人工和机器的投入，也给企业在客户方造成了不好的影响。

因此，公司在总成车间进行了持续改进、提高质量的活动，鼓励现场员工多提合理化建议，并对提出建议和提出建设性建议并有成效的员工给予50～1 000元不等的奖金，员工的积极性提高了。生产线实际操作的员工建议，在最后一道程序改进模具装上传感器，如果未安装吊钩就会发出报警，因此这类错误就彻底被消除了。

另外，在产品组装时，有一个零件有时候会装反，也会造成质量问题，现场操作的员工提议，是否可以改进一下工艺设计，达到如果装反了就装不上去的状态，这样的错误就不会发生了。最后，通过技术人员的设计改进，这个问题得到了妥善的解决，避免了废品和返工的浪费。

所以，企业管理层认识到，其实第一线的工人是最熟悉自己的岗位作业，最熟悉这些机器、设备、工装、模具的使用，以及存在的问题的，如果他们能积极参与，就可以提出许多有建设性的改进方案。

因此，公司建立提案制度，通过鼓励员工积极参与持续改进，公司收到了很多有建设性的提议，设计了40多道防错装置，大大降低了废品率和返工率，自然也有效地降低了材料成本和制造费用。目前的废品率加返工率约在0.2%～0.3%左右。如果现在生产人员、工艺部门、技术部门能够和工装模具和夹具的供应商进一步协作，找到更多防错的方法，那么就可以进一步降低废品率，提高生产效率和利润率。

【例8-5】 在K公司推行拉动生产的过程中，曾经发生过一个“看板”的故事。在公司的管理人员培训完精益生产相关的知识后，对丰田的拉动生产方式充满了憧憬。在生产经理的牵头下，生产车间开展了轰轰烈烈的物料拉动体系建立。工业工程师查阅了非常多的培训材料后，设计产生出一套精益物料拉动体系的构想。在这套构想中，经过工业工程师详尽的计算，包括看板的拉动方式定为定时不定量的方法、看板总的设计总量及回收频率、物料员的现场物料运送路径（milk run）频率都定义得非常清楚，万事俱备，只欠东风。在所有人看来，大幅度的降低仓库和现场的库存量已是指日可待。

但是，所有的人都忽略了一件事情，这个新的物料拉动体系在设想之后只是简单地培训了相关的线长和物料员应该怎么去执行、什么时间应该去做什么事情，根本没有在项目开启的时候就让广大的一线员工参与其中，更没有对大家讲解这些规章制度制定的原理和对大家工作的益处。结果在实施看板拉动的前两周对所有人的工作来讲都是一场“噩梦”。物料员们实在不知道这些“小卡片”对于他们的工作来讲代表着什么，有什么样的作用。用一线员工的话来说，这些看板只不过是老板们为了迎合上级参观的“面子工程”，为了体现老板的政绩而给他们添加的工作量。实施的结果也是“惨不忍睹”，不到两周的时间，之前制作好的看板丢失了一半以上，并且物料员的领料和发料也还是利用之前的经验进行，新的拉动系统根本没有按照之前的设想实施。

一、重要观点：改善来源于现场

上面两个实例从正反两个方面说明了全体员工参与，并且要主动参与的重要性。这实际是精益思想特别强调的主张，因为只有这样，才能够在一个企业中实现持续的改善，保证企业的生产流程能够及时发现、解决问题，从而总是处于良好的运行状态。其中一个重要的理念是现场，在丰田公司也称为“现场现物”。主张以现场为核心展开改善活动，所有的改善都来源于现场，问题的发现及改善方案的提出，都来源于现场作业员工。

所谓的现场，是指制造产品或提供服务的地方。在精益生产体系中现场特指生产作业活动的场所，或产生问题的地点。现物是形成结果或发生问题的实物。例如，发生质量问题的不良品、发生故障的机器设备等。现场现物，实际上就是企业生产流程运行的场所，以及流程运行中的各种要素，如加工对象、使用的设备工具等。

改善是对现有的标准工作流程、制度、作业等，所进行的完善与提高性的修改、调整等活动，是一种不断完善与提高流程，发现流程的缺陷与不足，使流程得到不断改进的过程。与改善对应的概念是维持，它是指保持并遵从现有技术规范、流程制度、作业标准的活动，以及相应的训练和纪律。也就是在正常的状态下，每个流程或者每个岗位都有一个标准的规范，以及操作规程（例如第 7 章中讨论的标准化作业）。这是多数企业的状况，精益生产体系也是如此。但不同的是，精益体系中的自働化，是要不断地发现按目前标准运行的流程中的问题，而且，精益思想认为，一个流程不可能总是不存在问题，如果那样就是问题被掩盖了（见【例 8-1】）。所以，要运用自働化技术不断地发现问题，并且找到问题的根本原因，加以解决。这样流程就能得到不断地改善。

更重要的是，这个过程具体的实现，并不是自上而下的，由中高层管理者去发现解决问题，设计出新的方法，现场作业人员去执行，而是由现场所有的操作者、管理监督者（如班组长），尤其是每个岗位的作业人员来发现问题，并且参与查找原因，制订解决方案，最后执行与维护。这个过程就是所谓的现场现物，这样的思想在丰田公司也被称为“现场主义”，其管理理念与以往的区别如图 8-13 所示。

图 8-13 所示的两种理念是明显不同的。其中，图 8-13(a)表示现场是管理体系中的

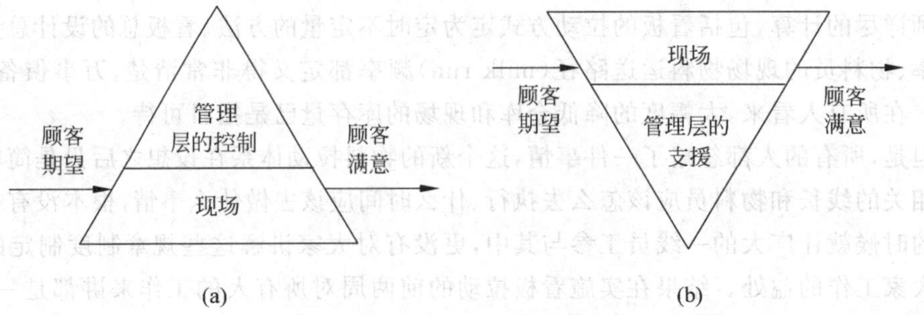

图 8-13　现场管理理念的比较

(a) 现场位于管理结构的底层；(b) 现场位于管理结构的顶层

资料来源：[日]今井正明. 现场改善[M]. 北京：机械工业出版社，2013：14～15.

最底层，是执行层，改善方案的提出应该是高层次的事情，现场的作业人员只是执行就可以了。目前许多企业在推进精益生产时，多采取依靠外部力量(例如咨询公司或专家)，并且自上而下地开展，最后很难达到预期的效果，其原因就在于现场理念的不同。例如，【例8-4】和【例 8-5】中，都没有充分地动员全体员工参与，没有从现场的流程改善开始，建立标准化的精益体系，更没有对流程不断地发现问题，不断地改进。所以，将企业的流程改变成符合精益思想的流程，首先需要转变理念。

至此可以再回过头来总结一下，关于对准时化与自働化的理解，大野耐一特别强调的就是这两点。如果从自働化的持续改善作用看，可以认为，前面几章讨论的准时化(包括看板、计划、标准化作业、单元线组织等)，都是解决如何建立精益化的体系，而自働化讨论的是对精益体系在运行后的不断改善，两者结合起来，就是不仅可以建立起一个具有一定特点的精益体系，而且可以得到不断的改进、完善。这样一来，自働化体系及持续改善的意义就更加明确了。

这里需要说明的一个问题是：改善与创新的关系。一般会有一种理解，改善是在一个原有体系框架下的修补、改进，不会有什么创新。而创新应该是一种打破原有框架、体系的行为，是对过程、技术与方法等要素做重大的变革，如借助大量的投入改进设备、技术，而取得突破性的成果。但实际上持续的改善活动，对现有的标准工作流程、制度、作业等，也会有完善与提高性的修改、调整等。而且，精益思想特别强调的是，这种完善是反复持续不断地进行的。因此，会有一种积累的作用，达到一定的程度实际也是有创新的，是一种渐进型的创新活动，对于一个企业能力的提升是非常重要的。

另外，上述两种管理理念的不同，除对改善活动的组织过程会有不同以外，还会导致对员工参与改善获得的促进、对改善成果的评价与激励的截然不同。例如，如果采取图 8-13(a)所示的理念，认为现场是最底层，只是执行活动，改善的措施及方案都是高层管理人员、专家的任务的话，那么，如果让现场人员能够理解、愿意执行，就需要有外部的监督与激励，而且这些监都与激励往往就是奖惩制度，但这往往很难奏效。建议再读一下前面的【例 8-4】，就能清楚地理解了。

但如果是采取图 8-13(b)的理念，认为现场是关键，一切改善来源于现场，来源于现场的员工，并充分地发动全体员工参与，自律地发现问题，集思广益地查找原因，提出解决方案，并不是依靠外部力量(当然管理层及专家的支持也是重要的)，这样不仅可以更好地取得改善的成果，而且评价与激励机制也会改变。如此就不是运用奖惩的机制，而是采用鼓励与自我价值的实现，来激励员工的参与。因为在这样的模式下，员工参与改善活动都是自发、自律的，不需要用惩罚来督促参与。而且，改善方案都是现场员工参与研究制定的，也不需要通过监督才能执行，员工都会自愿地执行，因为通过改善方案的实现，可以看到自己的贡献得到认可，自己的价值得到承认就是最大的激励。所以，也不一定需要用金钱的形式给予改善成果评价，这是现场现物理念带来的本质的不同。

二、改善活动的主体：QC小组

QC小组实际是一种改善活动的基层组织，是由相同、相近或互补的工作场所的员工，自发地组成的一个小的团体。并不仅仅是质量的改善与控制活动，由于起源于质量问题的讨论，所以采用了质量相关的QC名称，但实际涉及的活动是很广泛的，所以称为改善活动小组更确切。在丰田公司，几乎所有的现场作业人员都参加某一个小组，小组成员全体合作、集思广益，按照一定的活动程序，发现并解决工作现场所发生的问题，实际上是一种开展持续改善活动的组织形式。

但它不同于企业内部正式的组织，因为这种持续的改善活动，并非是职务内的规范作业活动，所以它并不是企业组织体系的常规机构，例如，作业班组。不过有时QC小组会与正式的作业班组重合。但一般讲，QC小组是围绕企业生产流程、作业现场组织的，以解决流程中存在的问题，改进质量、降低消耗、提高人的素质和经济效益为目的而组织起来，是员工自愿参与改善活动的一种组织形式，它有以下几个主要特点。

(1) 自主性。因为改善活动并不是职务之内的业务，所以QC小组以员工自愿参加为基本前提，实行自主管理，自律地开展学习、交流与讨论，互相启发共同提高，充分发挥小组成员的聪明才智、积极性和创造性。

(2) 广泛性。根据精益思想的现场观念，动员全体现场员工参与是非常重要的。实际上员工的参与是很广泛的，例如，在丰田公司几乎所有的现场员工都有参与一个，有时会是几个小组的活动。QC小组成为吸引现场员工参与改善活动的有效形式，而且也会包括领导人员、技术人员、管理人员，更注重吸引在生产、服务工作现场的操作人员参加。

(3) 自律性。改善活动参与的人员越多，就越需要有组织地进行。但改善业务又不是职务内的规定业务，所以，QC小组的活动是自律的，组长可以是民主推选的，小组成员可以轮流担任课题组长，这样人人都有发挥才智和锻炼成长机会。内部讨论问题、解决问题时，小组成员不分职位与技术高低，各抒己见，互相启发，集思广益，高度发扬民主，以保证既定目标的实现。

(4) 科学性。QC小组的业务活动虽然是自主、自律的，但活动的过程遵循科学的工作程序。例如，在丰田公司有一个合理化建议的规范程序(参见后面的讨论)。同时，分析及解决问题的方法也是需要运用一些理论与技术的。例如，工业工程的理论与方法、质量控制的理论与方法、设备管理的理论与方法等。而不是单凭想当然或个人经验，也需要员工对相应的理论与方法有一个学习、掌握的过程。因此，此时管理层可以给予指导与学习、培训方面的支持。例如，请专业人员讲课、培训，建立QC小组的教育制度，开办面向班长以及组长的“解决问题讲座”，面向工段长及组长的“顾问讲座”，面向工段长的“教练员讲座”等。

小组的规模不一定很大，一个小组的人员不必过多，一般是 5～10 人为宜，当然要根据现场的实际确定。小组成立后，由组员自行讨论命名小组名称，推选出小组组长，并在公司专职管理部门登记公布。

根据上述 QC 小组的特点，小组在开展改善活动的同时，实际也是员工学习知识，提高业务水平的过程。因此，小组长的作用是非常重要的，其主要职责是：组织小组成员制订活动计划，进行工作分工及开展活动，负责联络协调改善活动，及时向上级主管部门汇报小组活动情况，争取得到支持和帮助。同时，还要做好流程、作业、质量、设备等方面工作，组织小组成员学习有关业务知识，不断提高小组成员的改善意识和业务水平，激励小组成员充分发扬民主，为小组成员创造宽松的环境，增强小组的凝聚力，经常组织召开小组会议，研究解决各种问题，做好小组活动记录，并负责整理成果和发表。

当然，为了能够将持续改善活动作为企业的一项能力培养，在公司层面要成立专职的管理部门，加强对 QC 小组活动的指导与支持，组织对小组成员的培训，例如，质量管理的统计方法、工业工程的技术与方法等，以及对改善的正确认识、开展活动的程序步骤、参加活动的注意事项等。并且，经常对小组活动进行了解、考核和开展竞赛，成果显著的小组可在企业公开发表并予以奖励。

QC 小组的活动一般是比较自主的，并不一定有严格的规范，这样更有利于大家的积极参与，以及活动取得成果。但从改善活动的逻辑角度看，一般是从选题开始，也就是发现问题开始，然后进行分析、提出改善方案，所以活动的基本程序可归纳如下。

(1) 选题。QC 小组活动课题选择，一般应根据企业方针目标和中心工作，根据现场存在的薄弱环节，根据用户(包括下道工序)的需要选择。小组的选题范围涉及企业各个方面。因此，选题的范围是广泛的，例如：提高质量；降低成本；设备管理；提高出勤率、工时利用率和劳动生产率，加强定额管理；开发新品，开设新的服务项目；安全生产；治理“三废”，改善环境；提高顾客(用户)满意率；加强企业内部管理；加强思想政治工作，提高职工素质。

(2) 确定目标值。课题选定以后，应确定合理的目标值。目标值的确定要：注重目标值的定量化，使小组成员有一个明确的努力方向，便于检查，活动成果便于评价；注重实现目标值的可能性，既要防止目标值定得太低，小组活动缺乏意义，又要防止目标值定得太高，久攻不克，使小组成员失去信心。

(3) 调查现状。为了解课题的状况，必须认真做好现状调查。在进行现状调查时，应根据实际情况，应用不同的 QC 工具(如调查表、排列图、折线图、柱状图、直方图、管理图、饼分图等)，进行数据的搜集整理。

(4) 分析原因。对调查后掌握到的现状，要发动全体组员动脑筋，想办法，依靠掌握的数据，通过开“诸葛亮”会，集思广益，选用适当的 QC 工具(如因果图、关联图、系统图、相关图、排列图等)，进行分析，找出问题的原因。

(5) 找出主要原因。经过原因分析以后，将多种原因，根据关键、少数和次要多数的原理，进行排列，从中找出主要原因。在寻找主要原因时，可根据实际需要应用排列图、关联图、相关图、矩阵分析、分层法等不同分析方法。

(6) 制订措施。主要原因确定后，制订相应的措施计划，明确各项问题的具体措施，要达到的目的，谁来做，何时完成以及检查人等。

(7) 实施措施。按措施计划分工实施。小组长要组织成员，定期或不定期地研究实施情况，随时了解课题进展，发现新问题要及时研究、调查措施计划，以达到活动目标。

(8) 检查效果。措施实施后，应进行效果检查。效果检查是把措施实施前后的情况进行对比，看其实施后的效果，是否达到了预定的目标。如果达到了预定的目标，小组就可以进入下一步工作；如果没有达到预定目标，就应对计划的执行情况及其可行性进行分析，找出原因，在第二次循环中加以改进。

(9) 制订巩固措施。达到了预定的目标值，说明该课题已经完成。但为了保障成果得到巩固，小组必须将一些行之有效的措施或方法纳入工作标准、工艺规程或管理标准，经有关部门审定后纳入企业有关标准或文件。如果课题的内容只涉及本班组，那就可以通过班组守则、岗位责任制等形式加以巩固。

(10) 分析遗留问题。小组通过活动取得了一定的成果，也就是经过了一个 PDCA 循环。这时候，应对遗留问题进行分析，并将其作为下一次活动的课题，进入新的 PDCA 循环。

(11) 总结成果资料。小组将活动的成果进行总结，是自我提高的重要环节，也是成果发表的必要准备，还是总结经验、找出问题，进行下一个循环的起点。

以上步骤是 QC 小组活动的全过程，体现了一个完整的 PDCA 循环。由于 QC 小组每次取得成果后，能够将遗留问题作为小组下个循环的课题(如没有遗留问题，则提出新的打算)，因此 QC 小组活动能够持久、深入地开展，推动 PDCA 循环不断前进。

三、改善活动过程：PDCA 循环

PDCA 是计划(plan)、执行(do)、检查(check)和处置(action)四个单词的第一个字母，PDCA 循环就是按照 P-D-C-A 这样的逻辑顺序循环地进行活动，是一种组织与实施某种活动的逻辑思路，也可以说是在组织中进行一项活动的科学程序。在持续改善活动中特别强调 PDCA 循环的应用，相信多数读者对 PDCA 循环这个词不会陌生，但是在改善活动中怎样理解它的真正含义，还是需要思考的。

在讨论了自働化与持续改善的基础上，再来看 PDCA 循环，或许能够更好地理解这个活动程序的真正含义。在持续改善的概念下，特别强调改善活动是无止境的，是反复不断地进行的，每次改善取得的成果，都是下一次改善过程的起点。因此，PDCA 循环实际是进行持续改善活动的一个逻辑过程，或者说是工作的逻辑思路。如前所述，虽然在精益体系中所进行的改善活动，是一种职务规范业务之外的非正规组织的活动，但它对精益体系的作用确实是巨大的，因此如何开展这项活动并取得更好的成果，是推进精益生产的关键。

同时，改善活动强调的是不断地进行，并不是一次性的活动。PDCA 是一个循环的工作程序，而不是一个线性的工作程序，也恰恰强调这个循环是反复不断进行的，不断地对现有标准进行分析，发现存在问题，改进提高。因此，PDCA 循环是进行持续改善活动的一个重要概念，四个阶段都有特定的活动内容，都是针对改善活动的不同阶段，对所要进行的活动和预期达到目的体现。具体各阶段内容如下。

(1) 计划阶段(P)。可以说计划阶段是对某一项改善活动的策划,包括改善项目的选择,确定活动的方针和目标,以及活动总体路线的规划等。计划是改善活动关键的一步,要根据对现场问题的发现选择课题,强调对现状的把握和发现问题的意识与能力。发现问题是解决问题的第一步,需要 QC 小组成员对现场随时观察、分析。当然,自働化体系反映出来的问题,或者暴露的流程缺陷,都可以作为改善活动的课题。

另外,计划阶段对于改善活动的预期目标,分析解决问题的路线及方法,活动的分工及时间进度等,也会进行适当的规划,以利于 QC 小组活动的准备及开展。

(2) 执行阶段(D)。执行阶段是一项改善活动的具体实施阶段,根据计划阶段确定的选题,以及规划的路线、程序开展活动。在这一阶段需要对选定问题的目前状态,以及产生的原因,进行深入的调查、分析,找出产生问题的各种原因,并且制订出改进的方案。这是改善活动取得效果的关键,在这个过程中,需要 QC 小组成员充分地进行现场调研,收集问题的相关信息,学习并运用科学的分析方法,分析研究设计出具体的改善方案。

此阶段的关键点是,找出导致问题发生的根本原因,对症提出解决方案。在前面自働化的讨论时一再强调,自动停机后应该怎么办,也就是要查找问题的原因,加以彻底解决,否则的话同样的问题还会发生,停机就没有意义了。改善方案的具体设计,方案是否能够取得彻底解决问题的效果,重要性也在于此。

(3) 检查阶段(C)。即对设计的改善方案实施检验,确认方案是否有效,是否达到了预期的目标。这一阶段的主要任务是验证方案,需要对改善方案进行效果检查后才能得出结论。此时,需要实验性地运行方案,并收集信息,对采集到的数据进行分析,把完成情况同原来状态,以及与其的目标值进行比较,看方案是否有效,是否达到了预定的目标。

此阶段的要点是验证方案,要在实际的流程中运行方案,已取得可靠信息。如果没有达到预期的结果,就应该找出原因,分析为什么没有实现,在进行下一次循环时,作为反馈信息使用。或者分析计划阶段的目标制订是否合理等。总之,检查阶段是对改善方案的检验与认定,可以发现改善方案的有效性。

(4) 处理阶段(A)。处理阶段是指对检查阶段的结果进行处理。如果改善方案取得成功,需要按照企业规定的程序认定后,制订作业标准(或修改原标准),作为后续工作的标准程序;对于不成功、不理想,或者失败的项目,需要总结教训,分析没有取得成功的原因,作为之后开展活动的借鉴;对于没有解决的问题,或者在活动中发现的新问题,应提交给下一个 PDCA 循环中再去解决。

此阶段的要点是:要将改善的成果标准化,例如,将新的工艺参数、操作程序、作业方法、使用的工具等,固定下来作为新的作业规程,提供给现场人员作为新标准。并且要保持这个成果状态,使其成为流程运行的正常状态,不至于下滑,或者是回到改善前的状态。这需要现场作业人员和管理人员的共同努力才能实现。在企业的实际改善活动中,这种反弹的现象是常见的,也是企业开展改善活动的一个难点。

以上四个阶段构成一个完整的循环过程,这个过程不是运行一次就结束,而是周而复始地不断进行,一个循环结束,解决一些问题,未解决的问题进入下一个循环。这个过程就是按照 PDCA 循环，不停顿地周而复始地持续改善。如图 8-14(a)所示。

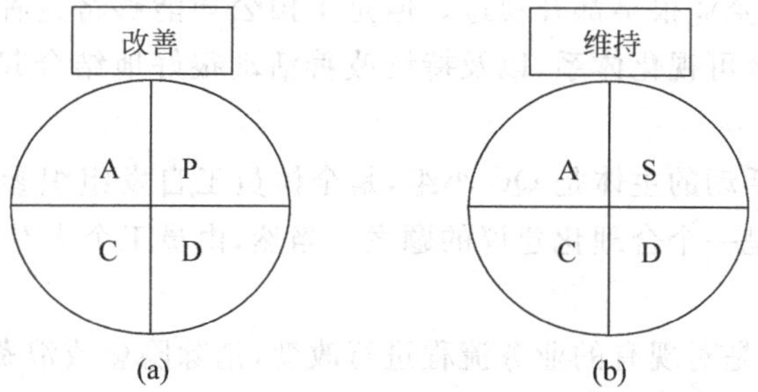

图 8-14　改善过程与维持过程的比较

资料来源：[日]今井正明. 现场改善[M]. 北京：机械工业出版社，2013：6.

如前所述，标准化作业是精益体系中一项重要的要素，没有作业标准，流程现场的作业活动就不能很好地进行。但是持续改善的思想是：流程中一定会存在问题，随着流程的运行会逐步被发现，也就需要改善，这也是自働化体系的根本功能。因此，要保持改善后的成果就意味着要进行标准化的修订，制订新的工作标准，以便执行和推广。这也是保持改善成果的需要。

所以，新的标准制订后，再依据作业标准进行正常的作业，这样实际上就是进入前面提到的维持状态，保证企业正常的工作秩序，即标准化(standardize)—执行—检查—处置的过程。也就是，改善与维持是相互协调的，发现问题需要及时进行改善，这是精益思想特别强调的。但是，改善活动本身，以及正常作业也是需要有秩序进行的，改善后取得的成果作为新的正常状态，需要维持运行，在提出下一次改善之前需要有秩序进行作业活动，这个过程就是维持目前的标准。如图 8-14(b)所示。

可以说，改善与维持是交替进行的，维持不只是保持正常的作业秩序，更重要的是对于改善方案的效果的保持。同时，在维持目前状态的作业活动中，也同样会有自働化、可视化体系的作用，一旦发现问题，需要问清楚，是否有标准，是否没遵守标准，还是标准不适当，即判断是否需要进行改善。SDCA 是建立稳定标准的流程，PDCA 是不断改善提高流程的水准，两者对于流程的运行及提高都是很重要的。

四、改善活动的保证：合理化建议制度

改善活动在精益生产体系中的作用是至关重要的，这一点前面一再讨论过。但改善活动本身又是非正规职务体系的内容，是全体员工自愿参与、自发组织的[①]。因此，无法用职务体系内的考评方法来促进与保证活动的持续开展，就需要有一种特殊的、与改善活动特点适应的制度体系来保障。

丰田公司的做法是：建立合理化建议的制度(也被称为禀议制度)。也就是建立一种制度体系：能够保证全体员工参与改善活动，积极提出合理化的建议方案，并且，激励大

① 注：精益思想是这样主张的：只有全体员工的参与才能取得改善的效果。读者可以将其与六西格玛管理的思想进行比较，以便更好地理解这种非正式体系的作用。

家参与，确保改善成果得到普及应用。实际上，这种制度也并不是丰田的独创，许多企业，包括我们国内的许多企业很早都开展过。但是丰田公司能够将这种合理化建议的制度，与精益思想、自働化及可视化体系，以及持续改善活动很好地结合起来，很好地保证了改善活动的效果。

如前所述，改善活动的主体是QC小组，是全体员工自发组织参与的，所以，QC小组提出的改善方案，就是一个合理化建议的题案。当然，由员工个人对某一项业务提出改善题案也是存在的。

改善活动的性质是对现有的业务流程进行改变，消除隐患或浪费，但这涉及对目前正常运行流程的修改，需要有一个对改善方案检验、确认的过程，否则会出现工作秩序的混乱现象。尤其是涉及设备、工艺、操作方法的项目，更应该如此。所以，合理化建议制度不仅需要激励员工积极提出改善题案，还需要对题案进行检验、确认，以及形成标准化，作为今后的工作秩序。内容一般包括以下几个方面。

(1) 支持、援助QC小组的改善活动，帮助小组发现、选择改善的课题，以及提供必要的知识培训等。实际上每个企业在运行过程中，都会有需要解决的难题。企业可以为QC小组提供有待解决的问题，或者说引导小组对企业面临的难题进行讨论。

(2) 对QC小组选定的课题进行登记、确定，掌握正在开展的研究课题，以及参与的小组及人员等信息，并且，在活动开展期间，给予一定的支持与援助。

(3) 对于取得成果的改善活动，组织成果信息的汇总，对活动进行总结，以及确认成果的可行，形成新的作业标准。

(4) 对完成的课题进行评价，确定激励、表彰的形式和内容。例如，选出最优秀的提案并在企业范围予以公布表彰；对于贡献较大，节省成本较多的课题予以奖励等。

当然，每个企业可以根据自己的特点，组织改善活动，以及建立合理化建议的制度、激励与表彰的形式等。例如，是否采取经济方面的奖励，奖励的程度如何等。这些实际上都是影响改善活动的重要因素。前面已经提到过，精益思想的主张是：激励全体员工积极参与改善活动，但并不是注重物质上的奖励，更多的是精神上的，是员工得到自我价值实现的满足。

因此，虽然QC小组的活动是自发、自愿的，但是对于活动过程的管理，也就是合理化建议制度的管理，还是需要企业有组织地进行。图8-15是丰田公司QC小组活动及合理化建议制度的组织程序。

全体员工参与的QC小组的改善活动，以及与其相适应的合理化建议制度，不仅仅使流程存在的问题，能够被及时发现，及时改进，还使流程的效率不断得到提高。更值得关注的是，在这个过程中，全体员工通过参与改善活动，获得了学习与发挥才能的机会，得到了培养与进步的机会，每一个员工通过参与改善活动，都会学到许多实际的业务知识，以及相应的理论与方法。同时，还能够在提案过程中发挥自己的才智，实现自身的价值，让员工看到自己的价值得到认可，这是对员工最好的培养与激励。实际上这是改善活动以及合理化建议制度更加重要的收获，或者说是更重要的目的。

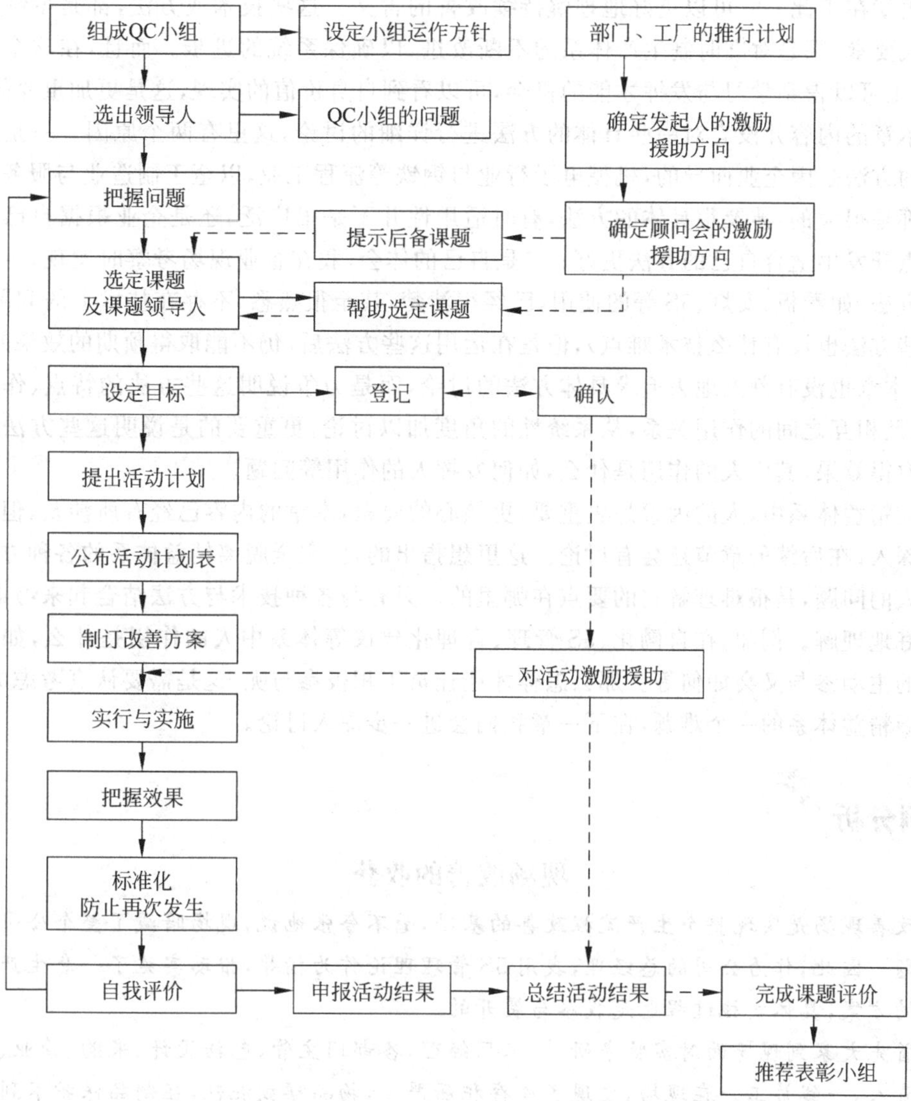

图 8-15　丰田公司 QC 小组活动及合理化建议制度的组织程序

资料来源：[日]门田安弘. 新丰田生产方式[M]. 第 4 版. 保定：河北大学出版社，2012：389.

本章小结

大野耐一先生在论述丰田生产方式时，一直强调两个要点：准时化与自働化。准时化是精益生产的核心技术，是丰田生产方式的基本特征；而通过本章的讨论可知，自働化上实际上是一种自动发现问题，不断改进完善流程的体系。两者相互作用，实际上就是：首先，建立一个适应环境的准时化的生产体系；其次，建立一个能够对准时化生产流程不断自我完善的自働化体系，这样就可以保证生产体系可以不断地得到完善、进步。

所以，本章将自働化、可视化、5S 管理、QC 小组、合理化建议等内容结合起来讨论，其目的也就在于此——可以更好地理解持续改善的含义。这些技术或方法，都是持续改善的构成要素，都是对准时制生产体系的不断改进，以确保系统的进步。而且，在这个过程中，员工可以得到学习与发挥才能的机会，可以看到自身价值的实现，这是更加重要的。

本章的内容并没有对一些具体的方法进行详细的讨论，这里有两个原因。一是这些具体的方法是因企业而异的，机械电子行业与钢铁等流程工业，以至于制造业与服务业的差别都是很大的，涉及很具体的方法，有时适用性并不是很广泛，还是企业根据自己现场的特点开发出适合自己的方法更好；二是自己的体会，我在企业现场考察时发现，企业对具体方法，如看板、安灯、5S等的使用，已经很清楚，甚至很熟悉，不存在技术上的问题(实际这些方法也没有什么技术难点)，但是在运用这些方法后，仍不能取得预期的效果问题。因此，本章也没有刻意地去追求具体方法的讨论，而是力争说明这些方法的特点、作用原理，以及相互之间的作用关系，从系统性的角度加以讨论，更重要的是说明这些方法怎样才能取得效果，其中人的作用是什么，如何发挥人的作用等问题。

在精益体系中，人的因素是更重要、更核心的要素，本章的内容已经有所涉及，但是还不够深入，在后续的章节还会有讨论。这里想指出的是，完全脱离精益体系的各种方法去讨论人的问题，是很难理解它的要点在哪里的。只有与各种技术与方法结合起来考虑，才能更好地理解。例如，在自働化、5S管理、合理化建议等体系中人的作用是什么，如果没有人的主动参与又会如何等。那么怎样才能让员工积极参与呢，这是需要认真考虑的，也是开展精益体系的一个难题，在下一章我们会进一步深入讨论。

案例分析

现场改善的收获

改善现场是实现整个生产流程改善的基础，毫不夸张地说，现场暗藏了整个公司的真正问题。因此，作为公司的总经理，我用5S管理理论作为指导，推动实施了一套生产现场改善的方案，具体实施过程也是我参与展开的。

首先大家到现场面对实物来研讨，工厂经理，各部门主管，包括设计、采购、营业、生产等负责人，一线员工。在现场，发现了库存积压严重，物品摆放混乱，在制品保护不到位等问题。大家针对这些问题提问，说明原因，可能是设计、采购量、订单、生产排期的问题。无论是什么问题，都可以通过现场大家的交流，确定好解决办法，并实施下去，这是一件长久的改善方案，要一个问题，一个问题地去讨论解决。

第一步：开始整理

经过跟大家的沟通，得出一个共识：把环境清理干净后保持下去非常难，原因就是车间的物品太多了，比如原材料领取的时候过多，加工后有剩余，大家认为反正还会再用的，所以就随便放在车间的某个角落，这样时间长了，很多物品表面堆积了灰尘，有些箱子还没有开封，就被压在了下面，甚至不知道里面是什么规格的材料。所以我们现在要做的就是找出这些不需要用的物品。以一个月的时间作为需要或者不需要的判断依据，如果在一个月内会用到，则是需要的，不会用到的则是不需要的。

下面我们使用贴红标签法来进行分类。大家一起到现场，把一个月内不会用到的物品，全部都贴上红色的标签，总经理、采购、营业、生产人员全部都要参与，每人领取30个红标签，然后规定每个人的红标签都一定要贴完，贴的对象是一个月内不会使用的物品，管理人员和一线员工配合一起来贴红标签，包括落满灰尘的存货、一直不使用的工具、没有开封不知道里面具体内容的箱子，全部都贴上红标签，这时候我发现，在公司目前现金流这么不好的情况下，工厂却买了这么多闲置的设备和工具，采购人员也会发现自己由于批量采购导致多出了很多库存；营业人员也会发现自己的订单有多做出来的半成品存在，需要跟客户沟通。这一次全员的身体力行的头脑风暴，最后我们把所有贴了红标签的物品全部集中到广场上。

然后我们可以发现，这些所有的贴了红标签的物品可以分成三类：第一类是完全用不着的商品，如早就已经作废的老旧零件、残次品等；第二类是目前不急用的物品，但是以后会用到；第三类是被误贴但是需要的物品，这种物品虽然马上就能用到，但是放置的位置不好，或者是没有标记不知是何物而被贴上的物品。对于这三类物品我们的处理方法如下。

第一类，直接报废，账上有的物品直接做坏账处理，这些物品可以选择卖给回收站。

第二类，会用到但是不着急用的这些物品，全部退回仓库，重新入账，等到需要的时候再开领料单领出来。

最后就是第三类，需要的物品了，这些物品我们要放回车间，并按照准确固定的位置重新摆放，这里面就需要通过下一步整顿来改善。

第二步：开始整顿

整顿就是将需要的物品放在对自己或者对下一道工序易于使用的位置。如果整顿做不好，那么前面整理所付出的所有精力都将白费，慢慢地一切又会恢复到原来的样子，通过与一线员工的谈话，我了解到，整顿非常难保持，很多员工都会说，可是上一道工序就乱了，我们这道也很难继续；忙的时候根本没办法遵守指定的规则；用这种摆放的方法，工作反而不顺手等。实际上，制定严格的规则来保持整顿的效果不单单是为了保持一个放置的场所那么简单，而是通过这种手段使隐藏的问题显现出来。所以整顿是一种发现工厂隐蔽问题的方法，如果这样理解，就无论如何也不能让整顿恢复到原来的样子。来看一下我们的整顿具体的方法。

首先，要为自己这道工序必需的物品重新选择放置的场所。其中摆放有四个原则需要遵守。

(1) 减少距离。将物品摆放的离操作人员越近越好，减少搬运。

(2) 同时使用双手。组装时的零部件要摆放在两手都可以拿到的位置，而不是一只手去拿，然后传递到另一只手里，这样看起来像是使用了两只手，其实搬运的那只手没有产生附加价值。所以同时使用双手，是指双手同时进行工作，没有缓手动作的作业方法。

(3) 减少动作次数，减少暂时放置、缓手等动作，同时还要减少一些不必要的动作。比如，在昏暗的条件下面包装，由于看不清而导致不良品被包装进去，所以就要拿起来反复查看，这时候产品摆放的位置就要更换。

(4) 轻松愉快。一旦使用了前面三个原则，就要让负责这个作业的实际负责人亲自操作检验，进行微调整，使人工作起来更舒服。

当物品的摆放位置确认好以后，就要将摆放的场所固定下来，并贴好标示，包括物品的名称、编号、数量、责任人等。

其次，我们要为自己这道工序做好的半成品，为了下一道工序选择摆放的位置，同理也需要将位置固定下来，并做好标记，这个位置在选择的时候要符合以下要求。

(1) 方便下一道工序人员来领取。这里不是做好了给下一道送过去，而是下一道工序根据自己的需求来领取。

(2) 对下一道工序的变化进行及时调整。比如，本道工序一直在生产A与B两种部件，在生产过程中，我们发现下一道工序正大量领取B部件，而A已经产生了很多存货，而我们手中还是按照订单在生产A，那我们就应该根据现场的变化，停止生产A，开始做B部件，来应对下一道工序的需求。

(3) 先入者先出原则。我们需要将先做好的东西摆放到离下一道工序近的地方，而不是离自己近的地方，否则就会出现这种情况：下一道工序一直领取新做的，之前做的反而拿不到，这样长时间摆放又会有大量灰尘，或者导致有划伤产生。

第三步：开始清扫

清扫当然就是指做扫除工作。首先，我们要考虑的是切断垃圾的源头，如废纸箱、切下来的端头料、砂光粉等，需要考虑改善方案来尽可能地减少垃圾的产生。比如，我们公司很多设备都带有积尘袋，但是由于年久失修等原因，有一些已经有漏洞，还是会有大量垃圾产生，所以我们就要从源头先控制好。

其次，我们要对设备进行一些小的改造，做一些局部挡板，因为无论机器周边有多少垃圾，垃圾的产生都是一个点出来的，所以只要在这个点的适当位置加一个挡板，聚集垃圾，这样清扫时会更简单。

最后，通过5W1H让员工知道什么时候(when)、在哪里(where)、谁来清扫(who)、清扫什么(what)、为什么要清扫(why)、怎样清扫(how)，全员按照值日表进行清扫。

第四步：保持清洁

如果按照前面的三步实现了工厂的3S的话，那么现场的改善已经非常明显了，如何保持下去是我们要一直研究的课题，清洁就是整理、整顿、清扫3S之后的日常维持活动，形成习惯和制度，并且由专人进行检查，通过检查表进行打分，给予员工奖励及处罚。

第五步：维持素养

在这里，我们把素养分成两个水平：第一个水平就是是否制定了维持5S活动的相关规定。能够始终遵守规定就是素养，如果在检查中发现有员工没有遵守制定的规定，那么就需要按照相关规定进行奖罚，同时，在员工做得非常好的时候，一定要及时予以肯定及表扬，这样在不知不觉中，公司的整体素质就会提升，大家看到周边的人都遵守制度，自己也会遵守。

第二个水平就是公司整体素质的改善和维持。就像一个公司的企业文化，好的素质不是一天两天就能形成的，这就需要我们坚持，培养出员工真正的素质，让大家觉得在这样的环境中工作非常荣幸，也很珍惜。

资料来源：作者根据网络资源整理。

讨论

(1) 这是一个公司的总经理，对于自己公司开展5S活动的体会，你觉得他们的工作进行的怎样，有什么非常好的地方？

(2) 你认为开展5S的难点在哪里？这个案例中涉及了吗？他们是怎样解决的？

(3) 你对素养是怎样理解的？你觉得这个案例对于素养形成的做法如何，你认为它应该怎样形成？

第九章 人性化与员工培养

在与企业接触谈到建立与推进精益生产体系遇到最大的困难是什么时，往往听到最多的回答是人的因素，尤其是管理层或精益专员，都会认为最大的阻碍是人，是员工的意愿与素质问题，毫无疑问这些不无道理。但有趣的是，精益思想也认为最重要的因素是人，不过不是障碍，而是动力，是核心优势的源泉。丰田公司恰恰是在招收、使用与培养，以及考评与激励员工方面有独特的做法，才能够持久很好地保证精益思想的实现，坚持不断地改善，保持竞争优势。

因此，本章从人力资源的角度来讨论精益思想的实现，其中涉及用工制度、工资及激励机制，以及组织制度方面的问题，也会涉及企业文化的一些初步的探讨与认识。但更主要的是，想说明人是精益体系更核心的要素，是精益生产优势的源泉，丰田的员工为什么可以成为核心能力源泉，有怎样的组织性、制度性因素作为保障，这其中的规律性的东西是什么，是否是只有丰田可以做到，或者说只有日本企业可以做到，其他企业在学习运用精益理论与方法时应该如何做，怎样才能够充分发挥人的重要作用。通过这些问题的讨论，说明无论是初步的学习与应用精益体系，还是对精益体系的不断深入推进、持续改善，人力资源的因素都是至关重要的。

众所周知，精益生产体系及精益思想起源于日本的丰田汽车公司，我们前面讨论的各种管理理念、技术与方法，也大都起源于丰田的生产实践。只是人们对其进行了理论化、体系化，才逐步形成了精益生产体系与精益思想。并且，精益体系特有的优势，以及对社会环境的适应性，引起了世界性的关注。无论是理论研究，还是企业的实践，都在积极开展对精益理论的学习、研究等活动，以及广泛地应用。

但是，在众多企业展开对精益理论的学习与应用过程中，能够收到预期效果，或者说能够达到丰田公司的成效的，却是少之又少，这其中的原因引起了大家的关注。不只企业界，理论研究也在不断探讨。如上所述，很多观点认为是人的因素，甚至更进一步地说是企业文化的因素。尤其是从事实际业务的人员，以及企业的高层管理者，对于推进精益生产体系过程中的难点，可能有更深刻的体会，会看到一种现象：各种精益生产的方法、工具等，并不存在技术上的难点，大家并不是不会用，而是不愿意用，或者是不能持久地运用；对于一些作业规程、流程运行规则也不是不能遵守，而是不愿意遵守，更不能将其作为行为的准则与习惯。那么，为什么会有这些人为的、意愿性的问题呢？这也是本章所要探讨的主要问题。

第一节　员工参与是实现精益思想的关键

在管理理念上，对于人的因素也确实存在两种不同的看法。一种观点认为，技术特征和产品系统特征与人的特征完全不同，人类的性格特征是一个不可预测的变量，在系统设计时要尽量减少或避免人的因素。归纳地说，也就是由于人的存在，产生错误在所难免，应该尽量减少。而另一种观点认为，技术系统是具体化、硬件化的，是没有智慧的，人并不是错误变量的根源，而是给予机器智慧的力量源泉。

在精益生产体系中人的作用究竟是怎样的？是阻碍还是动力，是问题的根源还是优势的源泉，对此在第八章中讨论。其中，自动停机的实现途径，就包含着人的重要作用。因为所谓自働化体系，是一种有人的作用，或者说有人的智慧的自働化，并不是简单的机械、电子的自动化。而且，将自働化与持续改善结合起来讨论的目的，也就是想说明人在精益体系中的作用。

现在我们先来看一个实例，再来体会一下人在精益体系中的作用。这是笔者接触到的一个汽车制造企业的精益生产专员，他谈到了关于怎样开展精益生产体系的学习与应用，尤其是遇到困难时的感受。

【例 9-1】 如何激励员工积极参与持续改善活动

说到企业进行精益改善遇到的困难，我觉得大野耐一先生有一条精辟的见解，尽管有所谓的标准作业指导书，也必须时时刻刻加以改进才行，最怕有些人将所谓的标准当成是最佳的工作方法，其实标准只不过是为了达到改善目标的一个基准而已。所以在丰田汽车内，所有的标准都必须标上起草或者修订的时间，如果过了一段时期还未被改进，那么就说明现场的员工肯定没有积极地参与改善，应该努力去促进对标准的不断改善。

但是在自己的工厂，目前员工还不能达到这样的境界。对一般现场员工来说，能够按照作业标准上的步骤及规范执行已经很不错了，员工还没有意识到提出改进意见也是他们工作的一部分，虽然公司也在推动建立持续改进的公司文化，但是对于劳务工占员工多数的制造型企业来说，员工流动性较高，全员觉悟的提高并非一朝一夕的事情，可能需要十几年以至于更长的时间才行。因此，我认为公司管理层和人力资源部门可以通过一些激励手段来引导员工进行持续改进。

一般讲，员工都希望有一个稳定的收入，所以对现场员工来说最重要的是拥有一份稳定的工作，要实施精益生产要解决的第一大障碍就是员工的心理顾虑。需要让员工明白，精益生产不是为了要裁员，而是为了提高生产效率，帮助员工提高工作能力。公司鼓励员工提合理化建议，并给予一定的奖励。当然有限的物质奖励只是员工激励中的一小部分，我个人觉得，金钱奖励在短期内对于生产线上收入不多的员工来说是有效的，但长期看或对公司其他职位的员工来说，可能需要较大的物质奖励才能有真正的激励作用，这样势必会增加运营成本。而且从长期来说，金钱作用也会边际效用递减，所以公司的人力资源部门和管理层，还要靠一些长期的组合激励政策，包括公司要把员工的安全放在第一位，宗旨是“安全，质量，准时交货和成本控制”，每个现场都设有专人负责安全、环境和健康，每月通报工伤事故率，并作为企业的考核指标之一。

最近，公司做了一件较好的事情是：为了改善工人的用餐环境，将食堂重新装修成明快的快餐店风格，同时在餐厅旁放置一些桌球和乒乓球设施，让员工既锻炼身体又增加交往的机会，还定期组织羽毛球赛、员工运动会、体检和郊游等活动，满足员工的社交需要。设立员工个人发展计划，为员工提供培训的机会，使员工可以得到晋升或者转岗的机会。这些点点滴滴都体现了公司努力建立以人为本的文化，希望能对员工起到一定的激励作用。

在经济快速发展，企业也不断发展的时候，激励员工实施精益生产和持续改进还是比较容易激发员工的积极性的，因为实施精益生产后，可以将多出来的人力转移，用到新投入的生产线上，可以将表现好的员工提升为线长或其他岗位。但困难的是，在目前全球面临经济危机的时期，制造业出现低速增长甚至负增长的时候，如何激励员工参与改善，继续推进精益生产就更加困难了，我总结了以下一些认为较有效的方法。

(1) 设立工作目标和评估体系。这个体系原来只用于考核办公室工作的员工，而对现场的劳务工虽然有考勤，但考虑到劳务工人数众多，又不稳定，大部分都没有个人的工作目标和评估。如果人事部门，能为劳务工建立一个相对简单的目标管理制度，要求每个劳务工都建立包括出勤率、次品/返工率、效率提高率、改进建议等目标，并实施定期考核。对考核结果优秀的员工给予签订一年以上长期合同的激励，让员工充分认识到公司放弃的员工是因为表现不佳而被淘汰的，而不是因为实施了精益生产。

(2) 实施现场5S改善活动。有些劳务工已经是熟练工了，虽然暂时产量下降，但是中国长期的经济发展市场还是会恢复并持续增长的。如果在产量下降的时候，将这些工人都裁剪掉了，一是会打击员工士气和工作积极性；二是等后期市场复苏了，还需要招收工人重新培训，又增加了招聘和培训的成本。毕竟，通过成本分析，可以知道80%以上的销售成本是原材料和外协件，真正的直接人工成本在整个销售成本中只占比较小的比例。将多余的人手组织起来，在车间和整个公司搞一场大的5S现场改善活动，为下一次的需求高峰，产量增加做好准备。

(3) 建议在公司宣传员工和公司同舟共济的精神，和员工坦诚沟通公司的困难，并承诺公司希望尽可能不裁员，实施每周有一天至两天的无薪休假，争取获得员工的理解。并在无薪休假期间，为劳务工办一些免费的培训班，让员工自由选择休息或到公司参加更多技能培训，提高自己的能力，也可以为公司培养多能工。

(4) 在公司内部挑选一些实施精益生产比较好的人员，作为现场的精益生产推进辅导员，从原先的生产线上脱离出来，去帮助别的生产线，甚至可以去帮助公司的其他还未全面实施精益生产的兄弟工厂，去推行精益生产活动。这些员工会感到骄傲，会体会到自我实现的高层次满足。

有些说法认为，许多企业学习丰田的精益生产都只是学了个外壳但学不到精髓，最终都会以失败告终。也有人担心说，实施精益生产与员工本身的利益会相冲突，得不到广泛的支持，所以不会成功。因为生产线上的工人都会算一笔简单的账：流程改善了，生产效率提高了，自然就不需要那么多工人了，那么就意味着我或者和我一起工作的同事有可能要失去工作，所以还是维持现状不要改变的好。

还有人说，精益生产在日本的社会环境下能推行成功是源于日本的文化就是强调团队合作的，而中国的文化和美国的文化在某种程度上比较相似，都是讲究个体的，企业员工就像是一盘散沙。我觉得这些担忧都不无道理，但只要我们意识到这些问题的存在，就可以避免简单复制丰田的生产模式，通过研究学习，掌握其核心思想，然后结合自己企业的实际情况加以应用。并不是使用了看板拉动生产，安装了按灯系统这些工具就是完全实现了精益生产，这只是完成了工具部分。我比较赞同真正的精益生产是让员工能够使用看板、一个流等工具去发现并且解决企业中隐藏的问题。

所以，精益生产的核心不是在于车间内布局和流程的改善，而是在于企业员工的思维理念的转变。因为精益生产的成功不是依靠工具，也不是依靠现代化的机器设备，而是依靠公司里每一位员工的参与，只有当持续改善的精神深入每个员工的心目中，只有当每一位员工掌握了快速解决问题的能力，精益生产才能取得成功。这就需要公司真正地尊重每一位员工，激励员工积极参与工作改进，与公司一起成长。

应该说这位精益生产专员对于人的因素认识得很清楚，也思考了企业具体遇到的问题及对策。通过这个实例可知，人力资源的重要性，以及企业应该如何尊重、激励员工，使其积极地参与精益改善活动，与企业一起成长。当然，其中有诸多的制度性影响因素，如雇用制度、工资福利、考评及奖励，以及工作环境等。而且还有一些人们将其归结为文化的因素。这样一来，就会引出一个更深层次、更难解决的问题，即企业文化问题。而且需要注意的是，精益思想起源于日本，最终会联系到是否存在民族文化的因素，在这个实例中精益生产专员也提到了这个因素。也就是说，是否会得到这样的推论：精益思想起源于日本的企业，其深层次的因素是文化，其中一些理念、技术与方法大都是基于日本民族特有文化产生的，或者说是基于一定的特定企业文化产生的，也只有在这样的文化环境下，才能够发挥作用。因此，在将精益体系移植到其他国家的企业时，由于文化的差异，是很难实现预期效果的。

关于这一点，实际的情况是，精益的思想与生产体系确实是与人员、组织制度、文化等因素有很密切的关系，但并不一定与民族文化相关，或者说，在其他民族文化的背景下并不一定不能实现。关于这一点，在精益生产方式的移植实践（例如，丰田公司在美国建立合资企业），以及其他各国开展精益生产的应用时，已经得到实践的证明①。

文化是一个内涵非常丰富、问题十分复杂的概念，对其进行深入的探讨及论述是本书力所不能及的。但是无论是精益生产体系的建立与运行，还是坚持对生产体系进行持续的改善，都离不开人员、组织、制度等因素的影响，关于这一点，在前面相关章节的讨论内容中，已经或多或少地有所体现。另外，丰田公司的高层管理者，在谈到丰田体系的核心能力时，也一再强调人的因素。例如，曾经担任过丰田公司总裁的张富士夫，在主持编写丰田模式（内部文件）时，特别强调丰田模式的两个核心支柱，即持续改善与尊重员工②。也就是说，丰田体系的核心优势是来源于企业的员工，是来源于人，而不是任何其他因素，这也是这一节想努力说明的一个关键问题。

第二节　尊重人性和员工参与意愿

生产率是衡量企业生产系统的一项综合指标，也是最能反映生产系统运行性能的一项指标。精益生产体系一个明显的优势就是有较高的生产率，但它并不是依靠提高系统的产出来提升生产率，而主要是通过对系统的不断改善，降低运行成本来提高生产率的。

---

① 参见韩健杰．精益与民族文化无关[J]．当代经理人，2007：100-102.

② 参见[美]杰弗瑞·K．莱克，迈克尔·豪瑟斯．丰田文化[M]．北京：机械工业出版社，2012：10.

如果单纯从劳动生产率(劳动生产率等于产出与投入的人员之比)来看,那么通过减少员工的投入来提升生产率(如前面讨论的少人化),是否会出现增加了员工的劳动强度,不能体现尊重人性的相矛盾呢,这是企业现场作业管理,以及在应用精益体系时,经常会遇到的一个问题。并且,如果这个矛盾得不到很好的解决,就很难保证员工愿意积极参与精益系统的建立与运用,以及参与持续的改善活动。

前面讨论的各种精益体系的方法,如看板系统、标准化作业、5S管理、可视化管理、自働化体系、持续改善等,或许有很多人会直观地认为,这些技术与方法毫无疑问地都会增加员工的劳动强度,而且会增加员工在工作中的精神压力。也就是会认为,是靠提高员工的劳动强度,或者说是增加员工的劳动投入来提高生产率的,这样看来,似乎提高劳动生产率与尊重人性是必然矛盾的。对此我们再来看一个实例。

【例9-2】 员工对于各种改善活动缺乏兴趣

H公司经过一段精益改善活动后,负责推进人员感到,精益生产体系中一个很重要的活动就是对工作现状进行的持续改善。但是不少现场的管理者反映,员工对于改善活动好像没有太多的兴趣。公司花费了很多的预算来推广持续改进活动,但是一线员工所表现出来的却是缺乏相应的参与度。很多的改善行为往往出现这样的情形:刚开始兴起的时候,在管理者的推动下,整个工厂热火朝天地开始了,员工们确是在疲于应付。毫无疑问好景不长,过了一段时间,员工又回复到了之前的状态中了。有不少的员工认为,改善活动是主管和工程师的事情,和他自己没有太大关系,老板让做什么就做什么。还有的团队成员由于对工作现状不太满意,只愿意付出基本的劳动量来换取收入,对改善活动更是没有多少兴趣。

目前企业的精益水平还维持在基本的工具使用上,并没有形成严格、规范的精益生产体系。员工之前的改善活动一度比较踊跃,也在一定程度上降低了生产过程中的浪费。但是近阶段改善建议由于迟迟得不到管理层的反馈,已经逐渐失去了提案的积极性。员工的改善活动并不是自发的,而是为了应付上级指定的KPI指标。越来越多的员工对精益缺乏理解,认为这些活动只不过是管理层发动的又一次"运动",不用多久又会回到老路上来,对公司的精益前景没有信心。

这个例子解释了员工对于改善活动的想法,实际上,这个矛盾不一定必然存在,在精益生产体系中,对于这个矛盾的解决会有更好的途径。以下我们首先通过对看板系统运用的分析,来看看提升作业效率与劳动强度的关系会是如何(见图9-1)。

首先,看板体系的运用是实现准时制生产与供货的保证,这样就可以很好地减少生产流程中的原材料、在制品等各种物料的数量,进而减少保管、运送这些物品的费用,以及由于物品积压引起的费用等浪费现象,可以很好地降低企业的运行成本。这是看板系统最基本的功能,也是我们前面讨论的主要内容。但同时,由于流程中物品数量的减少,实际上现场员工的操作会比较容易,减少了许多不必要的寻找及行走时间。例如,在产品的装配线上,如果线边的库存物料很多,尤其在多品种装配线上,物料的种类、数量会更多,在某一个产品进入作业区时,作业人员就需要在多种物料中找到对应需要的零件,而且由于物料较多,可能存放的空间也会较远,行走路线可能会很长,出现错误的机会也会增加。但如果是物料数量很少,这些问题都会得到很好的解决,尤其是采取排序供货的情况会更

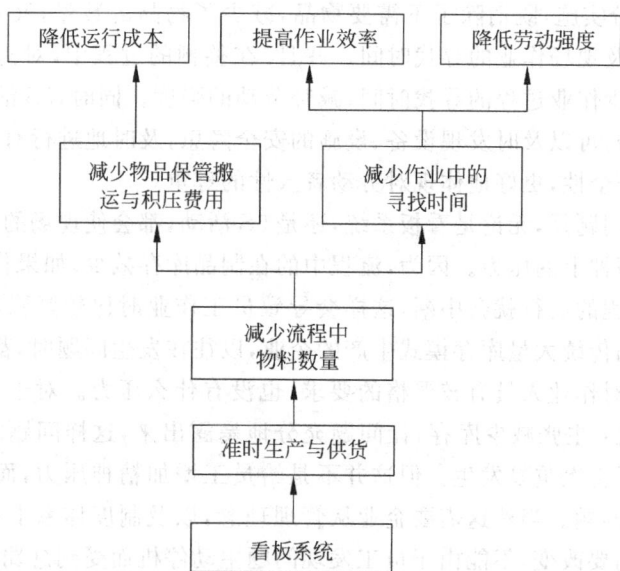

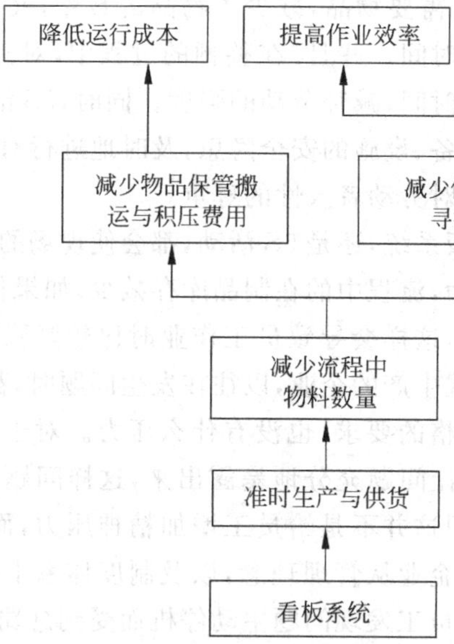

图 9-1　看板系统对人性化的作用

好。所以，看板系统的应用，以及准时制生产与供货的实现，不仅不会增加劳动强度，反而会减轻操作者的精神负担和作业强度。关于这一点，如果在看板系统的基础上，再结合5S 管理，不仅会使劳动强度降低，还会使人性化更充分地体现(见图 9-2)。

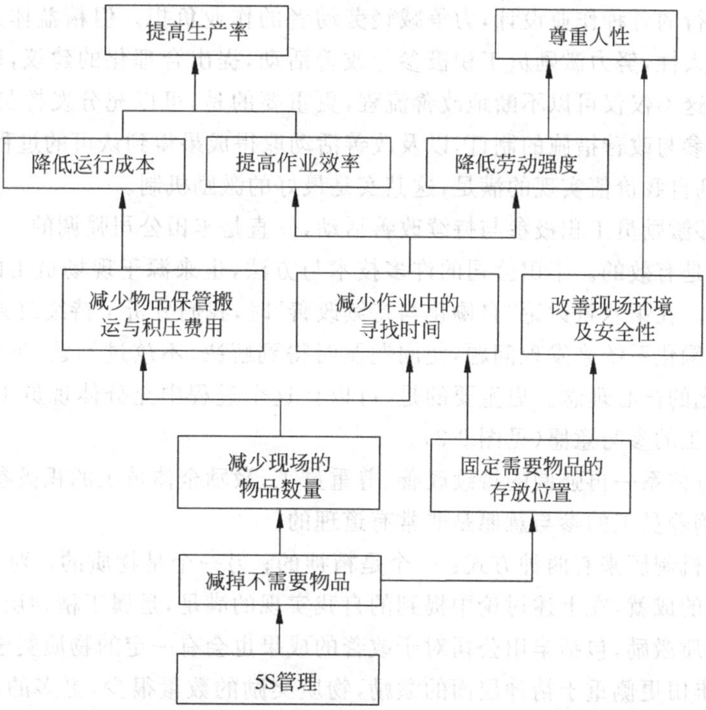

图 9-2　实施 5S 管理对人性化的作用

5S活动的充分实施，既消除了不需要物品，减少了物品的数量，又减少了保管、运输等方面的浪费，以及现场作业的寻找时间。并且，在整顿的过程中，对需要物品的定位存放，会进一步地减少作业过程的寻找时间，减轻劳动的强度。同时，5S活动可以进一步使作业环境保持整洁，可以及时发现设备、设施的安全隐患，及时地进行对设备的预防维护，提高工作环境的安全性，更好地体现对劳动者人性的尊重。

其次，另一个问题是，无论是看板系统，还是5S活动，都会使现场的库存减少，这样是否会给员工增加精神上的压力。因为，流程中的在制品库存减少，如果作业过程中发生意外或问题，可能流程的运行就会中断，这样会导致员工作业时比较紧张，产生压力。尤其是一些习惯了采用传统大量库存模式生产的企业，以往在发生问题时，都是依靠库存来应对一段时间，不会对作业人员有较严格的要求，也没有什么压力。对于这个问题，精益思想的主张恰恰相反：主张减少库存，让问题充分地暴露出来，这样问题才能够得到解决，相同的问题不至于再次重复发生。但这并不是给员工增加精神压力，而是鼓励员工发现问题，并参与解决问题。当然这需要企业从管理理念，以及制度体系上有所转变，对员工的评价与激励导向要改变，不能由于员工发现问题主动停机而受到惩罚，而是要建立一个鼓励员工及时发现问题，并积极参与解决问题的激励制度。

实际上，关于在生产过程中尊重人性这个问题，可以从两个方面理解。一是生理方面，主要是指员工的劳动强度、工作环境等要素，即对于员工身体上的保护；二是精神方面，即尊重员工的贡献，使员工的智慧与潜能充分发挥，自身的价值得到实现。对于员工在生理方面的人性化问题，不仅是丰田公司，还有许多其他企业都有不同的努力，从工业工程的角度进行的各种作业设计，力争减轻劳动者的作业负担。但精益体系更重视员工在精神层面的人性，努力激励员工积极参与改善活动，提出合理化的建议，以及参与改善方案的讨论。这不仅仅可以不断地改善流程，更重要的是，可以充分发挥员工的才智，让员工在不断地参与改善措施的制订，以及改善活动取得成果得到认可的过程中，体会到自身的价值，得到自我价值实现的满足，这其实是最好的激励机制。

所以，能够激励员工积极参与持续改善活动，一直是丰田公司强调的。并且经过多年的实践也证明是有效的。丰田公司的许多技术与方法，也来源于现场员工的合理化建议或是改善活动。在第八章讨论“自働化与持续改善”时，我们分析了持续改善活动的思路，实际是通过自働化系统来发现问题，使问题及时得到解决，不放过问题，不让问题重复发生，这是自働化的核心理念。更重要的是，可以在这个过程中充分体现员工的价值，可以很好地培养员工的参与意愿(见图9-3)。

所以，精益体系一再强调的持续改善、尊重员工，激励全体员工的积极参与，同时对员工进行投入，培养员工的参与意愿是非常有道理的。

关于激励机制历来有两种方式：一个是精神的；另一个是物质的。对于员工的积极参与以及获得的成就，在上述讨论中提到的自我实现的满足，是属于精神层面的。当然企业还会给予物质激励，包括丰田公司对于改善的成果也会有一定的物质奖励。但是，相对于美国企业，丰田更侧重于精神层面的激励，物质奖励的数量很少，更多的是对员工长期的培养与发展的支持。这其中的道理与企业的整体理念与战略定位有密切关系。例如，如果企业的员工在企业的就职时间不会很长，员工则会希望更多的物质奖励，因为长期的

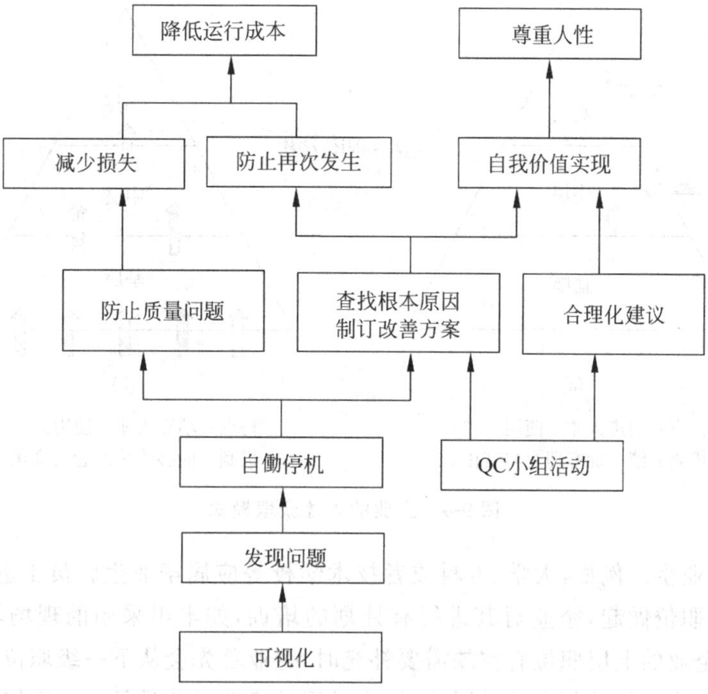

图 9-3　持续改善活动对员工参与意愿的激励

培养与发展有可能他不一定会得到；反之，如果企业的员工会长期、稳定地就职，那么会更重视自己得到企业的认可，重视在企业中的形象等精神层面的东西，这时精神层面的激励会作用更大。

当然，这一点与员工的整体生活水平、工作性质、所处的职位等相关，实际上也就是马斯洛指出的人的需求层次问题。所以，每个企业应该根据自己的实际情况来处理两者的关系，但从长远看，侧重精神层面的激励，是对建立及运用精益体系有利的。

第三节　员工成长模式及制度体系

在精益体系中，影响员工积极主动参与不断改善的另一个重要因素是企业的用工及培养体制。从目前企业的实际看，一般企业录用、培养及使用人员基本有两种模式。一种模式是：在企业的职务体系中，当某个职位空缺时，随时从企业外部或内部聘用所需职务的人员，即目前很多企业采取的人才招聘模式。这时的遴选对象是那些具有履行特定职务能力的人，这其中包括各个层级的职位(也包括管理职位)。所以，对应聘人员考评的内容是对应职位的技能。人力资源部门会制定出一个对应职位的能力要求，应聘人员需要有说明具有对应职位能力的证明。例如，学历、职业经历、技能培训证明等。此时，虽然也不排除来自内部人员的应聘，但实际上以外部人员应聘为主，可以从其他企业或机构转职(即所谓的跳槽)过来的，员工进入企业主要是横向的，如图 9-4(a)所示。

另一种模式是：集中成批地录用初级职位的员工，多半是具有一定教育背景的各类

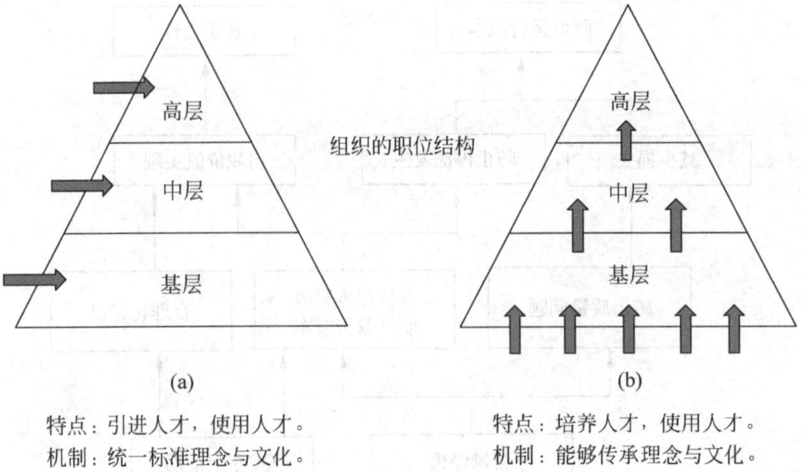

图 9-4 企业的人才获取模式

学校的应届毕业生。例如，大学、专科或者技术学校等应届毕业生。员工进入企业后，首先从最底层的职位做起，企业对其进行有计划的培训，如丰田采用的现场轮岗的培训模式。然后，在企业的上层职位有空缺需要补充时，企业首先会从下一级职位中选择优秀员工升任，而不是优先从外部录用。因此，初次录用的遴选对象是具有一定知识结构的毕业生，此时基本没有特定的职位要求，所以考核的也只是录用对象的学习情况，例如，学校、所学专业、所学的知识与技能等，另外更重要的是对企业理念的认同。并不一定有对应的职业经历，因为录用后会逐步地培养，也就是会有企业内部的职业经历。此时，员工是纵向地进入企业，如图 9-4(b)所示。

两种模式实际上是人力资源在组织内部的流动过程，尽管每个企业不一定绝对地仅使用其中一种模式，但是都是以某一种模式为主来运用人力资源的，这个现象是非常明显的，这实际上表现出企业对于人力资源的一种理念。简单起见，我们可以认为：第一种模式是以引进人才为主，所需要的主要是人员当前的能力，至于你如何获得这个能力，是你自己的事情，而且应聘时需要证明你自己的能力；第二种模式是以培养人才为主，是基于对进入企业员工的培养为前提，企业有计划地对进入企业的员工进行培养，需要的是员工未来的能力，或者说潜力。

不管以怎样的方式，员工进入企业后，都会面临是否能够学习到专业的技能，自己的才能是否能够得到发挥，自己的贡献是否会得到应有的评价与认可，自己的职业发展是否会顺利等一系列问题，这些都会影响员工的工作状态。但每一个企业(其他性质的组织也是如此)无论组织结构是怎样的，职位层次一般都是金字塔式的，并且，每个企业对于员工的进入、培养、使用与激励等，都会有不同的策略，这样一来，在两种模式下，员工与企业的关系就会截然不同。

根据前面我们对精益生产理念、方法，尤其是持续改善的讨论可知，精益的企业更希望员工在企业中能够长期就职，或者换一个角度说，员工的长期就职对于推行精益生产体系更适合。但在上述的两个模式中，第一种横向的人才引进制度，并不是以培养员工为前提的，使用的是员工的当前能力，不利于员工的长期就职，或者说不利于员工对企业的忠诚度提升。因为员工在企业内部的职位升迁会受到外部人员进入的影响，这样员工也会采取同样的措施，通过跳槽来解决职位升迁，以及提高各种待遇。而第二种模式，纵向地进入与晋升的体系，是以培养员工为前提的，是希望员工能够成长，未来有很好的能力。这有利于员工的长期就职，也更有利于对员工的长期培养。因为员工会体会到长期就职带来的培训、晋升等机会。不只是丰田公司，日本的许多其他企业都采取第二种模式，实施所谓的“终身雇用制”的用工制度，其中的制度性机制也就在于此。

这种长期、稳定的就业体制对于员工的培养，以及充分发挥其才能，参与改善是非常有利的。同时，这类企业也会有一些激励长期就职的待遇。例如，企业工资体系、福利及职业年金等，都会向长期就职的人员倾斜。当然，如前所述，具体每个企业并不是绝对地使用一种模式。例如，日本企业在需要时，也会对于特殊的岗位从外部招聘人员，但是占主导的还是第二种模式，而欧美国家企业多采用第一种方式。

这里需要特别说明的是，两种模式对于企业的管理理念、价值取向，以及我们前面提到的自主地参与改善的意愿等，企业文化方面的影响是不同的。第二种员工纵向进入与培养的模式更有利于员工的长期就职，这样在长期的职业活动，以及企业有意识、有计划地培养过程中，对于企业理念的认识，以及行为习惯的养成，是非常有利的。深入一点讲，也就是对于企业特有文化的形成与传承是非常有利的。如果回顾5S管理中素养的内涵，可以更好地理解长期就职在形成精益思想与文化的作用。

所以，在纵向的模式下，招收新员工入职时，考评内容更重要的一项是对企业理念与文化的认同，愿意在企业长期就职。而在第一种模式下，由于企业人员的就职时间相对较短、人员变动比较大，可能会使大家(社会)认同标准的理念与文化，更重要的是考评应聘人员的特定技能。这个因素在我国企业中表现更为突出，由于种种原因，目前企业员工的离职率特别高，建立一个企业自己文化的环境基本不存在，这不仅仅是对于精益生产的学习与应用，对企业的稳定与发展都会有很大的影响。

综上所述，两种用工模式是企业与员工关系的定位，有学者将上述两种用工模式下，员工与企业的关系，分别称为契约型与所属型，对应两种模式在员工的录用、工资与福利体系、企业培训、员工评价等方面会采取不同的策略，具体如下。

(1) 集中录用，招收合适的员工。招聘员工可以说是人力资源流程的第一个环节，如前所述，在企业招收新员工方面，两种人力资源的模式有不同的方法，或许是由于精益体系最早产生于日本，丰田公司也好，多数日本其他企业也罢，与欧美企业的做法有很大的不同，一般是在每年的4月集中录用大量的毕业生[①]。这些学生通常都是当年3月的应届毕业生，经过一定的选聘规则被企业选中、内定，毕业时集中被录用。这就是所谓应届毕业生集中录用。

录用应届毕业生和录用有工作经历的人有明显的区别。虽然在经济不景气时，有时应届毕业生的就业渠道会受限制，企业有时也会出于对专业知识和技术的需要，不得不按工种随时录用有工作经历的人员，但是日本企业以集中录用应届毕业生为基本原则，越是

① 注：因为日本学校是每年春节毕业，所以企业在春季毕业时集中招收学生。

大企业这种倾向越显著，这是日本企业人力资源管理的一大特点。

丰田公司同样也会采取集中录用应届毕业生的用工策略，因为员工进入丰田后，会有一系列的内部培训，所以在人员的选择上，除关注应聘人员的基本教育背景、知识基础等一些条件外，会更关注员工未来的成长前景，以及对于企业的管理理念及价值取向的认同与否，也就是要招收"合适的人"，实际上是认同精益理念的人。这一点为员工与企业之间形成所属关系奠定基础。

(2) 实行长期雇用为主、多种用工方式并存的制度。实际上长期雇用制度不仅仅是丰田公司，多数日本企业也都是采取的。虽然由于日本经济的不景气，企业发展受限也会裁员等因素影响，很多人认为日本企业的终身雇用体制会瓦解，但从前面我们对精益体系的分析可知，员工的长期就职对于精益思想的实现至关重要，所以这种体制并不会被放弃，目前企业的实际也是如此，丰田也好，其他日本的企业也好，基本上还是体现员工的长期就职的雇用体系，因为只有员工的长期就职，前面提到的基于对员工培养的理念才能实现。

对于终身雇用制的另一个疑问是，如何根据企业的发展变化，调整用工的数量。终身雇用的话就意味着不能裁员，但是有时企业的业务收缩需要减员怎么办。例如，在经济不景气时裁员，是企业的经常做法。对于这个问题实际情况是，一般讲，通过集中录用的应届毕业生是企业的骨干，即正式员工(日本称为"社员")，实际只占所有员工数量一定的比例(有的企业只有50%)。与之并存的用工还有根据需要，不定期录用的具有某种特定技能或职历的员工，也会是正式员工(这类员工数量比例更少)。此外，企业会根据任务需要临时招收计时工、合同工、临时工等为非正式工(日本称为"非社员")。而且，这些非社员的特点是：工作时间不固定，可以根据自己的时间选择工作时间，企业可通过这些员工数量的调整，来实现根据市场、季节等变化因素灵活地调整企业劳动用工的数量。

"社员"享受随企业兴衰而变动的企业工资及一些相应的福利待遇。"非社员"则随劳动力市场的变化，实行行业别、职种别的跨企业工资率(工资率因地区、经济景气度等有差别)，不享受各种福利待遇。这种多样化的用工形式，可以确保用工数量的变化，也可以最大限度地降低人工成本。

如果一个企业采用长期的，甚至是终身雇用制度，如果员工数量过多，又不能通过裁员来减少数量，那么就会出现人浮于事、运营成本过高等问题。所以，几乎所有日本企业都掌握一定比例的非正式员工，有的企业非正式员工比例甚至超过或正式员工的比例。好处就在于企业可随时调整用工量，这样的做法保证了企业可以具有"合适数量"的员工。

(3) 属人的年工序列工资制度。由于前面我们论述的轮岗的培训制度，以及企业采取长期雇用、内部培训与升迁等原因，丰田公司以及日本多数的其他企业，大都实施的是属人的年工序列的工资制度。实际是根据员工的能力，以及工作的时间来确定工资，与具体的岗位没关系，否则的话，会影响轮岗的培训制度(参见第七章)，当然，职位层次的提升对工资有影响，但实际能够晋升的员工也是出于能力较强、贡献较大的原因，所以工资制度还是主要体现能力的。

另外，由于工会的作用，在欧美国家工资与劳动是等价的。只要从事同样的工作，不管在哪家公司(不同企业)工作，工资都是相同的。即各企业都贯彻同质同量的劳动，支付同额工资的原则，执行法定的工种别、行业别的跨企业工资率。这是因为工会的作用，工会是按行业组织的。因此，这种工资制也就靠企业与工会之间的工资契约来维持。

与欧美企业不同，日本的工会是企业内工会，这样一来，工会是对应企业的，企业实行的是企业别的工资制度，即基本工资加各种津贴的工资体系。基本工资根据员工的学历和工龄确定的，津贴是考虑家庭、通勤的路程等因素确定。从某种意义上讲，日本企业根据企业的繁荣程度支付企业工资，各企业之间的工资存在差别。这种差别不仅表现在工资上，还涉及员工的奖金、退休金、福利待遇及社会地位等。

另外，日本企业为了增进员工的健康，改善员工的生活条件，促进员工的友好相处，进而提高员工对企业的忠诚心，凝聚力，激励员工更加努力工作，往往设立多种福利设施。其内容也因企业不同各异。因此，在日本不同企业就业的人所得到的回报(包括精神的和物质的)有很大差别。这种差别实质上形成了员工对于企业的退出障碍，也就是支持了长期雇用体制。

(4) 企业内部的教育与培养制度。如前所述，采取招聘人才、横向进入的模式，企业根据需要随时录用员工的用工方式，是以被录用对象事先接受企业外教育，或在其他企业有某项工作经历，具有任职的能力为前提的。但对采取纵向的进入，集中录用应届毕业生的用工方式的企业来说，因为员工在进入企业时，可能不具备任职能力，就需要有计划地对员工进行企业内教育、培训，为其成为优秀的劳动力创造条件。

另外，由于因为长期雇用体制也可以保证劳动力队伍的相对稳定，企业也有对员工进行教育投入的动力。所以，丰田公司特别重视对员工的培养，特别强调要长期地对日本企业员工进行教育投入。关于这一点，也恰恰是我国企业目前对员工培训，或是培养方面的一个难题，因为员工的就职时间短、离职率高，所以企业很难对员工进行投入，必然选择第一种招聘人才的方式。

日本企业非常重视对新职工的教育，除集中进行培训外，主要通过在工作现场由上级或熟练工的具体指导，学习、掌握公司岗位业务必备的知识、技术、工作程序。这种在工作岗位上进行的有关特定职务履行能力的教育培训被称为 OJT(on the job training：现场培训)。员工经过 OJT 熟悉职务和一段时间的实践，可以独立地担任工作，或调任其他职务及高一级职务，即实行纵向的晋升制度。

(5) 定期晋升、轮换和人事考核制度。采取第一种用工模式的企业，例如欧美的多数企业，员工往往长期从事一种特定的职位，技能较单一。而丰田和日本的许多其他企业，在进行企业内教育培训、提高员工能力的同时，还会采取定期地轮换工作岗位的方式(参见第七章)，使员工能学习、掌握多种职务所需的知识与技能，然后逐步被晋升高一级职位，这种方法不仅针对现场的操作员工，还针对管理职位的员工①。因此，这种制度被称为“定期晋升制”，也称为“轮换人事制”。丰田公司将这种模式称为培养 T 型人才，即要求员工纵向深入地了解自己所从事的工作，横向地必须学习、掌握更多领域的工作。

但这样的培养机制是缓慢的，需要员工长期的学习、积累，这样就需要有一个与其对

---

① 注：这种轮换岗位的做法，在日本不仅是企业，其他机构也较多地采取。例如，行政机构、教育机构都会有轮岗的制度。

应的工资与评价体系。一般员工的工资是以最低初次任职工资为起点，并与对应的工资体系配套地调整，根据员工掌握技能的范围，以及晋升的职位，工资会对应变化。

为能保证这种普升制具有激励机制，充分开发、利用人才，日本企业都有一套对应的人事考核体系，对员工的显在和潜在能力，履行职务的情况，以及对公司的理念的理解、忠诚程度等做出评价。将此作为员工的职务调动、升迁的依据，也是确定员工工资、奖金水平的基础。

日本企业的核心员工基本为所属型，他们对企业的依附性很强，每位员工都不愿轻易离开企业。上述人事考核制度对员工的职务升迁、工资待遇影响又甚大，加之企业的职务体系呈三角形，越是高层，职位越少，这就必然会在企业内形成激烈的人才竞争。这一点也恰恰体现了一种激励机制，促使每一位员工积极进取，努力工作。这是企业活力的源泉，也正是人力资本得以形成、积累的有效机制。

由于上述用工模式及工资、考评制度方面的原因，企业的员工队伍会相对稳定，企业与职工(正式员工)之间形成一种归属关系。这种关系并不是由企业与劳动者之间的契约维持的，而是依靠如前述的用工制度和工资制度为基础形成的，以及企业长期对劳动力的教育培训等方面的投入，在员工的就职与参与改善活动中，充分地尊重员工，使员工得到自我成就方面的满足感，逐步使其形成人力资本(亦有本教材没有更深入涉及的企业文化的作用)来巩固的。为了进一步说明两种模式的不同，以日美两国企业为例，将上述各种因素汇总，进行综合比较分析，如图 9-5 所示。

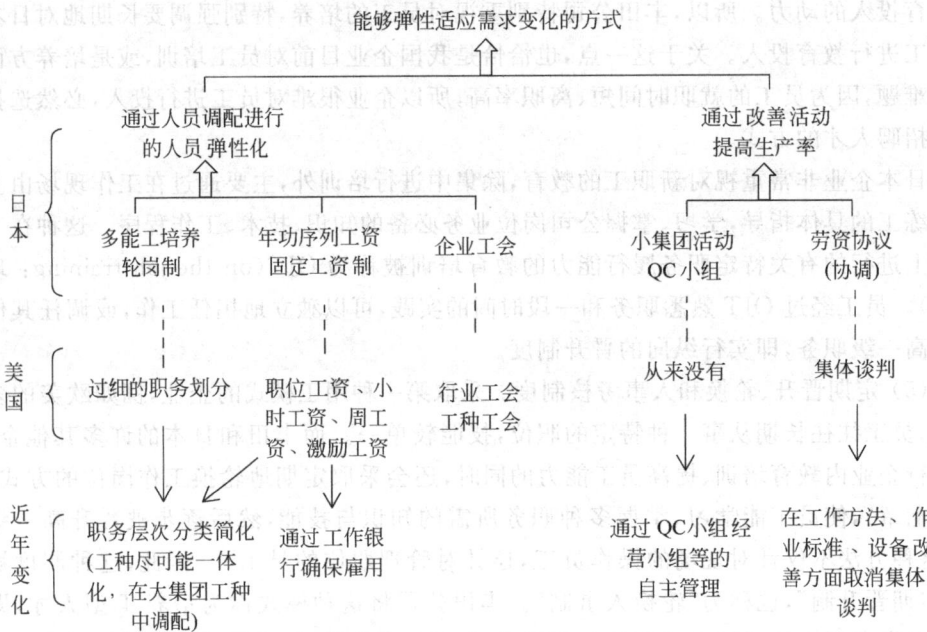

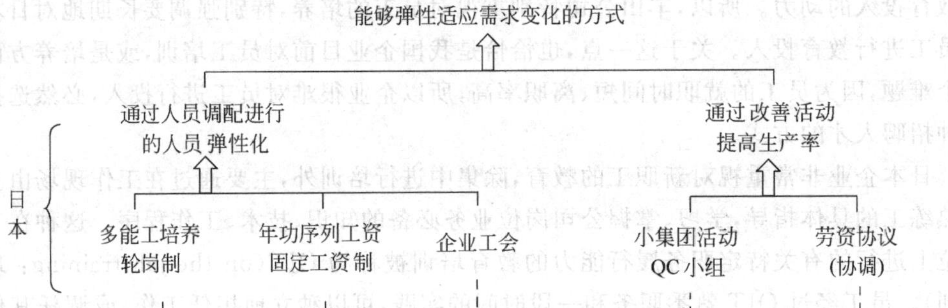

图 9-5　日美劳资关系的比较

资料来源：[日]门田安弘. 新丰田生产方式[M]. 第 4 版. 王瑞珠，译. 保定：河北大学出版社，2012：286.

实施“终身雇用制”和“年功序列工资制”往往会给人一种表面现象：如果一旦被某公司录用，就能一直工作到退休，而且地位和工资会随年龄增长，不断地提高，似乎努不努力工作无关紧要。其实不然，日本企业除有一套严格的考核员工能力的制度外，也有裁减冗员的制度。实际上，能够真正享受终身雇用制的只是一部分大学毕业的男职工，并且，其比率在中小企业远比大企业要低。在企业持续发展的条件下，不会大量解雇人员。但在经济不景气或业务萎缩的情况下，同样也要裁减冗员。

日本企业裁减冗员的做法，一般采取自愿退职、转职，向关系公司派遣，动员退休等办法。裁减对象以中高年员工为主，这与欧美国家不同。美国实行先任权制，即工龄长者受优待，首先裁减工龄短的员工。这样一来，实际上，在实行先任权制的美国企业员工构成，工龄长者的比例反而比日本高。可见，终身雇用制并不像字面上所表明的那样，可以安安稳稳地工作到退休。事实上，由于以下将论述到的企业内部晋升制度的作用，员工的工作动力还是很强的。

第四节　组织的理念与价值取向

本章一再强调了人对建立及运用精益体系的作用，前几节主要讨论了作为组织（企业是一个经济型组织）成员的个人，怎样发挥主动性，积极参与精益的改善，以及实现准时制生产的作用。思路是从人力资源在组织内部的流程来分析的。例如，从员工进入企业的录用，经过培训、任用、晋升成长直至退出，并且通过终身雇用制度、考核及工资制度等因素说明了，支持形成人力资源优势的制度性因素。

除此之外，在组织（企业）层面上，怎样才能保证这样的人力资源优势的实现，或者说为什么精益的企业要选择这样的人力资源模式及制度体系呢？这其中就涉及一些企业层面的理念与价值取向，深入地说，是企业的目标与目的性的因素。例如，为什么丰田公司一再强调，“先造人，再造车”这样的理念，也是由于精益思想以及对应的生产方式的特征所决定的。所以，以下我们就从组织（企业）的层面，来讨论几个对于精益体系影响重大，与其他经营模式相比较具有明显不同的因素。

一、组织的目的与目标

一提到企业的目的，或许大家就会认为：企业就是一种经济性组织，是商品的生产与供应者，因此企业是要追求利润的，因此毫无疑问，企业的目的就是追求利益的最大化，所以管理者的任务也就是要保证实现企业利益的最大化。随着现代企业制度的引入与运行，因为企业最终是归属于股东所有的，所以也会有人说是保证股东利益的最大化，而且在社会的现实中，企业的种种表现也让人感到这是确信无疑的。

对于这个问题的探讨我们不妨采取一个最简单的方法，就是将问题还原到最原始的状态来分析，追溯一下企业的起源，也就是社会中为什么存在如此之多的企业，就会很容易理解了。从这个角度理解，企业的出现是因为，人类为了生存与发展，必须获取满足衣食住行等各方面需求的物品（产品），而地球上原始状态存在的各种资源有的是无法直接用来满足需求的。如石油、矿石、土地、深林、海洋等，需要经过人类的劳动将其转变成各种能满足需求的产品，这个过程我们一般称为生产。当然，在比较原始的自给自足的自然经济状态下，靠个人自己的能力就可以生产出满足需求的产品，这时是没有企业出现的，如男耕女织的自然经济时期。

但是随着社会的发展，人们的需求不断地增长，不仅需要简单的产品，还会需要更复杂的产品。如电视机、电脑、汽车等（其实比这些产品还早），靠自己个人的能力就难以达到了，这时人们就会采取合作的方式进行生产活动，这个合作进行生产活动的机构就是企业，企业也就是如此出现的。而且，随着社会的发展企业制度不断得到完善，也就是我们现在看到的现代企业制度。因此，按照这个逻辑推理，企业从事生产经营活动的目的（最终目的）是向社会提供满足人们需求的产品，而不应该是追求利益，更不应该以不良行为去追求利益，企业存在的价值也在于此。

需要指出的是，企业的目的与企业所有者或管理者个人的目的不同，是作为一种组织（企业）的目的。尽管在市场经济环境下，企业是自主经营的经济性质组织，需要通过市场的商品交换，收回进行生产活动的投入，以维持生产活动的持续进行，需要考虑收入、成本、利润等因素，但这无论如何不会成为企业经营活动的最终目的。

另一个问题是目标与目的的关系，从某种意义上来说，每个组织对于自己的目标都有特定的理解，如获取成功。而作为经济性组织的企业，最简单的目标就是盈利，利润越多越好，但利润并不应该是作为一个企业的最终目的，而是一种目标。丰田公司并不是不追求利润，实际上它的利润更高。但丰田考虑得更长远，它不仅明白利润是股东长期投入与合作的手段，更知道利润是竞争优势的结果，而在市场机制的环境下，竞争优势是源于为增加价值所做的贡献。所以，它才能确定以培养人为优先原则，然后才是为社会制造提供高品质的汽车，也就是所谓的“先造人，再造车”。基于这样的对组织目标与目的的理解，丰田对于企业使命的描述有以下几个要点。

(1) 为消费者和社会创造价值。

(2) 为经营所在地的社区和国家的经济增长做出贡献。

(3) 为团队成员的稳定就业及福利提供保障。

(4) 为公司的整体成长做贡献。

正是基于这样一种对企业使命的认识，丰田公司将培养人作为一个优先原则，提出“先造人，再造车”的思想，并且，在具体的制度、方法中体现了这样的原则。例如，前面讨论到的在生产过程中尊重人性，长期对员工培养的投入，保证员工的长期就职与福利，积极评价员工发现与解决问题的管理取向等，实际上都是这种企业目的的体现。

根据这一点，也可以很容易理解企业对于员工的态度。当然，很多企业也在大力地宣扬尊重员工，也积极地对员工进行培训，但如果目的不同，具体的做法会有很大的差别。例如多数企业对于员工的培训，基本是以实用为目的的，要员工学会掌握一定的技能，能够完成规定职位的工作任务，或者符合标准作业规程。但这些职位（岗位）的任务及作业规则是由工业工程师，或者其他专业人员、管理层来制定的，员工只是执行，也并没有让员工参与改善，以及积极地提出合理化建议的作用。

二、长期目标与短期利益

前面已经讨论到，在丰田公司实行的是长期雇用制度，或者可以理解为终身雇用的用工体制。这其实是企业追求长期目标在人力资源上的体现。我们前面一再提到，精益思想特别强调人是核心的要素，强调所有员工的积极参与，以及持续改善活动，是其竞争优势的根本源泉，因此致力于对员工培养的投入，是丰田公司特别重视的一点。

但对员工的培养需要长期的投入、坚持不懈的努力才能实现的，尤其不仅仅是技能的培训，更重要的是理念、价值取向，以及日常的行为习惯，都需要长期坚持才能逐步地形成，这些都会要求企业从长远的角度考虑问题，而急功近利地追求短期利益就会带来负面的效应。这其实与企业的目标定位密切相关，一个以追求利益为最终的企业，则很难建立长期的目标，因为长期目标与短期利益往往是矛盾的。

当然，这种追求长期目标的战略定位，不仅体现在人力资源方面，在企业的其他各个领域也都如此。例如，在企业的市场发展、资本与财务、产品研发等不同的领域表现一致，因为企业的战略是一个整体。

因此，丰田公司对于员工的培养是基于长期投入的，是伴随职业生涯过程一直进行的一个过程。但与此对应的是，员工的晋升是缓慢的，对于员工的工作业绩，以及参与改善活动、提出合理化建议的激励，物质性的奖励也是很少的，主要的是精神性的激励，或者是长期的表现评价，对于员工在企业的发展会有好处，并不会立竿见影地给予很丰厚、金钱或物质性的奖励。而且这种做法并不是丰田公司或者日本企业的文化所特有，在开展学习应用精益生产的企业中，也会体会到对于员工长期的培养与激励的好处。以下我们来看一个美资企业在国内开展精益生产体系推进，对员工激励与晋升方面的实例。

【例 9-3】 把参与及领导过精益改善活动作为员工发展和晋升的必要条件

K 公司是一家美资的制造企业，公司规定，员工要想在级别上晋升，有一个必须满足的前提条件，就是必须参与及领导过精益改善活动。无论是怎样的项目，大到从各级管理者领导的精益改善项目，小到一线班组长甚至是一线员工领导的 5S 改善，生产线的标准化和可视化改善都可以。因为公司已将精益思想作为了企业“血液”中的一部分，只有适合这种企业文化、参与到这种企业文化和推动这种企业文化的员工，才能作为被发展的对象。这些员工一旦发展起来，进入到管理层，又会用相类似的方式，同样的方法来把精益的思想传达给其他员工。而且，管理层意识到，在这样的企业文化的熏陶下，员工参与精益生产体系的主动性和热情显然会比较高，效果会比取得几个具体项目的成功更重要。

对于员工的晋升和发展，公司有一套很详细的评估体系，从绩效和潜能两个维度来衡量核心员工，只有两个方向都优秀的员工才会作为晋升的候选人。从绩效方面，在每年年初制定员工的年度目标的时候，上级领导都会把精益的推广和改善作为一个核心的指标，定义在下级员工的目标方面，并且赋以比较大的权重比例。内容不仅仅是衡量员工在精益生产体系中的团队执行力和参与度，更重要的是整个团队在参与改善中的成果，以及员工在参与精益和实施精益中的满意度。至于晋升的潜能更是和精益生产推进过程中密不可分。是否具备协调各个部门来领导问题解决和推进精益项目，是否具备辅导下属来实施精益改善已经成为潜能的重要评估依据。管理者和领导者的主要任务并不是以改善本身为重点，而是围绕着如何提高员工进行改善的能力，这才是提高企业竞争力的关键。

经过不断坚持，管理层看到，这样做的一个很重要作用就在于：让几乎所有的生产线上的员工看清了自己的发展方向，自己如果从实施精益的角度不断在工作中发现问题、解决问题、对改善做出贡献，就可以与公司共同成长、共同发展。

另外管理层体会到，在企业精益生产体系推进过程中员工参与的主动性，更多地依托于员工对目前企业和工作状况的满意度，员工对公司投入的智慧、感情和承诺的程度，最终表现为以下三种行为方式：第一层是乐于宣传(say)，员工一如既往地向同事，或潜在的同事，尤其是向客户(现有客户及潜在客户)盛赞自己所在的组织，这表明员工初步接受、认同了精益的理念。第二个层次是乐意留下(stay)，员工强烈希望留在组织之中，对组织有强烈归属感，表明员工愿意参与。第三层是全力付出(strive)，员工付出额外的努力并致力于那些能够促成经营成功的工作，表明员工已经不是单纯地为了赚钱而工作，而是愿意努力贡献，实现自我的价值(见图 9-6)。因此，这样的做法极大地调动了员工的工作积极性和创造力。

图 9-6 员工对精益文化的认同

首先是乐于宣传。只有员工的认同度提高了，员工才能乐于接受企业和组织的各种精益方针和精益战略。在对精益活动的认同下，员工更加乐意向新员工传授各种改善活动，这有利于精益文化的推行。

其次是乐意留下。员工积极参与精益活动，需要优秀的精益文化作为基础，而企业精益文化的建立和推行是一个长期的过程，员工的频繁更换不利于精益文化的巩固和推行。只有员工满意较高的企业，才能增加员工的忠诚度和稳定性，这不仅仅能节约精益相关知识的培训时间成本，而且还能够在一定程度上有利于企业精益文化的巩固和推广。

最后是全力付出。只有员工对企业保持足够好的满意度，才能心甘情愿的为企业更多地奉献自己的聪明才智，把公司的运营指标当成自己的使命，不辞劳苦地为企业实施改善。如果员工缺乏相应的满意度，日常的规章制度都很难执行，更不要说参与精益的积极性了。因此，员工参与精益的主动性在某种程度上也反映出员工对公司的满意度。

从上面这个例子可以看到，除了丰田公司、日本企业，实际上每个企业在开展精益体系的推进，尤其是实施持续的改善活动时，都体会到了员工的重要性，但是要充分调动员工的积极参与，必须从员工对于精益思想(文化)的认同(乐于宣传)开始，逐步地实现员工愿意参与(愿意留下)、愿意贡献(全力付出)，这个过程需要很长的时间，短期是难以实现的，因此需要有相对稳定的员工队伍，需要企业有长期目标的理念，长期地对员工的培养进行投入，需要管理者改变企业人力资源的管理理念，从真正尊重员工开始。

三、结果导向与过程导向

无论是对自己的员工，还是对合作的供应商，企业都存在一个如何考察与评价的问题。并且，这是一个敏感问题，对每个在企业从事实际工作中的个人，都会产生重要影响，学术研究领域也十分关注。或许大家会听到，经常有人说，“你想得到什么，就考评什么”。其实许多组织机构(包括企业及其他机构)也确实是这么做的。一般都是建立一系列的评价指标体系，尤其是企业的人力资源部门，以及供应商管理部门，都会针对性地设计对员工、供应商的考评指标，然后进行考核，再根据考核的结果给予奖惩。当然，这是无可非议的，但是这其中存在一个评价理念的问题，或者说是价值取向的问题。所谓的“需要什么，就考评什么”的理念，实际上是结果导向。也就是无论你努力与否，我就看结果，重要的是结果达到标准，就是好的。当然，对应的激励措施也是结果导向的，根据指标的完成情况给予激励，例如，建立各种奖惩政策。

但精益体系的理念是过程导向的，是激励员工积极地参与，努力地去参与发现与解决问题的过程。因此，考察也会倾向于过程，表现为对员工的参与程度、努力程度的评价。例如【例 9-3】中提到的，员工参与或者领导过改善活动作为晋升的前提，以及我们前面讨论过的，对员工接受培训时间、掌握岗位技能、提出合理化建议等的考察，其实都属于倾向于过程的评价。

这主要是因为，精益思想取向长期目标的实现，并不是追求短期利益；对于员工是以培养为前提，考评的目的不是奖惩，而是有利于对员工的培养，希望员工能够继承精益的理念，成长为企业的核心成员，与企业一起成长。并不是在于某一项具体的改善活动节约了多少成本，或者合理化建议本身创造多少价值。

对供应商的考评也是同样的，因为精益思想主张供应商是长期的合作伙伴，主张帮助培养供应商与企业一起发展，并不是挤压供应商的利益。因此，对供应商的考评也是从合作过程的角度，重点看供应商的努力与成长。一旦供应商出现问题时，并不是简单地惩罚或更换供应商，而是帮助供应商一起分析、解决问题(参见【例 9-4】本田的实例)。另外，关于供货的价格等，也是与供应商协商制定的。

当然，过程与结果也不是截然不相关的，因此也有人认为，有好的过程一定会有好的结果，所以我只看结果也是对的。但两者的差异还是比较大的，一般侧重于结果的考评难免会产生追求短期利益，损失长期目标的现象，因为在好多情况下，投入的时间、精力及资金，在短期内是很难见到结果的。尤其是对员工的考评，如果侧重于结果的考评，就不利于从人力资源长期发展的角度培养员工，只是将人力资源作为与其他资源相同的一般资源的投入，追求短期的投资回报，不利于员工的长期发展。

所以，精益体系的做法会有许多不同，例如，丰田的年工序列的工资体系，基本上是体现员工在企业的工作时间与贡献，工作时间越长薪酬会越高，实际是对过程考评的最明显的体现。另外，公司对于员工的积极参与改善与合理化建议活动取得的成果，也就是员工对企业做出的贡献所给予的奖励也很少(并不是没有)，并不是主要的激励措施，而是对于员工今后在企业的成长给予支持，是体现在长期的工作过程中，其实也是考评的过程导向的具体体现。当然，这与其采取的长期雇用体系是相配合的。

四、自上而下还是自下而上

如果读者也了解六西格玛管理方法的话，将精益体系，尤其是持续改善活动与六西格玛方法做一个比较，就会更好地理解自上而下与自下而上在管理理念上的差异。两者的共同之处在于，都是对企业流程中存在的问题进行改进，不过对改进活动实施的组织方法是不同的。六西格玛方法是由改进活动的领导者，如绿带、黑带、黑带大师等发起活动，确定改进项目、组织改进团队、开展活动，是自上而下进行的；而精益改善活动是，充分动员现场的作业员工，组成改善小组(QC 小组)，不断地发现问题，共同研究分析解决问题，是自下而上进行的。

在第八章中我们提到过丰田的现场主义（见图 8-12），实际就是自下而上的管理理念的具体表现，在这样的理念下，管理体系是一个倒金字塔，管理者（尤其是企业的领导者）是服务者，责任是对现场作业人员的支持与帮助，并不是控制与领导。要充分地尊重现场作业的员工，充分发挥他们的聪明才智，帮助、支持他们发现并解决问题，不断地改善作业流程。所以，在丰田的体系中，员工积极参与改善活动，并不是领导者督促，或者是行政指派的，而是自发的，是自己组织开展活动，当然，会得到管理层以及企业组织层面的各种支持与帮助。例如，公司会有针对性的学习、培训等。

这主要是因为，丰田认为企业的核心优势来源于员工，更主要的是来源于核心的优秀员工的。因此，努力地培养核心的优秀员工是企业的重要任务。如果现场中存在有待改善的问题，那么能够及时发现问题，并且知道如何更好地解决问题的人是现场实际操作的作业者。所以它并不是依靠外部的专家、咨询机构来发现问题，并且由其设计出一套解决方案，再让员工去实施。因为，那样做即便问题可以得到解决，流程可以改善，但是员工得不到学习的机会，不能实现长期培养员工的目的。

本章小结

本章主要是从人力资源的角度来分析精益体系的特征，力图回答精益体系的核心优势究竟来源于什么。虽然其中有许多做法是以丰田，或者日本其他企业为例，但是其中的道理是体现出精益体系特征的，或者说是体现精益体系的规律性。我们在讨论时也是力争分析这些具体的方法与精益思想之间存在必然规律性。而且，也列举了一些其他公司，甚至是其他国家公司的实例，也是想说明精益思想必然要求在人力资源方面有不同于其他经营模式的做法，进一步分析解释精益体系核心优势的来源。

在企业开展精益生产的实际活动中，遇到的最大困难，或者说最大的障碍是人，这是来自企业实践的一致反映。但有趣的是，丰田体系一再强调的最重要的因素也是人，最核心的竞争优势来自员工，丰田模式 2001 版的两个主要要素就是流程与员工，而流程的不断改善是丰田最重要的手段，但改善恰恰是来自员工，所以，人是精益生产实现的关键，也是精益体系优势的根源。

本章最后从组织的目的、长期目标、过程导向、自下而上几个方面，对于精益体系的理念进行了探讨，因为这些问题不仅影响到具体的管理方法，更深层次地分析，实际上是企业文化在管理方面的体现。但由于文化内涵的丰富性及复杂性，较深入、全面地讨论企业文化是本教材力所不能及的，也是笔者需要继续努力的，我们只是尽力地对于一些明显不同于其他理念的做法，做了一些分析，给读者一个分析思路，希望能够帮助读者理解精益思想的精髓。

另外，除本章讨论的人力资源与组织方面的特征之外，精益体系在其他领域，如市场营销、产品研发与技术应用、财务管理等方面，也都会有一些不同的策略与方法，是需要学习时注意的。例如，在市场营销方面，由于精益思想主张均衡生产，那么毫无疑问，其营销策略应该是促进需求的均衡，就不应该采取刺激需求波动的策略。所以，丰田的市场策略就比较少地采取价格刺激，更不会采取价格战。对于这些领域的具体表现，也是全面理解精益体系及思想的因素，由于本教材的主题所限，以及笔者的研究领域或能力所限，对于这些领域的内容本教材都没有涉及，希望读者有所关注。

案例分析1

员工的薪资结构对精益改善活动的影响

在企业实施精益改善活动的过程中,会不会损害员工的利益,应该如何避免,这是一个一直困扰K公司管理层的难题,因为K公司是一个生产电子器具的企业,生产系统主要是产品的组装,生产线上还是以手工作业为主,作业员工是实行的计件工资。这就存在一个问题,如果经过改善活动,生产效率得到提高,但效率提高所产生的结果是员工加班时间的减少,这样一来加班费就减少了,最终导致员工的总收入降低,也就是生产率的提高与员工的收入之间产生了矛盾。

这样在改善实施的过程中,就很难得到一线员工的认同。例如,公司的一条小型计量仪表的装配线,原来该产线每月的平均产量计划是25 000台,共有10名作业员工生产,按照每月20个工作日计算,生产计划为每人每天生产100台,计算每人每月的平均工资为1 500元人民币,加班费为正常上班的1.5倍计算,相关情况如表9-1所示。

但是假设由于员工参与精益改善活动,与IE工程师一起对生产线的作业活动进行合理化的操作改进,结果是提高了生产效率20%,平均每人每天可以由原来组装100件,增加到了120件,因此,完成生产计划所需的加班数量就减少了,由此引起的结果是员工的加班费减少了,总收入减少了(见表9-1)。

表9-1 员工的收入变化比较

状态	工作天数	人数/个	生产率/(台/人/天)	月产量/台	正常生产天数	需加班天数	月基本工资/(元/人)	月加班工资/(元/人)	月总收入/(元/人)
改善前	20	10	100	25 000	20	5	1 500	562.5	2 062.5
改善后	20	10	120	25 000	20	0.8	1 500	90	1 590

根据目前的工资结构计算可以得出,实施改善以后,员工所产生的价值,即每月生产产品的总量没有变化,但是员工的平均月收入却从2 062.5元,降至1 590元人民币。即便是改善后的生产作业大大降低了员工的加班时间,但是对处于最低生活水平温饱线上的多数员工来说,增加其月平均总收入才是他们最想要得到的。在这种情况下,效率越高,工人最后得到的收入越少。现场工人自然不会愿意提高工作效率,参与到精益的改善活动更是空谈,员工的满意度也会相应下降。

员工在参与精益改善后,收入降低了472.5元,整体收入下滑明显。公司的管理层也意识到,在这样的情况下,员工是不会支持新的精益生产方式的。作为公司的管理层一心想要提高生产效率,降低运营成本,但是从一线操作工的角度考虑,他们必定不那么欢迎这种新的生产方式。作为聪明的管理者,他们在实施精益的生产方式前后都会去算一笔账,即效率提升前后员工收入的变化是如何的。

最后,经过管理层反复分析,解决的方法实际也很简单,即把员工收入降低的这部分资金作为员工的绩效奖励或补贴发放给员工。这样对所有的员工来说,只有两个选择:在相同的产量和收入情况下,可以选择加班或不加班。所有的工人应该都乐意选择不加班,提高生产效率,顺利完成工作。对企业来说,这样的好处也是显而易见的,即公司的生产辅助费用降低了,如为了加班所需要付出的,保障生产所需的水费和电费,空调设备等运行费用都可以节省。另外,在不加班的情况下也能完成生产任务,公司还在一定程度上提高了自己的产能,可以在顾客需求波动,要求增加产量时,通过原来的加班时间提升产量,能够更好地应对需求波动,满足顾客需求。

资料来源:作者根据网络资源整理。

讨论

(1) 员工的收入是否对精益改善活动有重要的影响?你认为本例中的计件工资制度是否是影响的关键?

(2) 你认为该企业采取的解决方法是否可行,是否还可以减少作业人数,更进一步地取得精益改善的效果?

(3) 如果通过减少作业人数来进一步降低成本,那么减少的员工应该如何安排,是否是可以裁剪掉?

案例分析2

生产系统弹性用工与岗位的定级

作为医疗器具制造企业,由于产品的特点,H公司对员工的操作技能要求非常高。每条流水线都被分为若干个作业岗位,在员工上岗之前,必须进行严格的岗位操作培训,在取得岗位操作证以后,才能从事岗位的操作。因此,在推进精益体系时,如果要求员工具有多个岗位的操作技能,就要投入大量的培训,但培训的过度又会导致培训费用的激增,那么员工的岗位培训率,或者说员工具备多少岗位的技能,又应该怎样设置,是公司开展精益生产推进时所遇到的一个难题。

管理层经过研究认为,应该根据每条生产线的需求历史波动水平,制定出本条流水线的多能工化率水平。由于各生产线的产量不是非常固定的,经常会产生这样的情况,之前定好的员工标准配置被产量的波动完全打破。有的生产线员工即使是加班加点,也无法满足顾客的需求,而有的生产线生产却一点也不忙,产能大量闲置。这样的状况会导致企业人工使用方面非常大的浪费,因此需要生产部门追求一种总量均衡的状态。所谓总量均衡,是指将连续两个时间段之间总生产量的波动控制在最小的程度,也就是整个车间所有流水线的生产总量达到一种均衡。

为了适应需求的变化,使现场的作业人员人数具有灵活性,即实现精益系统中所说的"少人化",必须满足三个条件:①合适的设备布置设计;②要有具备多方面能力的训练有素的作业人员,也就是多能工;③标准作业内容持续的再评价和定期修订。

经过一段的探索,企业改善的方案是:根据每条生产线的历史数据,选取4~5种最常见的顾客需求量,计算相应的节拍时间(takt time,客户节拍时间,反映了生产线或生产设备相应客户需求生产所耗费的时间),对应其不同的需求量,来制定不同的人员安排数目和方式。比如:有一条生产线,根据不同的客户需求制定出了人数分别为11、12、13、14的四种配置方式,不同的配置方式对应不同的班产量;针对不同的配置进行作业员的作业细化,并由图示将其标准化下来;接下来就是对所有的人员培训标准的工作分配方式,最后再由管理人员定期的跟踪来保证其执行。

这样,就能够把生产任务不忙,人员部分闲置的生产线的员工,调配至产量比较紧张的生产线。同时也意识到,尽管有所谓的标准作业,也必须时时刻刻加以改进。标准只是一个暂时的决定，必须进一步地加以完善。

这样一来，弹性用工机制建立起来了，那么在维持正常培训成本的同时，如何鼓励大家培训更多的学习岗位，用来增加生产线和员工操作的“柔性”呢，这又是一个与公司的员工晋升和发展机制联系起来了的问题。

因为公司新进的操作员工定级为初级员工。一级操作工一般以初级员工年满一年后进行转正，主要岗位为高级操作员或一般负责物料供应的物料员。二级员工一般设计为加入公司3年以上的员工，其主要岗位为生产线培训师及初级线长。三级员工一般设计为加入公司5年以上的员工，其主要岗位为生产总线长，负责2～3条流水线的生产协调工作。直接生产员工的基本工资和相关福利随着级别上升逐级递涨。但是从人员发展的角度考虑，一线员工并不仅仅从线长到主管这唯一的一条发展道路来进行的。

为了更好地激励员工学习岗位技能的积极性，公司从增加员工岗位“柔性”，提高精益弹性用工的角度考虑。如果一线员工具备2条生产线所有岗位的操作资质，可以晋升为多能工，具备3条以上生产线所有岗位的操作资质的，可以晋升为全能工。多能工和全能工分别定级为二级和三级，福利和待遇等同于初级线长和生产总线长。

因此，员工在企业的发展，以及晋升的途径就不只一条，对员工的评价也可以包含多个因素，让每一位员工都有所追求。经过这样的设计，多样化的人才发展途径，不仅仅提高了员工参与更多的精益生产体系的积极性，同时也增加了企业用工的柔性。表9-2是根据权重矩阵评定出的员工岗位定级。

表9-2　K公司员工岗位定级

权重分值	6	4	7	3	8	2	总分	定级
职位名称	培训所需时间	工作复杂性	质量相关性	安全相关性	必备领导力	工作环境		
生产总线长	9	3	9	3	3	1	164	三级工
生产技术员	9	3	9	3	3	1	146	
全能工	9	3	9	1	1	1	142	
初级线长	9	3	3	1	3	1	116	二级工
培训师	9	3	3	1	1	1	100	
高级物料员	9	1	3	1	1	1	92	
多能工	9	1	3	1	0	1	84	
化学品高级操作员	3	3	3	3	0	3	66	一级工
高级操作员	3	3	3	1	0	1	56	
物料员	3	3	3	1	0	1	56	
高级装配员	3	3	3	1	0	1	56	
高级测试员	3	3	3	1	0	1	56	
高级包装员	3	1	3	1	0	1	48	
化学品操作员	1	1	3	1	0	3	40	初级工
装配员	1	1	3	1	0	3	36	
测试员	1	1	3	1	0	3	36	
包装员	1	1	3	1	0	3	36	

资料来源：作者根据网络资源整理。

讨论

(1) 你认为应该如何对员工进行多技能的培训？在本案例中，企业是采取怎样的培训方法的，为什么会有培训成本过多的矛盾？

(2) 影响员工参与精益改善活动的制度性因素都有什么？通过这个实例，你可以分析总结对于这些制度性因素的合理设计吗。

(3) 案例中企业的实际做法有哪些可取之处，有哪些是应该探讨的，对你的企业情况有什么借鉴？

第十章

伙伴关系与供应商培养

自从20世纪80年代初精益思想及精益生产体系受到关注以来，大家都注意到了丰田公司供应链的特点，即外包的比例非常大，但与供应商的合作又非常密切，双方可以很好地协调实现准时供货。根据经济学的基本原理可知，分工越详细(将零部件分包)，越会得到专业生产的效率性；但分工越详细协调成本越高，尤其是采取外包形式的分工，这种原本是企业内部的分工，就成为企业之间的关系了，此时协调成本就变成交易成本了，如果这种交易成本很高的话，将会抵消分工效率带来的利益。丰田公司在供应商的合作关系上有一套比较独特的方法，很好地化解了这个矛盾，充分利用了分工的效率性，又能很好地控制了交易成本的上升。因此，企业界或学术研究领域许多人都认为，丰田的竞争优势更主要地是来源于它独特的供应链体系。

说到供应链体系，就必然会涉及供应商关系的问题，但在如何对待自己的供应商的问题上，每个企业会有不同的做法。例如：通过竞价的方式寻找成本最低的供应商；通过短期的合同约定，可以及时更换供应商；通过制定一系列的评价指标来考核供应商；通过奖惩制度来控制供应商；等等。这些做法都是企业在实践中不断探索、总结的，或许也是有一定道理的，但其实每一种做法的背后都会体现一个如何看待供应商关系的理念问题。是将供应商作为利益博弈的对手，通过交易中的优势地位挤压的对象，还是将供应商作为业务发展的合作伙伴，帮助它一起共同成长？这是两种截然不同的价值取向，产生的结果也是不同的。

本章主要从合作关系的角度来讨论供应商的问题，因为具体的供应链中合作方式与方法等问题，在前面关于看板、计划、准时供货等章节已经讨论过。并且，通过前面这些问题的讨论也可以体会到，如果想彻底地在供应链上实现准时制生产与供货，消除整个供应链中的库存与浪费，也就是实现精益思想，没有供应商的密切合作是不可能的。例如，一个最基本的事实是，在准时供货的过程中，如果产品质量得不到保障就会导致严重后果，甚至如果需要对每次送货的产品质量都进行检查的话，也很难实现准时供货。所以，密切合作准时供货的供应商产品质量是要免检的，需要供应商自己进行保障与控制。这样一来，没有一个长期稳定、双方充分信任的合作关系是很难做到的。

因此，精益生产体系在与供应商的合作关系上，也是具有特殊的规律及要求的，这也是本章讨论内容的目的所在。

第一节 丰田供应商体系的特征

丰田的汽车生产体系，零部件外包生产的比例是较高的，70%～80%的零部件是从供应商处采购的，但如前所述，丰田又一再强调要在整个供应链上实现准时制生产，在各个环节都消除库存才有意义，这就势必需要供应商的合作，才能更好地实现准时制生产的理念。因此丰田在供应商的选择与合作上有不同的特点。从供应体系的构成看，丰田的供应链体系有三大特点：结构性的分层外包、与供应商的长期合作、少数供货源。

一、结构性分层外包

所谓结构性的分层外包模式，是指按产品的结构逐步地分解，分层次地外包给各层次的供应商来生产。如在【例 5-3】中，汽车的座椅可以按部件整体外包给一个供应商制造，而其中构成座椅的各种零部件，再由座椅的制造商分包给下一级的供应商制造。如座椅中的皮革再由专门的制造商生产，这样就形成一个与产品结构类似的、分层次的供应商体系结构，如图 10-1 所示。

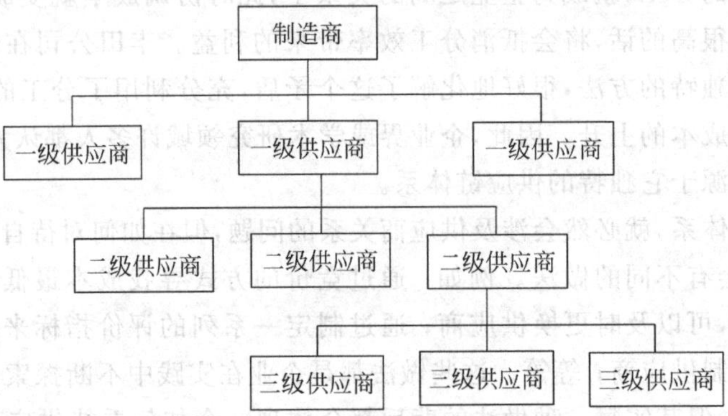

图 10-1　层级结构的供应商体系

这种层级结构分包的供应商体系，好处是与制造商直接交易的供应商数量可以大幅度地减少，这样就可以减少对供应商管理、协调的成本，也就是降低交易成本；同时，又由于每个供应商分工详细，生产的专业性强，可以获得生产效率高、成本低、质量稳定的好处。所以日本的汽车制造商，一般直接的供应商在 100～300 家左右。在 20 世纪 80 年代前，欧美的企业相对讲，产品的自制率比较高。自从开展对于精益生产的学习与应用以来，外包生产得到很快的普及，外包比率增加，产品的生产制造过程在产业链上的分工越来越详细，但相对讲，直接供应商的数量很多。例如美国的几个大的汽车制造商，直接供应商的数量都在一千或几千家，但近年来也逐步采取了分层外包的方式，目前也基本是学习丰田供应商体系的做法，但这其中存在许多协调问题，如与主要供应商之间可能有资本的渗透，如何协调供货的质量与成本等。其中一个最常见的关键问题就是质量控制，因为这样的体系有许多部件是在一级或二级供应商那里完成，但是如果出现质量问题，不仅追溯比较困难，处理起来也很复杂，会影响整个系统的生产。下面我们来看一个这方面的实例。

【例 10-1】 减少物料种类遇到的烦恼

某电子产品生产企业，生产的一种新款的电子仪表，经过几年的试制及推广，终于在市场上得到认可，销量也逐步提高，产品的工艺也逐步完善，产量可以得到保证。但是随之产生的一个问题是，产品的研发是企业自己完成的，但生产制造过程企业主要是负责产品的组装过程，其中大部分零件都是外包生产的。产品虽然很小，但是零件的种类繁多，以往企业一直采取分别采购各种零件的方式，最后到自己这里组装成产品。这样一来，导致采购的物料种类特别多，而且由于物料体积比较小，实现经济采购批量就很困难，造成库存积压过多，这是管理层没有预料到的一个难题。

因此，经过研究企业决定，采取组合采购的方式，也就是将原来分别在不同供应商处直接采购的多种物料，组合到某个供应商处，由它组装成部件后再供货。例如，首先选择的是主电路板及配合零件，让零件的供应商改变直接供货，先向电路板供应商供货，然后再由电路板供应商将零件装入，形成部件再供货给企业，这样可以减少库存物料的种类，有利于库存控制。

但运行一段时间后出现了一个新的问题，就是产品的质量很难控制。因为在原来分散采购供货的形式下，某个零件出现质量问题，可以及时发现替换。但是现在组装成部件后，一旦出现质量问题，进行检测、查找，以及采取措施的难度增加了，如果整个部件全部更换的话，无论是损失浪费，还是对生产的影响都是巨大的。管理层意识到，这个问题不解决，减少物料种类控制库存带来的好处，远不及质量问题的损失。但是，有些零件的供应商都是中小企业，技术及管理水平都很难达到要求，这是让管理层非常头痛的一个难题。

这个小例子揭示的问题，在现实的供应链中是经常发生的，而且有些质量问题一直到产品送到顾客手中，在使用过程中才发现，例如汽车产品多次发生的召回事件，其中多数是发现某个零部件存在质量问题。当然，有时是产品在设计上有缺陷，但总的讲，供应链的体系分工越细致，层次结构越多，质量控制的难度也会越大。

这是在组织供应链时需要关注的一个问题。另外，成本的控制、准时供货的实现，都需要层次性地推进，这就需要处于中间地位的供应商的努力与配合，而这恰恰是许多企业在实际学习应用精益生产时遇到的一个难题。

二、与供应商长期合作

我们前面提到过，精益思想是以长期目标为取向的，在与供应商的合作关系方面的表现就是，丰田公司与供应商建立的是长期的战略合作伙伴关系，是基于对供应商的帮助与培养为前提进行合作的，并不是将供应商视为竞争或者是相互博弈的对手，所以与供应商的合作是长期的，不会频繁地更换供应商。

丰田公司的分层结构外包方式，虽然直接供应商数量较少，但都是比较关键核心的供应商，我们国内许多制造商将这种供应商称为核心层供应商，因此，在供应链上实现产品的准时制生产与供货、质量水平的控制很大程度都会依赖这些供应商的合作。同时，根据前面我们对精益生产体系的讨论可知，无论是产品质量的控制，还是准时制生产与供货的方法，没有企业之间的长期合作都是很难做好的。因此，丰田公司乃至它的直接供应商，都会构造一种以相互信任为基础，与供应商保持长期合的作关系，将专业分工的供应商联结成一个有机整体的供应链体系，稳定地合作生产，也就是一旦建立合作关系就不会轻易解除合作。因此在选取供应商的过程中，会对供应商进行比较深入、长时间的考察，例如，许多供应商对此都有表示，要想进入丰田的供应商体系是比较困难的，没有 3～5 年的时间是不可能完成它的考察过程的，但是一旦进入它的体系，丰田会保持相对比较稳定的合作关系，而且在考察和合作的过程中，丰田会帮助供应商逐步地达到它的生产系统的标准要求（实际是一种培养供应商的方法）。这样一来，既可以满足企业间在产品研究开发、生产制造及采购供应过程中密切合作的要求，又促进了供应商制造能力的提升。同时，这种长期稳定的合作关系，也有利于形成对精益生产体系理念（文化）的认同，以及各种具体的技术与方法掌握。因此长期的合作关系对精益生产体系是非常重要的。

另外，工业采购与商业采购截然不同，供应商提供的零部件要装入产品，最终进入市场，提供给消费者购买与使用，需要制造商对产品整体质量负责。并且有些零部件的研发、制造需要经过一定的资金投入与时间，更换供应商会对整个生产影响巨大，更换成本是非常高的。

其实，这样的特点不仅表现在丰田，许多日本的其他汽车企业，或其他产业的企业也会表现出相同的特点。而且，随着日本汽车企业进入其他国家的市场，尤其是通过合资建厂在别国大规模地生产汽车，具有精益体系特点的供应商体系也随之展开。下面我们通过一个本田汽车在我国境内生产的实例，来看一下供应商的合作特征。

【例 10-2】 广州本田如何建立长期合作的供应链体系

广州本田于 1998 年开始在广州建厂，到 2006 年生产能力已达到 36 万辆，企业规模如此迅速地扩张，要求供应商的能力也要同步增长，这是广州本田公司投产初期面临的一个关键难题。对此，本田汽车在中国境内建立供应链体系时，采取的措施是，在构建供应链的过程中，多是以日系的零部件制造商为核心，组成本土的供应商体系，其他企业，如欧美资本以及我国本土资本的零部件供应商，会相对比例较小。

因为在本田刚刚进入中国市场的当时（20 世纪 90 年代），我国的汽车零部件制造商的实力还是比较差，合资的零部件生产企业尚较少。所以，本田比较倾向于选择日系的零部件供应商。例如，广州本田当时的策略是，在 1992 年进入中国生产摩托车时，大约有 30 多家供应商跟进，在我国境内设立了生产基地，本田开始建立汽车生产供应链体系时，基本是以原摩托车供应商体系为基础建立起来的。在开始投入生产的初期，广州本田的市场定位是高端产品，而且品种比较少，零部件也尽量通用化，所以，外购零部件总量也较少，在 1 500 种左右，在中国本地采购约 600 种零部件，这些零部件从 120～150 家一级供应商处采购，到 2005 年达到 113 家，由于新车型的增加，2005 年 6 月增至 129 家供应商。

对于供应商的评价与选择，广州本田公司从以下五个方面去考察，包括质量、成本、供货、研发及管理，即所谓的（QCDDM）原则。由于对零部件的质量控制在外包生产过程中是一个难点，而且，广州本田为了保障质量，维护其在中国市场上的品牌形象，对供应商的质量能力是非常重视的。另外，由于精益生产与供应商的合作，多采取从研发开始将业务综合外包给供应商，要求供应商有较强的技术及研发能力。同时，考虑成本、价格的协商，准时供货体系的运行等一系列因素，采取了优先选择日系（日企独资或合资）企业为供应商的策略。在广州本田投产之后，也在中国设厂的供应商会更优先；其次是进入中国生产的欧美系的企业，特别是进入中国时间较长的欧美企业；最后才是中国本地企业。

从 1994 年开始，广州本田就开始收集供应商的信息，共收集了 150 多家供应商的相关信息，在供应商数量方面，由于在中国生产的初期，产量比较小，所以一般会集中在一个供应商，但会有后备供货源。在产量逐步扩大之后也会采取多个供货源策略，但在同一车型的同一材料或零件，一般集中在一个供应商，这主要是为了保证供应商有足够的产量，有利于质量与成本的控制。所以既有多个供应商保证，又能有相对稳定的采购量，以确保供应商的生产稳定。

到 2005 年为止，广州本田的供应商中，日本独资在中国生产的企业约占 20%，与日本合资的企业约占 45%强一些，欧美系的企业约占 15%弱一些，中国企业约为 20%；如果按价值比例计算，大约不足 70%的日系企业，占采购价值的 90%左右，而 20%的中国企业，只占采购价值的 5%左右。而且，在上述供应链系统中，有 40 家供应商是本田公司自己的系列企业，即关联企业、子公司等，采购金额占购入总金额的 60%左右，这些供应商多在广州、上海地区设厂生产。

对于质量的控制与协调，在产品研发、设计时，供应商的技术人员参与，共同协调确定所承担的构件质量要求(设计阶段质量控制)，同时，在生产过程中，如果出现质量问题时，本田并不是马上中止供货关系，而是派工程技术人员帮助供应商一起解决质量问题。实际上，本田的技术及管理人员经常到供应商现场与供应商一起协作，对质量、技术、管理等问题提出解决方案，实质是通过长期培养供应商的能力来保障产品质量。

对于购买价格(成本)的协调，广州本田的做法与日本企业的惯例是一致的：从产品设计阶段开始，依据对产品、构件的价值分析，通过与供应商的协商，确定一个量产阶段的基本价格，在车型持续生产过程中会不断地调整，一般为每年再调整一次，但都是在与供应商协商的基础上调整的，根据每年原料价格、产品销售价格变化等因素，调整下降的幅度会有不同。个别情况，如原料价格上涨等，可以随时协商调整，一般会双方共同承担。

对于产能的协调，广州本田一般要求供应商跟随自己生产能力的增加而扩大生产供货能力，不轻易改变或增加供应商，所以在它扩大产能的同时提前通知供应商，要求随之增加产能，如在 2004 年广州本田从 12 万台扩大到 24 万台，也要求供应商要追加投资、扩大供货能力，并不是采取增加其他供应商的策略。此时虽然供应商要承担专用资产投入的风险，但由于有长期合作与信任关系的保障，供应商一般会积极响应。

从本田公司的实例可以看出，精益生产体系是基于信任与长期合作关系选择供应商并组成供应链的，之所以优先选择日系制造商，主要还是我们前面提到的，精益体系是基于长期合作的，对供应商的选择需要考察其理念上的认同，考察的时间也会比较长，但本田公司进入中国市场，又需要及时地建立供应链，尽快地达到生产能力。另外，从质量与成本控制的角度也会更有利。因此，选择日系企业对于接受精益思想会比较容易，建立供应链的时间也会较快。不仅如此，本田在要求供应商跟进的同时，也对其业务量做了一定的保证，更加强了信任与长期的合作关系。

与之相比，丰田公司在进入中国市场生产汽车时，建立供应链的策略是，先建立供应商体系，主机厂最后进入。例如，在天津地区就有比较多的日系零部件制造商首先进入中国市场投产，经过一段时间，供应商的能力基本形成，最后丰田在天津与一汽成立合资企业开始生产汽车。所以导致它在进入中国市场的时间上晚了许多。

当然，无论本田还是丰田，在选择供应商时，都表现出一定的倾向性，以及相对较长的考察时间，这是否有其他战略或竞争方面的因素，我们在此不做这方面的分析，不过从精益思想的理念、运行机制看，与供应商建立长期合作的伙伴关系，确实是符合精益体系的运行逻辑的。

三、少数供货源

对于某一种零部件由几个供应商供货，就是所谓的供货源数量问题，这是所有企业在制定采购策略时都会遇到的一个问题。一般多数企业会倾向于采取多供货源的策略，因为这样可以在供应商之间形成一个竞争状态，有利于企业对供货价格、产品质量、交货期等项目进行控制，最常见的就是通过供应商之间的竞相压价，获取低成本的采购，实际上是一种挤压供应商的做法。但这种做法，不利于大量集中采购以降低采购成本，因为供应商可以大量生产获得规模经济的好处；也会导致供应商之间的过度竞争，很难保持产品质量及长期合作，不利于建立长期的合作关系。

但如果采取单一的供货源，再加上长期的合作关系的保障，又会形成没有竞争，供应商的垄断局面，或者说造成供应商的懒惰现象，也不利于供应商对产品质量、成本等方面改善的努力。所以，丰田公司采取的是少数供货源的策略。即对于某一种零部件，会选择2～3个供应商，不会太多，也不会是一个，具体在采购的数量上来协调，会有一个供应商是主要的供货源，占整个采购量的比例非常大(见【例10-4】)。并且与几个供应商都是保持长期的合作关系，在产品不断的更新换代过程中，可以根据供应商的努力程度、产品的质量及成本改进等情况，来协调采购的数量。这样不仅可以促进供应商的能力提升，逐步地改善产品质量及降低成本，同时，还可以保持长期、稳定的合作关系，减少更换供应商的转换成本，也符合丰田的长期目标取向。同时，在长期的合作过程中，丰田会努力支持、帮助供应商的改善活动，不断地提升供应商的能力。

影响供货源数量的决策，还有一个重要因素就是采购的数量，因为丰田公司生产规模较大，总的采购数量也比较大，可以通过采购数量，在少数几个供应商之间协调，同时丰田在产业中的地位也比较有优势，供应商也会积极地配合。但对于采购总量本来就不大的企业来说，就很难采取多个供货源的策略了，就是少数几个供应商也基本不可能。所以，从更普遍意义上讲，供货源的数量取决于双方的业务量比例关系。例如：采购方的采购数量非常大，甚至超过供应商的生产数量，那么完全可以选择多个供应商供货；但是如果采购方的采购数量很少，甚至只占到供应商产量的很小部分(例如10%以下)，那么就很难采取多个供货源了。在【例10-2】中，本田公司刚开始在中国生产汽车时，它的产量并不是很大，所以很多零部件是采取单一供货源的。

综合上面几个要点，丰田的供应商体系实际体现了一种理念：与供应商建立以信任为基础的、长期的合作伙伴关系，并不是靠优势地位挤压供应商获取利益，也不是一种基于契约合同的简单交易关系，而是在相互信任、长期合作的基础上，通过技术、人员及管理知识的交流，来帮助供应商不断地提高能力，因此具有培养供应商的机制。

第二节 伙伴关系的建立与维护

合作关系的建立一般是从选择供应商开始，选择什么样的企业作为自己的供应商，通过怎样的方式与方法选择供应商，这些都体现出了如何对待合作关系的理念。上述对丰田公司供应商体系特点的简单分析，是一种体现合作伙伴关系的结果，以下再从对供应商的选择过程、合作关系的维护等方面，来具体讨论与供应商的合作问题。

一、信任关系的基础

目前诚信问题受到社会各界广泛的关注，无论是个人还是企业之间的合作，诚信都是不可或缺的基础。外包与供应链已经成为目前非常普遍的产业模式，诚信问题更成为企业之间交易的关键性基础，合作企业只有相互信任才能建立起合作关系，但是如果从如何获得相互之间信任的角度看，取得信任可以有两种途径：一种途径是，信任可以基于相互了解而建立；另一种途径是，信任是以契约的遵守承诺建立的。如图 10-2 所示。

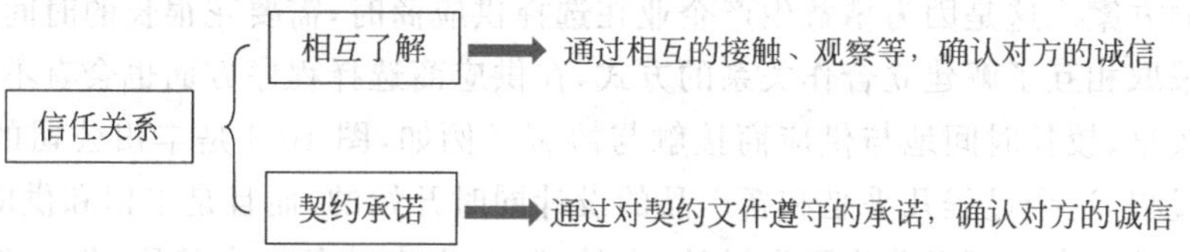

图 10-2　建立信任关系的途径

毫无疑问，无论企业之间以怎样的方式进行交易，相互之间的信任必不可少，但是如何建立起信任关系，确是有不同的做法。一般讲，包括丰田在内的多数日系企业，比较多的是采取基于相互了解为基础建立信任关系的；而美国企业比较多地采取基于契约承诺的方式建立信任关系。在此我们并不是想说明哪种方式更好，而是想讨论采取不同的方式会有怎样的效应。

首先，采取相互了解的方式建立信任时，需要有较长时间的相互接触的时间，通过对对方行为的观察，掌握其做事情的原则、价值取向，来确定是否可以信任，这在短期内是无法实现的；而采取契约承诺的方式建立信任时，是通过合同等法律性的文件约定，以及查询对方的诚信记录等方法来确认信任，是可以在短时间内实现的。

其次，通过长时间的接触了解，可以观察体会到很多思维、理念性的东西，如企业的核心优势、战略取向、评价标准、行为准则等；而通过简单的合同约定建立信任，这些东西是体会不到的。对一个想实现精益生产，将供应商作为长期伙伴关系的企业而言，这些东西却是十分重要的。

再次，通过与供应商的长期接触、磨合的过程，会不断地发现供应商的缺陷与不足，并且可以不断地支持、帮助供应商改进这些缺陷与不足，具有帮助供应商提高能力适应精益理念的作用。并且从技术、人员、管理各个方面对供应商给予支持、帮助，实际上这是一种培养供应商理念的体现。而这些作用在契约式的合作中更难以实现。

最后，通过这种长期了解，一旦确立了合作关系，供应商也会对制造商的长期合作有信心。因为在这个过程中，双方的投入都是很大的，双方都可以看到对方的真实长期合作意愿，这样对于一些专项资源的投入，会有重要的支持。因为，对于像汽车生产这样的复杂产品，往往在产品的研发、设备的更新换代、新的工艺技术的采用方面要有很大的资金与人力的投入，如果没有长期合作的保障，就很难确保收回投入，所以供应商在决策时会有顾虑。但是如果这些方面不投入，对于产品整体的优势也是难以保证的，对制造商也不利。对于制造商在短期内找到一个具备技术与管理要求的供应商也是不容易的，因此建立长期的伙伴关系，对于双方都是一个合理的选择。

二、供应商的选择

如同前面我们讨论人力资源时，精益企业对于员工的选择思路一样，在供应商的选择方面，精益生产的企业也会首先考虑选择适合的企业，考察作为备选对象的供应商，对于精益思想的认同以及理解程度，这些也恰恰是需要比较长时间的了解才能够把握的，所以在【例 10-2】中，本田公司优先选择日系企业作为它的供应商，这或许是一个因素，因为它既要选择适合精益生产体系的企业，同时又面临短时间内要建立供应链的要求，这是一个比较合理的方案。这是因为精益生产企业在选择供应商时，需要花很长的时间。

一般采取相互了解建立合作关系的方式，在供应商选择程序方面也会有不同，明显的特点就是较早、较长时间地与供应商接触与协调。例如，图 10-3 是丰田公司的供应商选择及合作过程，这个过程几乎是和新产品的设计同时开始的，而且是丰田和供应商双方协作共同进行的。大致可以分为研发设计、产品试制、生产准备三个阶段，每个阶段都有供应商的参与和双方的协调，在这个过程中，丰田可以充分发挥供应商在专业领域的技术优势，参与产品的研发与设计，而且可以经过长时间的接触，充分了解供应商(前面提到的各种思维理念性的因素)，为最后建立合作关系提供充分的依据。

当然，在这个过程中，也不是只有一个供应商参与，那样的话也就没有选择了，一般在开发阶段丰田会指定少数几个(如 2～3 个)供应商参与零件的研制，提出零件设计图，由制造商(丰田)认可后，在试制阶段，确定一个(或为主要的)供应商生产并供货。这样就会形成一种供应商之间从产品的研制过程开始的竞争，即所谓的“开发竞赛”。与之相比，美国企业典型的做法是按详细图纸设计进行招标，主要是根据投标价格为基准向多个零部件厂生产商订货(称为背对背的竞争)。因此，实际上日本的零部件厂商是在少数长期稳定的竞争对手之间进行着潜在的或实际的订单竞争(也称为面对面的竞争)。日本零部件厂商更多的是在设计图纸确定前期，进行所谓的“开发竞赛”式的竞争，整车厂不仅根据价格，还根据零部件厂商的设计开发能力，以及长期的改善能力等更多方面的动态评价，在开发的早期阶段选定零部件供应厂商。选定后的零部件厂商更多地根据汽车厂商所提供的式样、基本参数进行详细设计、试制和实验，最终整车厂认可后进行批量生产与供货。

所以，这种方式实际上是在竞争与协调之间选取一个平衡点，优点是既保持供应商之间的竞争状态，不断提高其实力，同时又避免过度竞争导致的成本上升，也能保障长期合作关系的维持，以及对供应商能力的培养机制。

三、合作关系的维护

在合作关系的维护方面，一般企业之间的合作都会涉及交货期、产品质量、交易价格、供货数量等方面的问题。以下我们分别对这几个问题，从精益生产企业的做法，来看看如何维护供应商的长期合作伙伴关系。

(1) 准时供货。这是精益生产企业的一个特殊的问题。因为精益生产是以准时制生产为核心实现减少库存、消除浪费的，所以一定要实现在一条供应链整体上实现准时制生

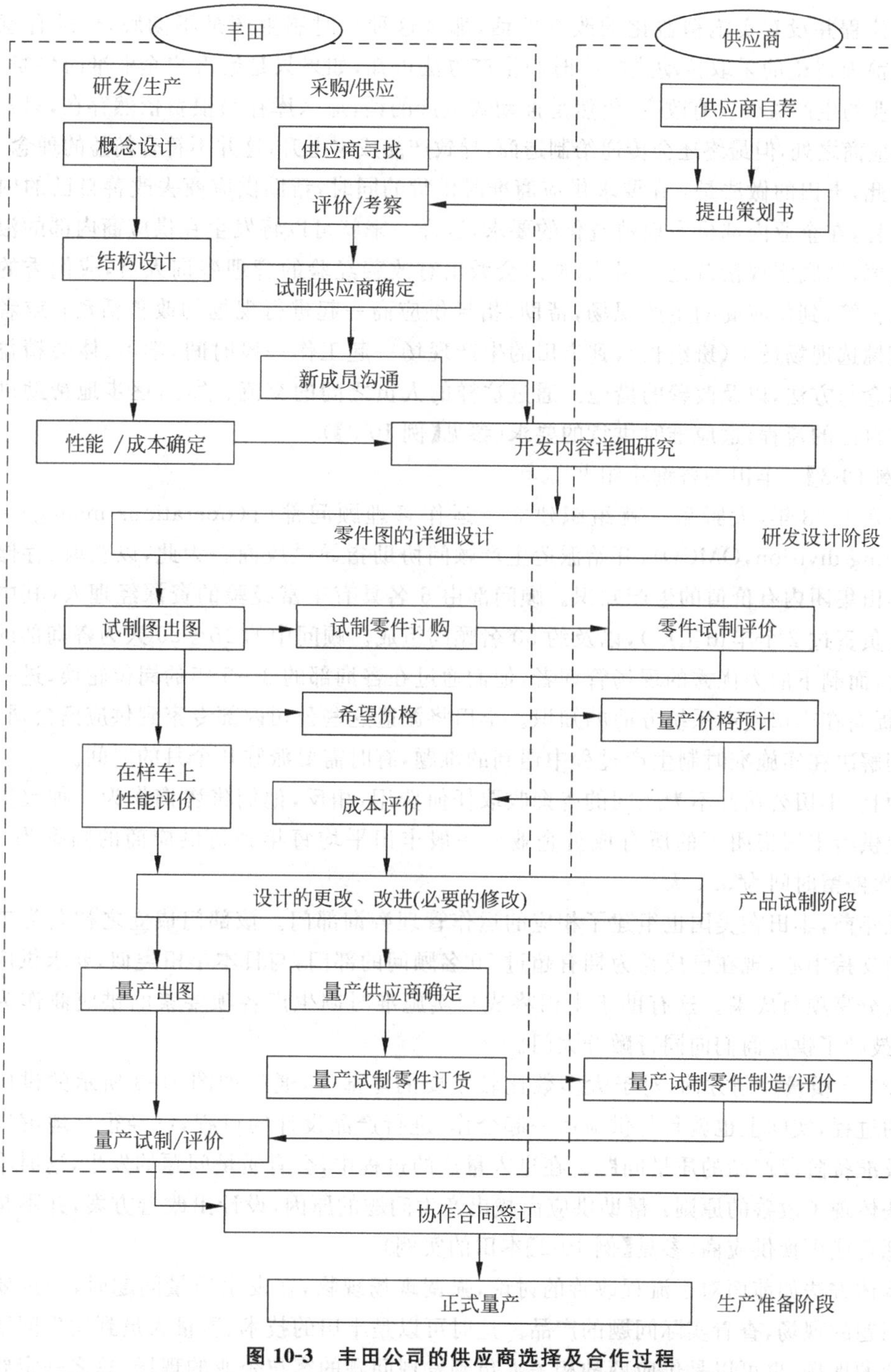

图 10-3　丰田公司的供应商选择及合作过程

资料来源：[日]藤本隆宏.生産マネジメント入門Ⅱ[M].第1版.日本经济新闻出版社，2013：141.

产的理念，这就要求供应商要准时供货。这是与根据预测进行的存货生产，以及根据订单进行的订货生产都不同的一种方法。具体的方法前面已经讨论过，这里不再赘述。在此我们从合作关系的角度看，如果仅仅是要求供应商按照主机厂的计划准时供货，而供应商的内部流程并没有实施精益化的改善的话，那么这种准时制生产是不彻底，也没有意义的。从前面讨论的采取拉动式的准时制生产方法可知，如果只是给客户企业准时供货，而自己企业的生产流程没有改变，仍然是推动式生产的话，那么库存与浪费依然存在，只是存在于供应商之处，但最终还会传递给制造商，导致产品成本上升，这并不符合精益的理念。

因此，丰田的做法是：在要求供应商准时供货的同时，帮助供应商去改善自己的内部生产流程，在企业内部也实现精益化的要求，这样一来就可以将发生在供应商内部的浪费也消除掉，彻底实现精益化。因此，丰田会派出有改善经验的管理咨询人员，或优秀的现场班组长等，到供应商的生产现场，帮助、指导供应商一起进行现场的改善活动；或者是供应商挑选现场员工(班组长)，到丰田的生产现场一起工作一段时间，学习、体会精益生产的理念与方法，以及改善的措施。通过这样的人员之间的交流、学习，逐步地帮助供应商改进自己的流程，适应准时供货的要求(参见【例 10-3】)。

【例 10-3】 丰田的咨询小组①

早在 1968 年，大野耐一就组织建立了运作管理顾问部门(operations management consulting division，OMCD)，开始派遣生产顾问协助指导供应商。为此，以获取、存储和传播丰田集团内有价值的生产知识。顾问部由 6 名具有丰富经验的资深经理人(其中每人都曾负责过 2 个丰田工厂)，以及约 50 名顾问组成。顾问中的 15～20 人为咨询部的固定成员，而剩下的为优秀的现场管理者，他们通过在咨询部的 3～5 年的岗位轮换，进一步完善、提高在丰田生产系统方面的知识。丰田将派遣这些公司内部专家到供应商公司，协助他们解决在实施准时制生产过程中遇到的难题，有时需要派驻几个月的时间。

而且，丰田公司并不为顾问的咨询收取任何费用，相反，他们将咨询作为一种宝贵的资源提供给丰田集团下的所有成员企业。一般丰田平均每年到访供应商的频率为 4.2 次，每次停留时间为 3.1 天。

几年前，丰田在美国也组建了相应的运作管理咨询部门。该部门成立之初名为丰田供应商支持中心，现在已成长为拥有超过 20 名顾问的部门，与日本丰田类似，要求供应商与他人分享项目成果。这有助于丰田将成功实施准时制生产各项要素的供应商作为示范，也鼓励了供应商们向同行敞开大门。

(2) 在质量控制方面，对于大多数比较重要的零部件，通过如图 10-3 所示的供应商选择的过程，实际上也就是与供应商一起合作，进行产品设计的过程，已经很好地解决了设计及准备阶段产品的质量问题。在进入量产的过程中，会有质量问题的发生，这时丰田的做法体现了改善的原则：帮助供应商找出产生问题的原因，设计出改善方案，并不是简单地惩罚或更换供应商(参见【例 10-2】本田的实例)。

具体方法如前面对于流程改善的讨论，强调现场现物，在发生质量问题时，一定要到发生问题的现场，查看实际问题的产品。这时可以是丰田的技术、质量人员到发生问题的供应商的现场，也可以是供应商的相关人员到发现问题的客户企业的现场，总之一定要到问题发生的现场，一起研究解决，直到找到问题的原因，彻底解决为止。我们来看以下这

---

① 资料来源：[美]杰弗里·莱克. 丰田汽车案例——精益制造的 14 项管理原则[M]. 北京：中国财政经济出版社，2004：276.

个关于质量问题的小例子。

【例 10-4】 关于配线供应问题的处理[①]

大卫·巴克斯特(David Baxter)是丰田技术中心的副总裁,他曾经负责评估供货商的零件。当丰田在1997年推出“佳美”车款的某个版本时,他们遇到一个配线问题。供应此问题配线的是丰田公司在日本的零件供货商矢崎公司(Yazaki)。日本矢崎公司的一位品质管理工程师打电话向丰田解释他们正采取修正行动,矢崎公司派了一位工程师到生产“佳美”的丰田工厂。

但是接下来发生的事情是绝大多数公司不会做的——当时矢崎公司的总裁亲自出马,飞到乔治敦的“佳美”工厂,观察那里的操作员如何把配线组装到汽车上。

(3) 关于成本与价格,这是一个比较敏感的问题,在一般的企业合作关系中,也是双方经常讨价还价的事情。实际上,如果成本是透明的,也就是对于采购的某一个零部件的成本,双方都是十分清楚的话,那么采购价格就比较好协商了。丰田(精益思想)的方法也恰是如此。

在产品的研发设计阶段(见图10-3),丰田会采用价值工程的方法,与参与研发的供应商一起进行目标成本的分析,来确定零部件的希望价格。同时,根据零部件的制造技术工艺、材料等情况,并且从合作伙伴关系的角度,考虑双方利益均等的原则,最后双方协商一个采购价格。也就是如果一个采购的企业,知道采购对象产品的制造过程,是比较好掌握成本的,另外,双方是长期的伙伴关系,并不是相互博弈的关系,也就比较好协商价格。

在具体的量产阶段,随着生产累计数量的不断增加(制造过程的学习效应),成本会不断降低,这也是一个客观的规律。所以丰田会要求供应商努力降低成本,并且也会设定降低的目标。但是,它不是强制、惩罚式的,而是派人参与供应商的业务,帮助指导供应商进行成本控制,在取得成果后,双方可以分享由于成本降低获取的收益。

从上述供应商的选择过程,以及在合作阶段几个领域的协调过程看,丰田供应商管理理念体现的是:供应商是自己的事业伙伴,需要维护长期的合作关系才更有利于精益生产理念的实现。同时,这个过程中,也体现了选择及培养供应商,并不是仅仅将供应商作为交易关系对待的理念。

第三节　供应商合作中的几个问题

供应商的选择以及合作关系问题,是开展精益生产过程的一个难题,因为企业内部的流程改善,可以通过企业内部的努力来完成,虽然也需要管理思想的转变、员工的主动参与、制度性因素的设计等一系列的工作,但是不涉及两个独立的利益主体之间的协调,产生的问题也就不同。但精益体系在供应链上展开时,尤其是随着应用地域的扩展,精益体系在其他不同的国家级地区开展时,往往会遇到许多新的问题。这其中表现最突出的是供应商的配合问题,也就是很多主机厂自己开展得很好,但是将准时制生产推向供应链

① 资料来源:[美]杰弗里·莱克.丰田汽车案例——精益制造的14项管理原则[M].北京:中国财政经济出版社,2004:296.

时，供应商不愿意合作。以下对其中几个主要问题做一些讨论。

一、精益生产供应链的脆弱性问题

无论是企业的实践还是理论的研究，都有许多人对准时制生产的供应链的稳定性提出异议或担心，认为如果一个供应链整体都像准时制生产要求得那样库存很少，甚至只够几个小时使用的数量，那么一旦发生意外事故，如罢工、自然灾害、道路受阻等，就会导致停产，所以这个链条是不稳定的，与传统法的采取库存来衔接的供应链比较它是脆弱的。因此，主张适当地增加保险库存，以及采取多源采购的策略以防备万一。

这种思想在我国企业精益生产的学习过程中，尤其是将精益体系推进到供应链过程中有更多的表现。因为，我们面临的环境造成中断供应的因素可能会更多。所以大家都会较多地储备一些保险性的库存，这种库存有的放在物流中心，有的是主机厂附近。

这个问题涉及精益体系的两个要素，即准时供货和少供货源。前面我们也一再讨论过，如果在供应链上不能实现准时供货，那么单独某一个企业实现准时制生产就没有意义了。所以精益思想一再强调要实现整个链条的准时制生产，不会主张过多地增加链条各环节的保险库存(当然适当的保险量还是有的)。

另外，精益思想是主张与供应商保持长期合作关系的，相互之间具有人员、技术甚至资本的交流与渗透，如果采取较多的供货源，保持这种关系的协调成本会很高，所以一般实际的情况是，精益生产的企业供货源的数量是较少的，而且有一个是主供货商，占供货数量的绝大部分，几乎就是单一供货源，这样也可以降低采购成本。当然，这一点或许与汽车产品的特点有关，如果是其他产品，如电子类产品，由于零部件的标准化程度较高，采取的措施或许会有不同。但稳定供应商关系的好处都会一样，供应商数量越多，交易成本越高的道理也是相同的。

在一个实际运行的供应链上，库存与供货源都是一种有限的资源，不可能存在无限充分的储备，无论怎样的供应链，以储备来防备突发的意外事故都是很难的，即便是多供货源厂商存在，如果分担的采购量确定后，有空闲产能的供应商，也会另外寻找供货客户，不会一直空闲产能等待的。也就是真正发生事件时，也很难有企业正好处于有产能可以马上供货的状态。那么，对于精益生产供应链的脆弱性如何解决的问题，我们先来看看发生在丰田公司的实例，这也是质疑精益体系的脆弱性最常提到的一个案例。

【例 10-5】 爱信精机的火灾事件[①]

1997 年 2 月 1 日(星期六)凌晨 4 点刚过，在日本刈谷市(Kariya)的爱信精机株式会社 1 号工厂，一个破损的钻头产生的火花点燃了几个木制的工作台。大火蔓延得很快，沿着一条通风管道迅速传开，然后点燃了顶棚。随着火势扩大，大火摧毁了 506 个精密的机器制造工具中的大部分，这些工具是公司用来生产一种烟盒大小的用在汽车后刹上防止打滑的 P 型闸的，那天早上 9 点的时候，大部分的工厂已经变成一片冒烟的废墟。

尽管爱信公司每一个 P 型闸仅值 770～1 400 日元(约合 8～14 美元)，但丰田的刹车系统依赖于它。爱信公司能低成本大批量地制造这种精密机械，是丰田公司最青睐的供

---

① 资料来源：[美]尤西·谢菲.柔韧：麻省理工学院·供应链管理精髓[M].上海：上海三联书店，2008：173-177.

货商之一。在过去的许多年中，丰田整个汽车产业中的P型闸已经99%地依赖于爱信公司。丰田公司的第二大供货商日新制钢株式会社提高了产量，但并不能100%地弥补丰田公司主供货商带来的损失。

丰田公司每天生产价值2.5亿美元的汽车。它是日本最大的公司，也是世界上最有价值的汽车制造商。降低产量就意味着白白闲置日本丰田数以万计的职工以及丰田公司供应商和上游供应商数以10万计的职工。

1997年2月上旬，这场火灾使丰田公司面临着一个特别艰难的时期。由于日本的营业税即将由3%上调到5%，丰田公司原本期待这会带来一个销售热潮。他们预期顾客会赶在4月1日税率正式上调以前买车。因而，丰田公司和其供应商已经在以其正常产能的115%运作了。由于对提税前销售热潮的期待，丰田公司甚至采取了非常规手段雇用了临时工人。然而，在这个关头爱信公司的工厂着火了。

作为一个实行精益运营的企业，丰田公司所有工厂里的P型闸只够几个小时的供应。公司在着火前放在卡车车厢里供调遣的备用P型闸又提供了几天的供应。但是到2月4日(星期二)的时候，如果没有P型闸，丰田公司不得不关闭其30条生产线中的20条。

爱信公司的恢复重建需要好几个月，它需要购买新的机器和建造新的生产场地。爱信公司动用抢救出来的和匆忙修复的机器在大火以后两周开始生产P型闸，但是仅能生产需求量的10%。大火后6周，公司还是只能生产需求量的60%。爱信公司要达到100%的生产量还需要2个月的时间。与此同时，由于P型闸数量太少，和原来的计划相比，丰田公司每天将白白损失15 500辆汽车。

重整旗鼓：企业集团(Keiretsu)在行动

另找供应商意味着爱信公司和丰田公司要动用各自的供应商网络，爱信公司开始组织“非常时期应对联盟”，并立刻通知了丰田公司。爱信公司开始向其供应商求救，同时丰田公司也求救于它的供应商。他们首先从爱信企业集团和丰田企业集团入手。65个供应商对此做出了回应，其中包括22个爱信企业集团的供应商和36个丰田企业集团的供应商，以及其他少量的零散供应商和其他企业集团里的供应商。到火灾当天下午的时候，丰田公司和爱信公司以及所有可能的P型闸制造商一起召开了一个作战总会议，工程师们急急忙忙给大家分配了总生产计划以及P型闸的生产任务。

虽然P型闸在概念上非常简单，但是它包含了精密的锥形孔和用来控制刹车液流量的小孔。为了帮助新加入的供应商，爱信公司提供了设计上和技术上的支持，同时他也是这条由车闸制造者们临时组成的供应链的质量把关者。

参加支援的供应商规模多样，从只有6个员工的样品店一直到每年产值240亿美元的汽车零配件巨头日本电装公司。电装公司后来每天生产数以千计的P型闸。事实上，为了能够集中精力为丰田公司制造P型闸，电装公司将自己部分产品的生产进行了外包。

极少有公司装备了和爱信公司类似的专业化的生产机械。由于有些临时供应商使用了爱信公司不熟悉的生产技术，爱信公司几乎不能给他们提供任何技术上的支持。这些生产商自己发明可一套相互协作的方法以便帮助彼此学会怎样制造这种车闸。电装公司还把爱信公司的说明书翻译成了适应各个不同机械操作过程的版本。在购买那些供不应求的稀有设备时，供应商们也相互调整，以保证每个供应商都能得到他说需要的设备。

大丰公司是一家引擎零件生产厂家(1944 年以后是丰田公司的供应商)，它动员了自己的 11 个供应商参加此次行动。萱场工业株式会社是一个生产水力设备的企业，他将 P 型闸的生产外包给了他的三位供应商。其他兄弟产业，比如缝纫机和电扇制造企业花费 500 小时的人工来改造一台车床，仅仅为了每天生产 40 个 P 型闸——这也是他们第一次制造汽车配件。另外 150 家企业提供了机器设备和场地来帮助生产 P 型闸以及修复爱信公司损失的设备。

这次行动未经过法律上的协商也没有经济上的谈判，供应商们直接就开始了救急行动。爱信公司为所有的参与者提供设计图纸和技术支持。行动参与者中包括超过 500 名来自丰田公司和爱信公司的员工，这些员工非常熟悉能够用来生产 P 型闸的各种不同的机器和生产步骤。供应商们从来没有问过丰田公司或爱信公司他们这样赶工生产 P 型闸能够得到怎样的报酬。“我们相信他们”，Somic Ishikawa 公司行政副总裁 Masakazu Ishikawa 说。Somic 公司是一家生产汽车元件和配件的公司，并早在 1937 年就率先成为丰田公司的供应商了。

供应商之间甚至把这场灾难变成了一个非正式的比赛。第一个 P 型闸样品由爱信公司的小型的焊接设备供应商日本九州共立公司率先制造出来。爱信公司检查样品以后给予了该公司生产更多产品的许可。第二天(星期二)，九州共立公司运来了第一批 P 型闸。许多其他的供应商争相生产样品，并且在接下来的日子里不断地提高产量。

火灾事件的善后工作

到 2 月 6 号(星期四)的时候，丰田公司的原田工厂重新开工。在经过简单的应急处理以后，丰田的其他工厂在第二天也相继复工。在大火过后 9 天，也就是 2 月 10 日(星期天)的时候，日本丰田集团下属的所有装配工厂都回复到正常的产能，每天生产 13 000～14 000 辆汽车。大约一星期以后，丰田公司达到了他预期的每天生产 15 500 辆汽车的目标。

总的来说，尽管爱信公司损失了至少 5 周的产量，但丰田公司仅仅失去了 4 天半的产量。如果不是这次供应基地自发组织协作，丰田公司损失的产量将会更高。虽然如此，削减以后的损失仍然很大，爱信公司损失了 78 亿日元(约合 7 600 万美元)，而丰田公司损失了 1 600 亿日元(约合 15.5 亿美元)的收入。尽管事后丰田公司声称已经弥补了大部分损失的产量，但这场灾难确实引起了 200 亿～300 亿日元(1.95 亿～2.9 亿美元)的额外支出。

最后爱信公司补偿了所有公司由于生产 P 型闸引起的直接成本，包括人力成本、专门的机器设备及原材料的花费。丰田公司则以另一种方式来处理这件事情。他额外支付了每一个参与这次行动的一级供应商他们各自的从 1997 年 1 月到 3 月对丰田公司的销售额的 1%作为补偿。全部支付的款项总计超过了 150 亿日元(约合 1.46 亿美元)。许多公司都把这个款项作为协作的报答而不是酬金来看待。大部分一级供应商沿用了丰田公司的方法来答谢他们的二级供应商，二级供应商也如法炮制来答谢三级供应商。

也许这个群策群力帮助受灾企业恢复的故事里面最令人惊讶的一点是：丰田公司从

来没有对爱信公司施加任何的压力要他这样去做。丰田也没有要求爱信公司牺牲其他客户的利益来满足他的供货需要。爱信除了丰田公司以外还有其他客户，丰田公司也充分尊重了爱信公司帮助每一位客户的意愿。日野公司（年产 70 亿美元的日本重工生产企业）在 2 月 6 日的时候有了足够的供替换的 P 型闸来使他在羽村市的工厂重新开工。

火灾虽然是一个特殊的事件，但通过这个实例，我们可以得到证实的是，丰田公司供应链的库存很少，此例中正常的库存仅够几个小时使用的，即便加上备用（保险性）的库存也仅够几天使用，远远不能应对突发事件的需求数量；同时，供货源几乎是单一的，99%的供货依赖于爱信公司一家，虽然有第二供货商日新制钢株式会社，但是平时供货很少，临时启动供应也很难满足供货需要。也就是关系到供应链稳定运行的两个要素，都是以精益思想运行的。但这个案例更重要的启示是，对于事件的解决的途径并不是增加库存储备、设置多个供货源，而是通过供应商的合力协作，共同迅速地启动生产，代替爱信公司来生产受影响的 P 型闸，结果是将丰田的停产时间降到非常小的程度。即通过与供应商建立的长期稳定的合作关系，赢得了时间，减少了损失。所以通过这次事件，反而使丰田的管理层更加确信他们的体制很好地平衡了效率与风险。

依靠增加保险库存，以及多供货源采购，效率是很低的。关于库存多过的危害我们已经多次讨论，不再赘述。就供货源的数量来讲，大家一般直观地会觉得多供货源会有许多好处，如价格制约、质量控制、防止意外等。但是从经济性的原则看，如果采购批量越大，生产企业的产量越大，生产成本会越低（规模经济的原理）。所以，从丰田的这个例子也可以得到证实，而且丰田的产量又是如此之大，供应商可以大量地生产，会取得效率高、成本低的优势。从爱信公司的零件价格也可以看到，这也是丰田一直从爱信大量采购绝大部分零件的原因。

当然，这样做的风险是：一旦发生重大意外，应对会比较困难，可能会导致很长时间的停产损失。这也是近年来风险管理研究关注的事情。但丰田的这次事件，又证明了依靠长期充分信任的供应商关系，可以更好地解决，因此他的管理层才确信，他们的体制很好地解决了效率与风险的平衡。

不过这个案例中的事件是一种灾害性的突发事件，这种事件一般发生概率小、一次性损失大，采取的对策应该是特殊的。如果是一般的事故性事件，如发生质量问题、设备事故问题、道路运输问题等导致供货中断，基本上还是可以通过设置保险库存来解决的，丰田也会有这样的情况（在【例 10-5】中可以看到）。对于我们国内许多学习精益生产实施准时供货的企业，更多的是这样的一些事故性的问题。例如，我国地域比较辽阔，有时送货的运输距离会很远，道路状况又不好保证。更严重的是在北方冬季大雪时，道路交通会受阻，所以采取一定的安全库存也是有必要的，这一点是需要关注的。

二、准时供货与均衡生产的关系

在企业推进精益生产的实际业务中，经常出现的一个问题是：主机厂会依据准时制生产的原则，要求供应商实施准时供货，每天数次运送，有时甚至可以达到一两个小时运送一次货物，可以是直接送到自己的生产线；但自己的生产线却不能实现均衡生产，因为他们会强调市场的需求是不均衡的，客户的要求一定要满足，需求的变化也是不确定的，所以自己很难实现均衡生产；这样一来，自己的产品就没有或很少库存，而且，自己需要的物料（材料或零部件）也没有或很少库存，但实际上是将库存推给了供应商，因为，供应商要应对时多时少的要货，只有自己增加库存来应对需求的变化，这一点我们前面也讨论过。

毫无疑问在这样的条件下，供应商是不会愿意配合的，更谈不上是伙伴关系了，实际是主机厂利用优势地位挤压供应商。利用精益生产的理念，只是推进准时供货可以减少零部件的库存，同时，又会利用供应链管理中供应商管理库存的道理，将库存的积压成本转嫁给供应商，减轻了自己的库存积压资金。这种方法实际上没有意义，也不符合精益生产理念，更不利于与供应商相互信任关系的建立。

表面看这是一个制造商与供应商如何处理准时供货的业务问题，实际上是供应商关系的反映，是一个如何对待供应商关系的问题。因为，每个企业面临的市场需求都会有一定的变化。当然，产品不同变化的状况也会不同。就汽车产品而言，市场需求的变化也一定是存在的，而且会受各种环境因素的影响。如在【例 10-5】中，丰田公司也会根据市场需求的变化（即将提升税率销量增加）来提高产量。但是如果这个产量的变化（增加或减少）能够提前通知供应商，另外，变化的幅度不会太大（即尽量均衡生产），对于准时供货的影响就不会太大。容易发生矛盾的是，一般在生产月份到来之前，主机厂会给供应商一个产量计划，但具体需要多少零部件是依靠看板原理准时供货的，如果实际的根据看板取货的数量与计划量的差异过大，会造成供应商的被动，我们说产生双方矛盾的就是这个差异。根据运营管理的常识也可以知道，如果这个差异是随机的，波动幅度又是比较大的，那么供应商就会加大安全库存，否则很难准时供货。

关于这个问题，丰田公司在开始推行准时制生产时，也是受过指责的。以下我们看看当时对它的指责，以及丰田采取的对策，来分析怎样处理这个矛盾。

1973 年第一次石油危机发生后，日本经济也受到影响，中小企业的生存更加困难，1977 年田中美智子议员在众议院的论战中，对丰田生产方式进行了指责，她在对当时的对首相的政策质疑中说[①]："中小企业经营的深刻性不是大企业所能相比的。但是，这次补正预算中的对策，只停留在若干的金融措施上，并没有给中小企业的未来带来希望。

"特别重要的是占制造业六成的分包企业的问题。例如，丰田汽车公司获得了 2 100 亿日元的史无前例的利润。在这庞大的利润背后，有多少分包商的流泪！丰田公司彻底合理的生产方式，严格地指示分包企业今天、明天要交纳指定的零部件。所以，丰田汽车公司没有多余的零部件库存，因而也没有仓库，没有库存资金沉淀。

"但是，转包 3 次、4 次、5 次严格地往下进行，如果不按规定供货就解除合同。不得已地进行预见性生产[②]，如果预见性生产失控，就要承担一切损失。即使加工费被置之不理，被降低，分包者为了有活干也要忍受这种苛刻的要求。

"而且，不能遗漏的是，这种丰田生产方式现在正在产业界蔓延，广大分包商正蒙受着牺牲。放任这种对分包企业的欺压，日本经济只能是一片混乱。

① 资料来源：[日]门田安弘. 新丰田生产方式[M]. 第 4 版. 保定：河北大学出版社，2012：64.

② 注解：这里说的预见性生产即为依据预测进行的存货生产——作者注。

“你虽然说过对中小企业采取宽松的政策，但是对这种利用优越地位的恶劣做法如何处理？想听听你的意见。”

在当时的社会环境下，丰田公司推行的准时制生产方式受到这样的指责，或许有许多人对于其中的道理不理解，因为终究是从一个传统的大量生产向新的准时制生产转变，需要有一个理解过程；或许是丰田公司也有没做好的地方，如是否自己的生产能够保持较好的均衡性。对此我们不想去追究，但只是想说明，在供应链上推进准时制生产时，无论是供应商在思想上接受，还是在方法上予以配合都需要一个过程，需要做好与供应商关系上的协调，而且要逐步地帮助供应商改进，以适应新的准时制生产方式。因此，对于上述的指责，丰田公司采取了以下一些措施。

(1) 丰田加强了自己的生产均衡性的努力，将月度生产计划规定的数量与实际运用看板方法进行的取货量的差异，尽量控制得很小，规定在10%之内，并与供应商协商，能够接受这个差异的幅度。

(2) 因为它与供货商的关系是维持长久的，而且汽车的车型一般是四年内不会变化(在当时)的，所以，如果较长时间看，有时产生的差异就逐渐被均衡了。

(3) 在某一款车型要退出生产时，丰田约定会提前通知供应商，以便不会造成车型对应的零部件剩余，发生死库存的问题。

(4) 帮助供应商来适应这种新的生产方式，并且帮助供应商改进生产体系，也转变为精益的生产体系，这样就不会由于大量推动式生产导致的库存发生。并且，只要严格遵守看板运行的规则，不提前生产，也不会产生过剩库存。

当然，这个过程是非常缓慢的，因为供应商的数量众多，而且，二级、三级供应商多数是中小企业，技术和管理水平都比较低，需要一定时间的努力才能适应。笔者在接触国内开展精益生产企业时，感到这个问题仍然非常严重。一方面，供应商的技术、管理水平确实参差不齐，理解、适应准时供货的要求需要时间，他们自己内部的生产体系的精益化改善就更加困难。所以，也有制造商想举办供应商的集中培训，通过培训的方法来改变供应商的想法(洗脑)，来适应准时供货。另一方面，作为优势地位的制造商，对精益生产理念认识也有不足，往往只强调准时供货，而不强调自己的生产均衡。加之如果不与供应商保持长期的合作伙伴关系，那么这种矛盾会更严重，其实这是所有问题的关键。

三、知识与技术的交流问题

与供应商的关系究竟如何定位，不仅影响企业对于供应商的选择与合作方式，更重要的是会影响相互之间的技术、知识的交流，进而影响企业的产品研发及管理能力的提升。企业如果将供应商作为一个长期合作伙伴，就会主动对供应商进行帮助，促使供应商的能力尽快提升。例如，前面提到的丰田公司派咨询小组到供应商的现场指导、帮助进行精益改善，帮助培养实现准时制生产的现场人员，以及出现质量等问题时，与供应商一起研究解决等做法，都是基于对供应商进行培养建立长期的合作伙伴关系的定位，通过制造技术或管理技术的交流，向供应商输出知识，培养供应商成长。

但值得注意的是，这个交流是双向的，不仅影响对供应商能力的提升，也会对制造商自己的学习与进步有帮助。例如，在图10-3中，丰田公司选择供应商的过程中可以看到，这个过程实际上是一个在与供应商不断地进行技术交流，共同开发产品的过程。在这个过程中丰田公司可以充分地利用供应商在其专业领域的技术特长，帮助自己研制开发新的产品，同时由于供应商的技术特长，对于零部件性能的提高，或者原材料性能的提高，都会对自己的产品性能、质量的提升有帮助。另外，对于产品研发的速度也会有很大的影响，所以实际的结果是丰田的新产品研发速度要比其他企业快得多。目前，一般新车型的开发时间平均大约为24个月，丰田公司仅为15个月[①]。而且，目前由于产业分工越来越细，每个领域的专业技术发展也很快，有些供应商的实力已经很强，这种在合作过程中重视发挥供应商的技术能力就更重要了。下面我们来看一个实例。

【例10-6】 华德公司推进水性涂料及工艺开发的途径

汽车涂料及工艺的研发及市场化的时间非常漫长，整个研发过程涉及涂料的研发、涂装设备的研发、涂装工艺的制订及不断改进。并且，涂料研发阶段在涂料企业进行、设备的研发在设备厂商进行、工艺的使用在汽车总装企业进行，三个阶段分别涉及三个不同领域的企业。以20世纪80年代诞生的传统水性涂料及工艺为例，研发及推广过程超过了20年，并且由于传统水性涂料工艺的成本昂贵及施工条件苛刻，仅有少数汽车厂商采用。研发的长时间与高风险造成了汽车涂料企业非常慎重地对待涂料的研发。与此同时，汽车厂商一直希望有新型的涂料及工艺来改变目前涂装工艺中存在的高成本和高污染的弊病。

正是在这样的背景下，华德公司探索了一条与汽车制造厂商、设备供应商联合研发新型涂装工艺的模式。通过合作研发，使企业间实现技术共享，而且可以节约研发资源投入，提高研发速度，并且确保新工艺研发的快速推进及成功的市场化，以及在汽车厂商、涂料供应商、设备供应商之间建立起战略伙伴关系，实现共赢的局面。

汽车涂装工艺是指将涂料通过喷涂的方式覆盖在车身表面上，经干燥成膜的工艺。汽车涂料是工业涂料中技术含量高、附加值高的品种，代表着整个涂料行业发展的技术水平。其对外观、色彩、光泽、耐老化、耐腐蚀附着力、耐候性等各种性能都有明确的要求。

汽车涂装过程由于使用的材料品种多，储运过程不稳定，工艺流程长，需要控制的参数多，所以，各大汽车制造企业对涂装极为重视。目前，在汽车的涂装过程中，汽车制造厂商要求汽车涂料供应商派遣驻场技术服务团队对汽车涂料的施工状况进行监控和调整。在新的涂装生产线调试投产的第一年，要求涂料供应商和设备供应商都要派遣驻场技术工程师，提供涂料和设备的全面技术保障。所以，汽车涂装的有序运行，客观上要求是汽车生产商、涂料供应商、设备供应商三方在主机厂共同合作完成。

汽车涂料与涂装工艺的改变与创新，所涉及的不仅仅是汽车涂料企业，还需要汽车生产厂商的认可和设备制造商的配合。从研发到实际运用的过程是一个漫长的过程。当产品推广至汽车生产厂家，涂料的各项性能指标按照汽车厂的标准进行了长时间的测试，其中，一项耐老化的测试需要连续暴晒4 800小时。在实验室阶段的试验认可后，须在车厂的试验中心进行试验车测试，车身表面的涂层需要进行各种性能指标的测试，如附着力、耐化学品性能、耐腐蚀性能测试等。之后，须进行批量性试生产，并对车辆进行长达两年

① 参见[美]詹姆斯·摩根，杰弗瑞·莱克. 丰田产品开发体系[M]. 北京：中国财政经济出版社，2008：7.

以上的跟踪、测试。在性能指标等综合评定认可及设备供应商的配合研发出新型喷涂设备之后，才可以将新型涂料及涂装工艺投入实际生产过程中。

所以，研发新涂料、新涂装工艺，对汽车涂料企业而言，意味着高投入、高风险、长周期，而且最关键的一点是：新涂料、新涂装工艺开发成功后，将面对不确定的市场。一旦没有获得预期的市场份额，对涂料企业的发展是极其不利的。

因此，华德公司积极努力推进联合研发的途径，结合车厂与涂料企业的各自需求，联合主要的客户企业、设备制造商一起，研发新型的涂装工艺。并努力说明联合研发是一种快速实现产业化的双赢模式。第一，涂料开发的针对性强。出现的问题，能够结合车厂、涂料企业、设备企业联合解决。第二，缩短涂装工艺的研发时间。对新型涂料的测试，常规方式是涂料企业全面的测试，性能指标完全合格后，再送样品至车厂，在车厂的实验室及试验中心反复测试。由于汽车涂料的各项测试须占用大量的时间，导致各个环节测试完成甚至需要几年的时间。联合开发后，由汽车涂料企业研发成功后，可直接送至整车厂进行联合技术检测性能，由此节省重复劳动与时间。

经过华德公司的努力，并主动地与制造商、设备供应商协商，联合研发终于形成，一起进行了新型涂料及工艺技术的研发过程，经过各方的努力及合作研究，在2005年，水性涂料与涂装技术经的研发终于取得成功，而且同时也就取得了制造商的认可，成功运用于整车涂装生产线上，2009年开始运用于国内两个主要的整车制造商的工厂，并在当年实现了顺利投产。

这是一个由供应商主动发起的合作研究，从案例中可以得到以下几点启示：一是涂料及工艺的研发涉及多个环节，不同企业的技术，需要多种资源，以及很长时间的投入；二是涂料是一个特殊的产品，属于化工领域的技术，汽车制造商一般不会具有它的生产技术，不可能自己开发，必须依赖供应商；三是供应商有意愿合作，因为其产品的最终实现价值，需要制造商的使用才行。也就是参与合作的三方都有客观的合作基础。其实不仅涂料，这个道理对于大多数产品也都是适合的。所以，供应链的各方如果能从长期合作的角度，建立起伙伴关系，对制造技术、管理技术方面的交流、沟通都是有利的，对供应商的培养、制造商的学习提高、产品性能、质量的提高都是十分有利的。

上面的例子是从供应链的纵向，说明了制造商与供应商的合作，对技术、知识交流的作用。最后想说一点关于供应商之间的沟通、学习的问题，也可以说是供应链中横向的合作问题。从实际的案例看，丰田公司采取了建立供应商协会的方式。当然，是供应商自愿组织，丰田予以帮助、支持的。

丰田的供应商协会称为“协丰会”，这个协会旨在为供应商之间，以及丰田与供应商之间提供一个交流知识和收集反馈信息的平台。会员皆为自愿加入，而入会所能带来的好处也逐渐为大家所认同。例如，在参加协会之前，各供应商高层之间接触较少，也不会自发地谈论和分享各种信息。参加协会一段后，情况就有所改观，因为各供应商高层，以及相关的专业人员之间，可以建立起一个很好的相互联系的渠道，经常接触也会逐渐熟悉起来，就便于相互之间的沟通了。这样可以通过协会对进行推进精益生产、流程改善、质量控制、消除浪费、削减成本、产品研发等各种问题进行交流；也可以在精益理念的认同，从管理思想上得到沟通，起到推进作用。

协丰会的各项具体措施也体现了其分享知识的各种机制，协会每隔一段时间会召开一次常规会议，并且每月或每两个月还要召开一次专题委员会。前者让各供应商高层得以分享供应商网络内关于生产计划、方针政策及市场趋势等方面的显性知识；后者则使得各成员企业在成本、质量、安全性及社会活动等方面进行更加频繁的互动，使得网络内的所有成员受益。例如，质量委员会可以选择“消除供应商设计缺陷”作为年度主题，并每两个月召开一次会议，分享有关这个主题的知识；成本委员会也可以选择“消除流程中浪费”作为一个主题，通过几次讨论会来分享改善的经验。协会还会赞助各种活动。例如，其中包括每年为一百多名工程师提供质量基础培训、参观开展准时制生产、流程改善等较好，拥有“最佳实践”的工厂等活动。

总之，通过这个供应商的协会，可以在供应商之间有横向的交流与沟通，这样会更有利于将精益思想，以及准时制生产与供货等方法推广。丰田也可以利于协会的作用，去帮助供应商理解、接受一些具体的精益方法。与前面提到的给供应商办培训班，通过集中的培训让供应商接受并配合准时制生产体系，以及开展内部改善的方式更有效。

本章小结

在目前的经济环境下，供应链的作用是毋庸置疑的，很多研究学者也认为丰田的竞争优势来自它卓越的供应链管理。本章主要从供应商关系的角度，对精益体系供应链的问题作了探讨，其中一个重要的观点是：精益生产体系与供应商的关系，是建立在相互信任基础上的长期合作伙伴关系；通过合作过程对供应商进行培养，使其能力不断地提升，与企业一起成长。

当然，企业之间的合作相互信任是一个前提，但是关于如何取得信任有所不同，本章给出两种途径：一种是基于合同、契约遵守式的信任获得方式，这样会很直观、很快；另一种是通过长期的接触、了解取得信任的方式，毫无疑问，这需要比较长的时间，有时也并不是很直观，甚至没有法律性的文件。精益生产方式是采取后一种途径，虽然我们是以丰田为例来论述的，但是笔者认为，这是符合精益思想逻辑的，具有普遍性。

至于为什么精益生产企业（丰田）选择了第二种途径，如果从企业的发展，尤其是精益体系的创立，以及不断地推进，特别是在供应链过程的推进，应该能够分析得到答案。因为如果不采取这样的合作方式，就很难实现整个供应链的精益化。另外，分析采取合作伙伴关系得到的好处也会理解，为什么伙伴关系是重要的。本章只是从比较主要的几个方面作了讨论。比如，准时供货的实施、供应商早期参与研发、相互的技术、知识交流、供货源数量的选择等，通过一些实例进行了分析，也是想说明上述道理。

最后，也是最重要的一点是，转变管理理念是最重要的，因为我们最常见的现象是将供应商作为挤压、博弈的对象，采取的措施也是单纯利己，或损害供应商利益的，如果是这样的理念指导，无论如何是难以在供应链上实现精益思想的。

案例分析

LOKE公司采购物料配套的苦恼[①]

LOKE公司成立于2007年，是一家民营的国家定点客车生产企业，工厂位于上海市的一个工业园区，目前具有年产3 500辆大中型客车的生产能力。拥有底盘、焊装、涂装、总装四条流水生产线，以及一条整车质量检测线。现有员工900多人。公司自2007年9月正式投产运营以来发展迅速，2010销售整车3 127台，产销双双突破10亿元。

公司的产品目前涵盖公路客运、旅游客车、城市公交、团体客车、卧铺客车等各个细分市场。形成了6～13.7米，20多个系列，120多个中、高档客车品种，其中公交系列具有7～12米各种车型，动力系统涵盖了柴油、天然气、混合动力、氢燃料等。目前，公司先后通过了质量管理体系认证，所生产的产品类型都通过了国家认监委的"3C"强制认证。

采购与配套的问题

但随着生产迅速发展的同时，配套零部件的采购问题越来越严重。大型客车(大巴)与卡车和普通乘用车的生产方式不同，公司的作业流程是以客户订单为导向，生产活动的组织安排都是围绕着客户的订单来进行的，而对国内的客车生产企业来说，多品种、小批量生产是其最突出特征，另外手工化程度较高也是目前国内客车行业的另一特性。同时客车生产的特点是采购的零部件外购比例非常大，如果从成本看，约占总成本的80%以上，从生产加工的角度来说，外购外协的零配件占整车的90%以上。因此，为了保证用户的订单能够按期交货，采购部门的压力非常大。

可是目前的采购状况确是十分的糟糕，作为采购部门的主要负责人，何经理经常处于救火状态，手机常常需要连续几个小时保持通话状态，经常有部门里的采购工程师打电话来汇报说：厂家通知原本可以在规定日期发货的变速器由于天气状况要延期到货了；车桥的供应商抱歉地通知，由于原材料价格上涨，下个月起，所有车桥价格将上调2%；现场的质保人员通知召开碰头会，研究如何解决刚刚购来的弧杆件质量不合格问题等。

在这样的生产模式下，库存状况非常差，不仅积压物品过多，但同时产品配套率又很低，接到订单后很难按期交货。采购部门备受指责，但是采购工作会遇到形形色色预想不到的问题和挑战，库存加压与配套率低下状况改进十分艰难。采购经理对公司采购部目前面临的困境做了如下的归纳。

(1) 供货难保证。由于采购批量小(对汽车行业而言)，类似发动机、车桥等底盘件在采购时，交期、供货量很难得到保证，甚至有时价格也很难控制；而受制于订单式的生产模式，又无法提前准备库存。

(2) 物料料号、状态变化多。由于订单式的生产加工模式，不同国家、不同区域、不同行业的客户的订单要求都不同，每次订单的要求也不相同，这样就造成公司中不同产品的技术状态和物料清单变化频繁，进而导致采购时变数随之增加。以城市公交车举例来说，不同的客户对客车的零部件有不同的要求，有的客户偏好封闭式的车窗，有的则偏好通风

① 注：本案例是根据实际调研资料整理而成，为保护企业的经营信息，隐去了企业名称，并修改了相关数据。

式的车窗；有的客户要求采用塑料座椅，有的则要求绒布座椅或者皮革座椅等，导致物料的种类繁多，需求不确定性高。

(3) 成本压力。企业希望利润率最好能达到10%，运营及资金运转良好的一线品牌客车公司，因为其采购量大，付款周期短(较先进的付款周期为30天)，对供应商掌握一定的议价能力。但公司属于国内的二线品牌客车企业，公司成立时间相对较短，资金运转存在一定的压力，付款周期也相对较长(60天或者90天)。如此带给采购的问题是成本压力，在控制物料采购成本方面的工作很难实现，议价能力也相对较弱。

(4) 供应商管理难度大。目前公司现有供应商近600家，分布在全国各地。供应商的资质和技术水平良莠不齐，以内饰和灯具供应商为例，国内75%的客车内饰、灯具供应商集中分布在常州、丹阳和镇江一带，企业多以家族式经营为主，企业规模不大，设备陈旧简陋，工作效率低下，技术创新能力不强，产品质量保障体系不健全，管理方式和经营理念也比较陈旧，工作人员素质低。因此，如何有效地管理类似的配套件供应商，使其不断地强化自身的产品创新能力和人员的素质及服务意识，以适应本企业的物料采购需求也是采购部面临的一大困难。

(5) 运输问题。为了降低企业的运营成本，缩短与同行业先进企业之间的差距，申龙公司提倡采购作业做到零库存，并在公司内部大力推行JIT管理，要求主要采购物料做到准时供应。但事实上，有些供应商离上海很远。例如：车桥的供应商，是广西的一个企业，位于广西柳州市；发动机的生产厂家玉柴发动机厂位于广西玉林市；变速器来自四川的重庆一家企业；等等。这些关键的底盘件运输路途遥远，运送周期长，过程当中有许多不可控因素。可是生产现场却不能接受任何可能发生的意外所造成的物料延误，否则就无法保证客车准时交付给客户。因此，如何保证这类物料在运输过程中不出意外情况，使物料准时送达生产现场同样是采购人员需要面临的一项挑战。

(6) 设计标准化缺失。我国的客车行业发展到今天的规模经历的时间并不长，许多技术规范和技术标准还不成熟，由于缺乏核心技术，很多企业都是从模仿生产起步，一步一步发展壮大规模的。另外，行业内企业与企业之间的信息共享和协同合作很少，基本上处于各自发展的状态，这样对外来进入者来说，进入的门槛就很低，并没有形成真正意义上的技术壁垒。

定制化又是整个行业最突出的特征，客户可能会对产品配置的任何部分进行选择，以满足差异化、个性化的要求。目前在满足客户的外部差异化和内部多样化的需求方面，客车生产企业的自主权利除了已有的标准配置车辆之外，大多为非标准配置车辆。从外形到内部功能部件都存在很大的客户定义性，这也导致客车生产企业在主动性上的缺失，只能被动地响应客户的要求。而被动性的定制情况，使客车生产企业又不得不将更多的精力放到适应客户的需求上，不停地对新的客户选择做出的新设计。而每次做出的新设计、适应性设计又不能在下次投标中得到重复性利用，由此导致无法在已成型的适应性产品设计基础上做出更多的改进设计出来。如此反复，客车企业的生产在不断循环，而整个客车行业的产业规模、技术规模却很难在这样的循环中得到进步和上升。

具体分析到客车企业的产品设计人员，他们在满足客户的差异化设计要求时往往会根据自己的经验和设计习惯来设计产品的配置，整个客车生产涉及的零部件有上千种，不同的产品由不同的设计人员来完成，就构成了这上千种零部件的不同组合。

目前公司负责底盘设计的技术人员有18人，车身设计的技术人员20人，电器设计的技术人员8人，这三大块的技术设计包含了近90%的生产物料。每个设计技术人员都有自己不同的设计风格，对产品所需的外购外协件往往会根据自己的经验或设计习惯做一些判断和更改，这就会造成新的物料采购需求，进而增加物料的采购周期和采购人员的工作量。

另外，由于公司成立时间较短，技术人员的专业水平还不是十分成熟，人员的流动性也很大，对新员工的培训缺乏统一性和指导性，老员工的经验虽然相对成熟，但彼此之间的交流和协作很少，设计人员在完成本职工作的同时，很少能够站在公司战略高度充分考虑内部设计流程的标准化和设计习惯的统一化对整个公司生产效率和成本结构的作用和影响。下面的例子就充分说明了设计人员的经验不足和专业技能掌握不牢给采购工作乃至公司的正常运营带来的影响。

例如，2010年元旦前，公司获得一份深圳客户的180台公交客车的合同。技术部门在意向合同评审阶段未发现任何新物料或零部件的特殊规格要求，因此技术评估没问题；采购部门对正常物料评估的准备周期为14天，最短12天；生产部门评估生产周期18天，最短16天。按常规流程，销售部根据以上信息与客户签订了正式合同，整个生产交货周期为32天，一月底交货。

就在正式订单生效，采购部门着手准备物料时，发现了一个非常严重的问题：合同上指定的东风前桥的轮距为1 700毫米规格，但东风桥前桥的标准轮距只有1 695毫米这一种规格在与工艺设计人员反复确认之后，才发现是设计负责人在设计之初没有发现客户要求和桥厂现有产品规格的微小差异，因此反馈给销售的信息是“无非常规物料”。

然而，合同已经签好了，并且合同中规定的任何技术规格都具有法律上的约束效力。虽然只是5毫米的差距，前桥上的孔位跟已经设计好的车架完全没办法匹配；同时，1 695毫米标准规格的轮距又会与车身互相干涉，也无法匹配。

在这种情况下，只能要求东风桥厂按照1 700毫米的轮距规格开发新的车桥，以满足生产需要。为此，采购部门专门派人到东风桥厂，与该厂各个部门反复沟通，才促使桥厂同意生产这种规格的车桥。但前桥是铸件，开发的周期很长，加之5毫米差距的特殊规格要求，必须重新开模加工才行。就这样，前桥铸件开模用了15天，完成前桥加工用了3天，因为车桥体积大，只能采用陆路运输，路上运输又用了3天，当前桥到达客车厂时，21天已经过去了，哪怕最短的生产周期16天也无法满足合同中的交货时间了。

最后的结果是这批车只能延迟交货，客户为此提出了索赔要求。这种设计上的失误不但增加了公司的生产成本，降低了工作效率，还使原本就很小的利润空间因赔偿客户而再次被压缩，给采购工作增加了极大的难度，也给公司造成了严重的损失。

满足客户交期对采购配套工作提出的要求

在一个制造企业，采购和物料供应部门的服务对象就是生产环节，整个生产环节的进度安排和节奏控制都和物料的供应情况息息相关。然而为了保证客户要求的合同交货期，公司的生产计划常常对采购人员提出物料提前到位的要求，遇到这种情况，采购员只能和供应商协调采取加急生产、分批供应或寻找现成的替代品等非常规手段保证物料的供应。这就会大大增加采购员的工作量和物料的采购及运输成本。采取非常规渠道购得的物料在质量、数量方面也很难得到保证，对整个公司生产进度的一致性也造成了一定的影响。

而在生产现场出现物料供应短缺等意外时，经常会出现停工等料的情况，生产进度的压力全都转移到了采购人员的身上。这不仅给公司造成很大的工时浪费，也给采购部门的正常工作带来了很大的影响。往往在这种时候，整个采购部门就成了公司的众矢之的，能否成功地扮演好“消防员”的角色，在尽可能短的时间内使短缺物料顺利地送达生产现场就成为衡量采购部门工作表现和业绩的主要考核指标。下面是发生在2009年9月的一件事情，足可以说明问题的严重程度。

9月初，销售部拿到一个订单，共20台车，交期非常紧张，要求公司必须在18天内完成所有的物料准备和生产活动，以保证在第20天将产品送到客户手上(2天的运输时间)。常规情况下，物料准备周期最短是12天，生产周期最短也要16天。按照严格的合同评审程序，这个订单的交期是无法保证的，但是公司为了不失去这笔订单，只能采取走非常规程序的办法，物料准备周期压缩至5天，生产周期压缩至12天，预留一天时间做整车的检测。

在这样紧张的交期要求下，采购员也同样采取了非常规的采购程序，加班加点地组织生产物料和零部件的供应。以往采用陆路运输的物料更换为空运；先前已经下发的其他车型的零部件需求做暂停处理，要求供应商以加急件的形式先做出这批车所需要的零部件；对于新物料的首次使用，也采取让步接收等非正常使用程序。一时间，公司各个部门的工作和生产活动都以保障交期为准则。

在所有环节一路绿灯，公司一线员工连续加班10天的努力下，这批车终于在合同要求日期内完成了生产和检测，按时交付到了客户的手上。公司高层特别表扬了采购部在短时间内的物料组织能力和生产一线员工的吃苦耐劳精神。

然而，在财务部核算成本时却发现，整批订单的利润几乎没有，原因很明显，非常规手段的物料采购，使物料成本和采购费用在整车成本中所占的比例大大增加了，盲目地以满足客户交期为目标的生产组织只能靠加班来完成，这也使整个企业的人力成本大大增加了。

供应商整合优化力度不够

目前公司的供应商数量总和为730多家，其中底盘件供应商300多家，车身件供应商400多家。在这些供应商中，不常发生业务联系的占了很大比例(近8%)。如果能通过减少供应商数量、集中采购额以实现规模效益等手段对现有的供应商进行合理整合，将会使公司的采购成本大大降低，同时也使采购物料的质量和供应商的服务水平得到提高。

例如，以车身上常用到的灯具为例，目前的供应商数量为15家，多集中在江苏的镇江和常州一带，只有一家在北京。经过了解，这15家供应商中，常发生业务联系和供需关系的供应商数量为9家，另外6家只在过去的一年里发生过两三次业务联系。而在9家常发生业务往来的供应商中，有5家的产品未发生过严重的质量问题(导致退货或者停工)；在准时供货方面，有7家做得比较好，未出现过延期供货的情况；价格上的差别基本不大；公司的规模上，北京的供应商比较占优势，江苏的供应商多为家族企业，管理不成体系，设备技术也相对落后。基于以上分析，可以减少不常发生业务往来的6家供应商，而无法做到准时供货的另外两家小作坊式的小企业也可以淘汰，对于保留下来的7家供应商，再通过对灯具的质量要求、采购价格、公司技术发展潜力及服务水平等因素的综合考量，进行更深一步的评估和整合。

没有与供应商建立战略共赢的伙伴关系

虽然从供应链管理的角度来说，公司对其供应商进行了管理，但目前的管理基本上只停留在满足公司的生产供应需要的层面上，采购员与供应商的交流不够多；在产品设计的早期阶段供应商的参与度不高，还没有做到对供应商资源的有效融合；也没有形成供应商质量持续改进和优化的供应链管理体系。

战略合作伙伴被称为企业间合作关系的最高层次，这种关系有利于提高产品的质量、技术水平；有利于提高对改善对客户的服务质量；有利于提高企业的竞争地位，有利于提高企业对市场的反应速度；还有利于增强企业的抗风险能力。整车厂作为客车行业供应链中的核心企业，充当着该供应链的组织者和协调者的角色，与上游零部件供应商进行战略合作可以实现供应链整体协同的优化。

同时，目前信息的转换和传递机制也存在问题，与供应商之间无法做到订单信息和产品状态的共享，在工艺技术部门下发状态更改时，还需要采购人员再次与供应商沟通协调确定新的零部件和物料需求，既大大增加了采购人员的工作量，也影响了供需之间的沟通效率和彼此的工作安排。而信息传达的准确性和有效性也常常因为人的因素无法得到保证。

与供应商建立战略合作伙伴关系

作为采购部门的负责人，何经理意识到，如果再这样下去，采购业务的状况都得不到改善的话，想保持现在的水平都很困难，更不要说再提高库存控制水平，降低采购成本了。必须对采购体系进行改进。

虽然有许多因素影响了采购业务，如采购人员的素质、采购的经济批量问题、物流与转换时供货问题、产品设计的标准问题等，但是和经理觉得建立与供应商的合作伙伴关系是最重要的，而且要保持稳定持久才好。因为，虽然自己公司的主机厂是采购的主动一方，但是在采购的数量、产品质量、品种的范围及变化、采购提前期等各个方面，没有供应商的密切合作都是很难实现的，所以必须建立在相互信任的基础上，双方为了实现共同的目标而采取共担风险、共享利益的合作关系。这种关系要在三个方面体现，分别是：战略性原材料合作伙伴，先进技术发展合作伙伴，以及供应商早期参与技术、工艺和流程设计的技术性合作伙伴。

供应链战略合作伙伴关系在汽车业应用广泛，丰田汽车就是一个典型的例子。例如，在信息交流方面，丰田与它的合作伙伴采取双向交流的方式。一方面，丰田采取"要员派遣"的形式让丰田的技术主管到供应商的工作现场进行观察并加以指导；另一方面，丰田也要求供应商对自己的工作要求很了解，在开发的早期阶段就选定零部件供应厂商，再由供应厂商根据丰田所提出的式样、基本参数进行详细设计、试制和实验。这种资源共享使得交流全面迅速，生产灵活，并使价值增加的过程更加合理，生产效率得以大幅度提高。

在控制成本方面，丰田重视与它的合作伙伴在确定成本时增加透明度，彼此充分了解对方生产过程中的成本结构，共同应对成本压力。在信任的基础上，加强双方的技术开发和协作，加快产品创新速度和市场反应能力，确保技术持久的竞争优势。

这些都是自己希望的，但是公司的具体情况与丰田有很大不同。比如，产量不是很大，而且是订单生产，要求交货期很短，采购的物料品种繁多、技术水平待提高等，这些都会影响采购以及与供应商的关系。

因此，对LOKE公司来说，建立战略合作伙伴不是一个简单的过程，选择好的合作伙伴可能由于种种原因中途会提出终止合作，与合作伙伴的项目也可能因为没有达到预期的效果而被迫放弃合作。所以是否能够建立起这样的关系，应该如何建立都是未知的。

讨论

(1) 你认为何经理的想法如何？就LOKE公司的具体情况而言，与供应商能够建立长期、稳定的合作伙伴关系吗？

(2) 如果要与供应商建立长期的合作伙伴关系，需要解决哪些问题，或者说需要在哪些方面进行必要的改善？

(3) 准时供货的思想与方法，在这类企业可以运用吗？

参考文献

[1] [日]大野耐一.丰田生产方式[M].北京：中国铁道出版社，2014.

[2] [日]大野耐一.大野耐一的现场管理[M].北京：机械工业出版社，2013.

[3] [日]门田安弘.新丰田生产方式[M].第4版.保定：河北大学出版社，2012.

[4] [美]詹姆斯·P.沃麦克，丹尼尔·T.琼斯，丹尼尔·鲁斯.改变世界的机器[M].北京：商务印书馆，2003.

[5] [美]詹姆斯·P.沃麦克，丹尼尔·T.琼斯.精益思想[M].北京：商务印书馆，2007.

[6] [美]杰弗里·莱克.丰田汽车案例——精益制造的14项管理原则[M].北京：中国财政经济出版社，2004.

[7] [美]杰弗里·莱克，戴维·梅尔.丰田汽车——精益模式的实践[M].北京：中国财政经济出版社，2006.

[8] [日]今井正明.改善——低成本管理方法[M].北京：机械工业出版社，2013.

[9] [日]藤本隆宏.生産マネジメント入門，Ⅰ-Ⅱ[M].第1版.日本经济新闻出版社，2013.

[10] [美]詹姆斯·摩根，杰弗瑞·莱克.丰田产品开发体系[M].北京：中国财政经济出版社，2008.

[11] [美]卡利斯·Y.鲍德温，等.价值链管理[M].北京：中国人民大学出版社；波士顿：哈佛商学院出版社，2001.

[12] [日]大圆惠美，野中郁次郎，竹内弘高.丰田成功的秘密[M].北京：机械工业出版社，2009.

[13] [美]尤西·谢菲.柔韧：麻省理工学院供应链管理精髓[M].上海：上海三联书店，2008.

[14] [日]藤本隆宏.能力构筑竞争——日本的汽车产业为何强盛[M].北京：中信出版社，2007.

[15] [美]安纳兹·V.艾弗，谢里德哈尔·色沙德利，罗伊·瓦沙.丰田供应链管理[M].北京：机械工业出版社，2010.

[16] [美]马蒂亚斯·霍尔韦格，弗里茨·K.皮尔.第二汽车世纪[M].北京：机械工业出版社，2006.

[17] [日]比野省三.丰田的思考习惯[M].北京：国际文化公司出版社，2010.

[18] [美]亨利·福特.超级产品的本质[M].南京：江苏文艺出版社，2012.

[19] [美]理查德·拉明.精益供应[M].北京：商务印书馆，2003.

[20] [美]杰弗里·莱克，迈克尔·豪瑟斯，优质人才与组织中心.丰田文化[M].北京：机械工业出版社，2012.

[21] [日]安保哲夫，板垣博，上山邦雄.日本式生产方式的国际转移[M].北京：中国人民大学出版社，2001.

[22] [美]小艾尔弗雷德·斯隆.我在通用汽车的岁月[M].北京：华夏出版社，2005.

[23] [日]酒卷久.佳能细胞式生产方式[M].北京：东方出版社，2006.

[24] [美]亨利·福特.我的生活与工作[M].北京：北京邮电大学出版社，2015.

[25] [美]李·克拉耶夫斯基，等.运营管理——流程与价值链[M].第7版.北京：人民邮电出版社，2007.

[26] [美]杰拉德·卡桑，克里斯蒂安·特维施.运营管理——供需匹配的视角[M].北京：中国财政经济出版社，2006.

[27] [美]帕斯卡·丹尼斯.什么是精益——全面掌握丰田生产方式[M].北京：中国财政经济出版社，2009.

[28] [美]F. 罗伯特·雅各布斯，理查德·B. 蔡斯. 运营管理[M]. 第13版. 北京：机械工业出版社，2011.
[29] [美]威廉·J. 史蒂文森. 运营管理[M]. 第11版. 北京：机械工业出版社，2012.
[30] [美]塞缪尔·小原，达瑞尔·威尔伯恩. 丰田人谈丰田生产方式[M]. 上海：上海交通大学出版社，2015.

教师服务

感谢您选用清华大学出版社的教材！为了更好地服务教学，我们为授课教师提供本书的教学辅助资源，以及本学科重点教材信息。请您扫码获取。

教辅获取

本书教辅资源，授课教师扫码获取

样书赠送

管理科学与工程类重点教材，教师扫码获取样书

清华大学出版社

E-mail: tupfuwu@163.com
电话：010-83470332 / 83470142
地址：北京市海淀区双清路学研大厦 B 座 509

网址：http://www.tup.com.cn/
传真：8610-83470107
邮编：100084